闘争の倫理

スポーツの本源を問う

大西鐵之祐

鉄筆文庫 004

鉄筆

推薦の言葉

岡田武史
FC今治オーナー
サッカー日本代表元監督

1997年ワールドカップの予選の途中で、前任者の解任という形でコーチの私がいきなり日本代表の監督になった。

監督の経験もなく、もちろん実績もなかった。

頼れるのは理論しかなかった。必死になり勉強し、色々な人に教えを乞うた。

そんな中で、ラグビーの元日本代表監督で大西鐵之祐という人が、日本が世界で勝つには「接近、展開、連続」しかないと言っているという事が耳に入ってきた。どうも実際に日本代表を率いて海外の強豪と良い試合をしたらしい。

いろいろ調べてみるとその意味が分かってきた。

体格の大きな相手に対して距離を取るとスピードをつけられ止められない。常に近くで相手をつぶし、マイボールは相手との接触を避けて早く展開する、そしてこれを一試合通じてひたむきに繰り返し続ける。

理屈的にもよく納得でき私はこれを取り入れることにした。

その後、本屋でふと大西鐵之祐の名前を見つけた。それは「闘争の倫理」という本の著者としてである。

早速購入して読んでみたら、その序章を読んだだけで身震いが起こるような衝撃を受けた。これは理論書ではなくスポーツを通した哲学書だ。

そしてその哲学書の中で、我々がやっているスポーツが「人類にとってかけがえのない価値のあるもので、世界平和に貢献できる」と堂々と宣言されていた。それはありふれた国際交流によってなどというものではない、戦争経験者として、理性を失わない人間修養のために重要だと喝破している。

日本ではスポーツは娯楽として価値の低い物のような扱いを受けていた時に、スポーツマンであることの誇りと勇気を与えてくれるものだった。

今回、文庫として復刻されることとなり、改めて読んで、昨今の世の中の流れを知っていて書いたかのような新鮮さを感じる。

それは別の言い方をすると、我々は同じことを繰り返そうとしているのかもしれない。

この本の「はじめに」だけでも読む価値がある。それは我々日本人が同じ過ちを侵さないために。

２０１５年８月

１９５６年生まれ。大阪府立天王寺高等学校、早稲田大学政治経済学部卒業。同大学でア式蹴球部所属。大学卒業後、古河電気工業に入社しサッカー日本代表に選出。引退後は、クラブチームコーチを務め、１９９７年に日本代表監督となり史上初のＷ杯本選出場を実現。その後、Ｊリーグの札幌や横浜での監督を経て、２００７年から再び日本代表監督を務め、２０１０年のＷ杯南アフリカ大会でチームをベスト16に導く。中国サッカー・スーパーリーグ、杭州緑城の監督を経て、２０１４年11月、四国リーグＦＣ今治のオーナーに就任。日本サッカー界の「育成改革」、そして「地方創生」に情熱を注いでいる。

闘争の倫理

スポーツの本源を問う

著者
大西鐵之祐

監修
伴　一憲
大竹正次
榮　隆男

目次

V

刊行のことば――『闘争の倫理』再刊に当たって（1999年、中央公論新社版）

〝スポーツはいい〟と多くの人が言う。また、〝特に少年期にスポーツに親しむことは大切だ〟とも言う。

ではなぜスポーツがいいのか、と改めてたずねると、〝健康によいから〟とか〝丈夫な身体の持ち主になるから〟とかという答えが返ってくるのが普通である。

人生に於て、健康で丈夫な身体を持つことは、幸福に生きる基本的要件として確かに重要なことであろう。そこで、スポーツはただ健康で丈夫なからだ作りのためだけにあるのか、と問うと、青少年のスポーツ指導にかかわっている多くの人々が挙げるのは〝人格の形成〟という言葉である。

では、どのような人格の者に成るのか、と聞くと、〝忍耐強く、規律正しい人間〟というような言葉が返ってくる。これらは人間のすぐれた特性として間違いなく挙げられるべき美点ではあろう。

一方、スポーツに批判的な立場の人からは、ただ身体が丈夫で健康なだけでは馬車引きの馬と異なるところはないではないか。その上、忍耐強く、規律正しいだけでは、ただ無批判で従順な、権力者や体制に都合のよい人間の育成にスポーツは加担していることにはならないのか、といった厳しい指摘もある。

スポーツすることの悦びや、健康に対する自信は望ましいことではあるが、それはあくまでも個人の満足感の域に止ってはいないだろうか。ましてスポーツは人間の闘争心を讃美するあまり、戦争や破壊という社会悪の方向へ知らぬ間に人を育てているではないか、という批判もある。

ところで、過ぎゆく20世紀を振り返ってみる時、20世紀は戦争の世紀であったと言っても過言ではない。しかも、今世紀の戦争は、それ以前のものとは比べることのできないほど残酷で非情なものであった。飛躍的に進歩した科学の知と技術は、大量破壊兵器を生み出し、人類史上例を見ない、無差別大量殺戮を可能にしてきたのである。広島、長崎を襲った原子爆弾もその結果の一つであった。一九八九年、ベルリンの壁がとり払われ、東西の冷戦が一応の終結をみて、全面核戦争による人類の滅亡という危機の暗雲はひとまず消えたかのように見えるが、核があるということ自体が人類にとっての潜在的脅威であることに変わりはないのである。

20世紀のみならず、思えば、人類の歴史そのものが戦争の歴史であったのだ。しかも、この戦争という愚行を繰り返し行なってきたということは、そもそも人間性の根源に問題があるからではないだろうか。

この問題に真っ向から取り組んだ大西先生の思想が「闘争の倫理」である。古代ギリシア以来、人間性の本質として高く掲げられてきた理性の背面に潜む闘争性に着目した先生は、これの克服に人類の未来を考えたのである。

一見、矛盾概念の併記のように思われるこの言葉に、実は、スポーツとは人間にとって何を意味するか、という先生の人間に対する鋭い問いと、スポーツへの深い思いが込められているのである。

昨今、社会問題となっている教育の現場でのいじめ、学級崩壊、校内暴力、はたまた、少年非行の凶悪化とその低年齢化等々、戦争とは直接結びつかないようなこうした現象も、その底では、人間性の奥に潜む闘争性という意味では同根なのである。21世紀を担うべき青少年の行く末に憂慮の念を抱く識者や指導者の声は多くある。しかし、本当に憂うべきは、青少年そのものではなく、むしろ彼らを教え導く指導的立場に立つ、いわゆる大人の「人間を見る目の深さ」ではなかろうか。

戦争という非情を通して、その克服に逆にスポーツによる闘争の倫理をとり上げた大西先生の志操の高さは、単にスポーツの事柄ではなく、深く人間性の根源に迫っている。このような人間のとらえ方、とくにスポーツの立場を踏まえた上での視点はこれまで誰も試みたことのない独自性を持つとともに、人類の将来を示す普遍性を同時にあわせ持っている。

未来への確かな展望をもたないままに、21世紀を迎えようとする今、本書の再刊の意味はまことに大きなものがあると思うのは、一人私のみではなかろうと強く思うものである。

榮　隆男

はじめに

大西鐵之祐

自由と緊張と歓喜の大学生活から天国と地獄ほど違う軍隊の奴隷生活、そして戦闘の真っ只中へ。屈辱の捕虜生活、見るにたえない占領下の飢餓生活、英霊に報いんと遮二無二働いた復興生活、ようやく迎えた敗戦後の平和。

こうして振り返ってみると平和と戦争のなかを直接肌で感じながらの人生であった。直接経験しながら、果たして自分の意思で決定してこれらをやってきたのかと考えると、一部何らかの考えがあったかもしれないが、全く浮き草のように流れにただよってきたような気がする。特に生と死をあずける戦争なのに、ただ一枚の赤紙（召集令状）で召集され、ただ気が違ったように人を殺し、いわんや戦友を殺され、戦い敗れて帰国すれば全財産を没収されているとは。しかもこれらすべては私の意思に何のかかわりもなく行なわれている。

これが戦争なのだと言えばそれまでだが、戦争をやった国家、政府とは何なのだと言わざるをえない。国家や政府は国民の幸福を守るためにあるのではないか。殺すためにあるのではなかろう。しかも戦時の政府要人が敗戦後ものめのめと生きているなんて。生死のコントロールのできない人間のあわれさよ。

こういうことを思い出しながら現在のわが国の政治の情況を考えてみると、大東亜戦争突入前数年にわたる政府の情況にだんだん似てきているように思えてならないのである。アメリカとの安全保障条約を盾とした軍備の増強と施設の充実、仮想敵国の想定、憲法の改正、国家機密法の制定、教科書検定の強化、経済復興に伴う青少年教育の批判、歓楽街、享楽業に対する統制の強化、低調なる議会政治に対する国民の政治ばなれ、野党の弱体化と商業ジャーナリズムの機能の限界、教育課程への武道の復活、国民体育大会への銃剣術の加入、国旗国歌への感情的表徴の強化、国際経済逼迫に伴う景気回復のための軍需産業の復活等々。

これらのことは大したことではないではないかと思われるだろう。われわれも戦争突入前はそう思っていたのである。現在の経済的情況が摩擦ではすまず、ますます行き詰まってゆけば、現在の国民の生活水準を落とさずに維持するためには内需拡大などということではおさまらず、軍需産業の振興に力をそそがざるをえない情況に置かれるだろう。現在のように国民の大部分がサラリーマン化した情況では、そのときになってこれを拒否することはできないだろう。何となればそれまでに大衆民主主義体制は、政治的にコントロールしやすい国家主義体制に組みかえられてゆくだろうから。

官僚制度の強固なところでは国家主義的体制になりやすく、官僚出身代議士が多く、戦争による新旧交代の少なかったわが国の場合は、その傾向が特に強い。敗戦後天皇の権力であった軍隊の統帥権が首相に移ってから、首相は政治、行政、軍隊を掌握する大権を握るに至った。与党の党首として議員の過半数を獲得した現在、その権力たるや強大なものがある。武力と情報を握った権力者がいかに強いものであるかは、戦争に突入していったいまわしい過去の過程を見れば明らかであり、もう一度充分反省してみる必要がある。

こうしたことを書くと、そんなことがもう一度起こるなどということは考えられないと思うだろう。われわれも戦争の起こる前はそう思っていたのである。ところがいつの間にか戦争に突入していった。武力を握った者の大衆社会への心理操作や、マスコミの統制と政治的反対派への実力行使がいかに社会情勢を変えていくかを考えれば、われわれは今にしてこうした事態が起こる前にいかに対処するかを考え防止していかないと、大勢が決められてからではもう遅いのである。

われわれが今持っている平和は、敗戦後の国際的な諸情勢によってもたらされたものであって、われわれの血を流して獲得したものではない。従って現在の国民の大部分は平和が当たり前のように思っている。そして戦争などまさかと思っているであろう。昭和七年満州事変勃発から五年で戦争は始まっている。

平和から戦争へ、そして暗黒の敗戦から四十年、命がけでつかみとったこの平和を守りきらなければならない。無意味な戦争に血を流すのなら、現在の貴重な平和を守るために命がけで戦う覚悟が必要であろう。

序　著者の立場

ある人の思想なり哲学なりは、その人の人生において生活し経験してきた社会生活のタイプに大きな影響を受ける。従って私がこの本に書いたスポーツに対する考え方およびスポーツを通じての教育理論を理解していただくためには、私が最も大きな影響を受けた学生時代、戦争、敗戦の生活がどんなものであったかを知っていただく必要があるように思われる。このまえがきは、青春時代から戦争、敗戦後の生活に至る概観を書くことによって読者の理解を深めたいと考え、記したものである。いささか押しつけがましいが、そうした目で通読していただければ幸いである。

青春

昭和四年春、奈良県立郡山中学に入学した私が、八木忠雄という中学随一の秀才に会わなかったら、私とスポーツとの一生にわたる絡みあいはできなかったであろう。まさに青春の出会いとは不可思議なものである。

競走部の副主将をしていた八木さんは、「お前の兄貴は郡中競走部の全国大会優勝のときに世話していた人だから、お前は競走部に入れ」と言う。確かに南部忠平と同時代で、中距離ランナーとして中学生にして極東オリンピックに出場するという超弩級の堀鐄一郎を先頭に全国優勝した競走部は名門であった。彼はまた、新入部員に「これからの人間は学業とスポーツの両立できる者でないと立派な人間にはなれない」、そう言いながら選手を続け、一番で卒業し、見事第一高等学校に二番で入学していった。見事な中学生活であった。確かに見事ではあったが、彼の素質からすればもっとよい競技成績をあげることができたであろう。学業一番は立派である。しかし名門競走部の継承者であるなら、せめて関西大会で郡中に八木ありと頑張ってもらいたかった。それがそのときの私のいつわらざる気持ちであった。

私はハードルを始めた。四年間一心不乱に研究し、練習した。学業成績は一番とはいかなかったが、常に上位に留まっていた。そのころ名門競走部もかつての英姿はなく、寂しいものであった。私は一人ででもハードルに入賞して、郡中の競走部もまだ走っているぞということを見せたかった。

ところが面白いことに四年生の後半急にスピードが出だして記録がぐんぐん伸び、県下に敵なしの情況になった。四年間の毎日の努力が実ったのである。五年の春は絶好調であった。関西大会準決勝まで難なく突破、決勝も最後の一〇メートルまで勝っていたのに胸の差で二位になってしまった。しかし悔いることはなかった。名門郡中競走部にまだ走っているやつがいることを知らしめただけで満足であった。八木さんとの約束も果たした。

学業は少し落ちたが何よりも名門の継承者としてのつとめを果たした満足感は大きかった。

昭和八年関西競技大会後、早稲田大学を卒業した兄栄造に大学進学の相談の手紙を出した。田舎では月謝が安いから官学に行けと言う。月謝の高低で進学を決められるのも腑に落ちない。兄からの返事は東京の大学を受けろと言う。地方の大学では井の中の蛙になってしまうと言うのだ。田舎の長兄には、早稲田の第二高等学院は二年間で大学に行けるから、そこを受けると一年間得をするからと言って、私学に行く了解をえて早稲田を受けることになった。

情熱

昭和九年、兄栄造は早大ラグビー部の監督になった。そんなことを知らない私は書類を兄に送って、受験手続きをしてほしいと頼んだ。兄はラグビー部のマネージャーに、弟が受験するからよろしく頼むとそれを渡した。マネージャーはラグビー部に来るものと思い込んで、ラグビー部の受験者と一緒に手続きしてしまった。受験の説明をするから集まれと言うので行ってみたら、ラグビーの連中がうじゃうじゃいる。初めての経験で何もわからないから、一緒に受験したところ、パスしてしまった。葉書がきて何日に東伏見のグラウンドに集合しろと言う。何だろうと行ってみたら、これを着て練習をしろとユニフォーム、パンツを渡される。靴がないと言ったら、「これ、兄貴のをはけ」と言う。もうその頃になるとみんな友達になっているから、いつの間にか一緒に走ってしまう。家に帰って兄貴に今日練習してきたと言うと、「お前ラグビーやるのか」と言う。「いやわからん」。翌日大学に行くと同じクラスにラグビー部の連中が三人いて、午後一時になると「おい練習に行こう」と言う。何だか行かないと悪いようでついていくうちに、いつの間にかラグビー部に入ってしまったのである。

もちろん私の身体的資質ではハードルでこれ以上伸びないだろうという見通しを持っていたので、陸上競技を続けることはどうかと思っていたところでもあったから、日本一を誇るワセダ・ラグビーで新しくやるのもいいかもしれぬという気持ちがどこかにあったかもしれなかった。いずれにしても私とラグビー部との出会いはこんなおかしなものであって、それが一生離れることのできないものになってしまうとは、ラグビーの魅力に驚かざるをえない。

新人の一年間の苦しさは誰でも泣かされるものである。ましてやこの年は部員百二十名を超え、これではとても練習ができないので、部の幹部はきつい練習をやって部員を淘汰しようと考えている。だから練習は猛烈をきわめる。やめるやつはやめろ。練習をさぼるやつは除名。こんななかで無我夢中のうちに夏合宿を終え、秋のシーズンになると毎週のゲームである。こちらは出ることはないが、毎週勝ってくれる。しかも大差の勝利は、一流チームに所属している楽しさを満喫させてくれる。俺は早稲田のラグビー部員なんだというだけで、ラグビー界の一段高いところにいるような喜びを持つことができる。全国の覇権を争うようなチームにいる部の誇りである。

早慶戦二週間前、レギュラーの発表と合宿開始である。約二十五名が早慶、早明の試合に備えて合宿に入る。ピリピリとした緊張感が部全体にひびきわたる。

この頃になってくると各種のスポーツが全国大会を終え、優勝が決まってくる。昭和十年から十三年頃まではワセダ・スポーツの全盛時代で、勝敗のあるスポーツは大部分全国優勝するくらいの実力を持っていた。だからラグビー部も頑張れと激励にやってくる。先輩もやってくる。新聞は予想を書く。

早明ともに慶大に勝って十二月七日早明の一戦となる。これに勝てば、正月の同志社、京大との試合はあるとしても、全国制覇のようなものである。予想は五分五分、私にとってこの一戦とその夜のOB、学生懇親会こそ、ラグビーと一生離れられなくなった記念すべき一昼夜であった。

試合は大接戦となり、後半タイム・アップ寸前、明大ゴール前でワセダが左右にゆさぶり、右に振ってウィングまで球が廻り、ゴール前タックルされながらフォローした薄（バックロー）にパス、飛び込めばトライ、その瞬間、ピーと笛。ピー、ノーサイド。中村レフェリーの判定はスローフォワード。この判定が果たして正しかったかどうかで騒がれたので、中村審判はその後の笛を一切やめてしまった。しかしワセダとしては全く惜しいゲームであった。判定がどうあれ、ワセダは全般のゲーム振りから勝利だと感じた一戦であった。

その夜の懇親会は早稲田で行なわれたが、残念がる学生、なぐさめるOB、全部員にあやまる出場選手たち、来年は負けるなと激励する卒業生たち、必ず勝つと誓う現役学生。酒と涙と悲憤の叫びのなかに一年間ベストを尽くして練習した若者たちのうめくような悲痛な狂声。個人的スポーツをやってきた私にとって、生死を誓い合ったような同志的結合の感激のなかに友情と愛情の坩堝《るつぼ》を見て、それにひたりきった一夜であった。全国制覇をねらうにふさわしい一流のスポーツクラブの最高の酒宴であった。こうしたOB・学生渾然一体となった愛情と感謝の純粋な雰囲気のなかに、ラグビーの歓喜の極致があるのであろう。

翌朝の朝日新聞に、大西監督の水垢離《みずごり》をとった記事が発表されたのもこのときである。選手たちのなかで練習がきついために身体が痛いという者に白装束を着せ、その上にその痛いところを描かせ、寒中毎夜水垢離をとって、痛みのなおるよう祈ったというのである。こうした例は兄栄造の一端をよくあらわしているものだが、第二次大戦で戦死したため、今では彼の行為は神格化されている。彼のやったことが全部、部員によいものとして受け止められていたかどうかは、部員であった私からみれば多くの疑問が感じられる。彼の行為が立派だと思われるのは、その動機に一点の私心もないということであろう。われわれ後輩として監督をやる者の範とすべきところありとせば、この点であろう。

彼のこうした奉仕と清純な心は、ワセダ・ラグビーの創始者井上成意と二代会長木村文一の母校ラグビーに対する無私の奉仕と、自ら好んだ禅の無功徳から影響されたものであろう。私が学生時代兄と一緒に生活していたところから、彼から大きな影響を受けただろうと思われているらしいが、人間というものは近くにいて生活するとそんなに強く影響されるものではなさそうに思われる。しかし彼が監督としてやったことについて、当時部員であった私がそれを見てこれはこうすべきだと種々考えさせられ、自分が監督になったとき、大変参考になったことは多い。

だからもう少し彼について話しておこう。彼の趣味はラグビーはもちろん、柔道他各種スポーツ、将棋、麻雀、坐禅、酒は体質的に駄目、うまい物を食って、ゴールデン・バットをゆっくりふかすときが最高、性格は几帳面、規則正しく決まりは絶村に破らない。友情、義理に厚く、酒をたしなまぬのにつき合いは上乗である。あるとき友人が故郷の家に遊びに来たが、その友人が芸者遊びが好きだとわかり、放蕩の次兄と二人で芸者屋に二日二晩いりびたり、本人は芸者屋にもとまらず、家に帰って寝て昼はつき合うという始末である。これには家中があきれ顔である。この例はよく彼の性格をあらわしている。しかし大学入学早々伯父の家に下宿し、いとこ娘と大恋愛の末、家族の大反対を押し切って七年目に目出たく結婚した。なかなか女心も知っていたらしい。大学卒業後二年目にしてラグビー部の監督に推薦されたことを考えると、クラブの連中にも人望があったと思われる。ところが、その後戦争でラグビー部が解散するまで、何回も部の世話をしているが、昭和十七年、戦時下最後のラグビー試合には優勝したものの、それまで一度として優勝していないのである。

特に昭和十年、野上一郎主将の時代など、どこから見ても絶対勝たねばならないのに、キックの球のいたずらか、一トライの差で明大に負けている。あのときのメンバーは、今から見ても一人として不適格な者はいないほど、立派な連中がそろっていた。部員百二十名ものなかから選ばれたのだから当然と言える。早明戦までの全大学対抗試合の成績を見ても相手は全部零敗で、ワセダの得点合計は今までの最高記録であった。練習は大西式スパルタ練習で、ラグビー部創部以来随一の激しい練習と言われた。全識者および全新聞が早稲田の勝利を当然と予想していた。試合も常に早稲田が優勢であった。それでも負けたのである。そして選手は坐禅にはいった。

兄栄造の迷える心が禅に走らせたのであろうが、野上主将ら学生幹部の心境たるや察するに余りあるものであった。監督も学生幹部もやるだけのことはやったという充足感で満たされていたであろうが、現実の敗北はいかんともし難いものであったのである。監督は、学生幹部と一つにかたまっておれば、部全体が一つになっていると思っていたのであろう。学生幹部は全面的に監督と一つであったろうが、その他の部員と監督、幹部との間に何かがあったように思われる。完全主義者の監督と立派過ぎた学生幹部たち、そのなかには何の欠陥もなかった。しかし勝つためにはまだやらねばならぬことがあったのである。こうした経験は私が監督になったとき、ベストを尽くすことの他に勝つためになすべきことがまだあることを教えてくれたのである。

自由と変革

昭和十一年、十二年は、日本にとっても、ワセダ・ラグビーにとっても大変な変革期であった。ワセダ・ラグビーは監督と主将が運営の中心であったものから、学生中心の自主的運営に変わってきたと言えるであろう。米華、川越藤一郎という優秀な主将が出てきたことと、二年間連続大接戦であったとはいえ、敗北の現実は学生の自覚を促し、部員全員の団結と和こそ勝利への確実な道であるという考え方に基づいてやった結果、二年連続全国制覇の偉業を確立した。昭和七年八年連続優勝、九年、十年の連敗、そしてこの二年制覇はワセダ・ラグビー部の組織と体制を確立したと言えるだろう。また学生自体も名実ともに日本ラグビーのリーダー格としての自信と誇りを持つに至った。部員一〇〇名の素質と練習は、好敵手慶明とは接戦しても他の大学には負けることのない実力をつけ、それをバックに、学業とスポーツの両立をいかにするかという自覚と情熱にあふれた雰囲気が、部に新風を吹き込んできた。

満州事変勃発以来、日本の改革を叫ぶ軍部の勢力はますます強大となり、大学教育のなかに教練を通じて大学の自治を犯す気風が押しよせ、警察にまでその力が及び、学生狩りのような学生生活を統制する圧力をかけ、特高による左翼思想の弾圧に加えて青年将校による政治家首脳陣の襲撃暗殺等、急進過激派が起こした各種事件は、まさに日本の変革が軍部によって行なわれる前兆をあらわしていた。政党とジャーナリズムの無力は国民世論を正当な方向に導くことができず、軍部の天皇親政説実現の行動に押し切られていった。

こうした情勢を背景として、ラグビーのみに専心していた部員たちも各種グループをつくって会合し、自分たちの立場を見直すようになっていった。それを契機に大学のスポーツはいかにあるべきかということも考えられ、部員の学生スポーツマンとしての自覚もますますできてきたように思われた。このような傾向は当時の体育会長山本忠興先生および林癸未夫ラグビー部長の指導方針の影響でもあった。ワセダ・スポーツ全部が最高潮にあったこと、ワセダ・スポーツマンの世界的な活躍は目を国際舞台に向かわしめ、わが国の大学スポーツマンの最高の地位にある誇りを持つに至ったように思われる。またそれにふさわしい見識と品位を持たなければならないという雰囲気に満ちあふれていた。

スポーツでも何でも、その文化の最高峰になるということの偉大さとその影響をつくづく味わったものであった。三年連覇の目標を掲げながら昭和十三年は敗北に終わってしまった。われわれが最上級生でありながら研究と創造の態度に欠け、今まで通りやっていた結果であった。

ここで大学時代の学業との取り組みについてお話ししよう。学院の二年間は束縛された中学生活の反動としての開放的自由な生活、落第しない程度の勉学、もちろんラグビーにだけは大いに打ち込んだけれども、ラグビーシーズンが終わると、山にスキーに、そして東京にある遊び場を渡り歩いた生活であった。元来地主の四男坊に生まれ、早くに両親に死別した私には、学問とは人間の教養という考え方があって、学院で行なわれる一般科目もまたそのような性格のものであったし、当時の風潮として学院生活こそ自由を満喫するものなのだというワセダの風に流されて遊んでしまったと言えるだろう。

二年間遊び回ったのだから、大学生になったとき自らの将来を考えるべきであった。しかし親の残した少しばかりの財産があったために、もし何もするものがない場合でも、何とかそれで食えるという安易感と、昔親父が兄貴の大学入学に際して言った「お前、大学に行っても腰べんにだけはなるなよ」という言葉が忘れられず、選手にはならねばならぬし、選手になれば勝たねばならないワセダ・ラグビーの継承者としての使命感がある。まあ学問は人間の教養でいいではないか、大学出としての常識的なもので充分というので、学院のときほど遊んだわけではないが、皆のやる普通だけはやったつもりであった。だが、今から考えればやはり目標を一つきめてやっておくべきであったと後悔している。従って大学生活において吸収したものは、青春の自由の満喫とラグビーこそ自分をつくりあげるものだという信仰にも近い自己鍛錬と、この上もない友情だということができよう。

戦争と軍隊

現在の青年はうらやましい。われわれの頃は健康なる青年は兵役の義務を負わされていた。十四年、大学卒業と同時に兵隊検査、合格。十五年一月、現役兵として近衛歩兵第四連隊に入隊させられてしまった。それ以来現役兵二年、幹部候補生になり陸軍少尉任官、直ちに召集、仏印、タイ、ビルマを経てマレー、シンガポール作戦に参加、続いてスマトラ作戦に参加し、占領後はスマトラ守備旅団に敗戦撤退まで、二等兵から大尉までの七年間を軍務に服していた。その間の軍隊生活および戦争経験は、私の人生に大変革を与えたと言っていいだろう。それは大学以前ののんびりとした生活や教育とは違って、死を目前にした直接経験そのものであった。

日支事変は拡大し、国会は軍部の横暴を抑えきれず、商業ジャーナリズムもまた軍部の圧力に屈し、満州国独立を契機に軍部は北進論を捨てて南進論に変わりつつあったときであった。こうした間にあって現役兵としての訓練を受け、その後陸軍将校として戦争し、幹部として兵の教育に携わった経験は、私の教育観、人間観に絶大な影響を与えたと言えるであろう。

入隊以来の新兵教育ほど非合理的、非人道的なものはなく、人権の無視これ以上のものはなかった。こんなことがこの世の中に行なわれている世界があり、それが肯定されているること自体が不思議であった。しかしそれに従わなければ殺されてしまうという雰囲気のなかでもがきながら、幹部候補生の試験に合格したというのが実状である。この新兵教育には各種の批判があろう。私も充分持っているが、後年スマトラにおいて軍の幹部として新兵教育をやった経験から考えると、一概に否定することのできないものを感ずるのである。

それは新兵教育に与えられている目標があまりにも苛酷なものであるからなのである。その頃の新兵は六ヵ月後は戦場において戦闘できるものにするということであった。昔の現役兵であれば二年間でやることを六ヵ月でやらねばならない。それには三つの条件が必要である。戦闘に耐え得る体力、戦闘し得る戦闘技術、戦死に対する心構えと態度の体得。少なくともこれらが訓練されていないと戦闘はできないのである。新兵教育は中隊の最大行事である。半年前に教育教官が決定され、その教育計画のもとに教育体制が整えられる。新兵と同数の二年兵が選定され、新兵と二年兵の一人対一人の戦友組織ができあがる。優秀な上等兵が新兵掛として選定され、約二十名くらいの新兵が一班をつくり、班長のもとにつく。中隊幹部全員が協力体制をつくる。班長を中心とした教育方針に基づいて六ヵ月間の教育が中隊長によって行なわれる。

こうした徹底した準備体制の待ち伏せるなかに、何も知らない新兵が入ってくるのだからたまらない。新兵は国民のなかから選ばれた代表だと思っている。指導者は天皇のために喜んで死ぬ兵隊だと思っている。それなのに軍人勅諭の五ヶ条も言えない者がいる。これでは徹底的に締めなければならないということになる。彼らには六ヵ月の間に戦闘のできる兵隊にしなければならないという使命がある。もしわれわれ指導陣がなまけていれば、新兵は戦闘で死ぬかもしれない。天皇の赤子《せきし》は殺せない。今行なう訓練はつらく苦しくとも、彼らが死なないためのものである。だから俺たちが今やっていることはすべて正しいのだという正当化が行なわれる。そしてそれは彼らと家族のためなんだと。また、戦死することがあったとしても、「天皇のために戦場で死ぬのは男子の本懐なのだ」という戦争に行く心構えと態度を信じこませて教えることが、戦場に行く新兵に最も必要なことなのだ、という信念のもとに軍隊生活全部が仕組まれていく。すべての生活行動の前に、「一つ、軍人は忠節を尽くすを本分とすべし」を唱和させるのはそのためである。こうした計画が朝五時起床から夜十時消灯まで、寸刻の時間もおしんで実践訓練されていくのである。

その訓練のよしあしは批判のあるところとして、こうした教育は死を直前にしての自他の対決である、ということである。そしてこうした真剣な対決のなかに、教育の真の姿の一つがあるように思われるのである。

せいぜい一年五百名くらいの海兵、陸士を出た幹部将校たちが、約五十年の間に軍隊教育で訓練した在郷軍人を背景に、いかに政治をくつがえし、いかに国民を動かして戦争に突入していったかを、これらの訓練教育が物語るように思われてならないのである。

昭和十五年十月、現役を終えた私も戦場へと近衛歩兵第四連隊を追った。仏印で作戦演習の上、タイに侵攻した。十二月九日バンコック宿営中、前日八日の大東亜戦争開始を知った。マレー半島に入るやペナン攻略を命じられたが途中で変更、西海岸を南下しながら各地で戦闘、ジョホール西岸よりシンガポール上陸作戦を敢行、マンダイ山戦闘等を経てシンガポール突入、凱歌をあげる。一ヵ月後スマトラ侵攻作戦、攻略後中部パダンに駐留、スマトラ守備隊に編入され敗戦撤退まで守備に従事、二十一年六月に内地に帰還した。この間私が近衛歩兵第四連隊の第一線中隊の小隊長として勇敢に戦ってきたことは、マレー半島センガランの戦闘において奮戦、殊勲甲の栄誉をもらったことでもわかると思う。第一次世界大戦に出征したラガーマンを思いながらただ懸命に戦った。

実際、後から考えてみると、数十回の戦闘をやりながらよくもまあ生きてきたものだということである。戦争は人間を運命論者にするというが確かにそうである。私たちのやってきた戦闘という行動は、後から考えてみると、瞬間的な気違い沙汰だと言うことができるだろう。相手をやっつけないと殺されるから必死になって殺し合いをしている。そこにいる双方の者たちには何のうらみもない。また戦わなければならない理由もない。双方の人間がそうした環境に置かれてしまったというに過ぎないのに、相手を殺す武器を持っているだけで殺し合っている。全く狂気の沙汰である。こうした環境に置かれてしまったということが殺し合いになってしまうのである。

これを止めるのはこうした環境にしないこと、こうなる前に考えなければ駄目だということであろう。そういう場面になる前に人間というものは自己コントロールできるようにしておかないと駄目なのではないか。闘争の倫理ということを私が最近言っているのは、こうした局面をつくる前の段階で人間は、何か自分をコントロールする修練をしておかないと駄目なのではないかということなのである。

実際、戦争に直面すると、人間の理性などと言われているものは、何の歯止めにもならない。戦闘をやって自分の戦友が殺されたりすると、その戦闘が終わって敵の捕虜などを捕らえると、まるで物を扱うように殺してしまう。「罪を憎んで人を憎まず」などと言うけれど、決してそのようなものではない。そういうときは本当に狂気になる。しかしこれが人間の本性ではないかとも考えられる。従って、スポーツのような闘争の場面で何かアンフェアな行動をする前に、「ちょっと待てよ」とブレーキをかけることのできるような人間にする、そういう教育が重要ではないかと考えるのである。

私がスポーツにおける闘争を教育上いちばん重要視するのは、たとえばラグビーで今この敵の頭を蹴っていったならば勝てるというような場合、ちょっと待て、それはきたないことだ、と二律背反の心の葛藤を自分でコントロールできること、これがスポーツの最高の教育的価値ではないかと考えるからである。こうした闘争における心の葛藤をコントロールする訓練の積み重ねによって、こういうことを行なってはいけないとか、行なってもよいという、判断によらないで、パッとそのとき瞬間に正しく行為できることが重要ではないか、と考える。判断によらない判断以前の修練からくる正しい行動。判断する材料とか、判断することを教えることはできるが、判断した通りに行なうということは、その場面、場面を与えられた人間にしかできないのではないか。だから人間が人間を教育する場合にいちばん肝心なことは、双方の間に絶対的な愛情と信頼があり、そのとき正しいと思うことを、死を賭しても断固として実行できる意志と習性をつくりあげることだと言うことができよう。

植民地と行政

スマトラ北・中部を占領した近衛師団は、その守備を守備旅団にゆずり、作戦部隊としての訓練に入った。われわれ近衛師団の中堅将校は守備隊に転属を命ぜられ、警備部隊としての教育に当たることになった。われわれが守備に当たった中部パダンのミナンカボウ族およびシボルガ中心のバタ族は、決して過激な種族ではなく日本軍にも好意を持っていたので、軍政といえども警備上の問題はなく平穏であった。すでに過去の宗主国オランダに奪還にくる勢力はなく、英国もまたインドの守備に手一杯で、スマトラに侵攻してくる可能性の少ない情勢であった。われわれは守備隊の主力の兵隊が兵站出身者によって占められていたので、戦闘能力をつけるための訓練に専心した。軍政の初期は部隊がわかれて各都市に分屯し、その地域の行政を援助した。私はスマトラ随一のオンビリン炭坑に約一年間駐留し、これを経営して二千人のインドネシア労働者と接触し、親しくその生活および植民地における被征服民族というものを観察できたことは大変有意義であった。

この炭坑は優秀な国営会社で、従業員に対して食事を給与し、長屋ながらも住宅を与え、病院施設は完備無料、その頃の日本の炭坑以上の立派なものであった。給料は安いがよく働く。ただいちばん困ったのは土曜に週給を支払うと、日曜はもちろん月曜火曜も休んでしまうことである。しかもその休む率が四〇パーセントにも及ぶ。町を歩いていると従業員がぞろぞろ歩いている。知ってるのをつかまえて「なぜ会社に来ないのか」と言うと「まだ金がある」と言う。金のあるうちは遊んでいるほうが良いというわけである。「その金を貯めて働け」と言うと「貯めて何をするのか」と言う。彼らは衣食住が足りていると寸前の小さな快楽以外は考えないようだ。困って捕虜収容所にいる前のオランダ人の幹部に聞きにいくと、「それでは日曜に賭博場を開け」と言う。賭博で金がなくなったら働くというのである。昔はそうやっていたという。そんな非人道的なことができるかと思ったが、ものは試しとやってみると、大盛況である。「こんな馬鹿なもの、なぜやるのか」と言えば「こんな面白いもの、なぜやらないのか」と言う始末である。

こうしたインドネシア労働者との一年間は、人間の環境、人間と教育と宗教、人間と衣食住等、基本的なものの考え方にも相違があることをつくづく考えさせられたものであった。

この一年間のインドネシア労働者との生活で、植民地における行政と洗脳教育がいかに国民性を変化させるかについて身に沁みて考えさせられたのである。敗戦後の教育に従事したいという私の熱望はこうした経験から生まれたものである。

この間における、近く予想される戦闘での死を前にしての家族と妻子のある兵隊に対する戦闘教育と、この植民地におけるインドネシア労働者との生活は、敗戦後の私の生活の在り方に重大な影響を与えるものとなった。

敗戦

平穏なスマトラにも電波は飛んでくる。インド放送がじゃんじゃんと日本の敗戦を伝えてくる。原子爆弾広島に投下、日本は降伏するだろう。日本降伏、八月十五日の正午の放送は不明瞭ではあったが、長期戦争覚悟の外地部隊のわれわれには何とも言えないショックであった。インドからの短波でどうも日本政府は降伏するらしいとは感じながら、天皇の放送に何らかの期待を持っていた者たちからすれば、『敗戦の詔勅』はわれわれのその時点における生存を根底からくつがえす大事件であった。

私はそのとき部隊副官であった。部隊長を助け部隊を最も良い方向に誘導するリーダーでなければならない。しかし昨日までの使命感も、責任感も、ずるずると全身から抜け出していく。未だかつて経験したことのない大異変に遭遇した人間の無力さをつくづく感ずるのである。しかし全部隊の兵の生命は双肩にかかっている。降伏の情報は兵にも住民にも逐次伝わっていくだろう。司令部からは指示するまで降伏の伝達は待て、と言うだけで何の連絡もない。最も心配されるのは、住民の暴動と反乱である。部隊に戦闘準備を命じてこれに対処するとともに、守備地域の巡察を頻繁にして情報収集に努めた。部隊内の兵の動揺も心配であった。司令部からの降伏伝達と兵隊に自重して行動するようにせよという指示があるまでの二日間に、住民と兵隊に異常事態のなかったことは、幸運であった。

こうした緊急事態に対処しながら国家とは何ぞや、国体護持とは、政府とは、法律とは、軍備とは、戦争とは、われわれ国民にとって何だったのかということを考えさせられたものであった。特に何万キロも離れたスマトラに五年間も放り出され、政府は負けましたで済むものか、責任者は腹も切らずに、死んだ兵隊たちをどう考えるのか。戦争終結の機はいくらでもあったのに、その責任をどうするのだ。もし近くにいるならひと戦闘もふた戦闘も考えたい雰囲気であった。

死生

敗戦後の一年間は死から生への転換であり、死を覚悟しない生がいかに弱いものかを痛感した期間であった。戦争とは死を覚悟した環境に展開される行動である。一夜あければ戦争はなくなったという。

英蘭軍は、ジャバ島における武装解除に失敗しインドネシア軍に武器をとられた経験から、スマトラにおいては武装解除せず、日本軍にそのまま治安維持に当たるように要請してきた。このため今まで通りの警備を行なって、武装解除、捕虜収容所の生活はまぬかれたのである。住民は武器がないから蜂起反乱する心配はない。ただ最も心配だったのは、われわれが創設した兵補部隊がインドネシア軍隊として成長し、それが「日本軍は負けたのだから兵器をわれわれに渡せ、われわれが代わって白人と戦ってやる」と言って毎日部隊に押しかけてきたことであった。確かにわれわれは彼らを指導して、戦闘の補助に使う訓練をしてきたが、それが今敵対するとは思ってもいなかった。顔みしりでもあり、ひそかに少しずつ銃等を与えて帰していたが、彼らはそれを持ってわれわれの弾薬庫を襲撃してくる。全くこれには困ったものである。射って死傷があってはいけないから、当たらない様に空に向けて射っていると、匍匐《ほふく》してどんどん近づいてくる。生命のおしくなった日本兵は弱いもので、逃げてしまう。この情況には困り切ったものであるが、われわれが引きあげるとき必ず兵器を渡すという協定をして、やっと襲撃をまぬかれる始末であった。

ところが英蘭軍は武器を全部海中に投棄せよと命令してきた。守備隊は約二年間は戦える食糧、兵器、弾薬、被服を持っていたのだから大変なことである。もし襲撃されたら大戦闘になってしまう。ここまできて兵隊を死なせるわけにはいかない。そこで密約以外に方法はないと覚悟して、「俺たちは捨てる」「お前たちは夜それをひろえ」「夜は英蘭兵の監視兵を出さぬようにするが、もし来たら殺さぬように射て」とひそかに協定し海中投棄を実施したが、全くびくびくものであった。その後、もしそのときひろった武器で襲撃されたらわれわれは戦うすべもなかったと考えると、彼らが密約を守ってくれたことに感謝するばかりである。

私のように戦勝と敗北とを戦地においてなまなましく経験した者にとって、武器とはまさに魔物であると言ってよい。敗者の生命を自由にできるその境界は武器にあると思うと、武器密売者を死の商人と呼んだ理由がわかるようだ。武器が高度な技術なくしては使用できなかった時代はまだしも、現在の武器はその所持者を狂気にする以外の何物でもない。

戦友の供養

敗戦後はいろいろな事件もあったが、個人としては今までの戦争を反省し、現在の自分をいかに処置し、将来いかに生きていくかを考えなければならない立場に追い込まれていた。同僚将校の自決、下士官、兵の脱走等、敗戦に伴う事故はそれに拍車をかけた。自分ながらにいろいろなことを考えようとして、読経、坐禅、写経、読書（特に教訓）等種々のことを行なってみた。しかし自分が意思表示をしてやった戦争ではなし、参加して以来、やるだけのことはやったし、一億総懺悔《ざんげ》などと言われても懺悔する何物もない。こうした環境に置かれてこれからいかに生きるかを考えよと言われても、どだい無理な話である。何かあるとすれば死んだ戦友に対する感謝だけである。死んだ戦友の死だけは犬死だとは考えてやりたくない。せめて俺たちだけでも感謝してやらなければ浮かぶ瀬もないではないか。

毎夜読経しているうちに、〝祖国を復興してやることが彼らへの供養である〟、しかし祖国はわれわれに何もしてくれてはいない、〝復興すべきは日本民族である〟と考えるようになった。こうなると帰国が目標になる。日本には船はない。アメリカの廃船リバティー船が南方輸送に廻されるというニュース、それだけが頼りであった。

捕虜

思い出多いスマトラでの戦勝者としての生活と戦敗者としての生活を終えて、マレー半島マラッカの捕虜収容所に入れられることになった。ここに入って初めてわれわれのスマトラでの生活が敗者としては極楽の生活であったと思い知らされたのである。武装を解除され、やっと生命を維持するだけの食物を与えられる兵隊、まさに捕虜収容所とはこうした飢餓動物の集合所である。ここでは食物がすべてに優先する。人間は生きるために食わねばならない、というわかりきった原点を身に沁みるほど教えられるのである。切羽詰った状態にまで追い込まれる。戦争以上に、いつか死ぬという危機感に襲われる。使命感のない死を考えるほど残忍なことはない。

幸いなことにこうした状態を二ヵ月で脱して、われわれはリバティー船に乗ることができた。誰もこんなにうまくいくとは考えていなかったので、あと二週間で故国の土をふめるというときは天にも昇るうれしさであった。

七年目の故国の景色であった。帰ってきたという実感が伝わってきた。召集解除その他諸手続きを一夜で終えて翌朝解散となり自由になる。そそくさと別れを惜しみながら、みな故郷に向かった。

私が最初に汽車に乗って感じたことは、そこに乗っている人々の目が、あの捕虜収容所の人々の飢餓の目そっくりだということであった。特に昼食をとるため背嚢《はいのう》を下ろしてそのなかから乾パンの袋を出したときに、みなが注目したその目、それこそ飢餓に瀕した人間が食物をねらっている目であった。〝戦争は原爆で負けたのではない〟〝庶民の飢餓が負けたんだ〟と、そのとき私は直観したのである。食える政治家や軍人にはそれが解らなかった。大阪で汽車を乗り換えたとき、車内は一変した。食糧を運ぼうとする人たち、それを取り締まろうとする警官、その食糧を盗もうとする人たち、まさに命がけの食糧の争奪戦である。

夕方になると駅前は一変する。ヤミ市、ヤミ食堂、米国製品を売る店、その他あらゆる商品が売買され、しかもそのなかには法律も警察も、占領軍の憲兵も及ばない権力の無法地帯ができあがる。そこでは何でも売買できるし、力のある者は何でもできる場所である。

人間の飢餓が自分のつくった法律、道徳、倫理、規範、理性、知性、文化等すべてを破棄した社会が、敗戦直後の都市繁華街の情況であった。レマルクの『西部戦線異状なし』を思い起こさせるものであった。そのなかでの女と子供はとても見られる状態ではなかった。

この時期を生活した人々は、現在でも人間は食えなくなったとき、どんなことでもやる動物だということを心に銘じて深くきざみ込んだのである。こうした情況のなかで教育を志し、故郷において小学校、中学の教師を申し込んでみたが断られ、仕方なく召集前の会社に復職すべく上京した。

復活

東京の情況はもっとひどいものであった。こんななかで母校のラグビーはどうしているだろうと東伏見を訪れたが、かまきりのような細い学生がきたないユニフォームを着て走っている。それでもうれしかった。世の中のこんな情況のなかで、好きなラグビーを行なう青年のなかに民族の復興の息吹を見たような喜びがこみあげてきた。学業中途で戦場に引き出された学生が、復学して部を復興してやっている継承の精神に涙のこぼれる思いであった。敗戦にもめげず飢餓にも屈せずラグビーを続けようとする彼らの不屈の精神こそ、青春の純粋さと崇高さを象徴するものであろう。民族の復興は教育にあるという私の信念を鼓舞してくれて、これ以上のものはなかった。それ以来学生の練習のコーチをやりながら、しばしば東伏見を訪れることとなった。毎日東伏見を訪れていた何人かのOBたちが集まって来て、食わずともワセダ・ラグビーの火は燃え続けた。

その当時、文部省は占領軍司令部の命により大学に体育正課を設置することを要請してきた。早稲田大学においても全学生に正課として体育を実施しなければならなくなり、その教育の援助を体育会各部OBの統轄団体である稲門体育会に要請してきた。稲門体育会の責任委員をやっていた私も臨時講師として授業の援助をすることになったのである。帰国後快く復職を引き受けてくれた会社には申し訳なかったが、それ以来大学で体育、スポーツを通じて教育に専心することとなった。

教育への念願

教育の場への念願を果たした私は猛烈に勉強を始めた。まずわれわれを負かしたアメリカが持っている教育哲学、ジョン・デューイに代表されるプラグマティズムとはいかなるものか、と同時にラグビーを通じて英国における有名なパブリック・スクールの教育とはいかなるものかと。この二つの理解が当初の目標であった。デューイについては植田清次先生に師事、パブリック・スクールの教育は池田潔先生の『自由と規律』に大きな感銘を受けて、その後ラグビーを通じて種々教えを乞うた。私の教育の基盤はこの二つの教育論に影響されていると言っても過言ではない。もし少しでも私自身のものがあるとするならばそれはラグビーを通じての教育のなかに生かされたこれらの教育理論の実験、実証により体得されたものと考えてよいであろう。

私の教育の実験は体育正課としてのラグビーおよびラグビー部指導から始まった。専任講師になってからは『現代スポーツ論』および『スポーツの社会学』の講義を持って、スポーツの社会的機能の研究に従事した。また日本ラグビー協会の役員として特に技術的指導の中心として全国の青少年チーム、大学、全日本チーム等の指導に当たり、研究した教育理論の実験普及に努めたつもりである。また母校ラグビー部監督時代のゲームの実績および指導した全日本ラグビー・チームの国際試合の実績等は、私が研究したラグビー指導理論の実証と言えるだろう。もう一つわれわれの誇り得べき実験は、五十年にわたるワセダ・ラグビークラブの発達過程とその建設であろう。六百数十名のOBクラブ員が半世紀にわたって一致団結協力し合って建設したクラブハウス、グラウンド、学生寮の完備とクラブ建設は、わが国においても社会の基礎集団としての健全なるラグビークラブの建設が可能なことを実証したものとして、この問いささかでもこの建設に貢献することができたことはこの上もない喜びである。私の「スポーツこそ民主主義社会の基礎」という理論の実証を、われわれのクラブが五十年にしてやり遂げたことは何にもたとえようのない喜びであり、クラブのメンバーに対し深甚なる感謝の念を捧げたい。

また現在、日本ラグビー協会、日本体育学会、日本スポーツ教育学会等の役員、および、オリンピック運動については日本オリンピック委員会（ＪＯＣ）の常任委員として、またアマチュア・スポーツの統轄団体としての日本体育協会の理事として、アマチュア委員や競技力向上委員やスポーツ少年団役員として、それぞれの振興、指導に関与して微力ながら努力しているけれども、山積する各種問題にとまどい、現在のスポーツ問題の難しさをつくづく痛感しているのが現状である。

この生涯にわたる社会生活の概観は、敗戦後の教育と研究にまたがる後半が非常に簡単になっている。大学における教育と研究については重複する部分があるので本文のなかからくみとっていただきたい。

I　スポーツ哲学論考

スポーツ的行動の起源と社会的機能

スポーツのような人間の単純な原始的行動が、人類の歴史とともにさかんに行なわれてきたということはなぜなのか。これがスポーツの社会的機能の研究に入った動機であった。以下はそのささやかな研究の一部である。

文化人類学と社会学の研究は、スポーツにいろいろな示唆を与えてくれる。ここで言うスポーツ的行動とは、現在のスポーツ概念から離れて、スポーツ的形式をとった広義の人間の行動と解釈していただきたい。こうしたスポーツ的行動は、現在世界に存在するあらゆる社会で行なわれている。進歩した近代社会のみならず、残存する未開の狩猟社会、農耕社会でも、氏族社会、封建社会等前近代社会においても、以下に掲示するようなスポーツ的行動が行なわれているのである。(1)歩行、(2)走行と走猟、(3)木登り、(4)跳躍、(5)投擲《とうてき》(石投げ・槍投げ)、(6)打撃、(7)力だめし(体当たり訓練・重量あげ・綱引き・棒引き・棒押し・棒つき)、(8)相撲、(9)拳闘と腕相撲、(10)刺突・斬撃、(11)乗馬、(12)射撃、(13)狩猟(一般のもののほか、追い落とし・しのびより・鷹狩・豹狩・野豚つき)、(14)漁猟および水上競争、⒂ボールゲーム（打球・蹴球・連球・頭球・肩球・臀球）、⒃ブーメラン、⒄草橇・雪橇、⒅頭皮剝ぎ、⒆人狩りおよび首狩り、⒇爪合戦、㉑闘鶏・闘牛・闘犬。

これらスポーツ的行動に使用される器具や施設、ルール等は、現在では相当進歩したものと考えられているけれども、進歩した現代スポーツといえども明らかにこうした原始的スポーツ的行動の遺存（survival）ということができるのである。

文化的遺存

文化の定義は非常に難しいが、文化人類学の「人間が自然および社会と相互に交渉し合って生成していく生活様式の総称」と考えるならば、まさにスポーツ的行動も明らかに文化の一要素と考えられる。マッキントッシュによれば、英国におけるスポーツの文化としての容認は、文化（culture）と形容語句である身体的（physical）とは決してなじまなかったが故に、非常に遅かったこと（一九五〇年頃）を明示しているが、現在では、各種の分類はあるが、スポーツ、競技、遊戯等が文化の要素として認められている。

スポーツ的行動が社会の発展過程のなかで文化要素として遺存してゆくためには、それ自体の行動のほかに、それが社会に及ぼす影響力や役割、すなわち社会的機能を持っていなければならない。それではスポーツ的行動は社会の発展過程のなかの各社会において、どんな社会的機能を持っていたのであろうか。

人間が樹上に住む類人猿か、木から落ちた猿かは非常に難しい問題であるが、狩猟、漁猟を生活の手段としたことは事実であり、狩猟社会を形成するいろいろな種族が現存している。こうした社会においては、砂漠地帯に住むオーストラリア原住民のように、歩行、走行により狩猟をいとなむものから、弓矢、槍等、器具を使用して狩猟する各種種族まで、前に掲げたスポーツ的行動の大部分を活用しながら生活しているのである（これら狩猟行動がスポーツ的行動の起源と考えられる）。

従って狩猟社会においては、彼らのスポーツ的行動は明らかに生産の手段として真剣に行なわれ、遊び的要素は子供の遊戯を除いては全然認められない。すなわちスポーツ的行動＝生産行動である。生産行動であるが故に厳粛な、真面目な、真剣な行動なのであり、この行動なくしてその社会の維持、発展は不可能となる。彼らの狩猟行動に参加するのは男子であり、男の子供に対する教育の大部分は狩猟の技術についてであり、遊戯もまたそれらの模倣的なものが多い。もちろん常に自然的脅威にさらされている彼らは、超自然的な存在に対してそれをなぐさめ宥和して、精神的な平静を得ようとする。そこに自然宗教が発生し儀式が行なわれ、神話が生まれ、タブーやトーテムがつくられてゆく。

しかもこれらは常に狩猟を中心として共同体意識のなかでつくられ、権力の存在もまた狩猟についての経験的知識と技術にたけたものに帰趨するのである。狩猟社会における最大の欠陥は、狩猟物の蓄積が長期間できないということである。従ってある程度広い支配地域を持ちながら小人数の一族しか生活できないため、常に移動を余儀なくされる。しかしその移動が、新しい社会をつくり出していく。河川地域を中心とする農耕社会である。

農耕社会では生産の情況は一変する。開墾し水を引き種子を植え収穫する。そこには狩猟社会における生産行動であったスポーツ的行動は、明らかに生産的機能を喪失すると同時に権力者交代が行なわれる。農耕は自然現象に最も大きく左右される。従って自然現象の推移に最も通じた呪術師（うらない師）が権力を握っていく。生贄祭に見られる超自然物へのなぐさめと宥和は、うらない師の独占物となり、彼らは人神交流のできる特権者として君臨する。

生産機能を喪失したスポーツ的行動はうらない師（後の僧侶、神官、牧師）の主宰する人神交流のための神前儀式の行事的行動となり、熱狂する狩猟的行動の乱舞のなかで神託が授けられ、神託が的中して豊作になれば、ますますうらない師の権力は拡大される。この神前儀式の機能は、その社会における生産の豊凶をかけたものであり、共同意識を昂揚するものだけに、神前儀式としてのスポーツ的行動および原始的な舞踊はますます厳粛なものとして発展していく。

農耕社会の隆盛は収穫物の蓄積の可能性にある。これは農耕社会における高度の文化の発展をもたらす。文化の発達に貢献した人の死に対する葬送儀式としてのスポーツ的行動は、大観衆とともに後世のスポーツの祭典儀式となる。そして大衆の忠誠心や団結心をつくりあげる手段に利用される。しかし農耕社会の長所である富の蓄積はこの社会を危機に追い込むのである。掠奪者の侵入である。これを防衛しない限りこの社会は生存し得ない。神前儀式として遺存したスポーツ的行動（狩猟行動）は、再び姿をかえて掠奪者に対する防衛手段としての闘争行動に使用される。獲物を獲得する手段としてのスポーツ的行動は、人対人の戦闘の技術となる。戦闘的技能を持たない神官的権力者は、戦闘的実力者と合体して氏族社会を形成していく。

氏族社会においても神前儀式がその社会の最高決議機関であり、戦闘技が社会存亡の鍵を握っている限り、スポーツ的行動はその社会に対して最も重要な機能を果たしていることになる。また社会が安定して成長するためには共通の精神的基盤と社会的な秩序が保たれなければならない。

社会的秩序遵守の手段として最初タブーに始まり、慣習、規範、倫理、道徳、法律などが発展していくが、この共通の精神と規範道徳の教育なくしては、これらを遵守させることは不可能である。しかも愛族心の育成と団結心の昂揚を基盤としたそれらの遵守こそ、氏族社会存立の成否を握っているものである限り、その教育は神前儀式とともに神に誓約せしめ、神前儀式行動、戦闘訓練を通じて献身的遵奉的行動的な教育を必要とする。

スポーツ的行動はこれらの共通的精神（共同体への忠誠）と規範道徳教育の手段として大きな機能を果たすのである。また社会秩序を守るためにその社会を統御する地位、役割等を必要とする。これらを公平に与えるための登用資格試験とも言うべき手段として、スポーツ的行動が必要な地位を占めるのである。その他、収穫祭等礼祭における行事としての娯楽的機能、葬儀における競技的行事、異氏族との交渉、和平交流における接待行事、宗教儀礼および礼儀作法等への影響、戦技や生産技の舞踊化、衛生の訓練等々を通じてのスポーツ的行動の機能は、まさに社会生活全般に大きな影響力を持っているのである。

スポーツ的行動の歴史

氏族社会以後の社会の発展過程をどのように分類するかを決定することは、筆者の現在の知識の範囲では難しい。従って歴史上スポーツ的行動と関与の深い史実とその社会との関係における社会的機能を、上記の三社会における社会的機能と比較検討したいと思うのである。狩猟、農耕、氏族の各社会において行なわれてきたスポーツ的行動の機能の主なるものを、生産、神前儀式、教育、戦闘技、資格試験、娯楽の領域に分けてみた。従って今後の比較検討もそれに基づいて考え、必要なものを付加していきたいと考えている。

(a)生産

狩猟の発展は、馬、牛、鹿、羊、犬等の捕獲と飼育に始まる。捕獲と飼育技術の発達は畜産へと発展する。これらの共同労働と相まって、道具の発明は将来の道具の発達に大きな役割を果たす。飼育から乗馬への技術は、農耕技術および交通機関の発達を促し、漁猟における船舶の進歩とともに交易を発達させ、乗馬、馬車、船舶等の操縦技術の専門職人をつくり、またローマにおける古代プロとしての剣士、封建社会における武技における専門的技術者をつくりあげる。

現在のプロスポーツマンをも含め、専門的技術者の出現は、こうしたスポーツ的行動の生産性（労働性）との関連によって生まれてきたものである。非生産性の特質であるアマチュアスポーツから分離したプロスポーツは、商業資本と結合してプロスポーツのみならずスポーツ諸施設、用具産業を発達させ、最近のレジャー産業の領域への発展となる。

(b)神前儀式

ギリシアにおけるポリスと祭祀、四大ゲーム(オリンピア、ピミヤン、イスミヤン、ネミヤン)、ローマにおける国民的祭祀としての公競技、神域を中心としその儀式と支配による共同社会、封建社会における神前競技的行事、王、貴族、英雄等の葬儀に際しての神前競技等、近代以前における例はいくらでも挙げることができるが、こうした神前儀式の機能は儀式や行事の形式にあるのではなく、儀式という行事のなかでかもし出される熱狂的とも言われる雰囲気を通じて、共同体における共通の精神的基盤(哲学、思想、イデオロギー等)や共同体構成員としての態度、行動の規範や団結や忠誠等の意識の昂揚を、集まった人々に実感させ感動せしめ創造するところにある。

地域共同体が近代国家建設への過程のなかにおいても、政治と宗教的儀式は常に合体して国家建設への原動力となっているし、宗教と政治を分離した国家においても、宗教に代わるべきイデオロギーを中心に、類似的神前儀式を盛大に行なってきている。二つの例として国際的に近代オリンピック、国家的にはソ連のスパルタキアードを見れば充分であろう。

(c) 教育

スポーツ的行動の教育的機能については、体育の歴史書が詳しく知らせてくれる。しかしスポーツが教育の手段として一般の人々を対象とした制度的教育のなかにとり入れられたのは、近代国家としての国民的教育が始まってからである。従ってスポーツ的行動の教育的機能は、特にギリシアにおいて最も立派に駆使されて、スポーツ教育は高い水準に達したと言えるであろう。彼らはスポーツに精神的要素を加味した最初の民族と言えよう。つまりスポーツと哲学、音楽、文学、絵画、特に彫刻とを結合させ、その後の文化に美的理想、すなわち心身の調和的発達の理想、均整のとれた身体美の理想を示したのである。これらの貢献に加えて各種のスポーツ的行動、古典舞踊を創造し、古代オリンピックを創設し、それに宗教的神聖さとギリシア民族の発展のための政治哲学とその鍛錬の場を創造し、ポリス全体に平和的な国際意識を与えたのであった。この市民に対する道徳的教育によってアリストクラシーは確定され、燦然たる文化の花が咲いたのである。その後ローマ、英国、ドイツ、中国、日本、ソ連等を通じて、それら各国の指導者階級の道徳、規範教育に最も大きく貢献していると言えるであろう。

ここで考えなければならないのは、狩猟系国家と農耕系国家における相違についてである。前者においては常にスポーツ的行動の鍛錬を重点的に行なうのに反し、後者においてはは、教義的道徳を行なう礼儀作法に重点が置かれていることである。これは主権者の存在が武力的実力者と宗教的実力者との差異によるものであろうが、近代国家の教育の目標と制度を見る場合に大変興味深いものがある。また征服民族が国家を形成した場合における、統治民族としての、道徳的規範教育としての、スポーツ的行動の教育が指導者階級に徹底して行なわれている場合がきわめて多い。しかし両者とも封建社会において身分の確立が行なわれ、指導者階級が明確にされると、スポーツ的行動の訓練は徹底して行なわれ、その道徳、倫理、規範等もきわめて高度な水準に達する。欧州における騎士道、日本における武士道等は、その特徴を充分持っているものと言える。

現在スポーツが持つフェアプレイの精神を基盤としたスポーツ規範は、大部分これらから継承されたものであり、アマチュアリズムの思想もまた大きくその影響を受けている。近代初期のイギリスのスポーツの発達は、民俗的ゲームがパブリック・スクールの教育に利用され、それらの指導者の自治と道徳教育に大きく貢献し、近代国家の指導者層の育成の基盤となった。その後スポーツ教育が近代国家にいち早くとり入れられたのは、イギリスにおける指導者教育の成功が大きく影響している。

(d)戦闘技

戦闘技については説明が要らぬくらいである。国家社会の防衛に必要な軍備を確保することは、ある程度は当然と言わなければならない。特に封建社会においては、スポーツ的行動が戦闘技としてその技術的極致にまで達する。近代国家の富国強兵政策はさらに戦闘技の訓練をさかんにする。スポーツ的行動が常に軍隊における戦闘技と密接に関係してきたのは、その当時まだ戦闘機能を保持しているものは当然、すでに戦闘的機能をなくしているものであっても、その技術にまつわる歴史と伝統が、その戦闘技を現在に生かしてくれるからなのである。ローマに始まるスポーツ的行動の戦略の基本と、アメリカン・フットボールの作戦とを対比して考えてみてほしい。現在のスポーツ的行動がすべて闘争形態をとり勝負を争うものである以上、その精神的には別としても肉体的関連性は自然的傾向と言わざるをえないであろう。

(e)資格試験

社会制度と組織が逐次確定し、世襲制と身分制ができてくると、資格試験としてのスポーツ的行動は、一般貴族では教養として武力的役割を持つもののみに採用され、封建社会において武士（従士）階級が指導階級となるや、その間に最も重要な役割を果たす。一般的貴族階級の間には、宮廷生活における教養として、ひいてはジェントルマンの資格としての教養となる。社会における秩序維持のための役割資格としての試験は専門知識試験に変化していくが、しかし軍隊内においては常に資格として継続的に認められ、近代スポーツにおいては、体育およびスポーツの指導者、プロスポーツマン等の資格にその役割を果たしている。特に自由時間の増加に伴うレジャー・スポーツの隆盛によって、体育・スポーツ（レクリエーション、健康教育、体力養成）の指導者、行政者、専門研究者、学者等がますます要求されてきている。

(f)娯楽

スポーツ的行動の娯楽的機能が最も発揮されたのはローマであろう。しかしギリシアにおいてもローマにおいても、指導者階級である市民間にさかんになったと言うべきで、庶民の間にスポーツ的行動が娯楽として発達するのは、封建社会の中期以後のように思われる。第一次産業革命の成熟期以後現在に至るスポーツ的行動の娯楽機能は、最も有効に発揮されていると言っても過言ではない。プロスポーツの隆盛と、労働時間の短縮によるフリータイムの増加は、レジャー・スポーツの隆盛にますます拍車をかけるであろう。今後のスポーツの問題は自由時間におけるスポーツ教育をいかに実施するかということにかかっている。

近代スポーツの発達――国家と国民

産業革命によって勃興した中産階級は、中央集権的国家を建設するために強力な君主と結びついた。これに勢力をえた君主は、神聖ローマ帝国から政治的に独立するため、宗教的反乱を起こした。印刷術の発明によって各国はラテン語の代わりに自国語を用いたため、国民文学が大衆に伝えられ、国家的政治目標を民衆に知らせることができるようになった。欧州諸国の大半は十八世紀の後半から十九世紀の初めにかけ、封建制を克服し国家的統一を完了することになる。

フランス革命とアメリカ独立戦争は、全世界の国家主義や自由主義に大きな影響を与えた。ルネサンスと宗教改革によって培われた個人主義と自由の精神は、市民としての権利を主張する中産階級を立ち上がらせ、君主に対する忠誠はそれ以後彼ら自身の国家に対する忠誠に変化させた。こうした個人と国家の一体感の進行は愛国心を昂揚させ、国家感情を強化したのである。

こうしてできた国家はその後独裁主義的政策をとるものも、自由主義的政策をとるものも、どちらも独自の国家主義的団結のもとに、それぞれ同じ政策を用いることが多かった。軍隊増設による富国強兵、宣伝教育による国家主義的政治観の注入、民族の優越性を誇る超愛国的国史と文学の啓培、旗や国旗や紋章、国歌等による感情的表徴、国民文学、ダンス、音楽の賛美――これらすべての手段と方法が、スポーツ的行事およびスポーツ教育を通じて利用されてきた。もちろん近代オリンピックの復興も近代スポーツの発達と普及も、こうした国家主義的振興によって急激に発達していったことも事実として認めねばならない。

この間二回にわたる世界大戦時には、それに参加した国々がスポーツ行動、行事のすべてを戦争遂行の手段として統制し最大限に利用したことを考えると、スポーツの社会的機能を、いかにその社会のために使用するかということの重要性が考えられなければならない。特に最近のコマーシャリズムによる、スポーツの宣伝機能を利用してのスポーツの蹂躪は目にあまるものがある。金銭文化の出現とアマチュアリズムの衰退と相まって、金銭が人間とスポーツの尊厳性を崩壊させるかもしれない。このコマーシャリズムのスポーツへの介入と社会主義国のステート・アマに見られるスポーツの国家統制とは、二十一世紀のスポーツやオリンピックの将来の在り方を考える場合、最も留意しなければならない課題であろう。スポーツが人類の親善と平和と幸福のためにどうあるべきかの哲学と具体的な方策を今にして立てなければ、スポーツはまたしても戦争と政治と資本の具に利用される可能性を充分もっている。

スポーツとアマチュアリズム

スポーツと文化とは、スポーツが肉体的活動あるいは運動と考えられていたために、長い間お互いにそぐわないものであった。旧来のヨーロッパの気風としては、スポーツを文化として認めることは文化・文明概念がこれを許さなかった。アメリカの文化人類学の文化概念によってスポーツが文化として認められてからも、まだそんなに古くはない。

しかし前章において概説した「スポーツの社会的機能」によってある程度理解していただいたように、スポーツはいろいろな時代の社会の文化として重要な社会的機能を発揮している。特にその社会の盛衰にかかわる指導者階級の道徳教育については、スポーツ的行動を通じての教育が非常に大きな貢献をしている。たとえばギリシアにおける市民階級（貴族）に対する為政者としての道徳教育、封建社会における領主従士、武士騎士階級に対する騎士道、武士道を通じての指導者としての道徳、倫理教育、近代国家建設に際してのイギリスにおける新しい指導者階級育成のためのスポーツを通じての性格陶冶と、道徳教育によって世界に雄飛するイギリス帝国をつくりあげていく際の指導者教育課程等々。

ここで特に注目すべきことは、狩猟行動がスポーツ行動に進歩していったことである。つまり、食うための狩猟行動から始まったスポーツ的行動が、自然的恐怖や災害を神意と考え、それをまぬかれるため神をなぐさめ神に願いごとをするために行なう神前儀式になり、そのときから、野蛮で野獣の闘争であった狩猟行動が、神前という特殊な環境のなかで行なわれることを通じて、通俗界と違った雰囲気のなかに神聖さがかもし出されたのである。

スポーツ行動の非現実性という特質は、こうした神前儀式の特質からくるものである。神の前で狩猟行動を行なうとき、その勝敗の過程を神が見ていると思うこと、もしその間に不正のある場合は神は怒り賜い、願いごとはかなえられなくなると思うこと等は、この闘争に神聖さを与え、そこから自然に闘争の倫理がつくられ、それを遵守する気風が起こってくる。

こうした宗教による闘争のコントロールとしての闘争の倫理は、その時代と社会の文化の高揚に大きく貢献しているということである。前述したギリシアにおける統治者としての市民（貴族）、封建社会における為政者であり指導者であった領主従士、騎士等、また、イギリスの近代国家成立における統治者としての貴族、等々に対する統治者教育の中心であった道徳教育に、スポーツ的行動が重要な役割を占めたのである。従ってこれからわれわれの青少年が迎える、自由時間増大の余暇社会においても、このスポーツ的行動の有効な活用と教育によって新しい余暇社会に闘争の倫理を中心とした新しい道徳を築きあげて、平和社会をつくりあげることは現在最も重要な課題ということができよう。

そこでこの章ではスポーツの哲学とも言うべきアマチュアリズムについて解説し、その文化的基盤を考えてみたい。

アマチュアリズムとプロフェッショナリズム

現在スポーツを論ずる場合、アマ・プロ問題を除外することはできない。一般的通説としては常に論議され批判されていながら、その論議は常にアマ規定違反という問題として、あるいはある事態がアマとしての行為なのか、プロとみなされるのか、という問題としてとらえられている。現在のように組織化されたスポーツ制度のもとでは、アマ規定上から言えば、その組織に加盟している競技者だけに規定が通用されるわけで、加盟していない一般の競技者には何ら関係のないことなのである。アマ規定はアマ競技団体に加盟している競技者の外部環境からの保護規定にすぎない。

また、プロはショー（見せ物）にすぎない、あれはスポーツではないと簡単に言い切る人もあるが、すでに世界的にスポーツとして認められ、独立した社会的娯楽機能をもって存在している以上、これを否定することはできない。常にプロが悪い影響をアマに与えるのだという意見も多いが、プロができて以来、大勢としてのアマスポーツが非常にゆがんでしまったということでもない。アマ・プロ問題は基本的には健全なアマと、プロにふさわしいプロとの間に介在する少数のシャマーチュアと、似非プロの問題であって、それらを社会が認めなくなれば自然に解消する問題なのである。

しかるにわが国ではアマ・プロ両スポーツの根底的な考え方が一般にあまりにも漠然としている上に、スポーツマンに対するアマ・プロをいかに理解するかという指導があまりにもなされていない。難しい問題であると同時に、教育的立場にある体育指導者の多くは、スポーツ指導者よりアマチュアリズムに疑問を持ち過ぎているようである。

プロスポーツマンも金銭的な問題には関心が多いが、プロ資格の問題については自ら反省する余裕をもっていない。世界的にも多くの問題をかかえてはいるが、アマ・プロ問題より、ステート・アマ問題、ステロイドおよびドーピング問題の方が関心が強いように思われる。また最近ではアマでありながら金銭をとるプレイヤーが出てきて、いわゆるプロとは区別して考えなければならない問題が起こってきている。

いずれにせよアマ・プロ問題は、規定によってこれを解決することは過去の実績から見てもよい効果をあげていない。従って教育と指導によって社会的理解を深め、社会的制約によって、矯正していく方向に向かっている。よってまずアマとプロの基本的思想である、アマチュアリズムとプロフェッショナリズムについて解説しよう。

わが国のアマチュアリズムの系譜

(1)スポーツの語源から解釈して、スポーツとは仕事以外の行動(戸外運動)という意味であったが故に、スポーツはアマとして行なう行動なのだ。従って自由な自己目的的行動であるから、それを行なう態度はアマチュアリズムにのっとって行なうのである。

(2)スペンス、ホール、ギューリック、ホイジンガ、カイヨワ等の唱える遊戯論を根拠として、スポーツは遊戯の一部であり、遊戯の特性をもった非生産的非現実的自由な行動である。従って遊戯のなかにある楽しみを追求するというアマチュアリズムこそ、スポーツマンの基本的思想である。ただ自由に楽しく遊ぶのがレクリエーションだとする考えも、この部類に入るだろう。

(3)amateurという言葉はスポーツよりも先に芸術界で使用された関係上、シラーの美の哲学等の影響を受け〝「自由な芸術」それ自身の目的〟という意味において、ただ純粋にスポーツを愛好するが故にスポーツを行なうにすぎないのだ！　という遊戯論と同様の結論に達した。

[4]amateurという言葉はラテン語のamatorを語源としている。amatorとはloverという意味である。愛する者、愛好するが故にそれを行なうのである。ルネサンスのロマンティシズムの影響とともに、ただアマスポーツとはそれを愛好するが故にそれを行なうという考え方を中心思想とする。〝勝敗もものかは、ゲームを愛せ〟、あるいは〝愛するものは売らない〟という考え方なのである。

　これらを総合して一般的なアマチュアリズムの基本的な考え方と言えるであろう。その考え方に一貫して現れているのは遊戯における自己目的的性、すなわち自由性ということである。そこでひるがえってアマ、プロに問題が最初に出てきた十九世紀初め頃のスポーツを取り巻く情況を考えてみよう。

バーバリヤンからフィリスタインのスポーツへ

　第一次産業革命も爛熟期を迎えると、英国のバーバリヤン（貴族階級）もまたその構成層を変える。名門、勲功によるバーバリヤンのなかに新興ブルジョワ階級が新しく入ってくる。思想的に根本的に違うこれらの人々の進出によって、アリストクラシーは動揺する。ようやく試合の交流が始まり、社交機関の一つとして隆盛になりつつあったスポーツ界に新しいギャンブル的不祥事が起こってくる。選手の買収や専門家の雇用による勝負のインチキ支配である。ギャンブルを肯定していた従来のバーバリヤンは、肯定の立場に立つ以上、これらの選手を除外する規定をつくる以外に方法がなく、最初のアマ規定がつくられる。アマ規定が身分的差別を目的としたものであったというのは、こうした成立の情況によるものなのである。

しかし現在と同じく、いかにアマ規定を厳重にしようとも抜け道ができ、最終的にはすべての労働者を除外するまでに至るのである。これらはボート競技における特殊な例だが、こうしたバーバリヤンの混乱情況を、根本的な思想によってスポーツ界を浄化しようとしたのは、当時ようやくスポーツを行なう余裕をもちだしたホワイト・カラー・クラスのフィリスタイン（中産階級）である。

ピューリタニズムの遵奉者の中心的存在であったフィリスタインは、彼らの宗教的信条と経験的モーレス、ロマンティシズムと自由主義、平等と競争の原則を基盤とするアマチュアリズムを主張し、アマスポーツの浄化と確立に尽力したと言うべきであろう。十九世紀後半にはアマチュアリズムは、アマスポーツの基本的精神となった。

ちなみに新興ブルジョワ階級の貴族階級への進出は、その子弟の教育政策に大きな影響を及ぼす。パブリック・スクールの教育へのスポーツの導入は、まさにこのバーバリヤンの動揺期に当たる。スポーツを通じて、新興ブルジョワ階級の子弟をパブリック・スクール、ケンブリッジ、オックスフォードを通じての道徳規範教育によって同化し、新しい英国の指導者階級をつくりあげていく過程は、全く見事なものと言うべきであろう。イギリスのスポーツが規範型だと言われるのはここからきているのであろう。

アマチュアリズムの成立過程

近代オリンピックの創設者クーベルタンは、「私にとってスポーツとは宗教に近いもののように思われる」と、また「アマチュアリズムは驚嘆すべきミイラである」とも言っている。彼のようなスポーツをこよなく愛した偉大な指導者でさえ、数多く起こるアマチュア問題に頭を悩まし、幾多の会合を開いて解決をはかったが遂に諒解が得られず、「私はすでにアマチュア問題に関して興味を失ってしまった」と述懐している。その後も、また現在も、ＩＯＣはアマ問題には常に頭を悩まし、ミスター・アマチュアと言われたブランデージでさえ解決できず、前委員長キラニンは基本的にはアマチュアリズムを遵守しながら、アマ規定に関しては国際競技連盟（ＩＦ）のアマ規定に従ってオリンピックに参加するよう決定した。この考え方はマッキントッシュに影響されたものであろうが、しかしアマスポーツを全般的に見れば、一部高度の選手層を除けば、アマチュアリズムは厳然と生きているのである。それではこうした思想体系が明確に確定され、解説されているかというと、部分的研究はあっても、筆者の知る限りでは現在までにはないように思われる。従ってこれからの解説は筆者の考え方であることを前もってお断りしておきたい。

(1)自由とスポーツ

ルネサンスは人間の自由の回復だと言われる。自由主義は人間の自由な行動の範囲を自己目的的行動に求めた。権威と宗教の合体による権力によって抑圧されていた人々は、宗教の改革を訴え、学問の独立を唱え、芸術の復興を叫び、人間の自己目的的行動の絶対的解放を要求したのである。学問はアカデミック・フリーダムを確定し、芸術は美の追求のみの術に、宗教は人間の幸福のみの宗教に、それぞれその独立を獲得した。思想は自由に解放された。蓄積されていた科学と技術は産業革命を生み、産業の興隆は人々の生活を向上させ、労働時間の短縮をもたらした。もちろんいろいろな紆余曲折はあるが、人間の自己目的的な行動の一つである遊び、遊戯、ゲーム、スポーツもまた、解放されるときがきたのである。

当然、比較的安定性をもった封建社会ではその後半以降においては遊びやゲームやスポーツは相当に庶民の間に開放されているが、それはあくまで領主の掟と宗教的制約の下に行なわれ、特にスポーツ的行動であるゲームにいたっては、常に法律と宗教から圧迫を受けている。庶民の狩猟と、野獣の闘争と言われた古代フットボールとに対する禁止令は、獲物の保護と戦技の衰亡に対する考慮があったにせよ、全く厳重をきわめている。しかしこうした制約は遊びの享楽への堕落に対する歯止めとしての役割を果たしていたこともいなめない。

ところがこれらの権威の没落によって制約下から解き放たれた遊びは、その方向を失い混乱状態を惹起するに至るのである。遊びが社会的制約から解放され、個人の自由にまかされたとき、それらの自由的統制が教育されていない場合、それが享楽的方向をたどるのはローマの例を見れば明らかである。

フィリスタインの直面したスポーツは、バーバリヤンとポピュラス（庶民階級）のこうした混乱状態にあった。もちろんマッキントッシュも言う通り、ピューリタニズムはスポーツ的行動に対して決して好意的ではなかった。しかし十九世紀初頭におけるパブリック・スクールへのスポーツ教育の導入の成功は、バーバリヤンと新興ブルジョワの子弟の間にあって、敢然と自主的に改革してきたフィリスタイン達に貴重な経験と自信を与えてきたのである。彼らはピューリタンとしての宗教的信条を基礎としてスポーツを改革していったのである。

(2)愛と平等とスポーツ

宗教らしきものとの絆を断ち切って、宗教そのものに立ち帰らせた宗教改革の根源は、純粋な愛に対する絶対的な信頼であった。この信条は〝働かざるもの食うべからず〟の発言者として有名な聖パウロが新約聖書のなかで言った、〝正業を持たずして布教する勿《なか》れ〟すなわちキリスト教の布教を飯《めし》の手段とするな、〝神の教えのみによって布教せよ〟という信条になって、スポーツのアマチュアリズムを遵守させていったのである。

大学スポーツに対しては、一八五一年に出版された『大学の理念』(The Idea of University) についての講義で、ジョン・ヘンリー・ニューマン枢機卿 (Newman) がオックスフォード大学における「自由なる知識、それ自身の目的」(Liberal Knowledge Its Own End) と題する第四の講話で彼の自由主義についての解釈を行なった。アカデミック・フリーダムを説くと同時に、スポーツを人類にとって正当な営みであるばかりではなく、価値ある営みであるとして正当化している。

　こうした影響を受けて彼らはまず「スポーツの自由が成り立つためには、そのスポーツを純粋に愛するものだけが集まって、そのなかではすべてが平等に扱われなければならない。〝自由なスポーツの独立〟〝スポーツのアマチュアリズムの独立〟であると同時に、外部の圧力から独立した自治的なコミュニティでなければならない」と考えたのである。

　この考え方は、当時の学問、宗教、芸術等に共通したものであるが、騎士道的モラルを持つバーバリヤンにも、また封建的権力権威をはねのけてきた新興ブルジョワ階級にも、自由と自治と個人の権利を標榜するフィリスタインにも共感をもって迎えられ、スポーツ自体のルール化、組織化等の整備と相まって、アマスポーツクラブおよびその統制組織としてのスポーツ・ユニオンが発展してゆくのである。そしてそれらのクラブおよびユニオンは当時すでに組織化されていた宗教におけるセクト制度と同じく、共通の精神としてアマチュアリズムを標榜して組織されていったのである。十九世紀末までには大部分の競技種目ユニオンが結成され、加盟クラブの増加とともにその体制を整えていった。そしてアマチュアリズムはスポーツの共通の精神としてクラブのなかに行きわたっていったのである。

プロスポーツの発達

プロスポーツの形態はすでにローマ時代の奴隷剣闘士に見られるが、近代プロの出現は十九世紀中頃のアマチュア・スポーツクラブの発展に伴うクラブの維持に必要な、雇用者としての、グラウンド・キーパー、コーチ、競技の準備等をする者、馬、犬の世話係等々の誕生である。楽しくクラブでスポーツをするためには、こうした人々を必要とする。ジェントルマン・アマチュアがこうした人々をプロと呼んだのがプロの始まりである。

クラブ・スポーツがさかんになっていくと、当然クラブ同士の試合がさかんに行なわれる。当時、試合は宗教上の関係で土曜日に行なわれたため、選手のうち日給者はその日の日給をなくすことになり、その日の給料の補償を何とかしてほしいという要求が出てきた。有閑階級の連中はそんな要求をする者はプロだと主張し、論争は対立のまま十年近くも続いた。綿業地帯として発展したヨークシャー、ランカシャー地方でのラグビー・フットボール協会における問題で、遂に協会は二分され、セミ・プロ形式をとるラグビー・リーグと、純然たるアマチュアを遵守するラグビー・ユニオンに分かれてしまう。後にプロ・ラグビーとしてのリーグ・ラグビーとアマ・ラグビーとしてのユニオン・ラグビーが分裂する始まりである。この失給補償問題は世界各国で問題にされたが、一九六二年ＩＯＣが補償許可するまで解決されなかった。

近代オリンピックの復興と二十世紀の開幕は、植民地に発達したスポーツと各国に伝播したスポーツの国際交流を促す契機となった。と同時にこれらの交流試合は多数の観衆を動員し、その入場収入はスポーツの振興と普及に多大の貢献をした。アマチュアの試合でさえこうした観衆が来るのなら、専門競技者を集めてやれば興行として成り立つと目算が立って、プロ企業家が注目する。プロ化の防波堤であったアマチュアリズムはヨーロッパ以外では浸透が薄かったため植民地の名選手を集めてサラリーマン・プロができあがる。ヨーロッパの日給者も同調する。こうして米国その他各国にプロ企業が発達し、プロ選手もまた自分たちの力量による契約を主張し、契約プロができあがる。種目によっては所属する興行から脱出して独立したプロとなっていく。

こうしたプロの発展形態は、社会形態が大衆社会に変化し、スポーツが一部社会層の支援から大衆社会の支援によって立派に独立していける傾向になったことをあらわしている。同時にスポーツ行動が自ら楽しむ状態から、見るだけで充分大衆を満足させる機能をもつようになった証拠である。テレビがこれに拍車をかけたことは疑いない。

周知のようにプロはプロフェッション（profession）に由来し、その歴史は古い。キリスト教が普及しその勢力が住民の生活に浸透してくると、神職者、牧師その他が増加してくる。これらを立派な資格者に教育しないと住民の信仰をふやすことはできない。神学、儀式、修行等、牧師としての資格を教育して獲得させ、試験をして与えることが必要になってくる。それがプロフェッション（専門職）である。次の専門職は法律家であり、裁判官、弁護士等である。こと人権と自由に関することは、人間の最も重要な事柄である。従ってある社会、国家は、この専門家を教育し、特別の資格を与える。すなわち専門職である。次は人間の生命に関する事柄を扱う医者である。医は仁術であり、太古のごとく占師にまかすことはできない。正規の教育と専門知識を付与して教育しなければならない。現在では種々の専門職があるが、昔からこうした専門職はプロフェッションとして尊敬されてきた。

ところがこうしたプロフェッショナリズムは、わが国では〝プロとは職業として生計を保っているもの〟という意味に用いられ、その社会より認められた専門職という考えが薄い。特にスポーツにおいては、プロスポーツが日本に移入されたとき、サラリーマン・スポーツとして入ってきたため、職業スポーツ、職業野球と訳され、そのためにプロは職業なんだという考えになってしまった。従ってプロの地位が欧米よりはるかに低く評価されている。同時にまたそれのほうが似非プロにとっては「プロづら」しやすいからそれに甘んじている。

現在のプロは、スポーツで言うなら、最高の技術と最高の勝負と最高のアピールを持ち、社会がそれを認めている者と言えるであろう。従ってブランデージも言うように、プロ選手の行動のなかにアマチュアリズムが存在するし、また立派なプロスポーツマンはスポーツにおけるアマチュアリズムの貴重さを充分に理解しているのである。しかしこれを認定する社会が大衆社会だとなると、大変難しい。大衆社会における文化の低落現象が作用するからである。大衆社会の文化基準をあらわすものにジャーナリズムがある。資本関係の強い商業主義下では、プロ記者がプロ企業と妥協する可能性が強い。スポーツのように勝負のあるものでもそうであるのに、芸能界等のプロにいたっては論外である。ここにアマチュアがプロを軽視し、アマとプロの間の画然とした境界が引けず、シャマーチュアや似非プロが横行する余地が多分にあり、わが国のスポーツ界に害毒を流している。

プロはプロらしくアマはアマらしくあれと呼びかけたい。プロは最高の技術と最高の勝負と最高のアピール（大衆への魅力）を目標として、自らの全力を大衆に捧げ尽くしてほしい。何となれば大衆こそ唯一のプロスポーツの支援者なのだから。そうして世界の一流プロたちを相手に堂々と戦い勝ったとき、日本のプロもやっと一人前だということができるであろう。それがためには、アマにプロの卵をつくらせることをやめて、自らプロをつくる制度を確立することであろう。そうすることによってシャマーチュアはなくなり、純粋にプロを目指す才能ある青少年がプロに集まってくるのであろう。

最近のわが国の音楽界における、プロを自覚しての国際舞台における進出を見るがよい。プロがプロの卵を育てた素晴らしい業績である。それによって初めてプロスポーツマンは社会的尊敬を受けるに至るであろう。アマはアマで画然とプロから離れてシャマーチュアを除名し、人類の平和を目標として自らの修行と闘争の倫理の体得を目指してアマスポーツに精進するとき、わが国のスポーツ界はすっきりとしたすがすがしいものになるであろう。

自らの修行による自由な境地のスポーツの体得については、「スポーツと教育」の項を、またその他の項にもアマチュアリズムについて種々書いてあるので、それも参照されたい。

スポーツ教育論

現代スポーツに関する基本的考え方

スポーツという言葉は、英国の文豪チョーサーによって初めて使用されたものであるが、四世紀を経た今日においてさえきわめて広範囲に使用され、時と場合と使用する人によって各種各様の意味をもっている。特にスポーツがジャーナリズムとの密接な関係を結んで以来、その意味はますます複雑さを加えるに至った。

従って、スポーツの本質をよりよく理解するためには、将来各種の理論的フレームワークがなされるであろうが、ここでは現在までに研究された現代スポーツの特質を概説することによって、その意味を理解していただきたいと思うのである。

スポーツは自己目的的な行動である

スポーツは人間の行動である。人間の行動を大別して考えれば、⑴生存に欠くことのできない生理的行動、⑵労働や仕事に代表される目的的行動、⑶宗教的行動や美の追求としての芸術的行動、自分のホビー的行動、真理の追究に没頭する研究活動等々に代表される自己目的的行動、に大きく分類される。人間はスポーツをしなくても生存できるし、労働や仕事のように、何らか物質的利益を獲得するためにそれを行なうのでもない。ただ、スポーツという行動を行なうそのなかに何物かがあるが故にそれを行なうにすぎない。

それでは遊戯と同じか、と問われるであろう。確かに近代スポーツの発祥当時は、あらゆる屋外運動から、室内のチェス、トランプ等の遊戯まで包含した意味を持っていた。ホイジンガは近代を通じてのプレイに関する総括的とも言える研究『ホモ・ルーデンス』を発表した、第一人者であった。しかし現代スポーツにおいては、スポーツはプレイの一部とは考えられない。現代スポーツではゲームがその中心となる。

しかし、現代スポーツといえども、その根底にプレイの要素（遊戯性）を全然持っていないというのではない。いやそれ以上に自己目的的行動であることは基本的な特質である。

この分類について必ずプロスポーツについての疑問が起こるであろうが、プロスポーツについては前述の「アマチュアリズムとプロフェッショナリズム」を参照されたい。

ゲームとしてのスポーツ

現代スポーツの共通的な形態として、ゲーム、競技、あるいは試合を挙げることができる。現代スポーツはプレイではなくゲームの成立を必要とする。従って、プレイおよびゲームの基本的な特質を概説して現代スポーツの特質に言及していきたい。

ここで言うゲームとは、「試合の結果が、身体的熟練的技術、作戦、運のうち、一つあるいはその組み合わせによって決定される、遊戯性を持ったあらゆる形式の競技」である。

A　遊戯性

「遊戯性を持った競技」という意味は、特定の競技が一つあるいはそれ以上のプレイの要素を持っているということである。遊戯性とは遊戯のなかにある自己目的的行動の特性を言ったもので、ホイジンガは遊戯の特性を⑴自由性、⑵限定性、⑶不確定性、⑷非生産性、⑸規範性、⑹非現実性、によって説明しているので、これに準拠して、プレイ、ゲームおよびスポーツとの関連性を検討することにしたい（ここにホイジンガの遊戯論を出したのは、現在までの研究で最も卓越したものと思うからである）。

⑴自由性

プレイは自由意志による行動であるという意味である。このプレイの特性は、アマチュアスポーツ全般および多くのゲームに共通なものとして疑う余地はない。しかし現代スポーツにおいては、プロスポーツ、あるいはステート・アマチュアスポーツ、体育、その他スポーツの手段化に類似するものについては明確な特性とはいいがたい。

⑵限定性

プレイは空間的にも時間的にも限定されているという意味である。この特性はゲームにおいては全面的に肯定し得ないとしても、現代スポーツにおいては当然と言える。

⑶不確定性

プレイの経過と最終的な結果は、あらかじめ決定することはできない。同様にすべてのゲームの特性は、結果が不確定であるということである。この点、現代スポーツにおいてもある程度の予測は可能であるとしても、確定性はない。おそらくこれが現代スポーツのあらゆる試合に、何よりも興奮と緊張と狂気さえもたらす要素である。これに関連して、相対抗するチームあるいはプレイヤーに、できる限り平等の条件を与えようとする努力こそは、現代スポーツの最も注目すべき特性と言える。

⑷非生産性

プレイはそれ自身では何ら新しい物質的利益を創出しないことは言うまでもない。ゲームもまたそれ自体非実利的である。しかし現代の高度のレベルにあるスポーツ（たとえば、通称チャンピオンシップ・スポーツと言われるもの）、プロスポーツ、ギャンブル・スポーツ、ステート・アマスポーツ、その他ノンアマスポーツと言われるもの等々においては、この特性については種々の疑問がわくであろう。

⑸規範性

この意味は、プレイ、ゲーム、スポーツ等は共にルールの支配下に置かれているということである。もちろんルールの支配力に種々の差異はある。プレイにおいては素朴な約束事が多いが、あらゆるゲームは正式なものであれ、正式でないものであれ、対抗する相手方に認められたルールを持っている。スポーツにおいては、現在では完全に公認されたルールを持ち、その支配下に置かれているほか、多数の規範によって制約されている。この点一般のゲームとは明確に区別できるし、スポーツの方がはるかにその制裁が厳しい。スポーツのゲームの規範的な秩序に関しての明白な特性の一つは、勝者を決定するための明確な基準を規定しているということである。現代のスポーツにおいては国際的に規定された統一的なルールの支配下に置かれるまでに至っている。

(6)非現実性

ホイジンガもカイヨワも、「プレイは通常現実の生活の外部にあり、一つの非現実的なみせかけ的な特性を持っている」というのであるが、これに関しては異論も多く、ゲーム、スポーツには当てはまらないと主張する学者も多い。ホイジンガもこの特性に関しては、「プレイの意識が非現実的みせかけであるということは、決してスポーツがきわめて真剣に行なわれることを妨げるものではない」とスポーツ行動の真剣さ、誠実さを認めている。しかし、スポーツに真面目に取り組んだものからすれば、「通常現実的生活のものではない」という特性を経験的に根拠づけることは難しい。ゲームやスポーツを構成するスペースや器具や施設等に非現実的なものがあるとしても、その行動が完全に非現実的なみせかけかどうかは疑問があろう。特に現代スポーツにおいては、みせかけどころか、現実的な厳粛で真剣な行動として取り組まれている事実を見逃がすことはできまい。

ゲームにおいてそれに参加しているプレイヤーの人種、教育の程度、職業、思想、財政的な地位等々無数の表面的現実は、試合の間、平等の原則のもとに除外される。これを、ただ平等であるかのように振る舞うみせかけの行動と見るか、現代スポーツがこうした環境のもとに行なうことを最善の処置としてやっていると考えるか——その行動によって生計を立てているという行動でない限り、また試合の行なわれる場が特殊な環境の場合非現実的と言えるかもしれないが――いずれにせよプレイヤーの行動は現実的で真剣なのがゲームとしての現代スポーツの特性ということができる。

要約すれば、以上六つの観点から、ゲームとしてのスポーツはいろいろな問題は残るとしても、その基盤には多少にかかわらずプレイの要素を持っている。しかしこのほかに競争性という特性を忘れてはならない。

B　競争性

競争を「二つあるいはそれ以上の相対抗するグループの間の覇権を求めての闘争」と定義づければ、ゲームとしてのスポーツは、プレイよりはるかに顕著に、その特性として競争性を持っていると言える。この二つあるいはそれ以上のグループをさらに広く解釈して、⑴個人対個人の競争、⑵チーム対チーム、⑶個人またはチーム対生物、⑷個人またはチーム対無生物、⑸個人またはチーム対理想的記録基準等の競争形態を考えれば、ほぼあらゆるスポーツが包含されることになろう。ゲームとしてのスポーツ行動における緊張性、誠実性、厳粛性、真剣性等はまさにこの競争性のなかからかもし出されるものである。現代スポーツにおいては、常に勝利中心主義になりつつあると言われるように、この競争性の強調が現実の姿なのである。

C　技術性

覇権を求める競争はいかにして勝利を得るかの技術的追求を要求する。プレイおよびゲームにおいてそれほど必要ではなかった技術が、スポーツにおいて特に研究され出したのは、もちろんスポーツにおいては卓越した技術を必要とするためではあるが、ルールの整備によるスポーツ形態の確立がその原因と言える。もちろん勝敗には運がつきものではあるけれども、ゲームにおける運のつきも、スポーツにおいては技術的追求の結果、それを最小限にちぢめてしまった。

特定の空間と場所、決定された人数、指定された器具と施設のなかで、規定されたルールに従って行なわれる現代スポーツは、まさに理論的研究の対象となる。理論は勝利への戦法を生み、戦法に基づく技術が開発され、合理的な練習法と体力養成と優秀なチームワークをつくりあげるスポーツの技術論は、スポーツをプレイおよびゲームから区別する特性ということができる。特に現代スポーツにおける科学的理論に基づく戦法、技術、練習（体力養成を含む）、チームワークの合理的な研究は、現代スポーツの最も大きな特徴ということができよう。こうした技術性の追求によってできあがった熟練的技術（通称妙技と言われるもの）を中心として組織化されたゲームこそ、現代スポーツの最高の栄誉にふさわしいものと言えるのである。

組織化されたゲームとしてのスポーツ

ゲームの組織化がスポーツの特徴の一つであることを説明してきたが、ただ単にゲームが組織化されてきたにとどまらず、ゲームを取り巻く社会的環境が組織化され、それが技術の領域は言うに及ばず、教育、集団、情報、象徴、産業、財政等各方面にわたって組織化が進展してきている。特に現代スポーツにいたっては、こうした社会的認識なくしては到底理解することができない状態にまできているのである。従って次にこうした各領域について解説を進めることにしたい。

A　集団的領域

集団としてのゲームおよびスポーツの領域を、チーム、スポンサー（後援組織体）および管理の面から考察してみよう。

(1)チーム

ゲームでは競技するグループは、大部分自然発生的に選ばれ、その試合が終わると解散してしまうのが特色である。これに反してスポーツの場合には、相競うグループは一般に慎重に選抜され、ひとたびメンバーが確定されるや、あまり移動することなく安定した集団組織を維持してゆく。このようにしてチーム組織ができあがってしまうと、個々のメンバーは退会することがあっても、その社会的地位は他の者に引き継がれ、チームとしての集団は逐次スポーツクラブとして発展していく。

さらにスポーツではゲームにおける個人の役割よりチームの構成員の役割の相違が非常に大きい。そしてこの役割はある基準に従って各種の行動にわかれて特殊化され、それぞれ異なった地位をもっているということである。しかも現代スポーツにおいては前述の通り、勝利獲得という目的に向かって、技術的研究と相まってチームの組織的研究が進められているのが現状である。

(2)スポンサー

スポーツにおいては、チームが競技の理想を目指して、永続的な社会的グループとして独立したコミュニティとしてのスポーツクラブを結成していく。しかし現代スポーツにおいては、クラブあるいはチームのスポーツ活動の拡大によって、その活動を完全に行なうためのスポンサーとなる社会グループが続々とできあがっている。スポンサーには直接的なものと、間接的なものとがあるが、現在では強固なる組織的団体としてチームの発展のためには欠かせない存在にまでなってきている。特に社会主義国家による援助政策は、スポンサー組織の拡大にますます拍車をかけている。

(3)管理機構

あらゆるゲームはその統制上ある程度の規範と制裁を持っているが、スポーツにおいては現在では価値、規範、制裁、儀礼等の文化的要素を多分に持ち、しかもそれらは法律的に成文化され、国際的、国内的、統轄機関によって統制指導されている。

B　技術的領域

ここにいう技術的領域とは、競技を実施するのに必要なスポーツ知識および理論、身体的スキル、競技の技術的改善に必要な施設および器具等ということになる。ゲームの目的を達成するために必要な身体的スキルは、従来個人にゆだねられていたものであるが、現在ではスポーツ理論の科学的体系的組織的研究を行ない、これを実施するための指導陣が結成されている。通常、指導陣は、監督、会計役、コーチ、トレーナー、コンディショナー、医師、カメラマン等によって組織されている。またこれに並行して競技実施に必要な施設、器具の研究、実施部門が組織され、指導陣および管理財政部門とともにチームの技術向上に協力するわけである。

もちろん管理的視点からスポーツ集団を見れば、通常ゲームに見られる初歩的顔みしりの仲間集団をコーチが指導に当たるチーム、管理責任者に統括され、コーチ陣を整備したクラブ、加盟クラブを統制指導する国内および国際協会等の四つのレベルに分けられようが、現在の組織されたスポーツ界を綜合的にみれば、前述した技術指導の系統が関係づけられて、ここでも実施されていることが理解されると思うのである。

C　教育的組織

教育的組織については別項で教育とスポーツについて解説するので詳しく書くことをひかえるが、スポーツはゲームよりはるかに系統的組織的に教育指導しなければならない必然性を持っている。最近ではスポーツの統轄機関が独自で組織的教育を行なうほか、教育制度のなかの体育、健康教育、自由時間に対する教育等を通じてますますさかんに行なわれつつある。特に社会主義国家のスポーツを教育手段とする教育の制度化と組織化は目をみはるものがある。

D　象徴的領域

スポーツは常に宗教的儀式との関係を保ちながら進歩してきた。スポーツにおけるゲームそれ自体ドラマ的シーンを多分に持っているとともに、それらを実施するグループは、独特の神秘的象徴を保持している。またそれらのグループが集合して各種の行事を行なう場合には、現実的でない何らかの象徴的儀式を行なう。そしてそれは形式化され、規約化されて、組織的に運営されるのである。現代スポーツにおいては実施者（参加者）のみにとどまらず、その関係者および観衆をも含めて行事が盛大に行なわれる傾向が強くなってきている。最も良い例は現代オリンピックであろう。

E　情報的領域

現代スポーツが社会的現象として情報の重要な要素を占めていることは言うまでもない。テレビ、ラジオ、新聞、週刊誌、スポーツ専門誌等が定期的に報道するほか、テンポラリーな各種報道もいち早く知らされてしまう。またこうした報道機関は組織体をつくり、競技団体と協力し合うが、逆に統轄団体と背反する傾向も見られるくらいである。しかしジャーナリズムの影響は現代スポーツの盛衰にかかわるほど大きいものとなってきている。

F　産業的領域

スポーツそれ自体は、非生産的特性によって産業化されることについて種々抵抗を試みてきた。しかしプロスポーツ、レジャー・スポーツの出現によって組織的産業として成立し、その効用をも認められている。また施設、器具、用具、服装等に至っては、その需要の増大によって大企業ができあがり、これらの組織的な統合協会は、スポーツ・イベントの興行においてスポーツ統轄機関をも支配する実力を持つに至った。また自由時間の増大によって、スポーツはマスコミとの結合、コマーシャリズムおよび商業的PR機関との結合によってマス・レジャー的産業組織が出現して、その発展は目覚ましいものがある。これらがアマチュア・スポーツに重大な影響を与え、その危機をも叫ばしめるに至っているが、その綜合的組織化はますます発達する傾向にある。教育指導用普及宣伝用等スポーツ出版物等の多量の発刊は情報的領域にも関係するが、組織的産業となってきている。

また機械スポーツの発達は、モーター機械産業と組んでスポーツと言えないものの発達をきたしている。またテレビの発達によるオリンピック、国際競技大会等イベントの宣伝PR機能の拡大による金銭的収入は、商業資本のスポーツ蹂躪をきたす恐れがある。

G　財政的領域

スポーツを見て楽しむという娯楽的機能の立場からプロスポーツの出現となったが、その競争を見て楽しむとともに、その勝敗に賭けることによって興味を倍加しようとするギャンブル・スポーツの組織化によって、スポーツは古代ローマにもどった観がある。しかもその莫大な利益によって国家的政策として行なわれるようになってからは、完全に制度化組織化された、ギャンブル・スポーツ機関を成立させ、一国あるいは自治体の財政政策をもゆるがすまでに至っている。しかも直接に見て賭けるのではなく、トトカルチョ的富くじの発行等により財政的援助が拡大されることによって、この傾向は世界的な現象となりつつある。

E、F、Gの各項目については種々の異論があろうが、現代スポーツの組織化の間接的な関連として、その理解のために特に解説したものである。

社会的制度としてのスポーツ

すでに現代スポーツの組織化について理解されたことと思うが、スポーツ集団が組織化されてくれば必然的に社会的制度化が促進されてくる。欧米社会におけるスポーツの規模は、一つの社会制度として確定され、スポーツおよびスポーツ集団の秩序維持のため各種の制度がつくられてきた。現代スポーツにおいては、一般にスポーツの先進国では自主発展型、後進国においては行政指導型をとる傾向を持っているが、双方ともその制度をつくりあげている。各国の国内スポーツの一般的情況は、スポーツに関係する人間の行動を積極的に組織、促進、規制しその秩序を維持するために各種のスポーツクラブをつくり、そのなかに技術的レベルに区分されたチームを持ち、クラブは地域別あるいは種目別に協会あるいは協議会を持ち、それらが種目別に国内協会をつくり、さらに国内種目別協会が統合団体あるいは協議会を結成して、その国のスポーツの代表機関となっている。世界各国のスポーツ交流の隆盛に伴い、国際的機関としてIOC（国際オリンピック委員会）、IF（国際競技連盟）等、各競技別に国際統轄機関ができあがっている。その他プロスポーツ組織は独自の種目的組織を形成しているが、国際的なプロスポーツの統轄団体はまだできていない。

すでに見てきたように、スポーツ社会の秩序は、スポーツ的情況のなかでのスポーツに関係する人間の行動を組織、促進、規制するあらゆる機関を制度化して、その維持に努めている。しかし現在のスポーツ的情況は、これらの機関の規制外の社会的事態を現出しつつある。そこでこうしたスポーツにおける社会的事態の現況を説明しておこう。

スポーツの社会的事態というのは、個人がスポーツにかかわり合いをもつ、あらゆる社会的背景からなっている。たとえば郷土から日本一の相撲取りが出たら村中がお祭り騒ぎをする等、行為者に反応する対象のあらゆる組み合わせが事態と言われるものである。こうしたスポーツ的事態は今まで直接ゲームの実施者とそれを取り巻く指導陣、後援者等の間で起こっていたのであるが、現在ではゲームの楽しみの享受者、特に熱狂的ファンと称せられる、マスコミによって創出された不特定多数の大衆にまで拡大されるに至っている。

このことはスポーツに興味を持つ人々が、実施者、指導陣、管理者、後援者がスポーツに関与する熱中度、奉仕的献身、無償投資等と同様のものを持つに至ったことによるほか、特にプロスポーツはわれわれ大衆が支えているのだという認識によるものと考えてよいであろう。一般に〝熱狂的スポーツ・ファン〟と言われるもののかもし出すスポーツ的事態、および政治とイデオロギーによって引き起こされるスポーツ的事態、並びに狂気的暴力によって起こる事態は、まさに現代スポーツの表徴的事象とも言えよう。

こうして見てくると、現代スポーツは、スポーツそれ自体が持つ特性とそれらがかかわり合いをもつ文化的社会的関与の状態によって、いろいろに認識され理解されてくることがわかるのである。しかし現代スポーツを論ずる場合に、現在では以上解説してきた基本

的な考え方を中心にして考えていかなければ到底理解できないところまできているという
ことを、充分認識していただきたい。

勝つことの意味

理論指導における指導理念について

ティーチング（理論指導）とコーチング（技術指導）の併用が重要なことを強調してきたが、理論指導の場合もその大部分は戦法、技術、練習等についての指導計画の解説に向けられて、肝心の指導理念については簡単に終わってしまうことが多い。しかし教えられるメンバーが指導理念に全面的に共鳴し、信頼したものでない限り、戦法や技術論は枝葉末節になってしまう。そこで理論指導を利用して行なった指導理念について説明しておこう。

勝敗とゲーム

「ゲームは遊戯であり勝敗はその結果にすぎない」とか、「勝敗ものかは、ゲームを愛せ」などという考えがある。スポーツのなかにある自己目的性と、遊戯の持つ自己目的性とが同じ行動の範疇にあるため、スポーツにおけるゲームと遊戯におけるゲームとを同一視したものと思われる。スポーツは闘争を主体として発達し、遊戯は遊びを主体としてできている。スポーツにおけるゲームは、人間の闘争形態を、人間自身の尊厳性を信頼し、期待し、学習して、英知によって昇華させたものと言える。ゲームする者の矜持、心構え、作戦、態度、対等の条件、ルール厳守の鉄則、審判の設定等はその英知の産物である。スポーツにおける厳粛性、真面目性、真剣性などと言われるものは、こうした環境から生まれてくるものであって、ゲームにおける勝敗は結果ではあるが、ゲーム自体のなかではむしろ目的というべきものなのである。

現在わが国ではスポーツ、体育、レクリエーションなどの概念が混同されて使用されているがために、また体育、レクリエーションのなかにスポーツが多分にとり入れられているがために、理解が明確ではないのが現状である。従って勝利を目的とするなどと言うと、スポーツを冒瀆するかのように言われるかもしれない。しかしゲームにおける勝利という目的は罪悪でもないし、ゲームの競技者に必然的に望まれるものとして、その目的が次のような価値を生んでくるのである。

理論の注入と知性的行動

最近のスポーツは国際的に、目的を達成するためにはどんな方法と手段を選ぶべきかという研究が始まってきた。ラグビーにおける各種プレイはトライをとるための技術であり、チームの戦術もまたトライをとるための技術である。そしてこれらの技術はその根底に裏づけとなる理論を持っている。理論的に研究された技術がこの理論指導で教えられ、練習によって実験され、反省し吟味し再組織されて、熟練的技術として戦法的に練習され、反省、吟味、再組織を繰りかえしながら進歩していく。こうしたスポーツへの理論の注入こそ、現代スポーツの特徴であり、現代ラグビーもこうした過程をたどって、勝利を目的として真剣に練習されているのである。

こうした戦法、技術、練習への科学的理論の注入は、とかく若いプレイヤーの陥りやすい衝動的なプレイを知性的プレイへと導く第一歩であり、スポーツこそ知性的行動だということを認識させ、青少年たちを向上と進歩へと導いていく。人間が衝動的行動から知性的行動へ進んでいく最も確実な方法は、ある目的を設定しその目的を達成するために、各種の情報を収集して理論を構成し、それを実験して反省し吟味し再組織した理論を繰りかえして実験していく過程である。ここにラグビーを行なう教育的な価値の一つを見出すのである。ラグビーをやる楽しさの一つは、ただラグビーが面白いからだけでなく、自分が考えた理論的技術が練習によって熟練的技術に向上し、それがゲームにおいて有効に実証されるという研究努力の累積による完成の楽しみなのである。

アマチュアリズムと闘争の倫理

こうして一生懸命技術の練習に励んで、だんだん試合をするようになる。相当練習したのに試合に勝てない現実にぶつかる。勝負を行なうプレイヤーは皆個性を持った人間であるということである。これらのプレイヤーの人間関係が一つに統合されていないと絶対に勝てないということを悟る。チームワークとはチーム全員がある目標に向かって必ずやりとげるという共通の精神を持つことであり、ただ観念的に持つというだけでなく、その意味を認識し理解し、しかも心から共鳴して信奉し、自分から積極的に協同行動を行なうまでに昂揚されたものを持つとき、チームワークは完成する。またチームは各プレイヤーに共通の精神を持って協同行動をとることを自然のうちに強要する。人間の精神というものは、各人がこうした共通の精神と目標を持った協同行動に自ら参加し活動するときに成長するものなのである。

その共通の精神は最初は勝利を目的として集中され、技術練習とよいチームワークをつくりあげて、優勝して勝利の喜びを実感する。数日経って勝利の喜びから覚めたとき、この喜びとは何なのだろうかと考えるのである。自分たちの考えた技術が勝って実証されたという理論的な満足なのか、勝ったという情緒的満足なのか、新聞等で立派だ、名誉だと書かれ表彰され、皆から祝福された、あの実際的な満足からなのだろうか。否、それだけではない。もっと本質的な何かがある。

このときこそアマチュアリズムというものを考える端緒なのである。通常、アマチュアリズムはスポーツのなかにある遊戯性を高く価値づけ、スポーツを行なうのは楽しいという遊戯のなかにある楽しみをただ追求するだけであって、そのほかに何ら目的を持つものではないという自己目的的行動であり、それがとりもなおさずアマチュアリズムの本質だと言われている。しかもそれらの根底となる考え方は、各種の遊戯論を中心とし、スポーツは遊戯から発達したものか、現実的行動が遊戯化されたものかであり、本質的には遊戯なのだという前提に立っている。しかしいくら考えてもゲームにおける勝利の楽しみは、なわとびやおてだまやハイキングなどの楽しみとは実感的に違っている。その違いはただのボート遊びと、ボート・レースの違いである。

スポーツは闘争の、人間英知による昇華であると前述したが、歴史的にも社会史におけるスポーツ的行動の社会的機能を考えても、闘争性を除いてはスポーツはその遺存的な存在価値をなくしたであろう。現代スポーツと言われる大部分のものが、原始社会以来、社会の変遷にかかわらずスポーツ的行動として継承され遺存されてきたのは、その社会的機能によるものと言える。一般にアマチュアリズムは十七世紀の自由思想を背景とし、シラーに代表される「人間が遊戯に没頭している行動そのものが、純粋な自由な行動なのである」という遊戯の自由性、自己目的性をスポーツの本質に求めた。ここに現在までのアマチュアリズムが観念的だとか貴族的だとか言われる根源がある。

従来アマチュアリズムは知識上の問題として考えられ、あるときは遊戯の哲学から、またあるときは美の哲学から、またあるときは自由の哲学から種々の知識を吸収した。しかしアマチュアリズムとは元来、行動上の問題なのである。なぜラグビー（スポーツ）をやるのかの問題ではなく、いかにラグビーをやるのかの問題なのである。人間がスポーツを行なうのは、子供が遊戯する動機と同じものもあるが、ただそれだけではない。実際的な目的のために、また文化として社会にあるため、また社会がスポーツの社会的機能を重要視して人々にそれを行なうように仕向けるため等々、その動機はさまざまである。人間がスポーツを行なうのはスポーツのなかにある自己目的的な楽しみを甘受するためだけだというのではない。スポーツを行なっているうちに、スポーツの真の楽しみとはそれを自己目的的な行動として行なううちに得られるものなのだ、ということを行動を通じて知るに至ったのである。

このことは、スポーツのなかにある自己目的性と遊戯のなかにある自己目的性とが同じ範疇の自己目的的行動のなかにありながら、遊戯は自己目的を甘受しようとする行動であるのに対して、スポーツは目的的行動を自己目的的行動にまで自らの意志で高めようとする行動なのである。アマチュアリズムとは人間の目的的行動を自己目的的行動にまで高めようとする行動上のイデオロギーなのである。従ってスポーツにおける自己目的性は、遊戯におけるそれよりも、宗教における自己目的性に近いように思われる。特に、宗教における他力本願的な宗教的行動ではなく、自力本願的な宗教行動に近いと言えるであろう。こうしたものが従来スポーツにおける厳粛性と言われてきたものなのである。

元来スポーツ的行動は種々の目的を持ったものであったにせよ、それらと宗教とは非常に深い関連性を持っている。その関連性の根源となるものは闘争であり、闘争に伴う生と死、愛と憎悪、人間の誇り（尊厳）等は、解決をせまられた問題であった。ある者は全面的に宗教に帰依し、諦観としてこれを甘受して心の平静を得ようとし、ある者は自ら闘争の渦中に身を置いてこれを人間的に解決しようとはかった。前者は別として、最初自らを強くするために闘争の技術を練磨するうちに技術のみが勝《まさ》った手段ではないと知ると、勝敗に対する欲を捨て、生死の間においても常に自分を失わず己に負けず、自信を持って、相手に動ぜず自己を集中することを悟ったのである。彼らは外に向かっては技術を練磨し、内に向かっては無欲になって心の平静を保ち、これらを闘争の行動のなかに統一したのである。闘争という非科学的な条件下において、科学的な技術と宗教的な無欲とが、見事に人間的な行動において統一されている。現代スポーツ精神に非常に大きな影響を与えた、キリスト教と武術追求との融合であるヨーロッパの騎士道、禅と武術との融合である日本の武士道等のなかには、その例証と言えるものが多分にふくまれている。彼らは闘争のなかに宗教的な倫理を注入し、人間的な行動によって闘争を処理し得る先鞭をつけたと言えるであろう。ここに目的的技術が、自己目的的な無欲無功徳に融合されて、初めて自由自在に働き、すでに勝敗を超越し、闘争と協調が統一された行動となっている姿を発見するのである。

　近代スポーツにおけるアマチュアリズムは、こうした目的的行動が自己目的的行動のなかに融合されて人間性豊かな行動となっていく過程とその可能性を継承している。そしてその目標とするところは、人間の尊厳を立証するに足る人間の形成であり、闘争の場における「闘争の倫理」をスポーツ行動を通じて体得させることなのである。ラグビーはスポーツにおける闘争性を最も巧妙に組織したゲームと言えるだろう。ラグビーがアマチュアリズムを強く標榜し厳守しているのは、こうした理由によるものと解釈されるのである。

ラグビーとクラブ

アングロサクソンがつくりあげたもののうち、クラブとユニオンほど近代民主主義社会の進歩に貢献したものは稀であると言われる。もちろんイギリスにおける産業革命以後の都市集中による家族集団、地域集団の崩壊に伴う社会結合の弱体化を補う社会の基礎集団の育成策として、クラブおよびユニオンの結成が政治、経済、文化その他あらゆる分野において発達したという背景があるにせよ、元来アングロサクソンの持っている自治精神がその根底をなしていることはいなめない。

わが国のスポーツがオリンピックと大会を中心に発達してきたのに反し、イギリスのスポーツはクラブを中心として発達してきたと言える。現在でもわが国のスポーツには組織とスポーツマンはいるけれども、スポーツマンが所属する完備されたクラブがないということを考えればわかるであろう。イギリス人の行くところ必ずクラブがある。ラグビーもまたこうしたクラブを通じて世界に伝播した。

ここに言うクラブとは固定的な会員が、自分たちの経済的負担のもとにクラブハウスとグラウンドを持ち、共通の精神と規範と規約と組織を持ち自主的、民主的、永続的に運営されているコミュニティであって、わが国のスポーツクラブとはいささか違っている。彼らはこうしたクラブでラグビーをやりながらクラブ生活をやっていくうちに、社会的生活に必要な愛情、善意、公平、規律、忍耐、正直、寛容等の諸徳性とその行動と態度と、自ら社会を築くことができるのだという信念をつくりあげていくのである。共通の精神としてのアマチュアリズムを中心に、人間は共通の義務を対等に負担することによって、対等の権利を行使し、集団の運営に参加し、その集団をよくするのも悪くするのも、集団員の協同的行動いかんにかかっていることをクラブ生活を通じて体得していく。

スポーツマン＝ジェントルマンという言葉があるが、スポーツマンであれば有名選手であればジェントルマンというのではなく、そのスポーツマンがジェントルマンのクラブに長年いるということによってジェントルマンが保証されているのである。従ってラグビーが人間の社会的行動に何らかの影響を与えるとするなら、それはチームの一員としてだけではなく、クラブの生活とその運営に参加することによってであって、もしこうしたクラブ生活をとってしまうなら、ラグビーをやる価値は半減してしまうだろう。ラグビーはゲームと練習とクラブを媒体として人間の行動に影響を与え、こうしたクラブにおいて体得したジェントルマンシップやフェアプレイの精神や社会的態度と行動とが、現実的社会のなかの行動として行なわれるとき、ラグビーは人間の行動を通して社会に大きな影響を与えることができるのである。

アマチュアリズムとかフェアの精神とかいうものも、こうした人間の社会的行動において具現して、初めてその価値を浸透させることができるのである。またそうした態度と行動とがゲームとクラブ生活とを通じて自然にそなわっていくところにラグビーをやる価値があるということができるであろう。

ユニオン（協会）はこうしたクラブの共通の課題を発展させるための協議体としてできあがっていく。ラグビーが世界的な統轄団体をもっていないのは種々の理由もあろうが、あくまでこうした自治の精神を基盤として考えられているためであって根源的には人間の尊厳を中心とし、社会の進歩も発展も人間自身の英知と努力と情熱によって解決すべきものなのだという信念と共通の精神によるものと考えられる。

ラグビー・クラブとデモクラシー

スポーツクラブは民主主義社会の基礎集団だと言われる。先進民主主義国においてはスポーツ集団が社会の基礎集団として定着していることを表現しているものと言えるであろう。イングランドにおいてラグビーだけで二千を超えるクラブを持ち、全スポーツのクラブを合わせるとまさに基礎集団にふさわしい数になるであろう。民主主義社会が強固な結合を持つためには、その基礎集団が健全でなければならない。何となれば、民主主義とはイデオロギーや思想ではなく人間の社会生活の様式だからである。

ラグビーという、相手陣にボールをつけ合うゲームを楽しむ人々が、ただそれだけで集まって社会をつくる。長年に亘ってその生活を楽しみながら、平和で幸福な社会をつくるための努力を重ねていく。それによって名誉や地位や利益を得ようとするのではない。人間同士が人間として愛し合い、信頼し合い、尊敬し合うなら、自分たちで楽しい社会をつくりあげていけるんだという確信と、平和で幸福な社会を築きあげる様式としての民主的な行動を身につけることによって、自分たちのクラブを基盤として現実的な社会をよりよくするため、民主的な社会行動によって改革していくことができるのだという信念とを、体得するに至る。こうした確信と信念とがクラブの生活を通してできあがったとき、ラグビー・スピリットはよりよき社会を築きあげる創造的原動力となって、われわれの社会のなかに溌剌とした新しい息吹をよみがえらせるであろう。現代のラグビー・スピリットとはこうしたものでなければならない。

ラグビーをする心（科学性と非科学性の統一）

科学と技術の進歩は、スポーツの科学と称する言葉にも見られる通り、スポーツの全分野に大きな影響を与えつつある。もちろん科学的研究は非常に重要なものであるが、科学によってラグビーのすべてを理解できると考えることは誤解も甚しい。何となればラグビー・ゲームそのものが勝敗を争う闘争の場であり、非科学的な人間の行動を多分に持っているからである。前述したラグビーへの理論の注入は、明らかに客観的な科学的研究であると同時に、その反面、ゲームにおける闘争、愛情、信頼、感動、厳粛、死生などは、明らかにラガーマンが純粋に客観的な態度のとれない状態における人間の自己コントロールの修行なのである。

こうした状態においては、科学は個人の意志や感情はもちろんのこと、思考や判断でさえ適正に決定する力となり得ない。しかもラグビーの科学的知識と方法を知っているだけでは、ゲームにおけるプレイを適切に行動することはできない。ラグビーにおいては、技術だけの小細工でも、野獣的な闘志だけでも、満足したゲームができないのはこうした理由によるものなのである。もちろんラグビーの科学的研究の成果はそれ自体、理論的認識的価値を持っているものであるが、それがラガーマンの人間形成に役立つとき、初めて人間および社会に対して価値を持つことになるのである。ラガーマンの人生におけるよりよい生き方や幸福のために、いかにラグビーを生かすかという問題にぶつかったとき、初めてゲームやプレイは道徳との関係を持つようになってくる。ラグビー・スピリットとかフェアプレイの精神というものは、こうした関係においてできあがってくるものであって、ゲームにおける理論的技術と自然的欲求とを、人間の生き方や幸福についての道徳的自覚と価値判断に基づいて統一し、プレイヤー自身がこうしたものを支配する努力を重ねることによってよりよい人生の真の幸福が得られるのだということを、把握するに至るのである。こうしたラグビー・ゲームのなかにおける人間行動の科学性と非科学性を、プレイヤー自身がコントロールしていくその過程のなかに、ラグビーの教育的価値があると言える。

最後にラグビーをする心について考えて、結論としたい。

一、努力することを楽しむ心。

ラグビーを行なう楽しさは、毎日毎日の練習にベストを尽くして努力し、その努力を楽しむことにある。努力することを楽しむ心こそ、人間の行なうあらゆる行動を楽しくしてくれるものである。

二、知性的行動を楽しむ心。

ラグビーは衝動的運動ではない。ラグビーの技術には必ず理論がある。技術の練習のなかにその理論を注入して指導することで、ラグビーは知性的な行動であることを把握させることができる。ラグビーが知性的行動の原初的なものを持っているが故に、楽しみが倍加されるのである。

三、フェアプレイを楽しむ心。

ラグビーはゲームであり闘争である。悪いきたないプレイもできるし、フェアなプレイもできる。勝ちたいためにきたないプレイをする人がいる。しかし決して楽しいゲームはできない。そこにフェアなプレイを行なうための闘争の倫理ができあがる。どんなときでも自分の闘争の倫理に従ってプレイできる人は最高のスポーツマンである。フェアプレイを楽しむ心こそスポーツの最高のものである。

四、クラブ生活を楽しむ心。

スポーツ・クラブにおいて育成された、フェアプレイを中心とした、よき社会をつくりあげるための行動と態度を実社会において実行し得るスポーツマンは、最高のラガーマンである。こうなったときスポーツは社会に大きく貢献したと言うことができる。

五、敵を愛し尊敬する心。

敵、味方、秘術を尽くして戦えどもゆずらず、自分の研究したすべてを出し合うとき、我もなくまた彼もなく、今までの相手を打ち負かそうとする目的技術は、我欲を捨てて無功徳となった自己目的的行動に融合されて、この場において最高の秘術を競い合うという闘争と協調の統一された雰囲気がかもし出される。このときこうした最高の場面を与えてくれた敵に対し尊敬と愛情の気分がわいてくる。こうしたゲームこそ最高のものと言える。しかもそのときノーサイド（試合終了）の笛がなったときは、敵なく味方なく尊敬と愛情が試合場に満ちあふれる。これこそゲームの歓喜の極致というものである。

科学、技術がいかに進歩したとはいえ、それは人間がつくったものであり、それらは手、足、五感、頭脳の延長であるという考え方に立てば、われわれが心身の相互作用である自分の行動を統御し規正する修練を積むならば、われわれのつくった科学、技術もまた支配することができるという信念を持つことができる。社会もまたそれがいかに膨大になり複雑化し集団化しようとも、われわれがつくり得た以上、それを統制し、改造し、進歩させることができるという信念。人間は闘争本能があるとしても、人間的統制によって闘争の倫理を体現し、闘争をスポーツ化し得る能力を充分持っているという信念。そして人類の平和と進歩のためには、人間同士が愛し合い、努力し合うことが絶対必要だという信念。こうした素朴な、原初的な信念こそ、現代人の幸福に最も大きな関係を持っているものであろう。それは現代人の幸福の探求の基盤となるものであり、もしラグビーをやることによってその人がこういうものを把握したとするなら、ラグビーはその人の人生と幸福に大きく貢献したものと言えるであろう。

Ⅱ　スポーツと文化

監修者プロフィールは647ページ参照

スポーツに哲学を

自己コントロール

伴　一憲（以下、伴）　それではお話を、先生が日本へ帰られた後のあたりから始めさせていただきたいと思います。

榮　隆男（以下、榮）　戦後、先生が監督になられましたときにも、学生には先生の学生時代のような雰囲気が変わらずありましたか。

大西鐵之祐（以下、大西）　いや、その頃はとても勉学なんていう状態ではありませんでしたね。ぼくは、あの昭和二十一年、二十二年、三年、あの頃の学生たちが食うや食わずの飢えのなかでよくラグビーなどをやっていたと思うんですよ。

榮　そんなときにボールや試合のユニフォームなんかはあったんですか。

大西　ええ、OBの日置（寧二）さんがきれいにして、自分の借りている家の地下に穴を掘って埋めておいた。それでずいぶん助かったんです。

その、出てきたやつを売った学生がいるんですよ。そいつは除名になりましたけれどね。ひどい時代だった。学生は朝昼晩、すいとんだったからね。ほんとに腹が減ってしようがなかったと思うんだけれど。

大竹正次（以下、大竹）　でもそういう状態でありながら引きつけるものがラグビーにあるんですね。

大西　そうなんです。それから、ＯＢもよく集まったんですよ。今でもわからないんだけれども、スポーツというのは、どんな人でも、食足りてスポーツが始まるんだ、と言うんですが、ぼくの歴史からはそうじゃない。戦争から帰ってきて、みんな食うや食わずだった。その連中がみんな東伏見に来る。それはびっくりした。だからぼくはいつも言うんですよ。ほんとに好きなものはそんな食足りてなどということじゃないと。ラグビーはブルジョワの遊びだ、という人たちがいますが、そんな言い方はわかっていない者のたわ言ですよ。

昭和二十二年だったか、協会の通知で戦後初めて八幡山で講習会をやるという案内を出したら、百何十人集まったんですよ、高等学校生が。これだってみんなほんとに食えなかったんだ。

大竹　ぼくらがラグビーをやり始めたのが二十五年だったのですけれど、とにかくまだジャージはそろいませんし、スパイクなんかもなくて裸足でやりましたもの。大西先生が、裸足はまずいなんて言われた。冬でも素足で下駄だったですね。

大西　昭和二十四、五年頃だったか……、関学と試合して、東京で寒い日に……。

大竹　ええ、覚えています。震えて試合ができなかった。観客が騒ぎましたね。だらしないとかね。

大西　そうそう、震えて。関学は綿のシャツだったから、凍えちゃって駄目なんですよ。うちは日置さんのおかげでジャージは残っていたから、それも毛のシャツでね。

大竹　そういう事情があったのはわからなかった。

伴　日置さんという方は大したものですね。命がなくなるかなくならないかというときに、一生懸命配慮しているんだから。名マネージャーですね。

大西　そりゃ、彼のマネージャーというのは大したものだったですよ。その代わり非の打ちどころがないものだから、みんなに煙たがられてね（笑）。

　何しろ、東京駅発の急行の時刻なんて、みんな知っているんだから。大したものだ。

伴　先生の視点が定まってきたのは戦争を通じてでしょうか。

大西　やっぱり闘争とか戦争とか、平和とか考えたのは、戦争の影響でしょうね。こればかりは。

伴　人間を見る目もそこで変わられたのですか。

大西　やっぱり人が殺されたというのを見ないと、戦争観とか平和とか、そんなことは起こらないですわ。ぼくは昭和十五年入隊、現役をやって、十五年の十月に今のベトナムへ部隊を追って行ったんですが、そのときだって、まだ悠々たるものだったですね。鹿島丸という船で、二週間かかって行ったんですけれど。

そこでいろいろな演習をやって、いよいよこの演習は何のためにやっているのか、戦争のためだ。戦争が始まるとひどいものだったですよ。大隊長が、インド人が敵の方から来る、あいつはスパイかもわからないから、山のなかであいつの首を斬れと言うんですよ。そんな馬鹿なことできるかい、と私が言ったんです。それで初めて、ぼくは、ああ、戦争というものがやってきたんだなと思った。

伴　教師というものは、既成の倫理観で人間の教育の問題を処理しがちです。先生はそれではいかん、もっとドロドロした非合理的な面、本能的な生を積極的に取り上げて、そいつを教育しないといけないとおっしゃいましたが、そのような考え方をなさるようになったのは、戦争を通してでしょうか。

大西　ぼくが戦争でいちばん大きな影響を受けたのは、戦争をやるというその瞬間は狂気だということでしょうね。完全にね。要するに、自分をコントロールするのではなくて、自分がやらなきゃ殺されるからやっているに過ぎない。そんな環境に置かれたら、もう理屈ではない。だから、結局、そういう環境に置かれる前に何とかしないと戦争というのはなくならないと私は思いますね。

大竹　その場になると狂ってしまう。

大西　もう狂っちゃうんですわ。だから、そういう環境にしないことを、そうなる前に考えなきゃ駄目だということでしょうね。

人間というものはそういう場面になる前に自己をコントロールできるようにしておかないと、駄目なんじゃないか。

だから、「闘争の倫理」ということを最近言っているわけですけれども、自分をコントロールするものを何かやっておかないと人間は駄目なんだという、その辺なんです。

榮　一つは、そういう場面になる前に自分をコントロールする。もう一つは、そういう場面をつくらないこと。

大西　そうですね。事前に気づくというかな……、戦争に直面したら、もう駄目だと思うんです。

それと、人間の理性などとみんな言うけれども、戦争ではそんなものは実際、木端微塵に吹き飛んでしまうもの。戦闘をやって自分の戦友なんかが殺されたりしようものなら、その戦闘が終わると敵の捕虜なんかを、まるで物を扱うように殺しますからね。罪を憎んで人を憎まずとか言うけれども、そんなものじゃないですね。

だから、親が殺されたとか、子供が殺されたとかしたときに、ありきたりの常識でははかれない問題が起こるのはそこだと思います。それはもう理性の問題とか何とかじゃなしに、人間の持つ本性的なものじゃないですかね。何か自分が行動する前に、「ちょっと待てよ」というものを起こす。そういう教育がやっぱり人間にはいちばん重要じゃないかと思うんです。ぼくが闘争を、教育上いちばん重要視するのは、ラグビーなんかで試合中に、こいつをのばして、頭を蹴っていったら勝てるというときに、そこで、待てよ、それは悪いことだと、二律背反の葛藤を自分でコントロールできること。それがスポーツのいちばんの教育的価値じゃないかと感ずるんです。

それは、こういうことをやったらいかんとか、やっていいとか、判断するんじゃなしに、そういう訓練ができていれば、ハッとしたとき何かを正しくできるんじゃないかというような気がするんです。

榮 戦争に若い人たちが巻き込まれていきますね。そういうことを歴史の歯車などと言います。日常でも、ぼくたちは、世の中に流されるということがあります。そして、それは致し方ない、歴史や社会が動いていくのは個人にはどうしようもないんだという、一つの宿命論みたいな考え方があります。

歴史学者の津田左右吉先生が、そういう言い方に対して非常に厳しく批判をされたそうなんです。そうではない、ことに当たってやればできるんだと。しかしそれで命を失うかもしれない。しかし、自分が正しいと思うことを行なうことはその人間個人の覚悟と責任においてできる。そして本当に歴史を動かしていくのはそういう人間なんだ。だから、あきらめて〝宿命だとか、歴史の歯車ということを言うことは卑劣だ〟ということをおっしゃったと、教えを受けた方からお聞きしたことがあります。

大西 ぼくはそう思うんです。その前の、判断がいいとか悪いとかではなしに、そういう場面にパッと立ったときに、瞬間にそうできることが重要なんじゃないか。判断する材料とか、判断することを教えることはできるけれども、判断した通りに行なうということは、その場面、場面を与えられた人間しかできないんじゃないかという気がするんです。

だから、スポーツとか体育とか、みんないろいろなことを言うけれども、いちばん肝心なのはそのとき正しいと思うことを断固としてやることがスポーツの教育的な価値じゃないかと思うわけなんです。

理論と実践――クラブの育成

伴　先生が教育者になろうと思われたいきさつをもう一度お聞かせください。

大西　結局、ぼくは長い間インドネシア、マレーシア、あのへんの植民地と為政者の関係をずっと見てきましたからね。それで、敗戦になったときにこれは考えないといかんぞ、と。要するに、どこかの国が日本を占領する。そうするとその占領された間のワンゼネレーション、だいたい三十年間洗脳の教育を受けると、その民族は変わってしまう。そういう傾向を植民地政策で見てきたものですから、日本に帰ったら、いちばん大事な小学校教育に身を捧げようと思ったのです。

それで帰ってすぐ、村の小学校に行ったわけです。そうしたら代用教員なら採ってやるけれども、正式の先生にはなれないと言うのです。中学へも行ったのですが中学もやっぱり同じことで駄目だった。

それで、しようがないからぼくは戦前の就職先に居たのですが、先生になるのに免許証の要らないのは大学だということですね。ちょうどその頃、大学が新制の体育の正課を大学に採用するかどうかということが起こっていたものですから、それで大学の体育の講師になったわけです。それがきっかけですね。

伴 戦前、戦中の教育理論はペスタロッチのものでしたね。

大西 そうですね。しかしぼくは、教育的な理解から言えば、ペスタロッチよりもデューイの方が自分の思想に合っている。思考というもの、あるいは理論というものを実践に移していく、あのデューイの行動主義ですか、あれは、最近の哲学の、アメリカのプラグマティズムのいちばんいいところじゃないですかね。あの行き方というのは、特に体育の方では重要じゃないかと思うんです。

要するに、スポーツのなかにある理論というものを、どういうふうに実証していくかという過程が、あの行為の過程のところでずいぶん言われていると思うんです。

私のスポーツに対する考え方はちょっと他の人と違うと思うんですけれども、中心的なものは、スポーツという一つの行動がここにあって、それがいろいろなものに関連を持っている。その関連性のなかにおいて、たとえば教育と関連性を持ったら体育的な考え方とか、教育的な考え方がそこに出てきて、スポーツの行動は体育となる。ヘルスと一緒になったらヘルス教育になって、健康教育というようなものになる。競技と一緒になってくると、スポーツは競技的な闘争的なものになっていく。医学と一緒になってくると、生理学とかスポーツ医学というものになってくる。つまり、スポーツというものに対する考え方がそれぞれ、多様性を持ってくるという考え方なんです。

今までのようにスポーツを遊戯一つでポンとつかまえて、スポーツとはこんなものだとは考えずに、関連性のなかでそれぞれの意味を持つとぼくは考えるんです。

榮　先生のご本のなかにイギリスのクラブの話がずいぶん出てきますね。先生はクラブを非常に大切なものだと考えておいでになる。日本ではそういうクラブというのがなかなかできないというのは、どういうところに問題があるのでしょうか。

大西　日本でもいちばん初めにスポーツが行なわれたのはクラブなんですね。だから、大学でも、たとえば早稲田でも体育会というのができるまでは、みんなクラブでやっておりますね。うちのラグビー部でも、学校がそれを承認する前はクラブでやっていました。戦前は中学というのはハイエデュケーションで中学生がそういうクラブでスポーツをやっていたわけですが、それがどうもいかん、教育的じゃない、外部の者や先輩なんかと一緒にやっているとろくな指導をやらないといって、クラブの悪い点のみを取り上げて、学校の教育の一環として学友会を設立してそのなかに各種運動部を統合して課外のスポーツクラブを取り込み、指導することになったんです。

これによって社会の基礎集団として発達していたスポーツクラブは消滅して、日本独特の運動部制度が発達することになってしまった。民主主義社会の基礎集団としてのクラブが人間生活の中心に据えてきたスポーツを、学校中心の競技へと変えてしまったのはこうした理由によるものなんです。だから、中学、高等学校、大学という頭脳組織が、日本ではスポーツの中心的な存在になっちゃった。どうしてもクラブというものが社会にできなかった。あれが昔のままでクラブがずっと続いて、都内にあったようなグラウンドが土地の高騰に引きずられずに存続していたら、日本にも良いクラブができて相当うまくいってたんじゃないかなあ。

これはぼくは体育指導者の一つの罪悪だと言っているんですよ。どうも中学の先生なんかは自分たちでないと教育はできないんだという考え方が非常に強くて、そういうかたちになっていったんですね。

昭和の初めに、私たちが中学に入ったときは、部よりもそういうクラブに入ったんですよ。グラウンドはそのクラブの人間が所有するものがちゃんとあったんです。

ところがそれが中学体育になってしまうと、満足なグラウンドもなくなってしまうし、その上、ちょっとした金のために学友会をつくり、各部が金を取り合って細々とやっていく組織、そういうかたちにみんななっちゃった。それがクラブの発達しなかった原因であるし、また、クラブが発達しないから、生活のなかにスポーツが入っていかなかったということじゃないですかね。

ぼくはスポーツのよさというものは、クラブというものがあって、そしてそのクラブのなかでスポーツが行なわれて、それが各家庭とちゃんとくっついていて、そのなかで生活のなかにスポーツが入っていくというかたちにならないと、駄目だと思うんですね。

榮 クラブというのは、昭和の初めぐらいまでですか。

大西 そうですね。大正時代は全部そうじゃないですか。昭和の初め頃になって、各中学に運動部というものがつくられたんですね。

榮 それは何か理由があるんですか。

大西 結局、外で一緒にやると、先輩たちがまず煙草を教える、酒を飲ませる。それから、あの当時は遊廓がありましたから遊廓へ連れていく。そういう悪いことばかり取り上げてきて、そういうものは学校に取り込まなければ教育できないんだというようなことを、体育の指導者が言い出したんですね。

ぼくは逆に、体操の先生方が自分たちの学校内の勢力を伸ばそうとして考えた方法ではないかというような感じがするんです。

榮　高等学校もその延長線上にあるわけですね。

大西　ええ、高等学校、大学もみなそういう学友会の費用をとって、野球部はいくら何部はいくらとみんな分けてやったわけです。

榮　学校の体育というものとクラブのスポーツとは質が違いますね。早稲田大学のラグビー部はいわゆる大学の運動部の一つではありますが、クラブチームとしての性格が非常に強い。そういうクラブというものが将来大いに必要だと思いますけれど、可能性がありますでしょうか。

大西　ぼくは、今、これをどうしてもつくらなきゃいかんと、あちこちでさかんにワーワー言っているんですがね。

要するに今、都市化社会のなかで基礎集団がことごとく崩壊していっていますね。このままで次に代わるべき基礎集団をつくらないと、もう強固な民主主義社会はできませんわね。そのためには何でもよろしい、スポーツばかりでなしに趣味でも何でもいいから、音楽、碁、将棋でもいいから、同好の士が集まって集団をつくって、そして、その集団がボート（選挙権）を持つということですね。

今、そういう小さな集団のなかに、ボートが確立していないから、マスコミの影響によってボートが決まっちゃうというようなものでね。国民の基礎集団でそういうボートが握られていたら、馬鹿にならないと思うんです。

意志、闘争、修証一如

伴　ところで「闘争の倫理」ということがこれからの論点になっていくと思うんです。

戦争という情況に直面すると、理性とか理屈というものはふっとんで、人間は狂気になる。たとえば戦友を殺された兵士の捕虜に対する所業、それは復讐の権化のようなものですけれど、裏を返せば、愛情なんですね。

だけど、それは人間には手に負えないものなので、これまでの倫理教育からいくと、理性という鎮静剤を飲ませて地下に眠らせておいた。怖いものには手を触れないで蓋をしておいたと思うのです。

ところが先生のお話を聞いておりますと、その怖いもの、つまり闘争本能を目覚めさせ、闘争本能をかきたてて、理性の領域ではなく、理性に分かれていく以前の根源のところで、倫理の成立する道を求めておられるように思うのですが。

大西　今までスポーツとか体育とかいうものの目標としていたのは、どうも健康とか体をつくるとかいうようなものに何かを求めていたけれども、どうもそんなものじゃなさそうだというのが、ぼくの考え方なんです。そうじゃなしに、人間の持っている本性を、勝負のなかであらわにし、それを人間はどういうふうにコントロールしていくべきかということを身につけるのが、スポーツ教育の目標のような気がしている。

だから、闘争を非常に重要視するわけなんです。

　その局面に当たったときにその人の性向が、これがいいんだというものの方にいけるように……。どう言ったらいいか、意志の方向と言いますか、その方向が決まるように子供たちを教えていくというのが、ぼくはスポーツのなかの非常に大きな目標じゃないかと考えているんです。

　どうも、今の教育の教え方は、何かそういう場面に突き当たった場合、こっちがいいか、あっちがいいかということを考えて、その末にこっちにいくんだということだけれども、どうもそれでは……。

大竹　それじゃあ、遅い。

大西　遅いというよりも、何と言ったらいいか、今の世の中では、それでは間に合わないというより、通用しないという気がする。だから、その前に、スッとできている……。

榮　そうすると、判断じゃなくて、そのことがすなわち行為としてポッと出せるようにする。

大西　ええ。出せるように習慣づけていくというか。教育というのは、ぼくはそんなものじゃないかと思うんですよ。

伴　だから、そこで問題になるのは、恐ろしいものを表面に出してくるわけですから、行《ぎょう》ということだと思うんです。道元が「修証一如」というのはそこだと思うんです。

榮　そういう修証一如というようなかたちでのスポーツを、子供の場合に可能ですか。

大西　ぼくが思うのは、それがスポーツのなかに残された唯一のものじゃないか、と。ところが、それを全然のけてしまって健康だ何だというから、目標を間違ってしまう。
　敬虔な宗教精神を持っている人たちが、食事がすむと必ず合掌して感謝の礼をしますね。あれがふっと心から自然に出てくるという、そういうふうにスポーツのなかでも闘争という問題が処置できるようにしていけるんじゃないかという気がするんです。
　全日本のニュージーランド遠征の際に向こうの連中と一緒に飯を食っていたら、執事が飛んできて、そこの主人に、今ケネディが撃たれて死んだ、と伝えた。そうしたら、その主人がパッと立って、皆さん、今、大統領のケネディが撃たれて死にました。するとみんなふっと立って、こうして十字を切って祈りましたね。何もしないでいたのはぼくともう一人、日本人二人だけだ。それが何か子供のときからの教育の違いじゃないかと思うんです。子供のときからきちんとやれば、そういうことはできることのような気がするんですよ。
榮　外国の選手と試合をやりますと、競技場のラインをまたぐときに、必ず十字を切って入ってくるんですね。非常に目立たないかたちでさっとやるんで見落とすんですよ。それはプロであろうとアマチュアであろうと関係ない。自然にできているのでいつも感心するんです。
大西　ユースキャンプなんかで、各国の連中と一緒に食事をすることがあるでしょう。

夕食は必ず一緒になるわけです。そうしたら、アフリカの連中がきれいな服装に着替えてきて、ちゃんとして食事するんですよ。先進国ほど行儀が悪い。考えてみれば、そんなに教育を受けていない人々にはそれができて、教育を受けた連中にできてないというのは、どうもおかしいと思うんです。

スポーツというものも何かそういう身についた教育のやり方をやれば、もっとフェアということを注入できるような気がするんですけれどね。

大竹　そういう点は、ただスポーツの場だけでそれが可能になるかというと、どうもそうではなくそれを成り立たせる生活の場全体にそれがないと駄目だと思います。

榮　日常できていないことを、合宿なんかでやるわけですね。たとえば、茶碗や箸を持つということすら今はいい加減です、わしづかみにして持ったり。ある小学校の校長先生に、どうしてああいうことができないのかと聞いた。

すると、日常の場ではあまりに当たり前になっていて気がつかないことがいっぱいある。また気がついていてわかっていても、家庭のなかでは馴れ合いになっていてやるべきことが往々にしてできない。たとえ二泊三日でも合宿などへ行って改めて集中してやるとそのことの意味がわかるしできるようになる、と言われたことがあるんです。

合宿だけでやったって無駄じゃないかと、ぼくもちょっと空しく思っていたんですけれど、「そういう場はそういう場で、ふだんの生活を逆規定する反省の場として非常に大事なものを持っているから、大いにきちんとしたほうがいい。ふだんできていないことを一時的にやったって無駄だと思う必要は一つもない」、とその校長先生から言われまして大いに意を強くしたことがあります。

大竹　そういうふうにつなげられれば素晴らしいですね。先生の言われるクラブの在り方はそういう点で日本に欠けているものですね。いま先生がおっしゃったことも、クラブのなかで可能になるように思いますね。

大西　ぼくがそういうときにいつも思うのは、そういうものがいいものだと思っている者だけが集まったところじゃないと、それは通用しない。日本のクラブはどうもそうではない。たとえば、アマチュアリズムなんかそうなんですけれども、共通のものをみんな持っていないのに、一緒になっているわけです。だから、先ほども申し上げたように、スポーツの在り方もいろいろ分かれていい。しかしそのなかに入っている者だけは、そのクラブの共通の精神を遵法してやっていく。そうすればそのなかで闘争の倫理なら闘争の倫理というのを持ってやっていくことができると思うんです。

そういうグループが増えていけば、いいんじゃないか。

榮　とにかくスポーツに何かあると思っている人はいっぱいいるわけですね。自分もやってきてそこから何かを得ている。けれどもそれが何であるかということははっきりしていない。しかしいいものだ、と。ですから、自分の子供にもやらせたい。にもかかわらず、自らやっていることにスポーツの指導者たちが深いところで自信を持てない。それが今の日本のスポーツの指導者の情況じゃないかと思うんです。

大西　理念というか、何故にあれはこうやっているのかというものが、本当に何かあってもいいと思うんですね。

スポーツ自身の哲学

大西　その点で、ぼくは未来からのスポーツということを言っているんです。われわれが未来から考えたら、スポーツに何を期待すべきか。それは「闘争の倫理」だとぼくは言っているのです。

要するに、スポーツをやるということは人間に闘争の倫理を持たせることであって、未来の社会において、そういう人が増えていけば平和というものをわれわれはつかめる。そういうものじゃないとどうもスポーツは目標を失ってしまうという気がする。ある一つのゼネレーションで、一つの区切られた社会のなかの一つの倫理としてスポーツが行なわれていった場合に、いちばんうまく平和が保たれているんじゃないか。そう考えると封建社会というのはいちばんそのバランスのとれた時期だったんじゃないかというような気がしているんです。

封建社会というのは人類の社会のなかで

いちばん長期間平和を保ってきた社会だとも言えるわけですね。武士道とか騎士道というような考え方があの時代にずっとあって、それが道としての倫理をあらゆる階層に広げていったんじゃないか。だから日本なんかでもあらゆるものは何とか道というふうに言われるようになっている。商人《あきんど》の道、あるいはお花は華道、歌は歌道だし、実際何でも道というものにする。その道は一本として、人間の修行の道なんだ。先ほどの行というのも道。みんな人間がそういうようなものを持っていたんじゃないか。それが称揚された環境と雰囲気にひたされていたから、平和がずっと続いたんじゃないかという感じを受けるわけなんです。

伴　だから、人間の価値というものも単なる博学ではなくて、知が同時にその人の実になって何かふくよかなものを感じさせるという……。今では博学であればすべて通用するというような人間になっていますね。

封建社会では、先生も何かに書いておられるように、知行一致、それが一貫して貫かれていたんじゃないかと思います。

大西　一貫していくということになるとまた大塩平八郎のように、知行一致論というのはあまりよくないんだという人も出てきますからね。要するに、そういうものを各人が目標として行なうということについて、ほかのものを捨ててしまってサッとそこへいけるような信仰をみんな持っていたんじゃないかということなんです。

だから、人間が平和で行くためには、平

和を推持するための修行といいますか、そんなものが必要なんだ、と。今、いろいろな技術で平和にしようなんて考えても、それは無理なんだというような感じがするんだ。人間がそれを追求して実践できるよう修行していくということが、平和を愛するもとである。平和を愛するために、スポーツというのは、非常に重要な手段としてあるんだということですね。

伴　今、スポーツの指導者が指導理念を失っているということが言われますね。戦前、戦時中は、スポーツ団体も国家の理念に歩調を合わせて進んでいたので、スポーツの指導者も一つの指導理念をもって指導に当たっていたと思うんです。ところが、戦後それが崩れて、では指導理念をというときに、スポーツ自身から指導理念というか、スポーツの哲学を考え出さないで、自分の生きる原理はほかのところから借りてきて、定義づけている。だから、スポーツはいつも他のものに従属して、他のものの下位に甘んじてしまう。結局スポーツに生きている人が、スポーツ自身のなかから一つの思想を生み出してきていないということが言えますね。

大西　武道ではたとえば武蔵の『五輪書』などは、七分は技術の実践からとっていると言われる。ところが、柳生なんかが言っていることは、禅から七分とってきている。今、スポーツがやはりそういう状態にあるんじゃないですかね。スポーツそのものから出てきた本当の哲学じゃなしに、何かスポーツに当てはまるようないろいろな哲学を持ってきたり、あるいは、教育学のなかの教育哲学から持ってきてくっつけたようなもので終わっている。

本当は、先ほど申し上げたような究極のスポーツの哲学、スポーツというものは闘争とくっついたときに初めて人間性をすくい上げるある一つのものを持っている。それは学問のなかではできないものだから、ぼくは文武の両立だと自分自身は考えているんですけれども、しかしそれをどういうふうにしてあらわしていくかが非常に難しいことだと思います。

榮　闘争の問題は子供を直接扱っている人にはよくわかりますよ。というのは、子供はやっぱり闘争そのものですから。遊びでゲームやれなんて言ったって、遊びはしない。負ければ泣きますし、きたないことをやったら喧嘩してでもきたないと言いますから。ですから理念としてわかってくれば、ぼくはわかるだろうと思うんです。ただ、非常に難しいとは思いますが。

大西　それを本性というか、本能というか、その辺が非常に難しいと思いますね。何かいい言葉がないかと思っているけれども。人間性と言えば人間性だと思うんです。

伴　本能覚と言う人がいますね。絵描きで馬をよく描いた坂本繁二郎が本能覚と言うし、それから禅宗の方では本来本法性、天然自性身と言いますね。難しいですね。喫茶喫飯、あらゆる行動がそのまま仏だ、と。煩悩即菩提だと言う。どうも先生のおっしゃることはそういう宗教の次元で考えないと、答えが出てこないようですね。倫理の次元では。

ところで子供に教えられるかということだけれど、子供だけを切り離すと、それはできないかもしれない。だけど生きているということは生活の場があって、親がいて何々があって、その全体がそういうものになっていけば、門前の小僧ではないけれど、はっきりわからなくても種はまかれる。そしてだんだん目覚めていくうちに、自分のやろうとしていることは、実はこういうことだったのか、と。子供の教育というのはそのあたりじゃないかな。だから、やはりそういうものを指導者なり、あるいは大学生のスポーツが目指していれば、おのずから彼らが成長したときに、まかれた種が芽をふいてくるのじゃないかな。

榮　非常に難しいのは、小学生の場合には、その本法性というところを本性的なものに訴えていくとわかるところがあるのですが、中学生ぐらいになってもっと高いものが出てきたときにも、かたちは変えても継続して教えていかないと、それが天然自性身とまでうまく育たないということがあるわけですね。そこに、ぼくは継続が可能なクラブの大きな意味が出てくるんじゃないかと思っています。

伴　その場合も、ちゃんとした人がいないと、形式だけあっても中身が育たないということになりますね。

榮　本能覚という言葉は難しいですね。

伴　勘ですよ。長い年月をかけて、教わり修行し経験を積んで練りあげた人間の統覚。それぞれの分野での達人の眼力……。

大竹　それは積み重ねていかないと、いきなりというわけにはいかないですからね。

大西　勘というのは実に難しいですよ。黒田亮氏の『勘の研究』などありますが、結局直観なんです。

榮　結局、直観的に良い悪いを決めて行動できるような、直観的な能力を育てられるのはスポーツだけということでしょうか。

スポーツの歴史をたどる

スポーツ的行動の分岐点

伴　いろいろお話を伺ってきて、先生のものごとを考える視点というのがわかってきたような気がいたします。たとえば戦争で死に直面したとき、従来の人間の本質（理性）などというのは吹っ飛んでしまう。そこに本来の生《なま》の生命が出てくる。それが出てきてしまったらもう人間はどうすることもできない。人間自身のなかから出てきたものでありながら、人間を振り回し、人間の力では取り押さえることができない。そこで先生は人間の有限性を自覚されたと思うんです。

その有限性の自覚が深まったことによって、何が自分の一生の求めるべきものであり、対決すべきものであるかが定まってきたと思います。そしてそれが、言うならば先生の運命になり、歴史になって今日ある先生を動かしてきたのではないか。死に直面したときの人間の根源というか、そこへ立ち戻って、もう一度そこから見直していこうという視点が定まり、そこから一切のものを見ていかれる立場が開けてきたのではないかと感じました。

たとえばスポーツでも従来のスポーツ観ではなくて、未来からスポーツを見たときいったいどうなるのか、という問いの立て方が出てくるのも、やはりそういう視点からだということが先日のお話でだいたいわかってきました。

そこでこの章では「スポーツ的行動の起源と社会的機能」という観点から、スポーツと人間についていろいろお聞きしたいと思います。

榮　まずここで先生は、社会の在り方を狩猟社会、農耕社会、氏族社会と三つに分けられ、それぞれの社会においてスポーツ的行動が非常に重要な意味を持っていたということ、だからこそ三千年来スポーツというものが絶えることなく続いたんだということをおっしゃられたと思うんですが。

大西　今までスポーツをいろいろと考えてくると、いちばん不思議なことは、スポーツが行なっている単純な走るとか跳ぶとか蹴るとかいう行動は、三千年も昔から人間の社会のなかでずっと続いてきていることです。そういう人間の行動でも、物でも、それがある社会において社会的機能をなくすと、その行動とか物はなくなってしまう。ところがそれがずっと続いてきているというのはどういう関係なのだろうかと非常に不思議に思いまして、スポーツというものを人間の心理的な、医学的な、生物学的なところから研究するよりも、社会との関係で考えなくてはいけないのではないかという考え方をぼくは持ち始めたわけです。

そこでスポーツの起源ということから言いますと、文化人類学が言っている狩猟社会、農耕社会、氏族社会というこの三つの分類だけは人間の社会の発展過程の通説としてありますので、そのなかでスポーツというのはどうなってきたかということを考えてみたいと思う。

スポーツの起源は遊びとか楽しみだというようなことが言われますけれども、われわれの生活を考えますと、どうしても狩猟行動がいちばん初めだと思います。人間という動物は弱いですから攻撃することは駄目で、まずたぶらかして獲物を獲る。あるいは自分より弱く小さいものを獲る。たとえば死んだ鹿の皮をはいでそれを被って鹿の真似をしながら近づいていって獲る。

さらに進むと、今度は次第に攻撃的になっていった。そのときの動物の習性を研究して、それに基づいて狩りをする。マラソンなどは、かつてアフリカの諸民族がやっていたような、鹿を見つけるとゆっくり追いかけていくことと結びつくでしょう。速く追うと逃げられますからゆっくり追っていく。だいたい七時間ぐらい休ませずに追いかけると、鹿は水を飲まないとバタッと倒れるらしい。そういう習性を覚えて追いかけていった。これがマラソンの初めではないか。

そういうやり方をだんだん覚えて、次には道具を考え使うようになる。石を投げて当てる、あるいは殴るということから、スポーツ的な行動が生まれてくる。要するにこれは、スポーツはゲームという要素を持っていることの表われだと思います。スポーツは相対抗するもので、それがいちばん初めは獲物の動物だった。それらと対抗の姿勢を取りながら闘っていったと思われます。

プレイとの関係、遊びとの関係がありますが、これはまた後からお話ししますけれども、要するに遊びではない。相対抗する闘争ゲームであった。日本ではスポーツとゲームとプレイが混同されていますけれども、これは後で申し上げます。

榮　先生のスポーツ的行動に三つあったように思うんです。狩猟行動におけるスポーツ的行動、祭儀的行動におけるスポーツ的行動、戦技的行動におけるスポーツ的行動です。まず最初に狩猟行動におけるスポーツ的行動のなかで、初めに、たぶらかすという言葉が出てきました。

大西　そうなんです。概念から言うと生産行動とか戦技とか、そういう目的的に関係を持つ行動をスポーツとは言わない。だいたい自己目的的な行動だけ取り上げて、スポーツと言っています。ところが、それでは昔のスポーツのタイプをした狩猟社会とか、そういう社会の行動をつかまえて、これはスポーツだと言うことができないものですから、スポーツ的な行動とぼくは言ったわけです。

たぶらかしの問題については、人間は非常に弱い動物だから、自分より小さいもの、あるいはちょっと大きいものだとこれをだまさないと獲れない。そこで、いちばん初めにたぶらかしをやっている。今でもアフリカの未開社会なんかへ行くとやっている。動物の皮を取って、それを自分が着て、その格好をして近づいていってやっつける。それをぼくはたぶらかすと言う。これは人類学の本でもいろいろな例を挙げて書いています。たぶらかすことが攻撃して獲るよりも先だと思う。ある人はこれをダンスの起源だとも言っております。

榮　その後で追いかけるということが出ましたが、それはもう一歩進んだ状態になっているわけですか。

大西　習性を見ているうちにその習性がわかって、それを利用して相手を弱らせて獲る。

さらにいろいろな道具を用いて、今度は撃つとか射るとか叩くとか……。

だから、いま残っている原始的なスポーツの動き方、陸上競技などはだいたいみなそうですが、狩猟のときと同じ行動をやっている。弓道などでは矢を的に当てるけれども、それは動物相手に当てたものです。槍投げも獲物に当てるということです。

榮　農耕社会になってもスポーツ的行動は神前儀式というようなかたちで残るということですか。

大西　はい。狩猟社会で生産行動であった行為が、農耕社会になってくると神前儀式の一つとして行なわれる。農耕というのは自然現象が相手になりますから、自然を必然として把握することのできる能力を持った呪術師が力を持ってきます。彼らは神との人神交流をやる。そのときに拝みます。呪術師は、お前たちがもし豊作を望むなら、狩りで獲物がたくさん獲れたときの行動を神に捧げろという。そして狩猟行動は神前儀式となる。それは狩猟とは目的が離れていますけれど、神に捧げる儀式の行動として行なうわけです。

榮　歌とか踊りもスポーツ的行動の一つとして、社会的に祭儀的行動のなかで生きていると考えていいわけですね。

大西　その社会の重要なことを決定するときに神にどうしたらいいか聞いて、そのとき、神に捧げる行事ですから、非常に神聖なものとして真剣に行なわれるわけです。だから、ますますさかんになっていく。

今まで狩猟社会で行なわれたスポーツ的な行動というのは、農耕社会においては神様に捧げる神前儀式として残ってくる。原始社会の話をしているようですが、日本にもある奉納剣道とか奉納相撲というのはその名残ですね。力石の上げ合いとか、そういうものはみなその名残で、狩猟行動としてのスポーツ的な行動が神前儀式のために使われたわけです。それはその社会の重要なことを決定する行事ですから、最も重要なこととして一生懸命やるようになる。

狩猟社会は余剰物が残らないので発達していかないのですが、農耕社会は余剰物が残って蓄積ができる。そこで文化が起こるわけです。だから河川地域における農耕社会はいろいろなものをつくります。チグリス・ユーフラテスはメソポタミア文化をつくりあげるし、インドのガンジス、あるいは黄河、揚子江などみな立派な文化がつくられている。

農耕社会になって文化がつくられ蓄積ができると、弱ったことに神前儀式で行なわれていたスポーツ行動が変化してくる。蓄積が起こるとそこへ外敵がワッと侵略に来る。これを守らなくてはいけない。ところが農耕社会というのは呪術師が大将ですから、泥棒が掠奪にやってきてもそれを防衛する手段を持っていない。どこでもだいたい呪術師の系統の神官とか公家とか学者というのは戦争はできない。

そこで前の狩猟社会における大将と呪術師とが合体をして、そして氏族社会をつくりあげていく。氏族社会となるとだいぶ複雑ですけど、ここでは簡単なものとしてお考えください。

そういう氏族社会のなかで狩猟的な行動、スポーツ的な行動はどういう機能を持つかというと、初めて戦技としての機能を持つ。後世まで戦技とスポーツ的な行動がくっついてくるというのはそのへんから起こってくるわけです。

その頃の氏族社会というのはやっつけられると女は殺さないですが、男は全部殺されてしまいますからこれは大変なことで、どうしても狩猟活動が専門的な戦闘技術として非常にさかんになり、社会的にも非常に重要なものになってくる。神前儀式はそのまま氏族社会においても行なわれる。これは人心を掌握していく一つの手段ですから。

伴　今のお話の裏づけみたいになるんですが、プラトンも『法律』のところでこう言っています。「自国の子供がよそものの歌とか踊りとかにまどわされないように、まずこの神の祭りにはこの踊り、あの神の祭りにはあの踊りというように定めなくてはならない。よそものの風俗が持ち込まれることによって国が乱れ、禍《わざわい》の種子《たね》を招くようなことになってはならない。そのために祭儀的行動を儀式化して人心を統一し国の基を固めなくてはならない。」と。

もう一つ大きな問題は、民族の運命を決めるときの重大な行事だということです。また、「人間の知っている知識などというものはごくわずかなもので、真実はごくわずかしか与えられていない。われわれは神に祈りを捧げ、神の声を聞いて、本来の生き方がどんな生き方かを決定してもらう。そこで祈りを捧げるときにどの犠牲をどの神に捧げるかが厳粛な問題になる。」（プラトン）ということです。

また「遊びは戦争のためではなく、神々に遊びを捧げて、神々の加護を受け、自らの本性に従った生活をいかに送るべきかをダイモンや神々たちに助言してくれるように捧げたのだ。」（プラトン）と。

この遊びというのは今のお話にも出てくるのですが、動物を獲ったときの技、練りあげた技倆だと思うんです。神業という言葉がありますが、古代の人々はさまざまな自然現象のうちに神々を認めたと同時に、人間の技術や芸能の根本にも神々を認めていた。神業というとき、それは神が人間に乗り移って神の業を発揮せしめているということだと思います。また氏族やポリスのような社会集団の根本にも、特別な威力をもった人間にも、神々を認めていた。こういった人々がそれぞれの分野において練りあげられ磨きあげられた技を神々に捧げて、自国の運命を決定するとともに、自国の平和を祈願したようです。そういうことを遊びと言っているようです。だから古代人の遊びには真剣な意味があったのではないですか。

檠　そうすると、最も技倆の優れた者が進み出て、選ばれて、それを奉納する。

伴　厳粛な意味でね。奉納も神々との交わりの日を永遠に自分たちの世界に保持するためです。だから戦いの前に神の前で誓いを立てる。神々と交わる日々、つまり自分たちの平和、あるいはその種族を維持するためにです。それだけの意味を持って、スポーツ的行動が重要な行動として、人間の世界に持ち込まれていた。

大西　狩猟に行く前に一週間くらい、神の前で合宿して、みそぎをしていく。そこへ行って闘うと死ぬかもしれない。戦争へ行くのと一緒なんです。ですからその行動は大変尊敬されたわけです。同時に、それと同じ行動を神に捧げたということでしょう。最も厳粛な行動を神に捧げたものが神前儀式であった。

榮　ちょっとはずれるかもしれませんが、獲物として獲るもの、たとえばアイヌの獲る熊は神の贈り物で、熊に対しても非常に神聖な気持ちで向かい合う。

大西　熊はアイヌのトーテムじゃなかったかと思いますね。守り神です。だから儀式のときに熊を殺して、血をつけた矢を飛ばします。あのときに何を願うかと言いますと、この矢が神様へ達したら、熊がたくさん自分のところへ来てくれるように伝えてくださいと。そういう願いをこめて生贄にするということです。

その当時までは狩猟はほかの労働とは全然別個に考えられていたと思うんです。狩猟は神聖なる行為で、それを行なうのは男だけ、種族のために身を犠牲にしてやる献身的行為だと。

伴　当然資格の問題も出てきますね。

大西　その場合に戦士という資格ができる。男は狩猟行動しかやっていない。女は裏で食べ物づくり。今でも狩猟民族はそういうようなかたちを取っています。

伴　先ほどの神前儀式的なお祭りのことで、プラトンの『法律』のなかにこういう文章もあるんです。

「人間は労働しなければ生きていけない。それを神々が哀れんで人間たちが神々と交わる祭り日を設けた。その日には人間はゆっくり休んでミューズの神たち、その神たちの主導者アポロ、ディオニソス、そういう神々を祭りの友として、自分たちの生命を長養し再び真っすぐに立ち上がれるようになる。」

さらに続いて、「すべての踊り、すべての歌を神に捧げられた聖なるものとするということです。それにはまず祭礼を整えるべきで、一年を通じていかなる祭礼を、いつ、そしてどの神々、およびダイモンのために行なうべきかの暦をつくるのです。

次に、神々に犠牲を捧げるときに、どの犠牲にはどの賛歌を歌うべきか、またどのような踊りをもってその時々の犠牲の儀式を祝うべきかを定める。それに背いた者は告発される。歌舞と音楽競技や体育競技を神々自身と同時にそれぞれの季節にふさわしいものに割り当てる。」と書いてある。

だから、ギリシアにおいては余暇というのはごくわずか、一年に何日か、しかもそれは神々の祭日で、その日は人間が神々と交わる日で、しかも月々、暦にわけて、何月のどの神にはどのスポーツ競技を捧げる、どの音楽競技を捧げる、と神々の祭礼を行なったわけです。

それがギリシア末期、ローマ時代になると、スポーツ的行動が質的に変わってくる。そして遊びの要素が強くなる。だが、ギリシアではまだ遊びの要素よりも聖なる神々に捧げるという意味が強いですね。

大竹　経済的な意味でも、生活にある程度余裕が出てこないとそういうふうにはならないですね。

伴　ええ、そういう聖なるものを失って娯楽になったとき、国も滅んでいく。現代がまさにそういう感じです。

日本でも昔は春分とか秋分とか、神々の祭りが人間の生活の暦のなかに入って、そして人間の営みというものを決めているところがあります。

また戦いに出かける前に神々に勝つことを誓った。それらの事柄は一つのことであった。負ければ、その民族は滅んでしまうという重要なところで、狩猟的行動がいつも考えられていたんじゃないかという気がいたしますね。

大西　神の前にみそぎをして、命をかけて狩猟に行くという神聖な行為が狩猟行為ですね。だからスポーツ的な行動が遊びということではなしに、もっと厳粛な行為だった。それはなぜだというと、闘争から来ているんだとぼくは言いたいんですよ。

榮　そうしますと、いわゆるスポーツ的行動はその社会の存亡にかかわる行動であると同時に、社会の存続発展のためのきわめて重要な教育的要素を含んでいたように思うんです。またごく初期の問題としては、たとえばタブーがその社会の規範としてスポーツ的行動と結びつき非常に大きな意味を持っていたと先生はおっしゃられたように思うんです。ところが私たちが近代的な立場で考えるスポーツは必ずしもそういうことじゃなくて、ある人はチャンピオンシップのスポーツとして、ある人はレクリエーション的なものとして、またある人はエデュケーション・スポーツとして、それぞれ違った立場で見ていると思うのですが、狩猟社会、農耕社会、氏族社会ではそのような分かれ方はしていなかったでしょうか。

大西　そういうためよりももっと重要な、その社会において根本的などうしても必要なものに、スポーツ的行動は使われたんです。どんな時代や社会でも人々にとってはその社会が崩壊するかどうかという問題がいちばん重要です。そうすると、タブーの根本はある行動を行なったら、またはあることを守らせないと、その社会が崩壊するということがあります。たとえば近親結婚を止めなければ種族は滅びる。

それを止めさせるためには口で教育しても駄目である。厳罰と、もう一つは行動とともに教育をやる。これをスポーツ的な行動とともにやらせる。

たとえば『葉隠』の忠孝について、剣道訓練のときに、この一剣は君のため、この一剣は親のためというようなことを言わせながら訓練して体のなかに入れていく。行動と教えとを一緒に厳粛にやっていって、「武士道は死ぬことと見つけたり」ということまで到達させる。それと同じことをやっているんです。そういうようにタブー教育の重要な機能にスポーツ的な行動が使われた。

さらに、社会の役割というか人間の役割が決まっていました。特に戦う人間と働く人間とが二つに分かれて、戦う人間は戦士になる。戦士になるにはどういうことをするか。侍大将になるにはどうするかという資格が必要になってきます。そこでそういう資格試験のためにスポーツ的な行動が用いられる。

今でも未開社会にはそういう資格試験が残っています。そのためにスポーツ的な行動が特に課せられ、そういう役割をする教育手段として使われています。

そうしていくなかで、重要な社会的機能をスポーツ的な行動が持つことになり、次第にスポーツ的な行動がさかんになっていく。

榮　戦技的行動というところで、強い兵士をつくることは、同時に強い国民をつくるということでもあるわけですが、そういうことと夕ブーを守るということと結びつけて考えてもいいんでしょうか。

大西　二つはちょっと種類が違うと思いますね。一つは今で言えば法律を守らせるための一つの手段であるし、一つは戦技を教えて戦争に勝つための手段である。方向はちょっと違う。

タブー教育は、のちの習慣、慣習、規範、道徳、法律になっていくと思うんですが、それを守らないとその社会は壊滅するということですから、一般の教育とは違うものですね。それを守らせるためにスポーツ的な行動による教育が行なわれた。そこにその重要な社会的意味があると思うんです。

そこで歴史的に社会とスポーツとの関係を取り上げて考えていくことが大切ですから、具体的にギリシアとかローマとか、あるいは封建社会とスポーツの関係を考えてみたいと思います。

スポーツ的な行動と言っても現在のスポ

ーツの概念規定よりももっと広い、スポーツの形態をした行動、それを全部スポーツ的な行動と言わせていただきます。

ギリシアから近代国家まで

大西　スポーツということになるとどうしてもギリシアですね。ご承知のように古代ギリシア社会は、市民社会と言われますけれども、あれは完全に貴族社会です。北からドーリアとかいろいろな民族が下りてきて、地中海の海岸地帯にあった農耕社会を狩猟社会が押さえて、ポリスをつくっていった。完全に貴族社会だと言えると思うんです。

そうした社会でスポーツはどんな関係にあったか。古代にもオリンピックというものがあったので、今のオリンピックのようにスポーツをやっていたと受け取りがちですが、決してそんなものではなかった。結局、貴族社会が存続するためには何が必要かということ。いちばん重要なことは、その貴族社会の何倍もの奴隷がいるわけですから、それをいかに心服させていくかということです。

為政者というのはこういうふうにやらなくてはいけないという意味で、人格形成と道徳というものを徹底的に立派なものにしないと住民たちがついてこない。あるいは反乱が起こるかもしれない。ギリシアの社会というのは非常に考えたと思うんです。ギリシアが哲学的に非常に進んだというのも、考え方によっては為政哲学であって、指導者というのはいかにあるべきかを考えた哲学であった。

まず哲学、美学、体育、この三つが教育の中心ですが、そのなかでスポーツ的な行動を指導者の道徳教育に非常に強く掲げている。スポーツ的行動が道徳教育、あるいは規範教育に非常に強く用いられていた。

また、なぜオリンピックみたいなものができたかというと、ポリスの人々はアテネの最盛期でもだいたい二十万ですが、そのうち二万しか市民、貴族はおりません。十八万は奴隷です。従ってその二万をいかに強く、立派にするかということ。その連中が十八万を守るという戦技の強さ、そういうものを鍛えていく。

同時に、これが抗争を始めたとすると、二万しかいないのですぐにつぶされてしまいます。だから市民をどうしても団結させなくてはいけないというのでオリンピックをつくったと考えられる。

ギリシア精神によるギリシア民族の団結、その手段として、スポーツ的な行動と宗教、行動と学問、哲学を一緒にやって指導者をつくりあげていった。これがギリシアの大きな特徴です。

ギリシアは社会的に見て為政者と奴隷とのバランスが取れていたけれども、その間にいたプチブル階級、奴隷頭階級が非常に財産的に大きな力を持ち、その連中が貴族階級の株を買って自分が貴族になっていくと、貴族の質が変わってくる。そこで国家やポリスに対する考え方が変わってきて、交易をどんどん進めて金さえもうければいいという貴族がふえてくる。そうなると国家を指導し、国家を守るという貴族本来の任務も薄れてしまうわけです。

そこでスポーツ的な行動というものも遊びのスポーツに、オリンピック大会をやっては楽しむというような享楽スポーツに変わっていって没落していくわけです。国家・社会の変化とともにスポーツも享楽的なものに変わってポリス自身を滅ぼしていく方向に大きな力をかすことになる。

従って、娯楽機能は持っているけれども、建設的な機能をなくしていく。それをローマは引き継いでいくわけです。

ローマでは初めは戦技として貴族がスポーツ的な行動をやっていたのですが、次第に領土を増やしていくためにスポーツ的な行動は部隊としての戦技に変わっていくわけです。

初めてカルチョというもの、歩兵操典のなかにスポーツ的な行動が入ってきて、部隊のなかにスポーツ的な行動が使われる。それで軍隊はどんどん強くなって国家を拡張していく。ですから、規模はギリシアよりも大きいがちょっと組織が弱い。しかしそういうことで非常に隆盛になっていく。

ローマは、隆盛になってできた余暇をどうするかという問題に当面する。歴史のなかで余暇対策をいちばん先に行なったのはローマ人だと思います。ローマの最盛期には百九十七日ぐらいの有給の休日を持っていたそうです。政府は費用を投じていろいろな行事を行ない、貴族・人民を遊ばせた。その遊ぶ道具としてスポーツが使われていったわけです。ギリシア末期の堕落したスポーツ、商業的スポーツをローマが取り入れて、それを余暇の対策として使う。

舞踊音楽から、動物との闘い、戦士と戦士の殺し合い、そういう見世物がいっぱいできて、それを賭けごとにしてローマ人を遊ばせる。遊ばせることをまた住民は要求する。ローマというのは本当に面白い。外敵に滅ぼされる国はいくらもありますが、内部崩壊していく国というのはローマが初めではないでしょうか。

その後にできあがっていくのが封建社会です。北はブリテンまで、南はエジプトから北アフリカまでずっと版図をおおっている。ローマの崩壊によって、この植民地の統治はどうなるのか。

ここでは領主と住民との間にいろいろな契約ができます。そしてここで領主、従士、住民、農奴という関係のなかでキリスト教と教会という重要な要素が加わって、戦技の専門家である武士、従士の間に騎士道というものが成立するわけです。

スポーツ的な行動が、倫理、道徳と結びついて、特に戦技が倫理、道徳に結びついて、それが社会のなかに一つの道徳規範として入り込んでいって封建社会の一つの道徳規範になった。スポーツ的な行動が非常に大きな社会的機能を発揮したわけです。

日本でもそうですけれど、地方豪族がで

きて、そして各地に武将が興って戦国時代になる。それが次第に統一されてきて武士道ができてきます。そして道徳規範として封建社会を三百年近く維持していくわけです。日本の歴史のなかでいちばん長い平和の時代をこの道徳規範がつくりあげているというのは、大変面白いと思います。

武士道という道徳規範が士農工商の士だけでなく、農工商にまで入り込んでいっているというのは非常に面白いと思います。そのほかに華道、歌道、あるいは茶道、すべて道をつけて、それが人間の倫理、道徳、人間の道として社会の規範として残っていった。こういうものが、スポーツ的な行動を中に含みながらできあがったと考えられる。

なぜそういうものができあがってくるのか考えてみると、武士という専門職は生命をかけて戦わなければいけない。人間というのは死ぬときはどうしても、自分の死ぬ価値を認めたい。それを何に求めていくかというと、宗教に求めていくことになります。

だから禅、または仏教と剣が一緒になって、剣禅一致を求める。そのなかに安心立命を求める。死ぬときは立派に死ぬんだというような、そうした武士道ができあがっていった。

騎士も博愛、平等という思想をもち、従士のなかで立派な者が騎士にされていく。騎士になっていくには義侠とか勇気、礼儀、キリスト教に対する服従ということですが、日本ではそれが当時の指導者階級であった武士階級にまずできあがり、やがて下の農工商まで広がっていって社会の一つの道徳規範をつくりあげていった。スポーツ的な行動が重要な社会的機能に伸びていったと言えると思います。

同時に封建社会のなかで、蓄積が起こって農の生活が安定する。そうしますと収穫祭などという行事が行なわれるようになりますが、そのときにスポーツ的な行動が神前儀式のかたちを取りながら遊びのスポーツとして行なわれるようになった。

スポーツの娯楽機能というのはギリシアの時代でもローマの時代でもありますが、そういうものが庶民の間から起こってきたのは封建社会の特徴だと思います。

そういうかたちで封建社会が終わっていきます。あとは近代国家ですが、これは産業と政治の変化でしょう。近代国家となると富国強兵がいちばん問題になります。今まで一部の者だけに仕込んでいた戦技を、国民全体をスポーツ的な行動によってつくりあげるという必要が生じる。軍隊体育が非常にさかんになってきて、体操なんかが非常にさかんになってくるのはここからでしょう。

もう一つは、近代国家ができる前には必ずある一つの革命をやっておりますが、それによって指導者階級が滅びる。しかし次の時代をつくるためには新しい指導者階級の養成がまた非常に重要になってまいります。一つの思想を注入し、その思想を強固な、中心的なイデオロギーとして持たなくてはいけないということが必要になってきます。その手段の一つとしてスポーツ的な行動が非常に大きく用いられた。指導者教育に非常に大きな機能を発揮するということです。

さらに、国民にある程度の余暇ができ、それをどう指導していくかというのは非常に難しい問題で、先ほど申し上げた娯楽的な機能にローマも非常に困った。享楽的なものにのみ使うのではなく、それを建設的な方面に使うために各国はスポーツ的な行動を大いに利用いたします。

後のビスマルク時代に、ヤーンやナハテガルの行なったトゥルネン（体操）という国家的な体操の運動、ヒトラーが後ほど行なっていくワンダーフォーゲル運動、ソ連がやっているピオニールと共産主義教育、そういうものが近代国家で採用されてきた。

また、国民の健康問題というのは非常に重要な問題ですから、体育が学校教育のなかに入り込んでいった。スポーツ的な行動と体育とはもちろん違いますが、いちばん重要なことは、子供たちを立派な兵隊につくりあげることに関心が向けられたということで、そのために体育が教育のなかに入ってきました。

さらに、近代国家というのは大変難しいものですが、国家意識を統一して国民に持たせるためにも、スポーツ的行動は大きな機能を発揮している。

スポーツの純粋性

大西　今までお話ししておわかりになる通り、スポーツはまさに起源からしてゲームだった。そこには相対抗するものをもって行なう闘争性があるということ。遊戯的な考え方を非常に強調する思想もありますが、その考え方は中世の中頃から起こってきたフェスティバル式な考え方で、それ以前は相対抗する闘争的な、ゲーム的なものだということです。そういうものと人間は真剣に取り組んで、それを通じて人間をつくりあげてきた。それがスポーツの大きな機能だとぼくは考えているわけです。そういう考え方をぼくは持っているわけです。

伴　遊びという言葉があまりにも無差別に混同されて使われているので、はっきりさせる必要がありますね。シラーの遊び、ニーチェの遊び、禅の遊戯三昧《ざんまい》など、遊びといってもさまざまな内容をもって現れてきているものを、あまりにも安易にシュピール（遊び）という一語でしめくくって理解しているところがある。

それから先生のお話を伺って感じましたことは、人間と環境世界との相互作用のなかから何かが生起してくるその現場を押さえて、そこから考えていこうとされる。一般には現場まで下りずに観客の目で物事を観察するのが普通ですが、実際の現場での直接経験から出てくる事実にそって考えようとするところに典型的な違いがあるように思います。
　そうしますと、考えることの原点は、日月星辰、森羅万象、諸々の存在するものと相互に作用し合いながら、共にいるということですね。そこのところで何かが起こって、その起こったことをどう考えたら、ギリシア人のスポーツ的行動に対する考え方になるのか、またロゴスという考え方になるのかと考えていかれる。そしてそのように考えるなかから、スポーツ的行動が、社会的機能としてどうしても必要なものとして出てきているのだと考えられるわけですね。

大西　そうです。ぼくの考え方は行為行動のプラグマティズム、デューイの考え方に似ているだろうと思います。

大竹　プラグマティズムが生まれてくる以前は観想的な立場が哲学の主流ですね。この立場はギリシアに由来すると思うのです。神前儀式の祭儀的行動にしても、その場で没我に入って祈る人間と、それを見ている人間とが出てくる。行なう人間と見る人間とが分かれた。その見るという立場から一つの解釈が生まれ、それが客観的と称する知識としての領域を開いてきて、その方向が人間の学問の主流になってきたのではないですか。ある一定の距離をおいて見るとき、物が物として見えてくるということではないか。

榮　スポーツの起源のことから離れるかもしれないんですが、学問はどうして現場から離れていってしまうのでしょうか。

逆に学問というのは離れていていい、日常的な社会とは直接的に関係を持たなくてもいい、だからこそ永遠性を持つんだという言い方もあるわけです。

伴　人間のなかにもあるのではないんですか。大竹さんがこの間言っていたように、神前儀式をやっている人は三昧という境地に達せられるけれど、それを眺める観客はそういう経験なしにそれを比較対照して分析し分類して、事柄の説明がつくと一応納得して落ち着く。そういう傾向を人間は持っているのではないですか。

もう一つは、みんなに理解させなければいけないということがあって、個人的な直接経験を飛び越えて、普遍化していかねばならない方向がある。だから普遍概念が成立する場を、つまり時間空間を超越して永遠なるものの成立する場を求めていったのだと思う。たとえば「円は同一平面上のある一点からの等距離の点の軌跡である」というように、純粋概念の成り立つ純粋思惟の領域を求めたのだと思います。

そのとき同じ円でも禅僧の描いた円を見たときの衝撃も、まん丸いお月様を見たときの感動もない。だけど普遍化していかねばならぬ必然性が人間の生活のなかにあるわけです。それはそうとして、そのつど、そのとき、やはり根源へ立ち戻って考えることを忘れてはならない。

大竹　学問的なものはそこから感情とか感覚の部分が抜けて、だんだん根源的なところに戻るということを忘れさせてしまう。

最初の感情、衝撃を忘れさせてしまう。

大西 われわれが解決すべき何かに直面した場合に、スポーツ的な場面は行動によって解決せざるをえない、言語によってでは解決できないということの違いがあるからじゃないでしょうか。常に何かの疑問の解決策は、行動で解決をしないと出てこない。

伴 ギリシア人がロゴスを発見したときは、ロゴスも行動による実証・実感に裏づけられていたと思うのです。しかし「善意に基づく議論の力がいつでも勝ちをうる」厳粛な評議の場所がいつの間にか、黒を白と言いくるめるところと化してしまう。

よく挙げられるのは、家庭教師と弟子との間に交わされた契約です。弁論術をお前が身につけたら、そのときはわしに月謝を払いなさい。もしも身につけていなければ払わなくともよいというのです。お師匠さんは何ヵ月かかって弁論術を弟子に教え、そろそろ身についたとおぼしきときに月謝を要求する。ところが弟子は自分はまだ弁論術を身につけているとは思えないので月謝を払わないという。そこで裁判に持ち込まれる。

そのとき、弟子はこう言うのです。もしも私が裁判で勝てば、私は裁判の命ずるところによってあなたに月謝を払わなくてもいい。もしも私が裁判で負ければ、私はまだ弁論術を充分に身につけていないのであなたに月謝を払わなくていい。いずれにしても私はお師匠さんに月謝を払う必要はない、と言い張ったわけです。ところがお師匠さんのほうはお師匠さんのほうで、わしが裁判で勝てば、お前は月謝を払わなくてはならない。わしが負ければ、お前はわしを負かすほどの弁論術を身につけたんだから、払わなければならない、いずれにしてもお前は払わなくてはならない、と。

こうなってくると、ギリシア人にとっての正義が何であるか。ギリシア人にとっての本当の生き方、本当の死に方は何であるかがわからなくなる。厳粛な評議の場所が弁論術の遊びの場所になって結局それがギリシアを滅ぼすことになっていくわけです。

榮　そこで一つ疑問があるんですけれども、スポーツが享楽的なものに堕していくなかで、いわゆる遊び楽しむ、プレイのような部分が出てくるわけですが、それはスポーツ的行動そのもののなかに、本来遊び的部分が含まれているからではないですか。

大西　それは当然含まれている。ギリシア末期に成り立ってきたスポーツは命がけのものではなくなってきています。働く以外の自由な遊びの場面において貴族の道徳的な面をつくっていきますから、自分たちがやっているスポーツ的行動はだいたいにおいて生活とは関係のないものになってきます。だから、遊びの要素、遊戯性、自由性が入ってくると思います。

それから、ギリシアの貴族階級のスポーツは生活、生産行動などから離れて、現在のスポーツ的な、自己目的的な自由な行動の範疇に入っていたんじゃないでしょうか。従ってそれが遊び、自由という要素を持っている。遊び、自由という要素は硯在と同じように、プチブル階級に利用されて享楽的な方面に堕落していくと考えたほうがいいのではないかと思いますね。

榮　堕落するということは、社会的機能を失うという……。

大西　いや、社会的機能のなかの娯楽機能だけにそれが走っていくということ。それだけに極端に走っていってしまう。スポーツが持っている建設的な道徳とか教育とか人格をつくるとかという面にはいかないで、遊戯性のなかにだけ流れていってしまう。

そこでスポーツの要素が問題になってくるわけです。よく言われるスポーツの遊戯性と技術性と闘争性と、そういう三つのものを人間性によってコントロールする、そういう条件がどうしてもスポーツに必要だという考え方が起こってくる。だから現在言われているスポーツの概念形成が、私はギリシアの頃にできていたように思うのです。古い、初めの頃のオリンピックではお金の問題は出ていません。賞も出ていない。それが次第に崩れて賞をやったり、お金をやったり、いろんなことをするようになるんですけれども、初めのうちはアマチュアリズムの問題は参加資格を問う上で相当厳しかった。市民でないといけない、完全に貴族しかいかんということです。

榮　男でなければいけない。

大西　真っ裸でなければいけない。フェアの問題です。

大竹　今のお話でギリシアの説明のところ

は、ちょうどイギリスの十九世紀にそっくり当てはまるところがありますね。

大西　そうなんです。これはルネサンス研究者に教えてもらいたいんですが、ルネサンスには二つの型があると思うんです。ギリシアからのかたちと、ラテンのローマからの二つのパターンがあると思うんです。そういうふうに考えたらどうかと思うんですけれどね。イギリスはギリシアから持ってきたようですね。

大竹　そうですね。十九世紀にギリシアはイギリスで復活する。それが同時にパブリック・スクールのなかにキリスト教の精神と一緒に入り込んできます。指導者をどういうふうにつくるかという点は、パブリック・スクールではノブレス・オブリージ（位階に責任あり）というかたちで伝わっていくのだろうと思いますが、その原型はギリシアにあったような感じがいたしました。

これはそれこそ最近のイギリス経済の没落ぶりから逆に出てくるようなことですが、十九世紀の指導者教育が何を育てたかという問題、当時の指導者は貴族階級出身です。彼らは土地のあがりや金利で食べている。それで一方のいわゆる産業革命以後富をつかんだ人たちと考え方が違うわけです。

特にパブリック・スクールの教育はジェントルマン育成が目的ですから、知育的科学的進歩に対して疑いの念を持っていて、利益に執着する企業精神を軽蔑する。それで思いはいつも田園に戻る。イギリスの貴族階級というのは自分たちの出身地にカントリー・ハウス（屋敷）があります。そこで生活して、利益追求の方を軽蔑するわけです。ですからイギリスの場合には現代の経済的没落をもたらすようなかたちの指導者精神というものを柱にしていたことになります。

ただ没落といっても、そういう精神が人間の在り方として間違っているかどうかというと、これはまた一つ問題のあるところです。パブリック・スクールへ行った連中はたいていオックスブリッジへ行きますが、優秀なのは教育とか研究機関に残る。実業の世界を軽蔑している。もっとも最近はこの傾向は少し変化がでてきたようですが。

いつでしたか、テレビを見ていましたら、高坂正堯氏が、イギリスの産業革命を支えた人たちはオーソドックスな教育を受けた連中ではない。北部の出身で、正規な教育を受けていないからあれができたんだと言っていましたが、これは面白い見方だなと思いました。

大西　腐敗していく貴族階級を支えていったのはピューリタンだと思うんです。スポーツでもそうなんだけれど、アマチュアリズムをつくったのはブルジョワだと言われている。ブルジョワは自分たちは有閑階級で遊べるからああいう思想ができたというんですが、そうではない。ブルジョワは腐敗してしまってスポーツをギャンブルの対象にみなしてしまう。ローマと同じなんです。こんなことではいけないとピューリタンが反発して、それでオックスフォード、ケンブリッジなどで大論争をやるのですが、ピューリタンがみんなを押さえる。それで初めてスポーツの純粋性を守っていくんです。

プチブルの連中が金もうけ主義で資本主義を進めていきますね。これはマックス・ウェーバーが言っている、大塚久雄先生の得意なところなんですけれど、要するに、ピューリタンには目標がなければいけない。その目標とは神の思し召しである。理想の社会をつくるんだというピューリタンの思想、金はそこにこそ使わなくてはいけないということで腐敗を浄化していく。その点は面白いと思いますね。

大竹　パブリック・スクールにもそういう人たちが十九世紀になって土地や建物を寄付していく。そういう点ではイギリスの十九世紀の初めから後半にかけてのところは、振り返ってみると現在のいろいろな問題の兆しが全部あるような感じの時代ですね。

榮　アリストクラシーの問題からまた少し話が戻りますが、狩猟社会では獲物を獲るという行為には厳粛な意味がありますね。生きることに直結するわけですから、獲物を獲るためにはどうしても的を打ち抜かなければいけない。実際にそれは生命のかかっている行為です。当然日常そういうトレーニングをしているわけですね。ところが、しかし的をねらって当たったという喜びは、命をかける、かけないにかかわらずあると考えていいでしょうか。

大西　的へ当てるときの気持ちは弓道の極意なんかでよく言われることがありますが、要するに無心にならないと当たらない。この無心の境地というものが、やはり自己目的的なんだな。武道なんかで言う歓喜というのは、まさに欲望も抜けてしまって、勝つというようなことも度外視してやったときに、初めて自分が解放されて、自由な技術が出る。その境地が子供が遊びに熱中するものと同じ自己目的的なものです。

だから、遊戯の哲学の人は遊戯の自己目的的なものがスポーツのなかにあると言うんだけれども、本当の競技、あるいは闘争のなかの自己目的的なものとは違う。闘争のなかとはどんなことかを言うと、たとえば勝ちたい、勝ちたいと思うと必ず負ける。それを自分で勝ちたいという欲望をも除《の》けてしまう。金が欲しいとか、名誉とか、そんな欲望も除けてしまったときに、初めて自分が自由な行動になるという、そういう自己目的的な行動が、競技者の心境だ。それを混同したところに、体育学者なんかが遊戯の哲学をスポーツの哲学のなかに持ってきた間違いがあると、ぼくは思う。それがぼくがほかの人と考えが違うところです。

物欲を離れないと、矢なんか当たらないのだという言い方は、禅なんかと一緒になって出てきた考えなのか。その辺がぼくにもよくわからない。無我にならなきゃ絶対に勝てないと武蔵なんかは言っているけれども、ぼくは最後の最後まで勝つということを思っていなければ負けるぞという感じもするんです（笑）。ところが、感じとしては自己目的的な行動なんです。その行動自身に何かがある行動です。

榮　そうすると、先生のおっしゃるスポーツ的行動というものは、これはいわゆる遊びとは全く質の違うものですね。

大西　そうです。最近よく言われているアスリートのスポーツは、アセティック(ascetic)・スポーツ、要するに人間の修行のためのスポーツだとアメリカでもさかんに言われ出してきました。要するにスポーツを通じて修行をやる。宗教者がやる行と同じものだ。それによって自分を最高の人間に近づけていこうとする行動、その行動はいろいろ体育のなかで言われる美的追求とか、健康追求などの根底にあるものであるということを言い出した。チャンピオンシップ・スポーツのなかにはそういうものを行なってきた素晴らしいものがあるということを言い出した。

榮　個人的にはそういうものを感じる人はいますね。たとえばエリック・ハイデンという、一九八〇年の冬季五輪レークプラシッド大会で、スピードスケートの短距離から長距離まで五種目全部の金メダルを独占したアメリカの選手。彼のトレーニングをテレビで見たんですが、信じられないような修行的なものです。真夏に庭に二メートル四方、深さも二メートルぐらいの穴を掘って、土を上げる。そしてまた土を戻す。同じことを十回ぐらい繰り返す。周りから見たら狂気の沙汰です。彼のトレーニングを見ていると何か宗教的な雰囲気、祈りみたいなものがある。

伴　子供の遊びと達人の遊びは違うと言った人は……。

大西　違うと言った人はいませんね。だいたい巧椎一致という言葉をよく使います。子供の描いたものに感心しているでしょう。あれと同じなんです。子供は無我で、技術は何もないけれども思ったものをちゃんと写して、素晴らしいと言われるのはそれなんです。原始人のつくったものが素晴らしいなどと言われる。

伴　西田幾多郎は、そのとき主客未分、子供が無心に描くのと達人が無心に描くのとは同じ、しかし達人は絶対否定を通っている。自覚をしている。だから、無心ということでは連続しているけれど、非連続なんだ。子供の遊びと達人の遊びは非連続の連続。子供の無我の遊びには深い知の自覚がない。絶対否定を通っていない。達人はそれを通っている。絶対否定を通っているかいないか。自分の限界とか死とか、そういうものを通ってそこから生まれる深い知。その知は宗教的な知だと言えないでしょうか。

大西　ぼくは技術がそういうものをつくりあげていくものと思います。技術の追求のなかにある一つの修行の過程があると思うんです。だからスポーツの技術性が重要だというのはそこなんです。しかし、技術というのは最後は理屈になるから、これは合理性の限界で止まってしまう。闘争という非合理的ななかの解決もできないわけで、最終的な理解はおぼつかない。

　われわれが到達するものは何だとわれわれの方から言ったら、それはフェアでしょうね。絶対的なスポーツの境地、それがスポーツの純粋性。

榮　スポーツ的行動のなかにはそれ自体の楽しみがあるとしても、スポーツそれ自体は闘争ということ、あるいは祈りということと離れてあるわけではない。遊びの場合には闘争とか、祈りとかは切り離されて、そのつど楽しければそれでいい、と考えていいですか。

大西　ぼくはそう思うんですよ。だから、楽しみがあるということと、楽しみをつくりあげていくその過程に楽しみを持つというのとは違うと思うんです。アスリートはそれをするなかに楽しみがあるからそれをしているのではなしに、初めの動機はそうであっても、楽しみをつくりあげていこうとするその修行のなかに楽しみを求めているというようにぼくは思うんです。それがエンジョイじゃないか。

大竹　イギリスの人はエンジョイという言葉を非常によく使いますね。

ゲームとプレイ

伴　ところで、英語でスポーツとかプレイの語源はどんな意味ですか。

大竹　スポーツ（sport）というのはディスポート（disport）の接頭辞が消えて、

それでスポートになったんです。語源的な意味では自分を仕事から引き離す。日常生活から違った場所で楽しむ。狩りをしたり、魚を獲ったりして楽しむということで、現在使われているような、ゲームをする、スポーツをするという意味が出てくるのは一八六三年が初出です。ゲームも同じ意味を持っていますが、ルールにのっとって行なう競技という意味はスポートより早く、中世に早くもその意味で使われています。

プレイの英語の語源を探っていきますと、今の英語で言えばプレッジ（pledge）、誓うという意味と重なる部分がある。そうするとプレイというのは、今のわれわれが使う遊ぶという意味もありますが、プレッジという段階では自分を危険にさらす、何かに誓って何かをするという意味をもっていた。バイブルの「サムエル後書」で使われているプレイは日本語では戯れと訳されていますが、そういう意味も持っていたようですね。

伴　遊ぶという言葉がバイブルにあったんですか。どういう言葉ですか。

大竹　『欽定訳聖書』ではプレイ（play）という英語が使われていたものが、最近のものは、コンバット（combat）という言葉に変わってはっきりしていますが。

サムエル後書の第二章の十四に出てくるものですが、「アブネル、ヨアブにいひけるはいざ少者をして起て我らのまへに戯れしめん（Let the young men now arise, and play before us.）ヨアブいひけるは起しめんとサウルの子イシボセテに属するベニヤミンの人其数十二人及びダビデの臣僕十二人起て進みおのおの其敵手の首を執へて剣を其敵手の脅《わき》に刺し斯して彼等倶に斃《たお》れたり」とある。

ですから、ここでは戯れ（play）というのが、後を読めばわかるように、はっきり相手と戦って殺すという意味で使われていることになるわけです。少なくともここで戯れという日本語が訳に使われているのは非常に面白い。ただこれは古い文語体の訳ですからね。

ゲームというのは英語では猟をするときの獲物という意味ですね。

大西　そうなんです。だからゲームは相対抗するものの意味を持っている。

伴　そうしますと、戯れとか遊びという概念は一般に受け取られているよりも、もっと存在の根本にふれているところがありますね。一般には遊びは自発性とか自由性とか自己目的性という概念と結びついている。何か子供の遊びがその典型とされています。何かのためではなく、人間の働きの自然な、自ずからの発露、自由な自発的な行動が遊びとして受け取られています。そういう活動（シュピーレン）はもともと、「自然」の働きです。

春になれば、山は自ずから青く、花は自ずから紅い。遊ぶというとき、「自ずから」ということで、自然の活動と人間の活動とを同じように受け取っています。だが「自ずから」というのはただそれだけではない。

根本は闘いだということです。ヘラクレイトスも「闘いは万物の父であり、万物の王である」と言っています。

梅の花が開き、柳が芽を吹く、そこに春は春として現前しているのですが、しかし梅と柳とは地下では喰うか喰われるかの闘いを演じている。しかも地上でも両者は各自の絶対性を主張し、自らの美を競ってゆずらない。もしも敗れて醜態をさらせば、無情な人の手によって根絶やしにされかねない。この消息を『碧巖集』は「仰山《きょうさん》呵呵大笑」という問答形式で、三聖慧然《えねん》と仰山慧寂《えじゃく》との出会いの話として伝えています。それはこうです。

仰山三聖に問ふ、「汝、名はなんぞ」聖云く、「慧寂」。山云く、「慧寂はこれ我」。聖云く、「我が名は慧然」。
仰山呵呵大笑す。

何だかわけのわからない問答ですが、大燈国師は、仰山が呵呵大笑したその声、「いずれの処にか去る」と著語《ちゃくご》しています。呵呵大笑の声が何処へ去っていったのか。機鋒鋭い慧然と慧寂との火花を散らす闘いが終わったとき、「呵呵大笑をしうる、その人を見よ」ということでしょう。大燈国師はその人間の心のはたらきに打たれて、次のような詩偈《しげ》をそえています。

煦日影中《ぐじつえいじゅう》、雪《ゆき》霽《は》るる春
梅腮柳面芳新《ばいさいりゅうめんほうしん》を闘わす

詩縁風興《しえんふうきょう》、限りなき意
独り許す苦吟《くぎん》野外の人

　この、人と人との出会いの根底に潜む問題は、いずれ「闘争の倫理」を究明するときに、改めて取り上げたいと思っています。

榮　ところでぼくたちがスポーツを考えるときに、一般的には近代スポーツを考えるわけですが、それも現代行なわれていることから考えていろいろと言っているわけです。

　クーベルタンが、「オリンピックにおいて大切なのは、勝つことよりもまず参加すること、人生において大切なのは成功することよりはその過程の努力」だと言っていますね。スポーツをあるところまでやった者はプレイしているときには闘争の持つ重みみたいなことはそれとなくわかっているわけです。

　ところが終わって元へ、普通の生活に戻ったときに夢中でやったことをふと振り返って、何であいうことをやっていたか説明がつかない部分があるわけですね。三昧というような境地へ近づいてはいるもののもう一歩、みたいなところがあって、その説明がつかない部分をいつも遊びというところと結び付けていくような気がするんです。

　そのときにクーベルタンが言った「参加することに意義がある」というあの言葉が、何か非常に大きな力になっているような気がするんですが。

大西　そうそう、あれが非常に日本で強調された時代がある。イギリスではグッド・ルーザーという言葉がありますね。「よき敗者たれ」。悪い勝者よりよき敗者たれと言うんですが、これがスポーツの精神だと言われた時代があるんですよ。それの根本はどうもそういうところから来ているような感じがします。

ところが、あれをよく考えてみますと、あれはセントポールの牧師が言ったんですね。哲学者とか牧師とかあるいは遊戯の学者とかが言ったことを、スポーツマンが借りてきて自分の行為を説明している感じですね。スポーツマン自身が自ら本当につくって書いたものが、どうも一般に通じないようなところがある。そこに何かの食い違いができてくるんじゃないかと思いますね。

何かそういうものを本当に考えたというのもおかしいが、借りてきたものがあり過ぎてね。マッキントッシュが書いている『フェアプレイ』という本がありますが、これがまた難解で読んでもわからないんですよ。

借りものが多い。しかも、だいたいもう借りてきているものの出所が決まっているんですよ。たとえば日本だとホイジンガの『ホモ・ルーデンス』から持ってきたり、あるいはホールから持ってきたり、ギューリックから持ってきたり、だいたい決まっているんです。

昔の体育の先生方が、誰でもそういうふうにずっと高等師範などで教えてこられたから、それで習ってきた人はそこから抜けないんじゃないですか。だからぼくらが勝負の重要性、あるいは闘争の倫理なんていうと、勝敗中心主義だとか、武士道の精神をふりかざしているとかすぐ批判するからね。

榮　それと戦争の問題ですね。核の脅威は人間が人間を滅ぼしかねない。戦争ということと、勝敗を最後まで争うというスポーツは、短絡的に結びつけられて、人間のあくなき野獣性を賛美するものとしてスポーツは批判を浴びますね。

そういう意味で平和のみを強調していけば、スポーツは闘争だということだけで、非常に否定的な見方をされるということがあると思うんです。そういうことがまたスポーツの遊戯的な面を強調する非常に強い力になっているような気がするんですが。

大西　最終的には現代の核に対する主張が一つですね。それを止めさせるためにいろいろな科学的な方面から検討して止めようとしている。しかしこれを止める最終的なものは何だろうと考えると、各国民と言いますか、庶民と言いますか、要するに人間が闘争の倫理に対して生命を賭してでも闘えるという思想を全体に持つことによってしか、私は対抗できないと思いますよ。

結局、民主主義社会においては実際は数ですから。闘争の倫理というものを根本的にしっかりつくって、そういう態度をスポーツという行を通じてつくりあげていく。あるいはスポーツの社会的機能を利用して世論をつくる。そのような人たちを増やすことによって戦争という愚行に走る流れに対抗していくことを考えなければいけない。

そうなると闘争の倫理を教えられるものは、スポーツ以外にないということをぼくは強調するわけです。

榮　軍国日本に対する深い悔恨の念が、歴史的な拒絶反応みたいになっていて、運動選手＝軍事訓練＝兵隊という図式となって、ああいうものをつくってはいかん、スポーツの本来というものは子供の自由な遊びの世界にあるという考えになっている。

大西　ありますね。だからさっきも出ましたが、あんなことを言うと勝敗中心主義、武士道だと言われるのはそこだと思うんです。そうではなくて、勝敗ということも、実は勝負の上からこそ生まれてくるんだということを、何とか書かなければいけない。

大竹　ただ、子供の遊びのなかには遊び心だけしかありませんか……、闘う部分はどうですか。

榮　遊ぶためにルールが要りますね。喧嘩したりいろいろしながらルールを決めていく。それがないと遊びが成り立たないわけです。子供は自然に遊びの規則を自分たちでつくっていく。

子供が社会的な存在として成長していくということは同時に自分たちの世界そのものを支えるルールを創造していくことです。ルールをつくっていくことが自分たちの世界をつくっていくことですから、そういう意味で自然な遊びのなかで創造的な人間ができるという考え方があるんですが。

ルールの前に人間あり

大西　そのルールという考えにぼくは非常に疑問を持つんですよ。すぐぼくらはルールというものを法治国家のなかで重要だと言いますが、ぼくらはその前にフェアという感覚があって、ルールをなるべくつくらないで激闘のなかに、たとえばラグビーでもハッキングというのがあって蹴り合いをやりますが、蹴り合いをやっているうちにこういう行為はいかんということを肌で感じて、ルールなどなくてもそういう行為をやめるということになっていくことが本来ですね。

そういうことを子供たちに、人間として蹴ったらいかんのだということを闘争のなかで自ら身に覚えてもらう。そういう葛藤で人間の心、精神は前進していくような気がするんです。ルールを決めてそれを守れというのでは、ぼくは人間は進まないと思いますね。

ルールの前に人間があるという考え方からすると、教育は人間ですから。常識のルールのなかでいくんじゃなしに、人間としてこれはいかんという、そこを身をもって教えていく。それが闘争の倫理というものですよ。

そこでぼくは思うんですけれど、日本で闘争の倫理が表現上いちばんよく出ていたのはやはり『平家物語』だと思いますね。

あの時代にあの平家物語に闘争の倫理があるということ、それが成就したかどうかは別だけれども、あの時代にすでに言っているということは現在の人間にもわかるんじゃないかと、そんな夢を持つんですよ。

しかしさっきも話したように、そういう理想の態度にまでなっていくかどうかということは、戦争を実際に経験しているぼくは自信がないんですよ。戦争の極限に、もう殺すか殺されるかというような場面に来たら、それは全く理性とか意志の範疇から離れてしまいますからね。私はその辺が自信がないいんだなあ。

榮 子供の場合にルールを与えられるんじゃなくて、自分たちでやりとりしながらそれなりにつくっていますね。そういう意味では幼児教育というものは、非常にあいまいな部分があります。あいまいなものをあいまいなかたちのまま、認めているんじゃないかと思うんです。

喧嘩するならあるところまでさせて、どうしようもないときに先生が割って入るというふうにして育てていくということが、幼児教育の理念としてある程度あるような気がします。

ですから闘争の部分と自制する部分が絶えず引っ張り合いながらできあがっている世界だろうと思いますね。ところがその年代からちょっと超えていくとルールがまずあって、それを守らなければいけないという社会に、だんだんなっていくのではないかと思います。

大西　それはありますね。

大竹　子供の世界もルールの方が先行している。それに兄弟が多くないですから、兄弟が多ければそこに闘争があるからね。

榮　集団で遊びを覚えないということが非常に問題です。闘って調和するということを学習しないわけですから。

　闘争の倫理というときに、闘争と倫理は矛盾概念です。ですからこれをよほどうまく話さないと、確かにそれは内容的に素晴らしいことですが、分かれと言っても分からない部分があります。何とかそこを理解できるようにしていかないと……。

大西　やはりデューイが言うように、人間の精神というのはグループをつくってある目標をつくり、目標達成のために協力してやっていくときに初めて進歩することができるんだということを教えて実践していないんだね。要するに教科書を教えていれば子供たちは精神的に成長するんだという考え方をまだ持っているんですよ。坐禅を組んでいれば精神的に成長するんだというような、そういう考えがあるんですね。

伴　そこで人間というものを考えるときに、アリストテレス以来、たとえば人間を理解する場合に人間の本質は理性的動物であるというようなかたちで理解しますね。あるいは物事を理解するときに根底にルールがあって、それに照らしてこれは正であり、これは不正であると判断しますね。

　先生の場合は、ルールとか人間の本質規定というものが、一《いっ》ぺんにふっ飛んだところから考えていこうとされている。

大西　私はそういう概念みたいなもの、一つの観念あるいは理性などは、人間と環境とが相互に作用し合う、あるいは経験し合う、そのなかで初めて意味を得てくるもので、正義とか善とか言ってみても、実際それだけでは意味のないものだと思うんです。

だからプラグマティズムの考え方の意味論をぼくは取るんですけど、その点でヘーゲルなんかとはちょっと違うかもしれないと思うんですけどね。何かについて一つの言葉が出てくる、その意味はそれだけで孤立してそこにあるものではなしに人間と環境とが相互作用するなかで、初めて意味を得てくるものだ、ある意味が初めから絶対的に決まっているものではないという考え方に立たないと、意味論が絶対論になってしまうような気がします。

だからスポーツという言葉だってそういう考え方で、スポーツを通じて行なう場合の行動のなかに、いろいろなスポーツに対する考え方が出てくると思うわけです。

伴　結局、行動ということを、生きているということに置き換えてもいいわけですね。たとえば横井庄一という人がグアム島へほっぽり出された。それが一応人間の原始の状態です。人々は生きるためにまず周囲を見回し、衣食住を確保するためにおそるおそる行動する。そのとき人間は常に何かにかかわって行動する。先生はそこをおさえて、生活のなかでの人間の行動のかかわりのなかから、そのかかわり方の一つとしてスポーツ的行動を取り出してこられている。その最初の原形が狩猟行動です。しかもその行動のなかで人間は自分を超えた大きな力というものにふれていたと思うのです。

それは命の恵みを与えてくれる恵み深いものであると同時に、自分の命を奪い去るような恐ろしいものでもあるわけです。だからスポーツ的行動のなかには祈りを捧げていかざるをえない何かが含まれている。その祈る気持ちが神々と密接な関係を持ってきて、スポーツ的行動が神々の前で儀式化されてきたと思うのです。その辺が人間の行動の原点ではないでしょうか。

大西　ええ、そうですね。やはり人間は弱いというところから出発しないと、神とか何かそういうものが出てきませんね。

伴　神々へ捧げる敬虔な武技が同時に生きものを殺生する殺伐な武技であるという、人間の行動の原点に常に目覚めていることが求められる。美しくもまたおぞましい人間の本性、それは日頃は地下に眠っている火山のようなものですが、いつ爆発するかわからない。しかもわれわれの生活世界はその火山の上に乗っかっているのです。

眠っているからわれわれはそれを忘れている。だから遊戯だの何だのと言って安心していられる。だが火山はいつ爆発するかわからない。だからむしろそれを眠らさないで表へ出してきて、それが闘争本能ですね。それをその場でコントロールできる人間に鍛えあげ得る教育が要求されてくると思うのです。

先生の話ですと、判断以前に単純に自己コントロールができなくてはならないと。そう考えると人間は、生命が生命自身のうちから自分を規制し得るような、そういう人間になっていかなくてはならないということになると思うのですが。しかし果たしてそこまでいけるかどうか……。

大竹　そういうところをいかにわからせるかというのは非常に難しいですね。そういう場は普通なかなか持てない。そういう意味では、その場を与えるというか、自分がその場を持てるかどうかというのがわかるかどうかということにもつながると思いますね。

伴　たとえば職人かたぎ、そういう人たちにはそういうところがあるんじゃないですか。いくらお金をつまれても自分の気にそわないことはやらない。

大西　そうそう、そういうことです。

大竹　ただ、心の内に秘めて、ことによったら爆発してしまうところが、人間の人間である所以であるという見方もありますね。

大西　それが衝動なのか本能なのか、その辺が実は大変難しいんですね。闘争本能だと逃げちゃえばもちろん楽だけれども。

榮　その辺のバランスがいちばん崩れてあらわになるのは、中学生のような気がするんですよ。小学生ぐらいまではある程度ルールを与えられればそれを守れる。ところがそれは自発的に自分で闘って得たものではないから、どこかで崩れるわけです。

スポーツのような実際の行動を通してこ

なければ、内側にいつでも潜んでいるものは、どこかで抑えきれないで非常にはっきりしたかたちで出てくる。それがあの年齢ではないかという気がするんです。

大西　そこが非常に日本人的だな。日本人というのは外国人と非常に違う。いちばん違うのは何かというと思い詰めたら死んでもやるというところがある。それが日本人の大きな特徴なんだ。それがちょうどできてくるのも中学生なんですよ。だから命がけで何か変なことをやりおるんです。しかしこれが日本人を進歩させてきた一つの原因なんだ。

野口英世だって実際あれだけいじめられて、死んでもやってやろうと思ったからあそこまでいった。そういう日本人の特徴というのは、何か伝統と言えば伝統だし、国民性と言えば国民性のような気がするんです。

榮　ただ、その段階でのコントロール……。たとえば死んでもやるというような、それがいい方へ行く場合と悪い方へ行く場合がありますね。厳しい教えをしたときに、ほうっておけばそれについてくるのが半分、裏でそれと違うことをやるのが半分という先生のお話がありましたが、それは一人の人間に絶えず両方あって、そのままほっておけばいい加減になる部分が、中学生くらいの年齢では非常に強くなってきますね。そのときではどうも遅いような気がするんです。

大西　同時に、指導者というのはそういう不良と良を両方持っていなければいかん。不良の言うことは不良でないとわからない。そういうことがある。

榮　竹林の七賢人じゃ駄目だということですね。

大西　駄目だと思いますね、指導者というのは。ただそういう点がぼくは実際よくわからない、現実には。

　人間の意志というものは、さっきの衝動をどの辺まで抑えられるものか、そういうことが実際ぼくにはわからないんだ。

伴　人間を見つめる目が正直で深いですね。人間の有限性に対する自覚の深さが先生に目標を与え、そしてそれが教育者として何を教育していくべきかを決定づけたのではないでしょうか。

アマチュアリズムとは何か

アマチュアリズムをなぜ守るか

伴　新聞なんかを読みますと、最近はアマチュアリズムというのは過去の心情的遺物として現実に合わない観念だということで批判していますね。

大西　だから私は、この問題の将来の在り方についての構想をはっきり出さないといけないと言っているんですよ。結局アマチュアリズムを守っていこうとする哲学がない。だが今のところは誰もそういうことを考えないし、それからそういうものに共鳴しようとする人も、それがわからないから困っているわけです。

今までは社会が急激に変化してきて、追随できなかった。あるいは世相がずいぶんその社会の変化によって変わってきた。そこでアマチュアリズムが今危機に瀕しているわけですけれど、私はこれをスポーツというものに対する一つの絶村的な考え方として、あるいはスポーツの哲学として、今までのようにこれによってスポーツ一般を縛ろうとしても無理だと思うのです。

どういうことかというと、スポーツマンがスポーツ行動を行なうときに社会のなかでそれぞれの在り方で相互作用していく。そしてその相互作用をするごとに、体育をやっている人は体育的な考え方でスポーツというものの考え方を持つだろうし、競技をやっている人は競技の考え方を持つだろうし、レクリエーションの人はレクリエーションの考え方を持つだろう。そこには一つのレクリエーションとしての哲学もあるだろうし、体育としての哲学もあるだろうし、ダンスなんかをする人は美的な考え方の哲学を持つだろう。健康に関心を持つものは健康教育としての考え方を持つだろう。おそらく将来はそういう考え方ごとにスポーツがそれぞれの立場でまとまっていくような気がするんです。

だからアマチュアリズムを守ろうとする考え方の人が集まって、またレクリエーションはレクリエーションで一つにまとまって指導方針をつくればいい。健康づくりは健康づくりで一つにまとまって指導方針をつくればいい。そういうふうにして独立的につくっていく。その上でさらにそれらの協議団体をつくって人類の平和と幸福のためにみんなが話し合って何かいい方法を考えていく。これがいちばん現実的な行き方ではないかと思うんです。

そのときにもしかするとアマチュアリズムはスポーツのなかで崩壊して、アマチュアのスポーツの尊厳性というか、スポーツの価値のようなものはなくなってしまうかもしれない。それこそスポーツは技術の売買になってみたり、あるいは金のサンドイッチマンの技術みたいになってしまったり、見せ物になり下がってしまったりして堕落するかもしれない。これではスポーツが人間としての本源的な価値を持つことができなくなってしまうぞ、ということさえはっきりしておいて、アマチュア・スポーツ団体はアマチュアリズム遵守のため頑張ればいい。

スポーツというものをどういうふうに考えたらいいかということを今の子供たちの将来から考えてみると、結局、未来の社会においていちばん重要なことは平和の維持ということだろうと思うんです。

しかも同時に軍需産業などがどんどん発達して進んでいく。そういうときに、大衆民主主義社会がもし続きいろいろなことが民主的に決まっていくものならば、それはそこにいる国民というものがある一つの力を持っていればいいわけです。そうするとその力というのは何か。ある一つの、原子力なら原子力に対する、あるいは核に対する反対、命を投げてでも権力に対して反対するという、闘争に対する倫理的なものを子供たちのなかからつくっていったらどうだろう。青少年の団結による平和運動として。

それがためには、スポーツというものだけが今、教育のなかで残されている闘争の倫理をつくりあげられる唯一のものだ。そこでスポーツのなかにある闘争というものを重要視して、みんなで闘争の倫理をつくりあげて、その中心にフェアプレイの精神の考え方を持ち込んでいって、フェアこそスポーツ人が持つあるいは人間が持つ平和を維持する最も重要なものだという哲学をつくりあげる。そしてそれを言ってみれば宗教のごとくにする。スポーツというのはいささか宗教的なものですから、子供たちが喜んで行なうスポーツを修行的にやらせて、闘争の倫理を体得させていく。それがスポーツを通じての教育の一つの目的だろう。平和を希求する意味でスポーツは将来の宗教的行動と言えるだろう。ぼくはそういう考え方を持っているんです。闘争の倫理とその教育を言うのはそういう意味からなんです。

もう一つは、この金銭文化社会における価値の変化、これをどうしても止めないといけない。ぼくは個物主義なんですけれども、個物主義あるいは自由主義というか、そのいちばん悪いところは、金銭文化社会、価値観が金銭によってすべて決定されていくという、資本主義社会下における金銭による人間の手段化です。この傾向はどうしても止めなければいけない。

ところが今の状態だと法律でも何でも金銭的関係が基本のようになって、みんな金銭によって決まってしまう。労働との関係においても、今まで教育者は聖職者だなんて言っていたのが、そういう奉仕的な考え方がなくなってしまって教育労働者となってきている。そういう価値観がもし台頭してしまったら、それこそ夫婦間の問題でも、あなたは私にいくらくれたからどうだというふうな問題になってきたら、人間の存立する倫理はなくなってしまうだろうと思います。だから価値観の多様性は結構だけれども、それがあくまでも金銭だけで固まっていくようなことは考えなければならない。

それがためには金銭以外のもので、なんでもないような趣味やスポーツの本当の素晴らしさ、そういうことを体得することによって、やった！　というあの歓喜、あるいはピーク・オブ・エクスピアリアンス（頂上経験）というものを持たせることが、子供のときにどうしても必要だと思う。要するに金で買えない何物かがある。自ら修行してつくりあげるもの。それは愛の問題その他もあるでしょう。そういうものがスポーツのゲームのなかにみんな入っている。それはスポーツの教育的な価値としては大変重要なものではないかと考えるので、それをひとつ実践しようということです。

もう一つ、今教育のなかでいちばん重要なことは、確かに科学の教育も必要でしょうし、変化していく社会に適応する現実の教育も大いに必要でしょうが、そういう合理的な教育も非常に必要で、確実性の探究も真理の探究も必要だけれども、しかし今教育のなかで何をいちばん重要に考えなければいけないかというと、結局、人間にいかに良き精神的、道徳的な習性を持たせることができるかという問題だろうと私は思うんです。この根本的なものが教育のところでできなかったら、いくら科学や技術を持たせても、それこそ核を考えて核を凶器に使うようなもので、人間を幸福にしないだろうと思う。だからどうしても、いかにして良き精神的、道徳的な習性を若いものに持たせるかということがいちばん重要だ。

それには道徳教育とか、倫理とかの教育がいろいろある。しかしそういうことをいくら教えて知っていても駄目だ。それを行動的にすっと行なえるような人間をつくっていかないといけない。これは一種の修行、訓練だと思うんですが、スポーツのなかにはそういうものが多分にあると思うのです。スポーツの教育のなかには愛情の問題もあれば闘争の問題もある、あるいは生死の問題もあるし、緊急事態の問題もある。合理的あるいは科学的な教育ではどうしても達成することのできない問題を、多分にスポーツは持っている。それから善悪の決定ということは哲学の方からいうと大変楽しい問題ですけれども、スポーツのそれらの現象のなかに子供たちを放り込んで、そういうものを身に覚えさせて善導するならば、自らの意思でその善悪を決定し、精神的、道徳的な良い行為を自分で選択してやっていける人間ができるのではないか。

これはぼくは仮説だろうと思うんです。できるとは言い切れないけれども、しかしそういうものの教育をやっていかないと人間はよくならないと思う。ラッセルが言っているように、科学と技術と、そして人間をつくりあげる、その間にギャップができ過ぎた。だからそういうギャップを埋めるようなこと、できるかできないかわからないけれど、それをやっていかないと人類が滅びるというところまで来ているのではないか。その力がスポーツのなかにあるのならば、スポーツのなかに一つの教育の課程を与えて、それをやらせていく。そういうことを体系的につくりあげて、アマチュアリズムを遵守していくのはこういう教育哲学によるやり方でいくんだということを体系づけて発表することが、いちばん重要なことではないかと思っているわけです。

アマチュアリズムというものは将来そういう方向でもっていって、そしてそれに共鳴する人は大いにそれでやっていってもらう。今は侵害されている部分はトップクラスの一部なんです。大部分のスポーツマンは一生懸命にスポーツマンシップと技術を練るために苦しんでやっているわけです。ですから何かそういうものを与えてやったら、本当に大部分の人が共鳴してついてくるのではないか。そういうものが今はないのだろうと思うんです。後で「スポーツと教育」のところでそういうことを少しかたちづけていきたいと考えています。

伴　そこに生きる人々にとって、それなしには真正に生きていけないような何か。

大西　そうですね。要するにスポーツの価値を見出すものは何だといったら、やっぱりアマチュアリズムだと私は思う。

現代の人間が、努力と英知と、それからある程度必要な勇気を持っているならば、そういうものを人間自身が改造していくことができるという一つの仮説的信念、現代人はそういう信念を持って科学技術を進歩させてきた。そういうものをぼくは子供たちに与えたい。子供たちは実際に修行として今何にも与えられていないわけですものね。ぼくはスポーツというものがそれに適していると思うのです。

大竹　指導者が大事になってきますね。

大西　そうなんですね。だから第一次大戦後ドイツなんかでもカール・ディームがヒトラーと一緒になってスポーツを国民運動としてもっていった。それから普仏戦争後トゥルネン運動のときに体育指導者としてヤーンなんかがトゥルネン（体操）を用いて国民を引っ張っていく。ああいうことができたということはなぜかというと、スポーツのなかにそういう魅力があったからだと思うんですね。ジェントルマンシップなんていったって、あのときに、スポーツによる修行のなかで鍛えられた人たちの、あのイギリスを伸ばしていく魅力がなかったら、誰もついていきませんものね。

そこで将来のスポーツ指導者の養成を含めて、わが国のスポーツ政策をどうしたらよいかということを考えますと、まずスポーツクラブの建設があります。わが国の国民も経済水準の上昇によって、クラブの経営は充分やっていけるようになった。ただ土地の高騰と建設費の増大によって、なかなか困難があります。従ってソ連がやっているように、ある地域の国民の要求がある場合、政府はグラウンドおよびクラブハウスを建設しなければならないという法律をつくって建設していく。運営はその要求した国民（千人くらいが適当）が行なう。五十年間くらいの賃貸しにすれば簡単にできる。一時的にジェット機や軍艦を造って軍需産業が軍人を喜ばしても、結局はわが国の平和のためには何にもならないことは過去の戦争の歴史が物語っている。もしこうしたクラブに政府が立派なスポーツ指導者を派遣して生活の保障ができるなら、現在のオリンピック選手や世界選手権に出場するような選手たちのなかから、スポーツを通じて青少年のスポーツ教育を担う優秀な人々が喜んで集まってくるに違いない。

将来の日本を担う少年たちが、私たちがやってきたと同じように祖国を守るという美名のもとに戦争に巻き込まれていくのがよいのか、嬉々としてスポーツに親しむなかに断固として平和を守りぬく、闘争の倫理を体得した青年になっていくのが望ましいのかは、判然としていると思う。同じ血税を使うならこうしたものに使いたいと思っているのです。

イギリスの混乱と秩序

伴　アルビン・トフラーが言っていることですが、人間は三つの革命を経てきている。第一期は紀元前八千年前の農業革命であり、第二期は一六五〇年から一七五〇年の産業革命、第三期は一九五五年から始まっているエレクトロニクス革命だというわけです。革命直後は各時代とも、社会の混乱状態を招いていると思うんです。

これから話していただくのは、十八世紀以降の社会の混乱期において、イギリスが混乱した社会をどう秩序づけていったのかを、スポーツと社会、スポーツと教育との関係で話していただきたいと思います。

大西　産業革命以後、スポーツがなぜ混乱するか、あるいは、スポーツが産業革命以後のイギリス社会においてどんな位置づけを持っているか。

産業革命後の社会変革が混乱の大きな原因じゃないかと思うんです。まずプチブルができてきたということです。貴族と郷士がアリストクラシーを形成して、下層の農民、農奴を抑えていた。その間に今度は宣教師とかジェントルマンと称する小地主階級、あるいは産業革命によってファクトリーなんかのプチブル階級、資本家階級ができあがって中産階級の上層階級を占めるようになってきた。

その連中とアリストクラシーとの思想的な軋轢、考え方の違いが世の中を混乱させていったのではないか。たとえば大学とかパブリック・スクールなどでいろいろな問題が起こるのも、ストライキが起こるのも、みんなそのせいです。今まで貴族階級の子供たちばかりが入っていたけれど、プチブルが入ってきて、価値観やその他風習などがいろいろ違ってくる。パブリック・スクールなんかプチブルに買収されてしまって、経営と校長の権限とが分かれてしまうというような混乱が起こってしまう。

これはフランス革命との関係がずいぶんあると思うんですけれども、フランス革命でできた労働者階級と資本家階級というのが大きくイギリスに影響して、イギリスでもプロレタリア階級とプチブル階級とが価値観、意見の相違をきたし、階層間の衝突が始まります。そうすると、今までの貴族階級の連中は非常に怖がるんです。そして、これは何とか新しい指導者階級をつくっていかなければいけないというので、新しくできた宣教師階級、あるいは、小地主階級、ファクトリーの大将のような連中を自分たちの方へ引きつけようとする。逆に下の方の労働者階級は団結して、それに対抗しようとして混乱が起こる。そのとき新しい指導者階級の育成にスポーツ的な行動が非常にうまく用いられていったわけです。

そして新しくできた指導者の連中を貴族階級のなかに取り込ませるために、パブリック・スクールなんかでスポーツを一緒にやらせて、貴族階級が持っている規範とか道徳とかマナーを教えていった。お前らもこれだけ金持ちになってきたんだから、俺たちと同じ生活様式を一緒にやっていこうじゃないかと。それにスポーツクラブが非常に大きな役割を果たしている。名門と勲功によって与えられた貴族階級と新しくできてきた地主階級と、それから、金で貴族階級のなかに加わってきた新興ブルジョワジーとが一緒になって現在あるようなイギリスの指導者階級をつくりあげていった。

パブリック・スクールあるいは、ケンブ

リッジ、オックスフォードなんかでスポーツをやらせることによって、規範を教え、あるいは、スポーツマン＝ジェントルマンという考え方を植えつけていった。それがスポーツのイギリス社会における地位じゃないかと思うんです。

もう一つは、イギリスが少数民主主義と申しますか、アリストクラシーの民主主義をつくりあげていきます。そのときに基礎集団が必要です。その基礎集団としてスポーツ集団ができあがっていって、スポーツを中心にしたクラブがアリストクラシーの基礎集団となって、ジェントルマン＝スポーツマンの新しい貴族階級の社会をつくりあげていった。特にハンティング、馬術などとともにケンブリッジ、オックスフォードで行なわれた団体スポーツ種目が非常に大きな役割をしたと思うんです。

イギリスがフランスと違ってギロチンで今までの指導者階級を抹殺することなしに、うまく抱きかかえて無血革命みたいなかたちで産業革命以後新しい指導者階級と新しい社会をつくりあげていくのには、スポーツが非常に大きな役割を果たしていると、私は考えるわけです。

榮　産業革命以前と以後とで、社会のいちばん大きな違いは、社会を形成している人間の層の違いということですか。

大西　いえ、新しい指導者階級をどういうふうにつくりあげるかは、その国家によってみな違いますね。たとえばフランスだと王族、特に身分の高い連中は全部倒されて、その次の階層が指導者階級になった。しかしイギリスは王とか貴族とか残っています。その辺にスポーツ、特に狩りが大きな役割を占めていると思うんです。狩りがソサエティのいちばん中心的な存在をなしていると思うんです。

大竹　イギリスの場合、王室がスポーツに非常にかかわって庇護したり、競走馬を持っていたりしていますから。

パブリック・スクールの改革

大西　パブリック・スクールの改革は、昔からある古いパブリック・スクールでなしに、一五〇〇年ぐらいにできたラグビーとか、ああいうところで改革が行なわれていった。アーノルドの下にコットンという教頭がいる。これがスポーツを非常にうまく利用したと思うんです。

パブリック・スクールはあの当時、経営主体が先ほどの貴族とプチブル階級の連中に買収されちゃうんです。そういう連中が理事になって、教師はその使用人になってしまう。その理事や経営者の子供が学校に入ってくると、学校で言うことを聞かない。そこでは自治をさかんにやったと言いますけれども、また確かに自治制度を尊重はしたんですが、私に言わせれば、学生たちに自治をやらせてやるからその代わりこちらの校長権を認めろということで、校長権と自治権とが交換になった。そうやって何とか校長が権威を回復した。そこで、自治制度をスポーツを行なってうまく運営していったということじゃないかと、私は思うんです。

だからアーノルドのプリーフェクト・システムなんかでも、いいことばかりでなしに、功罪相半ばですね。しかし、それがうまいことといったというのは、アーノルドやコットンなどの生徒たちに対する絶村的な信頼と絶対的な愛情です。生徒たちもそれを信用した。その信頼関係が自治制度をうまく働かせたと、ぼくは思います。

大竹　いま先生がおっしゃいましたように、プリーフェクトの制度が非常に成功したのは、ドクター・アーノルドのいたラグビー校とか、あまり多くないようですね。あのときドクター・アーノルドの下でプリーフェクト（ラグビー校ではプリポスターという名称）をつとめた連中がアーノルドに非常に私淑して、それがあって成功したんですね。パブリック・スクールはラグビー校に限らず、イートン校にしろ、ハロー校にしろ何回も学校で反乱が起こるわけです。なぜそういうことになるかというと、教師の堕落とか授業が面白くない、規律が厳し過ぎる等、幾つか理由がありますが、生徒たちが自由で独立していたからでもあります。なかには生徒の社会的地位の方が教師より上という場合もあって（親が貴族の場合）、教師が生徒にタッチできないわけです。そういう生徒側の自由を規律しようとすると、反乱が起こる。

そういうことで一八六一年にクラレンド

ン委員会ができました。それ以前にもそういう反乱があまりにも多いものですから、特に九つばかりの有名なパブリック・スクールを調査しようとするんですが、出身者が首相になっていたり、政界の有力者であったりして手がつけられなかったわけです。

こういう情況にあってドクター・アーノルドがラグビー校へ赴任するわけです。だいたいパブリック・スクールの校長には聖職者がなることがほとんどで、彼の場合もそうでした。十九世紀の初めはイギリスが選挙法改正とか穀物法廃止で、アリストクラシーと新しく起こってくるブルジョワジーとの間の勢力争いの時代なんです。穀物法廃止は新しく起こってきたブルジョワジーがそこで勝利を得る一つの転回点になる。自由貿易の主張ですから。それから、次第に旧支配階級の勢力が落ちていくわけです。

そういう背景があってドクター・アーノルドがラグビー校に赴任した。そこで、いま先生がおっしゃったプリーフェクト制度を採用し、教師の待遇を改めたり、その上にアーノルド自身の人格もあって、ラグビー校の評価を高めたわけです。そのプリーフェクトのなかからコットンとか何人かがほかのパブリック・スクールの校長になって、そこでラグビーやクリケットが学校のスポーツとして採用されるようになるんです。

それまでは自由時間は何をやっていてもよかったのです。この自由を侵されるというので、ハロー校などでは必修になったチーム・ゲームが結局、選択制にもどされたりするわけです。

そこで考えられたのがハウス対抗試合制度です。パブリック・スクールの生徒たちは学校の寮に入っているわけです。八、九歳から十七歳くらいまでの年齢の生徒が五十人から七十人ぐらいハウスで生活する。そのハウス同士が対抗戦をやって初めてラグビーやクリケットの試合が熱を帯びてくるわけです。これによってパブリック・スクールのなかにチーム・ゲームが初めて根を下ろし、成功していく。

パブリック・スクールの場合、ハウスにはハウスマスターがいます。このハウスマスターは一人一人の生徒を非常によく掌握している。そのハウスがドクター・アーノルドのときに初めて生徒たちのモラルの問題にかかわり出すのです。それまでは授業のときは責任を持つけれど、授業が終わったら教師は生徒の面倒を見る必要はなかった。それがドクター・アーノルドの赴任で、モラルの問題として自由時間をどう過ごさせるかを取り上げたのです。そういう点では、いま先生がおっしゃった教育と結びつけて指導者階級をつくっていくというところが非常にうまく作用したわけです。

大西　スポーツのフェアということがそのなかで非常にうまくいったんですね。それまでは下級生をいじめてばかりいたわけです。弱い者いじめしてはいけない、神と弱い者のためにわれわれの腕力を使うんだというフェアの思想がものすごく入って、それが成功したんじゃないかと思うんです。

日本ではパブリック・スクールのいい面がずいぶん書かれているんですけれども、あんなもの駄目だという主張もあるんですね。

大竹　日本では池田潔さんの『自由と規律』でいい面は紹介されています。しかしヘンリー・フィールディングというイギリスの小説家は、パブリック・スクールはあらゆる悪の温床だという言い方をしています（笑）。たとえば放課後は、闘鶏などという変な遊びをやったり、近くの狩場へ行って兎をとったり、あげくの果てに農家にわとりや卵を盗んだりとか、悪いことばかりやってます。それがドクター・アーノルドの影響力とかクラレンドン委員会の改革の提案で、多少変わっていくわけです。

パブリック・スクールの目的はジェントルマンの育成、人格の形成にあると言われています。そのためにはチーム・ゲームが非常に効果がある。ゲームを経験することが身体的道徳的勇気、フェアであること、忍耐力、判断力の養成になるという考えです。パブリック・スクールにはファギングという下級生いじめが起こりやすい制度がありますが、親たちはパブリック・スクールに入れておけば、現実の社会が決してフェアなものではないから、フェアでない世界に出ていくのには、パブリック・スクールで下級生いじめみたいなものがあっても、それを避けるのではなく、それに立ち向かって、それを克服して出ていく。そういう一つの場所だというふうに考えるわけです。

この悪と直面し、それを克服する戦いは、

ドクター・アーノルドにとって宗教と道徳を含んだ問題だったのですが、それが十九世紀の後半になってくると適応性の問題というように変わってくるのです。アリストクラシーの力が弱ってきて産業革命の成果として産業資本家階級の力が強くなってきます。そうすると、パブリック・スクールへ子供たちを送り込んでいた親たちは、もちろん性格形成の大切さを知っていますけれども、同時に自分の息子たちが変化している社会で生きていくための技術をどういうかたちで身につけているか、不安に思い始めるのです。

そこで、カリキュラム改正の要求が出てくる。従来はパブリック・スクールの教育はラテン語、ギリシア語が主要課目です。数学とか科学とかは十九世紀の後半になってから教えられるようになったのです。そういう意味では十九世紀イギリスにギリシア世界が復活したのは、人間の基本はそこにある、ギリシア・ローマの古典を読んで、現在を過去に重ねることで、時を超えて古典の本質を引き出すことができれば、それだけで人間教育は充分であるという考えなのです。

大西　ギリシア、ローマなんかの少数貴族主義のよいところを、どうもイギリスがそのまままねているような感じがしますね。同じような道徳、規範を持ち込んできて……。スポーツマン＝ジェントルマンという考え方も、このクラブは立派なクラブだからこのクラブに入っていたらスポーツマンで、イコール・ジェントルマンなんだという考え方ですね。

もう一つ、あの頃ヨーロッパ社会は人間が野蛮性からある一つの教養を持った人間に変化していこうとする大きな流れがあったということを言う人がいる。それが非常に大きく役立った。それまでのイギリス人は酔っ払いで喧嘩ばかりしていた。ちょうど小地主階級が出てきた頃に、これを何とかしなければいけない。それまでラグビーなんかでもフォーク・ラグビーとか、野蛮闘争をやっていたわけです。それがルールがちゃんとできて、教養のあるスポーツに変わっていく。やがてバーバリヤンがジェントルマンに変わっていくあの過程、野蛮から文明化への思潮はヨーロッパ全体にあった。

伴　ところで、無秩序で混乱した情況にあったパブリック・スクールを、ハウス制度とチーム・ゲームを導入することによって立て直し、その出身者が指導者となってやがて七つの海を征服するようなところまで育てあげ、ウェリントン将軍に「ワーテルローの戦いの勝利はイートンのグラウンドでの訓練による」と言わしめるに至ったということですが、そこではどのような指導がなされていったのですか。

大西　猛烈な学校騒動が繰り返され、その解決策としていちばん初めに、君たちの自治権は認めるけれども、校長の権限だけは認めろと学生と校長とが妥協して、理事者側に当たった。理事者側は学生が騒いでしようがないから、あの校長に任そうということになって、校長が校長権を確立する。校長権を確立したことで、アーノルドは俺は君たちを信用しているぞ、だから君たちも嘘を言うな、絶対的正直ということを誓おう、こうしたキリスト教の愛情によって学生たちを引っ張っていったと書いてあります。

学生たちは合言葉として、俺たちを校長が信用しているんだから、それに応えるようにやるべきなんだということで約束する。大将が変わってくるんです。それまでは喧嘩に勝つやつが級長みたいになっていたけれども、スポーツで優秀で、しかも成績もいいやつが級長になっていく。それが校長なんかと非常にうまくいっていたということです。

伴　人間の信頼関係をつくりあげていって、それを浸透させる手段としてチーム・ゲームが非常に有効に働いたということなのですね。

大西　あの頃マスキュラー・クリスチャン、筋肉派キリスト教徒が出てくる。

大竹　ドクター・アーノルドがラグビー校の生徒たちに望んでいたのは、男らしさと自己抑制を通して大人になっていくということですね。ただこの男らしさ(manliness)というのは肉体的な面ではなく、大勢に逆らっても悪と戦って正義を主張するような勇気をアーノルドは含めていたのです。やはり、キリスト教を通じて人間教育をしたいという願望が強かったのですね。それでこのmanlinessという言葉が連想させるものを避けるために使われたのが、マスキュラー・クリスチャンという表現だったのです。この言葉は小説家であるキングスレーが使ってから有名になったようですね。ドクター・アーノルドに限りませんが、十九世紀のイギリスはオックスフォード・ムーブメントを始めとして、背景として宗教の影響がとても大きかったと思います。特にドクター・アーノルドは生徒たちにそういうことを伝えようとしたのですが、これはうまくいかなかった。しかし彼のまいた種はチーム・ゲームを通じての人格形成というかたちで展開していくわけで、チーム・ゲームを通して信頼関係の基礎をつくっていった。それはドクター・アーノルドではなくて、むしろその弟子たちが広げていったことですね。

伴　そのとき持ち込まれたスポーツは、大衆から自然的に発生したものなのか、貴族階級がやっていたものに大衆を巻き込んだのか、どっちなのですか。

大西　その頃までにやっていた民俗的スポーツと言いますか、その辺の村落でやっていたいろんなものを持ち込んでいったんです。たとえばラグビー、サッカー、フットボールなんか完全にそうです。クリケットとか団体スポーツを持ち込んでいったようです。しかし、それらをグラウンドでやるよう改革した。

伴　それほどイギリス人とつき合いはないのですが、友人のジェフリーズ（早稲田大学講師）さんに「スポーツとは何であるか」と質問すると、「スポーツとはデモクラシーである」と答えてくる。これはどういう意味ですか。

大西　それはクラブとの関係がいちばんあると思いますよ。少数民主主義社会という貴族社会をつくりあげていくには、共通精神、共通道徳、そういうものがどうしても必要になってくる。それを一ぺんに上から押しつけてもできない。あの頃スポーツだけではないけれども、各種の小さいクラブを推奨するんです。そして、いろいろなクラブがいっぱいできる。そのなかで共通の精神と言いますか、アリストクラシーが持たなければならないジェントルマンシップを指導していく。そして、ジェントルマンシップを守らないやつをそのクラブから追い出しちゃった。

だから、アマチュアリズムの関係なんかも、俺たちと一緒の考え方を持っていけない者は排除するという労働者排除の関係は、新しい貴族階級の連中が自分たちを温存し、団結をするためにつくっていったと考えていい。

そういうクラブを民主主義社会の基礎集団としてつくっていって、そのなかでいろいろな生活をしているうちに、快適な心地よい社会をつくるためにはこうしなければいけないという訓練を若い連中がやらされる。そのいちばん最初がパブリック・スクールのチームづくりだと思うんです。チームはキャプテンを選ぶにしても、選挙とか話し合いが必要になってくるということをそこで訓練して、その連中をクラブに送っていった。その連中がラグビー出身のクラブ等いろいろなクラブをつくっていって、それが新しい指導者階級の基礎集団になっていく。それらの意見が統一され、新しい指導者階級の意見となって高められていったのが、最初の少数民主主義の考え方ではないか。そこにスポーツが民主主義の基礎だと言われるものがあると思います。

伴　民主主義はこうだと押しつけるのではないということは、イギリス人にとって民主主義はイデオロギーではなくて、生活そのものだという考えですね。

大西　そう思います。今でもイギリス人はそう思っているんじゃないでしょうか。それを趣味とか遊びとか、そういうものだけでつくっていったところが面白いですね。

今でもパブという酒場があるでしょう。ロンドンの条例で、四つ辻があったら一角はパブにしなければいけない。そこでみんなが飲む。労働者階級のクラブです。そういうクラブのなかで教育していく。そこに道徳規範があってそれに違反する者は出ていけ、守れる者はそのなかに残っていく。それがイギリスの民主主義社会を守っていく一つのやり方じゃないでしょうか。

伴　趣味が同時に教養を意味した。

大西　教養を強制したんじゃなしに、その教養がないと、そこの社会から出ていかなければならないというふうに仕向けていったのではないかと思うんです。

伴　それで一つの疑問が解けてきたのですが、筑波大学のラグビーのコーチをやったグリーンウッドという人がいるでしょう。彼はシェイクスピアの『リア王』の研究者だそうですが、テレビで日本人の学者と対談したことがあるんです。日本人の学者があなたは研究生活を捨ててなぜラグビーの方へ行ったのかと尋ねたら、グリーンウッドは、私は人間のことを学んでいるんです、学問の研究とスポーツとを別のこととは考えていませんと答えた。ところが対談の最後に、また日本の学者が、あなたはラグビー生活からいつ研究生活へ帰るのですかと尋ねたのです。そのとき、静かに見返すグリーンウッドの目が印象的でした。

結局イギリス人には「人間として生きる」ということが学問の基礎にあるみたいですね。

大西　そうだと思いますね。

大竹　前に先生が言われたエンジョイということですが、生計を立てるために当然仕事を持ちます。生計を立てることは自分が家族を養ったりしていくために必要である。しかしその仕事が終わったら、ラグビーをやったり庭仕事をしたり、今度はエンジョイする自分になる。どちらか一方だけではなく、生活というものがそういう両々相まつ関係になって成り立っているような気がしますね。

伴　イギリスの文化を考えるとき、生計を立てている仕事からではなく、ぼくらはむしろ趣味、エンジョイしているものの質の高低によってイギリス文化を考える。ジェフリーズさんに聞いたのですが、イギリスでは芸術とスポーツのどちらを高く見るかと聞いたら、スポーツだと言うんです。

大竹　パブリック・スクールではスポーツを高く評価しますね。

大西　イギリスはフランスと対抗しているから、そういうことが出てくる。それと音痴みたいなのが多いでしょう。大した芸術家は出ていませんね。

大竹　芸術といっても絵の方です。もちろん文学には非常に誇りを持っています、シェイクスピアをはじめとして。ただチーム・ゲームがさかんになるにつれて、パブリック・スクールでは学業とか知的努力は軽蔑されるようになるのです。特にチーム・ゲームのヒーローたちが高く評価されるようになる。新聞や校友会誌もそれを大きく取り上げて支援する。こうなることをモールボロー校の校長になったコットンや、他の何人かの校長たちは深く危惧していた。コットンの意図したギリシア的な全人教育では、心身を共に発達させることが神に仕えることであったからです。宗教的な色彩が取り払われてチーム・ゲームがひとり歩きを始めていった先というのは、それ以後のイギリスの歴史が示しているところです。

話が先に飛び過ぎましたが、イギリスを支えた中流上層階級というのはカントリー・ハウスという自分の館を田園に持っている。自分の好きなことを仕事から解放されて楽しむ、それをできるのがジェントルマンなのです。それがアマチュアになっていくのではないでしょうか。

大西　そうなんです。『新約聖書』に、パウロが生業を持たずして布教するなと宣教師たちに言っている。それがいちばん初めのアマチュアに対する考え方と合致したものではないか。そういう考え方がずっとキリスト教のなかにあるところへもってきて、特にスポーツというのがそういう語源ですから、アマ思想が普及していったんじゃないか。

日本でも大学のなかにアマチュアリズムがさっと入ってきたのは、当時大学へ来ていた人はだいたい士族階級とか、ちょっと上の人たちだったわけでしょう。武士は食わねど高楊枝という思想が強かった。そこへアマチュアリズムが入ってきたから、日本の大学のスポーツはアマチュアリズムが浸透していったんだと私は思うんです。

アマチュアリズムという考え方

伴　アマチュアリズムとは何か。

大西　これは難しいんですけれども、一八二〇年頃からこの問題が起こってくるわけです。アマチュアリズムはブルジョワ階級がつくった思想だと言うんですけれども、ブルジョワ階級はその頃になるとスポーツを堕落させてくるんですね。ボート、ボクシング。リングサイドの連中がボクシングを見せ物にしてしまう。また、ボートも専門家を集めてきて、賭けをして、勝つというふうなことをやり出す。それに対してこんなのはスポーツじゃない、堕落したスポーツだ、何とかしなければいかんと、フィリスタイン（中産階級）ジェントルマンの連中が言い出すのがアマチュアリズムの考え方なんです。

アマチュアリズムという考え方を出す前に規定をつくって、そんなことをするやつとは別れてしまうぞと、まずボートの連中が言い始める。彼らが労働者は駄目だ、お前らはプロだというようなことを言ったものだから、一方ではその考え方はブルジョワがつくったんだと言うようになる。そうじゃなしに、本当はスポーツを見せ物にしたりそれによって金をもうける連中とは、俺たちは愉快にスポーツができないんだという根本思想、要するにスポーツのなかでフェアプレイがいちばん重要だ。フェアを行なうためにどうしたらいいかを考えると、スポーツの自由性を冒瀆するようなことをやったらフェアはできない。たとえば金を賭けたり、勝敗にこだわったりしたら、フェアプレイは無茶苦茶になる。そういうことをする連中とは別れてしまおうじゃないかというのが、アマチュアとプロとの別れなんです。

アマチュアリズムという考え方はスポーツによって出てきたけれども、長い間人間が生活していくうちにつくり出した一つの思想だと思うんですよ。よく語源から言っているんですけれども、アマーター、愛する人、ラバーと言うんですが、ギリシアのときにそういう考え方があって、愛するものを金銭化しない。あるいはそれを誰にも売らないという人間の自由性からきていると思うんです。人間は自由な行為をするときに初めて人間なんだという考え方は、ルネサンス、あるいは宗教革命が言い出してきた自由、平等、博愛からきていると思うんです。

その自由とはなんだということを、日本では遊戯の哲学から持ってきて、シラーは「遊戯をしているときに人間は初めて純粋な自由な行動をしている」と言っています。自由な行動とは遊戯の行動だ。だから遊戯とスポーツは一緒なんだというふうな考え方から、遊戯の哲学を持ってきた。ドイツのカール・ディームなんかもそういう考え方で、ホイジンガなんかもそれに近いですね。

しかし、それだけではスポーツではない。スポーツをレクリエーション代わり、遊戯代わりにやっている人はそうかもしれないが、スポーツと本当に取り組んで、修行のようにやっている人もいる。その人たちのアマチュアリズムについての考え方は違うということを、ぼくは前から言っているわけです。そういうアマチュアリズムの考え方があることを知っておいていただきたい。

アマチュアリズムは自由な行動で、金に対しても、政治的な圧迫に対しても、名誉に対しても、そんなものには自分を売らないという考え方です。

人間が自由になることはなぜ起こってく

るのか。修行的なスポーツから言うと、技術を鍛え身につけただけではどうしても勝てないという状態が起こってくる。そこで何が邪魔しているのかというと、人間の欲望なんです。その欲望を取り除いてしまうとそこに初めて自由な境地ができあがる。修行的なスポーツをやる人間の究極の目標がそこにある。それがアセティックなスポーツをやっていく人間のアマチュアリズムだ。それを二つ一緒にすることはできないとぼくは感じるんです。

しかし一般的にアマチュアリズムは、そのものを愛するがゆえに、それが好きだからそれをやっているのであって、他の目的のためにではない。これはスポーツの自由性を強調する一つの考え方で、自由主義の思想だ。そして、もしそれが金とか名誉とか政治の道具に使われて、体育とか教育になっていくと、そのものによって人間が拘束される。そうなるとこれは純粋なスポーツではない。アマチュアリズムのスポーツはスポーツのためのスポーツだという考え方を言ってきたのは、そういう思想ではないかと思うんです。

そういう連中だけがスポーツをやっていた時代は一応それで収まっていた。ところが工業社会によってつくられてきた余暇の利用とか、娯楽機能によってスポーツが行なわれてくると、スポーツと人間とが広い層でかかわり合いを持ってきて、そのかかわりのなかでいろいろな考え方が起こってくる。

最近ではスポーツは文化の一つ、スポーツが生活様式のなかに入ってしまった。「文化は生活様式の総体」というアメリカの文化人類学の考え方からするなら、スポーツは文化だ。文化としてのスポーツには人間とのかかわり合いにおいていろいろな考え方が起こってくる。それがスポーツの哲学的な考え方になる。

今までのようにスポーツはアマチュアだけのものだという絶対的なものは外れてしまった。そう考えざるをえない。そうなると、スポーツの考え方が乱立してきて、スポーツを商売にしたって構わないじゃないかということも言うようになる。今やその考え方のほうが強い。要するにスポーツはある一つの手段的なものだというような考え方が非常に強い。アマチュアリズムが危機に瀕していると言わざるをえない。

そこでアマチュアリズム崇拝者はなぜそんなものを守っていくかを考えますと、われわれがつくりあげてきた資本主義社会はあまりにも金銭追求になってしまって、今や金銭＝人間＝物という関係にわれわれは置かれてしまっている。そういう金銭文化社会のなかで、価値観の多様化が起こってしかもいろいろな価値観が金銭によって侵されてきている。そういう時代に、子供たちが金銭そのものが価値の中心なんだと考えるようになると困るわけですね。こういう点、アマチュアリズムは非常に重要な問題だと思う。

われわれはスポーツのなかに楽しみがあ

り、その楽しみを追求する。あるいは、学問のなかに楽しみがあるから、それを追求していく。自分が政治が好きで、これをやるのがいちばんいいと思って、その世界に入っていく。これに名誉がつき、金がつき、あるいは権力のあるところにいるんだというようなことでは困る。それがいちばん重要な問題でないか。

今までのすべての諸悪の根源は金銭にある。金銭文化社会のなかにおいてわれわれの子供たちにどういう教育をしていくか。スポーツを通じて一つの価値観を教えていかなければならない。

もう一つは、人間は闘争本能があるという考え方がある。しかし単に闘争が本能的にあるというのではなしに、人間はその闘争をいろいろコントロールする方法を併せて考えてきた。そのコントロールする方法を教える唯一のものがスポーツだ。そこで、スポーツによって闘争の倫理を身につけていく。それによって平和を実現する人間をつくりあげていかなければならない。個人が闘争の倫理をしっかりと身につけ、それを基盤に民主主義社会をがっちり構えて、国民がそういうものに命を張れるようになれば、戦争をやっていこうとする連中の愚行を止めることができるだろうと思うのです。それがスポーツに与えられた一つの教育的な目的じゃないかと、ぼくは思うものですから、アマチュアリズムを信奉していかなければいけないと考えています。

榮　そうしますと、アマチュアリズムとピユーリタニズムは、方向としては必然的に結びつきがあるわけですね。たとえばスポーツをするのは利益のため、生活のため、名誉のためじゃないということと、信仰は金のため、名誉のため、生活のためじゃないということとが非常に結びついてくるような気がしますが。

大西　あの頃プロフェッションがいろいろ起こってきます。ローヤー（法律家）とか医者とか。ぼくは専門家と言っている。人間は自由な範囲において金銭とくっつくと碌なものにはならない、というイギリス人の知恵が働いているんじゃないかと私は思うんです。ローヤーが金に狂って正義を忘れ、医者が金に狂って仁術を忘れたら、世の中が無茶苦茶になっていくようなものです。アマチュアリズムはあらゆる分野でいちばん重要な掟であり、人間が考えた知恵じゃないかと思うんです。政治が腐敗するときは必ず金銭がくっついていきます。だから、ステーツマンシップ＝スポーツマンシップと言われるのは、その点だと思うんです。昔の状態から言うならば、政治は奉仕だ、いわゆる名誉職だという考え方がずっと日本でも明治の頃までありました。昔の偉い庄屋なんか自分の財産を投げ出して掘り割りをつくったりしている。あれなんか人間のアマチュアリズムだと思うんです。

イギリスでも村のスポーツの大会の試合は温情主義の中心であった。貴族と庶民が一緒になって、温情主義の根本だった。それが工場ができてきて労資が分かれて、対抗するようになったのがいちばんの悲劇だと言う人もいますね。

大竹　それには、十九世紀にダーウィンの思想から出てきたソーシャル・ダーウィニズムの、適者生存という考え方があるように思います。これはアーノルドのいうクリスチャン・ジェントルマンと矛盾する要素を持った考え方です。それをどういうふうに解決するかというところから出てきたのが、フェアということではないかと思います。ソーシャル・ダーウィニズムの考え方は、パブリック・スクールで言えば、ラグビー校のようなアリストクラシーを批判した側に支持されるのです。パブリック・スクールで面白いのは、腐敗・堕落して批判されたイートン校とかハロー校とかが、成績不良の生徒を抱え込んでいる。ところが、ラグビー校とかモールボロー校は成績不良の生徒は追放する。一種の競争主義、適者生存の考え方です。イートン校の方は伝統的な貴族主義、家父長主義を終始持っているわけです。ところが、ラグビー校やモールボロー校は十九世紀の中産階級の上昇志向にぴったり合う要素もまたあるわけです。それがあるから十九世紀のイギリスが七つの海を支配するようなことができるようになった。

もう一つ、イギリスのスポーツに関係している人たちの奉仕の精神というのはアマチュアリズムと結びついて、非常に強くあるように思いますね。

イギリス人の知恵

伴　これまでの先生のお話で、アマチュアリズムというものが、人間の主体性の確立とか、人間の尊厳とか、自由というものを、一つの思想的なものとして打ち出してきているということと、もう一つは、イギリス人の生活のなかから生まれてきたイギリス人の生活の知恵だということもよくわかりました。

ただ、一般的には、アマチュアリズムというものをそこまで深く理解していないし、また考えていない。

それで、一応、通説ではアマチュアリズムがどのように理解されているのか。お伺いしたいことのなかに、アマチュアリズムは精神の問題、あるいは思想の問題になり得るのかということがあるのですが、その辺から……。

大西　一般にはあまり真剣に考えられていませんね。結局、〝アマチュア・スポーツ〟という言葉の語源が、仕事以外のところでやる運動だというふうなところからきている。まずはいわゆる余暇説です。

もう一つは遊戯説で、スポーツのなかに遊戯性がある。自己目的性があって、それを好きだからやっているので、ふだん用のあるものではないという考え方です。要するに、スポーツは自由な行動だということからして、自由にやっていればよく、遊戯と同じようなものだという考え方だけが強調されている。

しかし、アマチュアリズムはもっと自由な思想で、人間は目的的に見れば何物にも拘束されない。たとえば労働などというものはその目的に拘束されて、人間の自由な行動ではない。われわれは自由な行動をしているときに真に人間なんだという〝自由＝人間〟というその考え方が、根本的にアマチュアの思想を貫いているものだと思うんです。

人間は自由であることにおいて、ほかのものと違うのである。人間の尊厳性というものがあるから、人間は主体的であるんだという考え方が、本当のアマチュアリズムの考え方ではないかと思いますね。

そう考えないと、人間が金銭化され売買されることは人間の尊厳性を傷つけているというような、奴隷売買などを禁止するような思想が出てこないと思うんですね。

ですから、もし一般的に言うならば、そういう思想が世の中にあって、それがスポーツのなかに入ってきたものがアマチュアリズムだと逆に考えてもいい。

文学などにおいては『金色夜叉』がいちばんいい例だと思いますね。ダイヤモンドに目がくらんだお宮に対するあの思想は、完全にアマチュアリズムの思想ですよ。つまり人間のいちばん尊いものは金では売らないんだということです。

また、よく最近言われるものでは、芸術などの場合に、テクニシャンとアーチストがあります。職人かたぎと芸術です。それから文学においても、純粋文学とチャンバラなどのような大衆文学があり、純粋文学の方はアマチュアリズムと考え、大衆文学の方はちょっと違うというようなものです。

そのように、文学とか、芸術、宗教、教育で言われる純粋性ということのなかには常にアマチュアリズムの思想が働いていますね。教職は聖職だ、などと言われるのは、まさにアマチュアリズムの考え方です。現在では〝教育労働者〟なんて言われている……。〝医は仁術〟などもそうでしょう。

最近では宗教に携わる人や軍人なども商売になっているけれども、戦前まではまだ文学、芸術、医学、教育、宗教あるいは政治というようなものは、ずっとアマチュアリズムの考え方がヨーロッパでも日本でもあったと思う。それが変化していくというのも確かなんですけれども、つまり前にも申し上げたように、人間尊重の思想がアマチュアリズムだと言っているのです。

ただ、何もそこまで考える必要はないじゃないかというふうな考え方もある。しかし私はやはり、アマチュアリズムの精神というのはいろいろなところで人間を生かすものとして働いているものだと思いますね。

榮　今、「余暇と自由な行動」とおっしゃいましたけれども、余暇は単なる余暇としてしか考えられないということがまず一つあると思うのです。勉強をやっている者は、運動をやったからといって成績にはつながらないじゃないか。ほどほどにしてうつつを抜かすなという、その程度のことしか一般的には考えられないように思うんですけどね。

大西　それが頭で考えたアマチュアリズムの考え方ですよ。要するに、学校においての人間形成におけるスポーツの地位というものを全然認めないで、学校は学問なんだと、それだけで人間ができるように思っているのです。従って、その付け足しがスポーツだと考えている。また、教育理論などからしても、どうもそういうような考え方になっている。

ですから、ぼくはその点で、スポーツの教育論では変わったことを申し上げているわけで、スポーツと学問というのは、学問でしかできない部門と、スポーツでしかできない部門とがある。その二つのものが一緒になって教育のなかに入り込まなければ、人間形成は万全ではないんだ、という考え方に立って、スポーツについての哲学、アマチュアリズムというものを考えていかないといかんと言うわけですね。

ですから、勝負というものについても申し上げましたけれども、勝負を考える場合に、なぜ勝負のなかにあるアマチュアリズムの自己目的的な考え方をもっと重要視しないのか。つまり、遊戯のなかにあるただそれを楽しんで行なうのだという、あの自己目的的な考え方とは違って、勝負に本当に打ち込んで三昧になっているときにのみ、人間は自由に行動できる。

スポーツのアマチュアリズムという考え方は、どっちが勝つかというときに、そのなかにある自己目的的な考え方、要するに三昧の考え方というものが、遊戯のなかにある自己目的的な行動と非常によく似ており、同じようなものであるがために、それを遊戯の哲学の方にすり替えて考えているように思うのです。勝負の哲学というのは確立されていないので一般的でないものですから、遊戯の哲学の方からそういうものをスポーツの哲学のなかに持ち込んできた、というふうに考えるんですけれどね。

榮　ところで一生懸命にクラブ活動とか、または全国大会を目指して夜を日に継いで奉仕的に指導をやっている人たちが、アマチュアリズムということを考えているかと言うと必ずしもそうではない。それどころか逆にスポーツをやっていさえすれば人間はできるんだという特殊な意識さえ持ち、それがすべてのようになって、そこで他のすべてのことが解消してしまうというような傾向さえあります。

大西　今までの体育指導者の教え方は、真ん中の教育の過程が抜けている。過程が抜けていて、スポーツをやっていれば人間はよくなるんだと言う。そのことは「スポーツと教育」のところでお話が出ると思いますが、その間の過程が抜けているのです。

だからぼくが言う理論の注入とか、知性の注入とかいうのはそこだと思うんですよ。単にスポーツのなかにはこういうものがあるんだ、だからこういうふうにやっていけば人間はだいたいこうなるんだと。そういうのはちょっと短絡していると思うんです。

なぜ短絡しているかというと、体を使ってやる技術の過程というものは一般の教育学者にはわからないんですよ。教育学者の方は、ほかにある教育哲学をもってきてそれを体育に当てはめて体育指導をやっていると思うのです。本当は体育指導者自身が考えたものがあっていいはずなんですが、たとえばペスタロッチの考え方をもってきて、それを当てはめようとするところに、どうも訓練主義がパッパッと起こってきたりして、それで変にたたかれて、「これは根性主義だ」と。

スポーツが立派な人格をつくりあげるというと、今度は逆に何を言っているんだ、スポーツマンは全部いいやつではない、というように逆襲される。ですから、今は体育のやり方は何か理論的なものを入れようとして、逆にその入れ方を突っ込まれるというばかりのような気がする。

伴　アマチュアリズムも当時のイギリスの社会情勢の背景から、どうしても生まれざるをえなかった何かとして生まれてきていると考えられる。ところが一般的にはそれを抜きにして、ただアマチュアリズムはプロとは違う、というあたりで理解をして、その理解には根がないいんじゃないかという感じを受けるんですね。

大西　まあそうですね。私がなぜそれをいろいろなものとくっつけて考えていったかというと、もしそんなに浅いものなら、日本のなかにアマチュアリズムというものは入ってこなかっただろうと思ったからです。

明治十年ぐらいに日本に入ってきたスポーツですが、少なくとも五十年ぐらいの間に、アマチュアリズムが中心的な思想になったのですから、そこには何かがあるはずだ、と。ただ余暇の活用だけでは誰も信奉しなかったろうと思われる。だからあの頃の人の方がいろいろ関連づけて考えたんだろうと思います。

当時は指導者、あるいは将来指導者になろうとする人たちが、スポーツを実際にやっていた。その当時スポーツはジェントルマンシップというものをくっつけて入ってきたので、その考え方が武士道のなかにあったアマチュアリズムという考え方と非常にマッチしていったんではないか。

こう言うと、また武士道かと言われるんだけれども（笑）、しかし、ぼくはその当時の日本の指導者の考えていた思想はやはり武士道だと思いますし、武士道的道徳だったと思うんですよ。

あの当時はみな、自分たちがいちばんの指導者だという自覚を持っていて、指導者はどうすべきかということを考えていたから、スポーツの精神をジェントルマンシップととらえ、それは人間尊重の思想だという考え方をもっていたと思う。そして「武士は食わねど高楊枝」ではないですが、侍の思想がそこには脈うっていたと思うんです。

もう一つは、日本では大学の指導者はスポーツから入ってきた人が多かったけれども、高等学校、中学校以下では、全部体育教師が教えてきましたね。体育教師とアマチュアの塊のようなスポーツマンとは、いろいろ反発し合って、ただの教師じゃないかと、いやそっちこそブルジョワの考え方だと、言いあっていた。

　だから今の体育指導者でも、体育系統でずっときた人は、アマチュアリズムというものに対して半信半疑ですよ。アマチュアリズムなんて全然考えていない人たちもいる。

大竹　先ほどアマチュアリズムが思想になり得るかということでしたが、アマチュアリズムがイギリスで出てきた背景を考えれば、当然思想になり得ると思うんですね。

ピューリタニズムとジェントルマンシップ

大竹　それは大西先生が『わがラグビー挑戦の半世紀』のなかでも述べておられるように、「アマチュアリズムというのは人間の尊厳性と物欲をいかにコントロールするかという道義的心情と、行動上の態度の基準を示した人類の知恵」というふうにございますが……。

大西　私はあのときも考えて〝人類の知恵〟というのを入れたんですよ。〝知恵〟というのは学術論じゃないみたいでおかしいんですけれども、思想というのは推理が入りますが、知恵の方は経験が主体ですから、その点であんな言葉を使ったわけです。

大竹　こんなふうには考えられませんですか。たとえばラグビーなどにしても、それは当然ゲームの相手がいる。相手がいるということは、当然のことながらいつも勝つとは限らないし、いつも負けるとも限らない。その相手がないことには自分もない。つまり早慶戦とか早明戦にしても、それを成り立たせているのは、慶応なり明治なり相手がいて成り立っているわけです。

もう少し違った言い方をすれば、人間の存在を社会的な存在としてとらえる。すると、そこには自分一人だけではどうしようもない部分が、相手の存在によって出てくるわけですね。

そうすると、自分と他人との関係のつくり方というようなことになる。そこが、イギリスの考え方、知恵というものが出てくるところだと思うのです。議会政治そのものがそういうかたちの一つだと思うんですが、必ず自分以外の考え方をする人間がいるということで、それと拮抗しながら一つの生き方を選択していくということだと思いますね。

大西　それはドイツ人の考え方とイギリス人の考え方の遊戯というものに対する違いですね。要するに〝プレイ〟と〝ゲーム〟の違いなんです。日本人にはプレイとゲームの区別がない。ゲームもプレイも大方の人がみんな〝遊戯〟と訳している。

スポーツのなかにはゲーム性がなければいけないというのが世界的な考えです。世界のいろいろなスポーツの概念の研究をしてみますと、〝プレイフル〟という言葉がある。しかしもう一つ外国語の概念のなかには〝ゲーム〟という言葉もあって、スポーツには必ずゲーム性がなければいけないとも言っている。ところが日本ではゲーム性というものをなくしているわけです。要するに競技性というものをプレイフルのなかにおき、それを含ませている。プレイというのは、相対抗するものを持っていない。ゲームというのは相対抗するものを持っていて、それがなければスポーツではないというのが、世界中のスポーツの概念なんです。

日本では、相手を持たないものでも、スポーツだという考え方があって、レクリエーションにするためにはそうでないとならない。それはおかしいとぼくらが言っても、それは「競技」であって「遊戯」にならないと言う。その辺がどうも概念上違うんですね。

大竹　ですから、そういう意味で自由と言っても、当然いま言った、相手があっての自由ということですから、自由の〝勝手気ままな〟という感じとはずいぶん違ったものだろうと思うんですね。

ホッブズやロックの考えが、おそらく思想的な背景になっていたのではないかと。いつか先生が、ラグビーのルールで、たとえばハッキングを自分はしないというかたちで、そこで止められるもの、ということをおっしゃっておりましたね。あれは結局歴史の流れのなかで自ら律するものがないと止められないわけですね。

そういう自律するものをもっているのがジェントルマンであり、スポーツマンであるという考え方なんじゃないかと……。

大西　そこが意志の訓練だと言われたところでしょうね。イギリスの意志の訓練ということで……。

大竹　そういうものがアマチュアリズムを成り立たせて、維持していく精神だと思うのです。ですから当然アマチュアリズムというのは思想として充分成り立ち得ると思うのですが。

榮　カントの合目的性というようなことも入ってきますね。思想としてはそうであるはずなんですけれども、一般には、そういうとらえ方はされず、掘り下げられない。

一部の人のなかには自らスポーツをやりながらアマチュアリズムの意義をきちんと受け止めている人もいますけれども、では、それは思想としてどういうものか問われたときにはおそらく答えることは不可能でしょう。武士道の伝統もありますし、近代国家になっていく過程で自分たちが築いてきた文化などから、何となく感じている部分というものはある。しかし特に戦後、ぼくらが受けた教育のなかから考えていきますと、むしろアマチュアリズムに対する批判の方が大勢を占めているように思われます。

大西　要するに、アマチュアリズムの基本的な、世界的な道徳的なものは戦前で終わりでしょうね。だいたいは戦争でひっくり返っちゃった。アマチュアリズムというのは唯心論ですから、戦争で負けたので、もうその基盤もなくなりました。何でもしようがない、食っていかなければならないというあの情勢が十年続きましたね。その間にも子供たちは育っていく。唯心論が唯物論に変わっていく。

唯物論の中心は、だいたい労働中心の考え方ですから、相反するものは労働と教養というか、閑暇とかそういうものですから、世界的に考えてみると、アマチュアリズムというのは閑暇のスポーツというふうに片づけられた。

すべてが労働＝賃金という考え方になってきたので、奉仕という考え方も当然根本的に違ってきて、そういう点でなかなか一致しない。それは一つの社会の変化だと思うんですね。哲学の変化と言うけれども、哲学は自分が引っ張っていこうという力を持っていないから、やはり社会の変化だと思う。

不動産を中心にしていた社会が、動産を中心とした金銭社会になってきたということでしょうね。

社会的に言えば、閑暇と労働の相対立するところ、理論と実際、哲学的には観想と実践、あるいは教養と職業と言いますか、そういう相対抗するグループができてしまって、その一方があることを言えば、一方は反対する。その三つは根本的になかなか統一されないのではないかということで、そこから出てきたのが相互作用論だと思うのです。
人間と社会と自然との相互作用のなかに生活のタイプができて、そのタイプによってこの認識が決まっていくということです。そしてその認識が決まるごとに評価が違う。評価が違うと価値観が違ってくる。価値観は相対的多様なのが当然で、絶対的な考え方はいけないというようになってきたわけです。

アマチュアとプロ

伴　たとえば日本では「道」というものが一般庶民の生活にまで下りてきています。それと同じようにアマチュアリズムというものもイギリス人の生活のなかにまで浸透していったわけですか。

大西　私はジェントルマンシップというものが入っていったのではないかと思うんです。一つはピューリタニズムではないかと思います。だいたいアマチュアリズムの思想をスポーツ界に持ち込んできたのもピューリタンの連中ですし、中産階級、フィリスタインがそれを持ち込んできた。ブルジョワがそういうことをつくったんだというけれども、アマチュア規定で改革をやっていくのはフィリスタインです。フィリスタインというのはだいたい中産階級になったプチブル階級ですね。
その人たちが、ブルジョワ階級のスポーツがあまりにも腐敗してきてギャンブルの対象になったり、あるいは変なプロを使っていろいろやったりするものだから、それではいけないというので、プチブルを中心とした新しいアマチュアスポーツをやっていこうというのでつくりあげてきた。そのフィリスタインが中産階級という意識を持って、ジェントルマンだという意識を持ってやった。だからアマチュアリズムの思想がそこにずっと敷衍し吸収されていったのではないでしょうか。

大竹　アマチュアリズムは日本では戦後ひっくり返って基盤が変わってしまいますね。イギリスではどうだったんでしょうか。

大西　イギリスはクラブの衰退だと思うんです。これは先ほどの中産階級の没落が非常に関係していると思う。戦後その疲弊によってスポーツクラブが勢力を失っていった。そのために政府は国の援助によるクラブをつくっていきます。ところが援助する方とクラブとの間に考え方の差異があるのではないでしょうか。クラブではアマチュアリズムをどうのこうの言っているけれども、その辺でやはり労働と閑暇ということの問題が出てきたと思うんです。

社会的に見れば労働と閑暇の問題、それから教養と職業の問題、それからプロスポーツの発達とコマーシャリズムのスポーツの社会的機能の利用、何でも金と関係づけられてきた。

大竹　ラグビーの有名選手が自分で本を書いてイギリスでも問題になったことがあったようですが、そういう場合にはどうなるんですか。

大西　除名されていますね。かわいそうにバリー・ジョンなんかは、五年間キングだといわれたスター中の大スターですけれど、自叙伝を書いて除名されていますね。

大竹　除名ですか。

大西　はい。プロ扱いされて除名です。

ただ、労働者のなかにスポーツが入っていった。すると試合の間の生活保障などの問題が生じます。ウェールズはまだそれを助けることができるんだけれども、ほかの協会はなかなかできない。そういうところで多少問題が起こるのではないですか。三ヵ月間も遠征するでしょう。その間の生活保障をどうするかというような問題です。

大竹　一九八二年ぐらいにラグビー・ユニオンの会長をやっていたスミスという人がいますが、彼がケンブリッジの学生だったときにブリティッシュ・ライオンズに選ばれて、遠征しないかという話があったらしいですね。そのときに、もしそれに行ってしまうと自分の学位が取れなくなってしまう。それでブリティッシュ・ライオンズに選ばれることを断って学位を取る勉強をしたそうです。

そのときの経験を書いていまして、ラグビーというのはフリー・チョイスト・ソサイアティーだというのです。ですからどっちを選ぶかということは自分で決める問題だと。今アマチュアの人たちがよく経済的な問題を言いますけれども、それは自分が選ぶ問題なんだ。たとえばその人たちがもしプロの道を選ぼうと思えば、それは自分が選ぶしかないんだということを言ってますが。

大西　今でも理屈はそうなんだけれども、そういうようにするとウェールズなんてところのプレイヤーは半分ぐらい行けなくなってしまう。だからそれを協会が保障してやらなければいけないという問題が起こってくる。ウェールズは炭鉱労働者が多い。日本に来たものでも、何しろ今俺は失業中だからなんていっていました。

大竹　遠征のときは協会である程度保障する……。

大西　本当はそんな規定はないんですけれども、そういうものを出しているのではないかと思うんです。

大竹　これからのアマチュアリズムの問題を考える場合には、どうしても金銭の部分を抜いては考えられない。

大西　今いちばん問題なのはスカンジナビアですね。日給者が非常に多いのであそこをどうするか。日本はなんだかんだといっているけれども、いちばん恵まれているわけなんですよ。日本では遠征しても月給をちゃんとくれるじゃないか、だから保障されているんだ、ほかのところは全然くれないんだから問題が起こるんだ、日本は優遇されている、ほかのところと事情が違うんだと一生懸命言っていますけれどね。

伴　クーベルタンの「アマチュアリズムは生きたミイラだ」という言葉はどういう意味ですか。

大西　クーベルタンもずいぶん苦労してい

るんですね。理論的にどうのこうのといろいろやったけれども、どうしても何ともならないということで、最後には投げ出すんです。そのときに彼が言った言葉なんです。要するに理屈とか規定ではどうでもできるけれども、しかしアマチュアの思想は生きているんだと。いろいろと意見はあるけれども、新しいアマチュアリズムの考え方は浮かんでこないということではないでしょうか。

伴　新しいアマチュアリズムの考え方？

大西　ええ。

大竹　アマチュアリズムでは規定とか規約があるわけですか。

大西　今度そのアマチュアの規定を参加資格の規定にしてしまった。今までオリンピックの規定にアマチュアでなければいけないという規定があったんです。ところが今度それがなくなりまして、要するにオリンピックに出る人間はこの資格があれば参加できるという参加資格規定にしてしまった。それで非常に混乱した。

その参加資格の判定はどこがやるんだというと、各競技協会がやることになったわけです。ところが各競技協会の規定はみなまちまちでしっかりしていない。テニスと陸上競技とでは全然違いますし、混乱してしまって各競技協会でしっかりしたものをつくれということをＩＯＣが命じたわけです。まだ統一までには至っていないですね。

ぼくがアマチュア委員長をやっていちばん困ったのは、規定は各競技協会もそんなに変えていないんですが、総会において決まった細則みたいなものをいじっている。

たとえば最近、陸上競技ならファンドをつくってどうこうするなんてやってますが、そんなことは規定上ははっきりしたことで、これはアマチュアではやってはいけないとはっきり書いてあるんです。昔のままなんです。それは変更していない。特例のある場合はこの限りにあらずという条項があるものだから、特例というものを総会で決めている。たとえばファンドをつくって、賞金をもらってきたらそこへ積んで引退のときやるとか、そういうものをつくっているわけです。それで各競技協会がばらばらになってしまって今困っている。

もう一つは、昔はプロとアマとの関係だったんですけれども、プロとアマとの問題ではなしに、プロはプロである、それからプロにはなれないアマが金をアンダー・ザ・テーブルで取るという問題が起こってきたんです。そしてもしその金を出さないならば、その連中が今度はほかの協会みたいなものができてそこへ参加されると、協会が行なう試合が非常に権威のないものになってしまうということです。

今度のボストンマラソンなんかがそうです。実際十五万ドルで買収されていたんですけれどね。そうやってやらないとそこへいい選手を引っ張ってくることができない。アンダー・ザ・テーブルでいくら払うから……とやるものだから。金をやらないとほかの競技団体をつくって大会をやることもあるんです。たとえば競技団体の上に興行会社のようなものができまして、それをまた、スポーツ・メーカーが援助してそれで大会を開く。するとそっちの方に選手も集まるしボストンよりも権威ができるからそっちへみんな行ってしまってボストンへ来なくなる。

そうすると今度は陸上競技の連盟のメンツがなくなるでしょう。それで黙認せざるをえない。黙認するためには賞金は賞金で取ってもよろしい。そうしたらそれをファンドに出さなくてはいけない。あれは言いわけですね。もうアメリカなんかは直接やっているんです。

アマチュアでありながら金を取るものも出てきた。以前はプロが最もプロらしくなっていればアマチュアとの分離ができたからうまくいくようなかたちでしたけれど、今度はアマチュアがそういうことをやり出す、それを協会が除名できないでしょう。そこに問題があるわけです。ラグビーなんかは除名してしまったですからね。そうしたらやっぱりちゃんと皆がついてくるんですよね。しかし陸上競技なんかはそれをやれない。

一つはボーレンなんていう会長がね……。今度そのボーレンがラテン系のイタリアの運動具屋に会長を譲りましたね。そうしたらその連中が南米のラテン系でみんなまとめて、IOCの会長もラテン系だし、それが一つの勢力をつくってアングロサクソンに対抗するというかたちができてきたわけです。アングロサクソンが今まである程度牛耳っていたんです。それでみんなしゃくにさわっていたわけです。そういうことがあってアマチュア問題でも英国系とラテン系の考え方の違いが出てきていますね。
　それからもう一つはIOCの委員の質的低下でしょう。少しうがち過ぎかな（笑）。

現代の混乱

大竹　最初にアマチュアリズムということが問題になったのは、資格ですね。最初はプレイする人間が主体であったものが、プレイヤーはどこかへいってしまって周りの協会の人たちの方がむしろ主導権を握って、アマチュアリズムを堕落させている……。

大西　結局、統轄団体が金がないと何もできなくなってきましたから、そこでコマーシャリズムで金を取るか、あるいは国家にもらうかしないと何もできないということです。自分で自立できないからそのスポーツは全部牛耳られるということです。ラグビーでもラグビーのユニオンが自立できなかったらおそらく駄目になってしまいます。
　今度の世界選手権なんかでも、ニュージーランドの南ア遠征でもスポンサー付きです。日本のスポンサーも付いているのではないかな。シドニーで十六ヵ国セブンをやりましたね。あのときもスポンサー付きですからね。ニュージーランドも豪州もスポンサーが付かないとできない。日本でやるときにはスポンサーを付けないぞと言ってあるんです。その条件ならば日本はそれに参加すると言うんですけれど、日本みたいにいいところはちょっとないんですよ。

今度のスケジュールでは各国協会は少なくとも二つの国際試合ができるようになっています。五ヵ国対抗でしょう。あの五ヵ国対抗がイングランドで二回、それからスコットランドで二回と全部各国が二回ずつできる。二回ずつやったら一億二千万から二億ぐらい入るんです。それが年間の協会の費用として使われる。ほかから金がこなくてもできるわけです。だから独立していられるんです。政府から何か言われても補助金をもらっていないから強い。イギリスはこの頃金をもらうようになったから駄目ですね。スポーツカウンセルから金が出て援助されているから。

伴　アマチュアリズムの規定の柱になるものはどんなことですか。

大西　今アマチュアリズムは金を取ったらいけないとかいろいろな規定がありますけれども、問題になっているのは金を取るということと、もう一つは名声利用。要するにスポーツで得た名声を、ポスターに出たりスポンサーを付けてどうするとか、その問題だけなんです。

あとはもうだいたい給料補償の問題が解決しましたから。というのは、オリンピックならオリンピックのあいう試合に行くと金がかかる。そのときにもしその人が自分の平常の収入が全部なくなるようなことがあっても、それを協会が補助してやらないといけないという考えが出てきましたから、今のところは問題がなくなってきた。旅費とか宿泊費も全部出すようになりました。しかし問題はすごい人物がすごい要求をした場合にできるか。ギリシアの皇太子が行った場合に一日一億ずつでも請求されたら出せるのかということがあった。請求しなかったからよかったけれども。クレーとかヨットなんかにはすごい財閥がいるからね。それはおそらく請求しないだろうけれど。そういうことが解決したからだいたい……。

あとは今問題になっている名声利用の問題ですが、これはどうしてもモラルを強調するよりしようがないです。ただ、日本のモラルは実に低いんです。名声利用といっても日本では何でも金にしてしまうでしょう。向こうは、たとえば音楽家ならいいレコードを出して金を取ることはあっても、自分が音楽家なのにレストランの広告に出たりということはしません。それから子供はもう絶対にやらせません。社会的にも法規みたいなもので止められている。

日本は何しろ無茶苦茶ですものね。野球で名声を博しているものがマーボー豆腐の広告に出ようという始末だから。ああいうものを何か整理してやっていかなければと思うんです。結局、プロの方の規定になるでしょうけれどね。だからプロとアマとの連携をもっと深くして、いろいろとそういう倫理規定を上手につくっていけばできるだろうと思う。しかし今みたいにアマチュアの人で金銭をとる連中は、これはもうぼくはアマチュアの競技協会が断固として切って始末すべきだと思うんですけれど……。

伴　現代ほど競技団体の責任者の責任が重大になってきた時代はないと思いますが、競技団体の責任者に対するアマ規定というのはあるのですか。

大西　競技団体は今まではモラルだけを強調しているだけです。競技団体の役員は選手の模範となるべき行動をしなければいけないということだけしか言っていないんです。

結局、品位、ディグニティーということです。ディグニティーとはいったい何かというので、今、国際的に問題になっているんです。これがまた三百代言になってしまって学校の先生なんかがディグニティーはこうだああだと書くものだから、いろんな問題が起こってくるんですよ。要するに概念実在論になってしまう。ディグニティーというのは、それこそ高等学校の学生ぐらいがいちばんピンとくる品位なんですよ。それでいいんだけれども、それを改めて言うとなると……。

伴　国際競技大会が非常に増えて競技者のレベルが上がって、プロと同じような技倆を要求されますね。そのときにアマチュアリズムを母体にした競技団体から、そういう選手を育てるのは財政的に非常に困難であるということがよく言われますね。そこでコマーシャリズムと手を結んで……。そういう問題の解決の方法はあるのですか。

大西　私は先ほど申し上げたように、一応競技団体が独立採算できるように考えなければいけないと思うんです。競技団体が独立採算できるというのは、昔だったらスポンサーに豪族とか、貴族とか、国とかがあったわけですが、そういうものに代わるべきものは今は何かというと、大衆だと、ぼくは言うわけなんですよ。そうすると、大衆にアピールしないような競技は近代競技ではないというんですよ。

同時に英雄をつくることばかり考えてきたわけです。空前の世界記録とかね。しかし今や英雄なんてものはナポレオンで終わりで、あれ以後、もう英雄なんてものは駄目なんです。全体的なチーム・ゲームということと、本能と知性のバランスのとれたスポーツでないと今の人は魅力を感じない。要するに本能によって勝敗が決まるようなスポーツは近代スポーツではないわけなんです。

ところがオリンピックスポーツ自身が本能で決まるようなものばかりです。そして本能と理論がたくさん入るような団体スポーツは、オリンピックはかえって逆に嫌う。個人の競技と言い出すわけです。一般の人はオリンピックのときだけはちょっとぐらい関心を示しますけれど、あとではもう閑古鳥が鳴いてしまう。大衆のサポートが得られないからコマーシャリズムの世話になる。

従って今後は、理論の注入によって知性と本能的技術とが見事にマッチしたものだないと……。世界的にサッカーやラグビーがある程度観衆を呼び寄せるとか、野球やアメリカン・フットボールが呼び寄せるとか、いろいろなことを言いますけれど、結局そういうものがいちばん人の集まるスポーツですね。だからスポーツ種目こそ変えていかなければならない。

陸上競技なども、やり方で作戦や技術がものを言うようなことがやれるのではないですか。その混戦のなかに正しいプレイをいかにするかが闘争の倫理の教育の場なんです。

それから技術も、もう少しアマチュアの技術とプロの技術を分ける必要があると思うんです。プロのものはもっと難しく、アマチュアのものはもっとやさしくすべきである。そういうことをもう少し考えるとある程度調整はとれるのではないかと思いますね。

榮　ところでプロとアマとの接点には、特にギャンブルの問題がありますね。その資金のアマチュアへの流用ということ。ああいう点が解決できたらもっと大衆化できていくし、同時に楽しめて、プロは高い技術を見せるものとして高いプライドも出てくるのではないでしょうか。アマチュアの方にはアマチュアリズムという一つの思想がある。プロにはそういうプロを支える思想がないのではないでしょうか。

大西　プロ意識というのは本当にないんですね。日本では特に低い。プロというのは、どう考えてもプロフェッションだから、専門家なんですね。だからぼくはプロというのを日本で職業と訳したところに問題があると思う。日本でも初めに職業野球と言いましたね。あれがいちばんの問題で、プロはプロなんです。プロはアマチュアにはできないような最高の技術と最高の勝負と、最高のアピール、そういうものを中心としたプロの査定が必要なのではないかと思うんです。

伴　プロでも昔の日本の相撲、たとえば双葉山という人は技倆はもちろんのこと、人格的にも品位が高い。心技体が見事に統一されている感じを受けました。ある本で読んだのですが、双葉山は負けたとき「吾《われ》いまだ木鶏たりえず」と言ったんだそうですね。ところが最近のプロのスポーツ選手に、あなたの座右の銘はなんですかと尋ねたら、「左右一・五です」と答えたそうです（笑）。プロの格が違ってきた。

大西　特に日本の野球は駄目ですね。これはもう半分にしなくては……。

伴　相撲はまだどこか道というものにつながったところがあるように思うんですが。

大西　まだ徒弟制度のなかにそういう部分があるんですよ。

プロというもので通じるにはプロとしての修行をさせないといけないということでしょうね。プロの精神はプロの精神だと思います。アマチュアではないと思うんだ。

榮　レフェリーなんかも非常にそういう意味では厳しくなるんですね。マッケンローというアメリカのテニスの天才がいますね。

たとえば彼が入っていたじゃないかと言うボールには、明らかに入っていたものがあるという。金もかかっているでしょうけれども、それ以上にその一球に自分を賭けている部分がありますでしょう。そういう点で非常に高いレベルのいいプレイを見せるためには、審判する方にも非常に厳しいものが要求されてくる。

それからプロ意識の問題ですが、この間マッケンローが台頭してきた若手に敗れたとき、乱暴なことを言うかなと思ったのですが、敗れた相手をたたえてこの勝負にふさわしい素晴らしいプレイヤーだという言い方をしています。あのへんにプロ意識があるなと思った。

大西 プロというのはいいものはいいんですよ、ぼくはそう思うな。だからプロはプロとして認めないわけではない。しかしプロらしいプロをつくってくれということなんです。

しかし審判問題は難しいですね。これはなかなかできない。チルデンとバインズが昭和九年に日本にやってきました。昔チルデンとバインズはテニスでは神様みたいな人です。日本へ来て日本のなんとかいうアマチュアの人が審判をしました。そうしたらチルデンが試合を放棄して帰りましたよ。俺のインはインだと言うんです。それを全部アウトにとられたら試合ができないと言って、ポンと試合を放棄して帰った。

そうしたら日本の新聞が一斉に攻撃しましたよ。するとチルデンが明くる日、新聞記者に集まってくれと言ってコートへ集めた。そして向こうの線の上に白い石灰を丸く置いて、こっちから自分は一つずつ全部つぶしていくからと言って、サーブするときのようにポカーン、ポカーン、とやって、パンパンと全部つぶした。自分は打ったときに入っているか入っていないかわかるんだ、だからぼくがインと言ったときはインなんだと言った。それは審判にはわからないと言うんだな。

これは熟達した達人のする技術だからね。そういうことをやってのけるものが出てくると、難しいでしょうね。もちろん日本のアマチュアのボールのスピードで見ているのだから、実際はオンラインなんかはわからなかったでしょうね。けれども本人は何しろ入っていると言うんだから、たまらないね。

伴 プロの存在は大きいですね。大衆文化になって、何万人という大衆の前でプレイするわけですから、プロは立派な人間として最高の姿を見せる責任がある。

大西 それはそうですよ。無我夢中に応援するんだし、見に来ているものは確かに最高の技術と最高のプレイを見に来ているんだから。

伴 お話を聞いていますと、人間の人間たる所以はアマチュアリズムによって支えられているという感じを受けるんですけれども、日本においてはそういうかたちで受けとめられていない。ところが異質の文化に出会ったときは、たとえば仏教にしても弘法大師とか最澄とか道元なんかは純真な気持ちになり、相手のものを吸収して自分のものにしていく。絵画でも東山魁夷氏の話なんかを聞くとそういうところがあって、それで初めて日本の仏教も絵画も非常に質の高いものになっているんです。けれどもスポーツが日本に入ってきたときに、純真な気持ちで相手のアマチュアリズムというものがどういう背景から成り立っているのか、どういうものであるかという対決がなされていなかったのではないかという気がします。

そこで明治以後、外国の文化の一つとして入ってきたスポーツが、日本においてはどういうかたちで導入され、そして定着し普及していったのか、そういうことを真剣に考えなければならない時機にきているのではないかと思います。

英国のアマチュアリズムとヨーロッパの哲学

大西　ニューマンの〝Liberal Knowledge Its Own End〟を見ておりますと、どうもこうした考え方はヨーロッパの哲学の影響を多分に受けているように思うのですが、この点はどうでしょうか。

伴　近代の自由と平等という考え方は、ルネサンス以後出てくるのです。それ以前は身分に差別があるのは当然だ、それはあるがままの自然の事実だと受け取られていたわけです。ところがガリレーとかニュートンが出てきて「すべての物体は同じ速さで落ちる」とか、「万有引力」ということを言い始めた。

落体の法則とか引力を発見したことは社会的には大したことではなかったのですが、それより「すべての存在するものは……」という見方をすることが大きな出来事で、後の革命思想を呼び起こす原動力になっているんです。それまではアリストテレス、プトレマイオスの天文学が当時のストア学派の学説で、物体の運動を説明するのに高貴な存在と下賤な存在とに分けて考えたのです。

天体というのは高貴な存在だから神々の世界に近く住み、自分自身のなかに内的本性を有し、その本性を中心に円運動する。地上の物体は下賤な存在だから自分自身のなかに内的本性を有さないので自分の本性である地球の中心に向かって上下運動をすると。

ところが、リンゴが落ちる運動も天体の運動も同じ原理で説明しなければ真理ではないという立場が出てくると、「すべての存在するものは……」という視点が人間に与えられてくるわけです。

当初はまだその視点が自然的な物質の世界の枠内に限られていたのでことは収まっていたのですが、その視点が枠を破って自由な人間の世界に向けられてくると、自分たちの世界のヒエラルキー（位階秩序）に疑問を抱くようになる。そしてすべての存在するものは、つまりすべての人間は自由平等であると言い始めて、それ以前のヒエラルキーが崩れ始め、各地で革命が起こり社会の混乱を招くことになるのです。

思想史の上では十七、八世紀にロックやホッブズが人間の自然権を主張し、人間の利己的な欲望が正当な権利を得て初めて思想の舞台に登場することになります。個人は利己的な立場で個人の利益を当然の権利として主張することができる。個人の欲望を無制限に認めるということになれば原始の自然状態になって「人間は人間にとって狼」となり、「万人の万人に対する闘争」になってしまい、かえって自然権が否定されることになる。そこで自分たちの生命財産を守るためには、これだけのことは守らなければならないという拘束が前提され、社会契約説が生まれてこざるをえなくなる。人間が理性に基づき相互に協定して、自然権を制限し合う取りきめです。

しかし十八世紀後半に入るとアダム・スミスが出てきて、人間の生活の基盤が農業から商業に移行していく現実を、歴史の必然的な動きとしてとらえ、人間の自然的自由を肯定的に主張し始める。彼は個人が自由な意志と平等な権利に基づいて欲するままに富を獲得することを是とし、むしろ人間の生来の自然的自由を拘束することが、新しく生まれてきている商業社会、つまり市民社会の弊害のもとになると言うのです。

しかし商業社会での人間の欲望は金銭のあくなき追求です。この思想が一般の市民の間にまで下りていったとき、社会はいったいどうなるのか。かつての社会を支えていた貴族社会が没落するわけですから、人間の間の倫理も崩れ、当時の社会や学校の乱れにもつながっていったと思われます。

そういう情況のなかで生まれてきたのがアマチュアリズムではないか。イギリス人は経験主義者ですから、現実の生活を経験するなかで、理性だけでは自己保存の衝動の支配から抜けきれないことを知っていたのではないか。だから観想の立場からではなく、現実に肉体をもって闘うなかで全身心を鍛え、それによって自然的自由を生かしつつ、なおかつそれをコントロールし得る何かを求めていったのではないか。

その一つがトーマス・アーノルドが実践したマスキュラー・クリスチャニティという教育理念だったと思います。近代の合理主義の思想にさらにカルヴァンやルターのキリスト教精神を注入したものがその教育理念になったのではないか。

パンと秘蹟と地上の権力という人間のいわば究極の欲望の対象をちらつかせて魂を売り渡すことを強要する悪魔の誘惑を退けたイエスの精神を、世俗において「報酬なく自由な愛からの行為」として継承して生きていこうとしているように思います。そしてその精神をスポーツを通して実践させて、新しい市民社会の基礎づけを行なっていったのではないかと思われます。

ところで、その頃、十八世紀後半のドイツに生まれてくるのが自己目的という思想です。科学の勃興以来、自然は目的論的には見られず、無機的な死せる物質と見られていたのです。ニュートンの物理学に代表されるように、自然の物体が動くのは外から力が加わるからだという前提に立って、自然を因果の法則においてとらえる機械論的な見方が優勢でした。従ってそこではそういう意味の客観的合理的なものがものをいったのです。

その見方の背景には、キリスト教との関係から、自然を生ける精神の世界と見ることは避けざるをえない事情があったと思います。魂の世界はキリスト教教会に任す。自分たちは魂のない死せる物質の世界を扱うのであると言わざるをえなかったのでしょう。ところが十八世紀後半から十九世紀にかけて、市民の力が強大になってくると、それに比例して自然も独立したものと見られる立場が開かれてきます。

そうなると自然の一つ一つの現象が生き生きとした活動に見え、その活動が生命を含み、美と調和をたたえているものとして見えてくる。それらは因果決定論や機械論に裏づけられた客観的合理的な思考では処理しきれなくなります。それらはむしろ合理的なものを超え出たものとして自然の内奥に精神として実在し、その精神によって自然全体が統括され、その統括された自然が調和をたたえ、美として現象していると考えるようになるのです。そうしますと、美と調和があるリアリティを持って存在するということは、自然のなかに何らかの目的が実現されていることを意味することになる。そして自然の現象はこの目的が実現されていくプロセスにほかならないと考えるようになるのです。自然がそのような活動をするのは何のためだかわからないが、活動するから活動するとしか言いようがないわけですが、そのような「あるから、あるんだ」という事実への憧れは、ヨーロッパの精神のなかに地下水のごとく流れているのです。たとえばアンゲールス・ジレジウスという詩人が、「バラは何故なしに存在する。バラは花咲くが故に咲く」と、そこに最高の美を見ているわけです。

としますと、人間も「遊ぶが故に遊ぶ」という自己目的的な遊びというか、自由性を最高の存在の在り方だと考えるようになる。ニーチェも遊びを最高の在り方と見ています。彼の有名な人間の三変態がそれをよく物語っています。最初にラクダになり、次に獅子になり、最後に子供にならなければならない。なぜなら「子供は無垢であり忘却である。一つの新しい始まり、一つの遊び、自ら回り出す輪、一つの大地の運動、一つの聖なる肯定である。そうだ、創造の遊戯のためには私たちの兄弟たちよ、一つの聖なる肯定が必要なのだ。今精神はおのが意志を意志する。世界を失った精神は自分の世界を勝ちえようか」と。この、一つの〝遊び〟とか〝意志が意志する〟という、何のためというその結果のためではなくて、意志が意志するというところに最高の人間の在り方を位置づけていったわけです。

さて話はカントに移りますが、美を目的

なき合目的性と規定し、その合目的性を美だと感じ取る心、つまり美的判断力を「崇高」と呼んでいます。また美的判断力は自由な遊び（freie Spiel）とも言っています。従って美と崇高との根底にあるものは自由性だということです。心がいったんそういう自由性を感じ取ったならば、そのように感じ取られたもの以外のものはすべてちっぽけなものに見えてくる。そのことがまさに崇高であると。美と崇高の前では、地位も名誉も健康も財産も、生命すらもちっぽけなものに見えてくると。こういったカントの考えに心酔して、シラーは「人間は遊びに没頭している行動そのものが純粋に自由な行動だ」と言ったのだと思います。この思想がスポーツ的行動にも採用されたのではないでしょうか。

目的論的自然観はドイツ観念論の考えですが、とにかくドイツ人は自然の活動も人間のさまざまな活動も遊び（シュピール）という一語でしめくくるのですから、非常に観念的で思弁的な民族だという感じがいたします。

大西　科学では物たりなく、自由な科学は科学のための科学という考え方で、自由な美は美のための美だ、自由なスポーツはスポーツのためのスポーツだということですね。私はそういうことをずっと前から言い切っているのです。

伴　主体性の確立ということがなされなければ、そのものは本物でないという思想。アマチュアリズムについての先生のお話を伺っていますと、近代ヨーロッパの哲学がイギリス人の生活のなかにアマチュアリズムとして根を下ろしていったという感じがいたします。思想的にはカントの哲学に非常によく似ているんですね。

人間で最も超えられないものは自愛、なかでも死です。カントも『実践理性批判』のなかで死刑の威嚇をもって偽証を迫られている証人の例を挙げています。偽証をしようと思えば偽証することもできる。だが良心の声として「やはり人間として真実の告白をすべきである。真実を告白したことによってたとえ自分が死刑になっても、やはり真実を告白するのが本当の人間だ」という声を聞いたならば、人間はその声に従ってそのように行為することができる、と。「汝、なすべし」という声を聞けば人間はそれを実践することができる。それができることが人間の尊厳だ。そういうものが人間のなかに道徳律としてあるのだと言っています。

次の道徳律はカントの墓碑銘にもなっています。

「繰り返しじっと反省をすればするほど常に新たに、そして高まりくる感嘆と崇敬の念をもって心を満たすものが二つある。それはわが上なる星の輝く空と、わが内なる道徳律とである」というものです。この道徳律というのが今言った死の威嚇をもって脅かされても、それを乗り越えて、たとえ自分が死んでも、真実の声に従って行動することができるというもので、それが人間の尊厳であると言うのです。

それがあって初めて人間の「自由、平等」の市民社会が成り立ち、人間も落ち着いてそこに住むことができる。それがなければいくらよいお題目を並べても絵に描いた餅のようなものだ。自分たちが神から独立して人間の独立宣言をしたならば、その尊厳がなくては何もかもおしゃかになってしまうではないか、というのです。その場合カントには具体的にこうしろ、こうこうしたら人間的な行為だという具体的な規定がないのです。カントはあくまで自己目的的で、超越論的自由論者ですから。だから「汝の意志の格率（自分が本当にこうしようと思うこと）が常に同時に普遍的律法の原理に妥当し得るように行為せよ」と言うんですよ。

だけど普遍的律法とは何か、ということは規定されていないんです。これだと決められたらそれは外からの拘束になるから本当の自律とか自由はなくなってしまうことになるからです。その無規定的なところにカントの危険性があるということを指摘する人もいますけれども、そこに純粋な自由性と人間の主体性とを見て、それによって市民社会の倫理の基礎づけを行なったわけです。

また人間の目的、手段の関係についてもカントはこう言っています。「汝の人格における並びに他のすべての人格における人間性を、汝は常に同時に目的として取り扱い、決して単に手段としてのみ取り扱わぬように行為せよ」と。このカントの考えがイギリスのアマチュアリズムにぴったりとくるような感じがいたしました。

大西　お話を聞いて、やはり十八世紀のヨーロッパの哲学、特にカントの純粋な自由思想が、当時の混乱した英国のスポーツ界に大きな影響を与え、スポーツの哲学的な基盤としてのアマチュアリズムをつくりあげていったことがよくわかりました。もちろんその根底には彼らのアスレティズムによる経験的な考えの累積があったでありましょう。そこで彼らは共通の指導精神をアマチュアリズムに求めて、スポーツマンの人間像を、どんなときでも自分の良心に従って行動するものをジェントルマンと決め、アマチュア規定を破るものを排除してスポーツの純粋性を確保し、それを通じてジェントルマンとしての修行にお互いに切磋琢磨したと思われます。また政治権力や商業主義による干渉を排除し、スポーツクラブの独立と自治と自由を守り、スポーツマンの主体性と尊厳を確保し、ピューリタンとしての市民社会建設の理想をクラブの建設に求めたのではないでしょうか。こうしたことがカント哲学に対する現実的な対応となるでしょう。

III

スポーツと教育

教育にはたすスポーツの役割

今回の課題は「スポーツと教育」ということですが、現在の急激に変化しつつある社会のなかで教育論をやるのは非常に難しいと思うのです。しかし、一応、スポーツを指導するという以上は、教育に対してどういう考え方を持っているかを話す義務があると思われますのでお話し申し上げ、その後皆様と質疑応答したいと考えます。

スポーツの教育的価値

初めに私の教育に対する考え方をお話ししてみたいと思います。教育はいろいろ言われるけれども、私は、人間というのは自然と社会と文化のなかでお互いに相互作用をしながら自分を形成していく、言ってみれば相互作用論を取っているわけです。

一応、われわれがやっている教育というのは、最初は本能と衝動で生活する子供を、義務教育によって社会の慣習的な行動に適応させていく。慣習的行動だけでは社会が進歩しないので、今度は自分で本当に考えて、自分で意識して、自分の判断で物事を行なっていけるような知性的行動というか、創造的行動ができるように指導していくのが教育ということだろうと思います。

従って、現在の社会のために合うような人間をつくっていくということではなしに、その人間が将来入っていくであろう一つの社会をある程度考えて、そこに新しいものを自分でつくっていけるようなそういう青少年をつくっていくことが、現在の青少年の教育の問題ではないかと考えています。

もう一つは、われわれ、現代科学と技術のなかで生活しておりますと、人間というのは合理的な、あるいは科学的な行動をしょっちゅうとっているように思っていますけれども、人間はそういう行動のほかに、非常に情緒的な、あるいは非科学的な行動をするものだということをまず前提として持っていて、その行動が非常に重要な行動だと思っています。

そういうことを考えて現代の教育を考えると、現代の教育では何が問題かというと、科学と技術の進歩によって急激に社会が変化した。ところがその科学の進歩に対して人間の進歩は非常に遅いために、そこに非常に大きなアンバランスができている。そのアンバランスの中心的問題は何かというと、価値が多様化し動揺しているという問題ではないかと思います。その価値問題を放っておいて今の教育問題はないだろうと思います。

そういう見方からするならば、現在の教育の最も重要な課題は、青少年たちに正しい価値というのはどんなものかということを把握させて、精神的に、道徳的にフェアな正しい習性をどうして形成するか、これがいちばんの根本の問題ではないか。青少年が持つ精神的、道徳的な正しい習性をどうしたらつくりあげることができるかが、現在の教育のいちばんの根本的な問題ではないかと私は思うわけです。こうした根本的なものを中心に考える見地に立って、スポーツの教育をどうしたらいいかを考えてみたいと思います。

今のわが国の体育のなかのスポーツ、あるいはスポーツの教育をずっと見てくると、わが国の体育をやってきた学校では、体育とは全人教育だと言いながら、スポーツというのは体力をつくるとか身体をつくるとか健康になるとかレクリエーションだということばかりが強調されている。しかしそんなものではスポーツの本当の価値を見ていないのではないかという一つの疑問を持っています。

そこで私は、スポーツの教育的な価値は体力づくりではなくて、そのスポーツの行動が持っている科学的、非科学的、あるいは合理的、非合理的な二つの行動の側面にあると思うのです。それを人間がどうコントロールするかをスポーツを行なうことによってつかめるが故に、スポーツには基本的な価値があると考えるのです。

そうでないと、今まで文武両道、あるいは学問とスポーツとの両立と言われてきましたが、文は学問と一緒でわかる、しかし、何で武をやるんだということになると、「健全なる身体には健全なる精神が宿る」と唱えながら、一般には身体づくりだと思われていた。身体づくりのためにそれでは武と同じようにスポーツを考えているのか。それではいくら考えても教育の両輪だという考え方にはならないと思うのです。

学問とスポーツというのは日本では対立ではないか。要するに体育のなかの全人教育と言いながら身体づくりのみをやってきたから、学問と対等にならず、スポーツを通じての教育が非常に軽視されてきた。一般に身体づくりだと思われている。これは後ほどいろいろお話があると思いますが、今まで体操を中心に体育をやってきて、スポーツは遊戯だというかたちで体育のなかに入れてきたわが国の教育課程のなかに欠陥があると思います。

そこで合理的、あるいは非合理的な行動のコントロールということについて、スポーツの特性（別項で詳しく説明しましたが）について考えてみたいと思います。わが国ではスポーツの遊戯性を非常に強調して、遊戯の特質を持っているが故に自己目的的な行動だから楽しみがある、だからスポーツをやるんだという考え方が強いのですが、それだけではないと思います。

そのほかにゲーム性、要するに競争性、相対抗するなかに、もう一つのスポーツの特徴がある。それは、そのなかに技術があって、技術が向上していくなかに興味があり、それを追求していく。しかも、闘争性でも技術性でも、あるいは遊戯性でも、自由に放っておいたらスポーツ的な行動はとんでもない方向に進むから、それを人間性による統制というか、ルールとか不文律というか、あるいは規範、フェアプレイの精神等によってそういう行動を律している。そういう情況のなかにスポーツの教育があると思うのです。

そういうなかでわが国ではプレイフル（遊戯性）ばかりが強調されて、スポーツというのは遊戯的肉体活動だ、運動だけしていればいいんだ、と。だからスポーツをやっている人は頭が空っぽじゃないかと言われる。スポーツには知性が全然働いていないという考え方です。私はスポーツの行動こそ知性的な行動であると考えるわけです。

そこで知性という問題、インテリジェンスですが、知性というのはどんなことか。日本では知識的な能力というのが知性の中心的なものを占めていて、教養のある人、知性のある人というとたいがい知識的な能力があると言う。しかし、そうではなくてある一つの未解決な問題にぶつかったとき、それを解決しようとして自分で目的を立てて、そして行動によって自分が経験してきたいろいろなものを組織づけ、理論立ててそれを解決していくという働き、さらに取り組んでいる事柄のなかに潜む問題を予知し発見していく創造的な働きが知性だと思うのです。そういうことをスポーツのなかで考えてみると、概念的に一つのスポーツというものをつかまえてスポーツとはこんなものだと言っているけれども、具体的に言うならばスポーツというのは、あくまで相対抗するゲームの一つの種類で、そのゲームというのは何かというと競技種目です。

スポーツは知性的な行動

そういうスポーツが最近では国際的に普及発達して、すべてが国際的ルールをつくりあげて、そして一つの目的的行動を形成している。そして目的というのは何かというと、あらゆる対抗するゲームは勝敗を目標に行なっている目的的行動である。ラグビーなどでも、ルールにゲームの目的が明示されてきて、その目的を達成するために理論づけがいろいろ行なわれてくる。要するにスポーツへの理論の注入が、最近のスポーツのいちばん大きな特色ではないかと思います。

そこでそういう理論とスポーツを考えていきますと、最近、スポーツが非常に大きくクローズアップされてきたのは、国際試合に勝つために、国家的、あるいは国際的にそういうものが理論的に研究され、その理論づけが行なわれてきた。その理論づけに基づくスポーツの目的的行動の解明をするために研究が進められてくると、このルールに基づいて考えるならば、どういうふうにやったら勝てるんだという一つの戦法理論がいちばん大きな研究の課題になってくる。

そして、その戦法理論に基づいた技術がいろいろ研究されて、その技術が今度は基本的な練習に基づく技術練習として行なわれる。そしてそれらがいろいろ研究されて、戦法を完成させる一つのシステマティックなものができあがってきた。

これはよく考えてみますと、勝つか負けるかわからないという一つの不明なるある目標に向かって、その目標を勝つという方向に解決するために、ある一つの方向を決めてその方法論に基づいて、その技術はどういうものを使ったらいいかという研究が始まり、その技術をどういうふうに練習したらいいかを考える。そしてその練習を行なって目標のために毎日毎日、努力していく。

すなわち、明日はこういうことをしよう、こういう技術をやるために今日はその理論を考えよう。そして明日それを持っていってその練習を実行して、駄目だったらそれを持ち帰ってきて反省する。何でできないのか、理論が悪いのか、あるいは練習が悪いのかを考え反省し、吟味し、ここが間違っている、このやり方をこうするんだと修正してまた持っていって、その技術を一つ一つ完成させていく。

技術が完成したなら、その技術を用いて戦法を行なってみる。その戦法でうまくいかないときはまた持って帰って反省し、吟味し、そして再組織して、新しい一つの戦法技術を持ってやっていくと、そのチームは次第に勝負への戦法をつくりあげて、逐次勝利に近づいていく。

こういうスポーツの在り方は、考えてみると、たとえばわれわれが野球なら野球をするときに初めは慣習的なキャッチボールをやっていれば何とかうまくなっていくのだろうと思っていただけのものが、やがて勝つための理論を知性的に考え、次に理論を生かす技術を考え、練習してまた理論を考える。それを練習によって繰り返し反省し吟味して再組織していって、その目標を達成する。こういうやり方はまさに人間が行なう一つの知性的な行動の過程と同じである。従って、現代のスポーツはまさに知性的な行動であると言わなければならない。教育とは行動の連続的改造だと言われる。こうしたスポーツ行動こそ行動の連続的改造と言われるものである。

現在のスポーツは遊びだ、楽しみだと、さかんに言われているけれども、そうではなしに本当はスポーツの楽しみというのは、それが知性的な行動であって、それを積み重ねてある目標に向かっていって、そこでその目標を達成する。そういう知性的なやり方で達成されるが故に、そこに、ある一つの楽しみがあるのであって、決してスポーツのなかに遊戯性があって、それを行なっていれば楽しいというような遊戯の楽しみだけではない。子供は遊戯をやるけれども大人はやらない。大人はスポーツはやるけれども遊戯はやらない。

そこに大きな違いがあると思うんです。ただ双方とも自由な行動だから楽しいという点は共通ですが。

スポーツは知性的な行動でありますから、最近では科学的合理的にやるということが強調されていますので、たいていの人は今言ったようにして、スポーツを実行するわけです。しかし最後に試合というものにぶつかって考えさせられる。つまり知性的な、合理的、科学的なやり方を押し通していけば勝てると思って一生懸命やっているのですが、人間が集まっているチーム、あるいは人間であるプレイヤーは、初めてそこでこういう合理的な、知性的な行動だけでは勝てないことを悟るのです。

スポーツにおける情緒的行動

いかに科学的合理的に戦法や技術を組織づけても、それを行なうプレイヤーたちは生きた人間であり、血が通っているのだということを忘れてはならないのです。最も重要なことは彼らの人間関係であり、チームワークであるということです。と同時に人間そのものが持っている情緒的な事柄の解決をどうするかという問題があります。

どうも人間というものは、合理的な行動だけでは解決のできないものをたくさん持っている。ましてや勝敗の場ではもっと重要なことがある。要するにそういう場で人間は非合理的情緒的な行動を持っているということを初めて知るわけです。

そして、そうした非合理的な行動、あるいは情緒的な行動というのは具体的にどんなものかを考えてみると、愛情の問題です。ゲームから言えば愛と信頼のチームワークの問題、あるいは死の問題です。また、スポーツというもののなかにはいつも恐怖とか危険というものを伴うものがある。恐怖や危険に負けたら全然勝てない。相手のファイトに押されてしまったら負けてしまうということです。

もう一つは、ゲームが持っている闘争それ自身が理屈の外にあるものではないか。喧嘩し合い、競争し合うわけですから、勝ったり負けたりしても、何かそこに一つのものがないと満足できない。あるいは欲を出して、勝とう勝とうと思っているとどうしても勝てないという問題が闘争のなかにはある。その上ゲームではいろいろな緊急事態が起こるということです。チャンスとピンチがある。そのときにちゃんとした統制ができないと、あるいはコントロールができないと、絶村勝てない。これはピンチだと思ったときに、いかんと思っているだけでは負けてしまう。これはチャンスだと思っても的確な命令を与えないと勝利に導くことはできない。そういう緊急事態というものが非常にコントロールしにくい。

われわれの非合理的な行動のなかで、愛情の問題、危険とか生死とかについての問題、闘争に関する問題、緊急事態のときの問題などは、どうしてもコントロールしにくいものです。しかもそういう問題を、われわれは実際の社会のなかで、合理的なものでは解決できない人間の本質の問題として絶えず抱えているのです。

それをコントロールしていく方法を、われわれはゲームという経験を通じて一つずつスポーツから学ぶことができる。人間の持っている合理的な行動と非合理的な行動という、二つのものをコントロールしていく力を育てるものがスポーツのなかにある。

それは体験的に積み重ねていくなかで成長していくものであって、ただ考えているだけでは決して身につかない。勝利を目標にしてスポーツを行なうそのなかで自分の身についていくものなのです。

勝負と技術の追求がアマチュアリズムを実感させる

これは前にもちょっと申し上げましたけれども、試合のとき、初めは勝ちたいという欲望を持って臨むのだけれども、そればかりにこだわって勝ちたい勝ちたいとばかり思っていると負けてしまう。そういう欲望から解放されて、初めて今までやってきた技術を自由に働かせる。そうなってきたら自分が自由な主体者として闘っていける。そのとき初めて勝てる。そういうふうにして勝ったときスポーツは自己目的的行動として実感され、いちばん楽しいということなのです。

要するに、自分たちが自己目的的な自由な行動の主体者となってある目標を達成したときに人間はいちばん楽しい。あるいは頂上経験（ピーク・オブ・エクスピアリアンス）といいますか、そういう経験をつかむことができる。目的的行動で始めたゲームが、技術、戦法の研究を重ねて、試合をやっていくうちに自己目的的な行動になっていって勝ったときにスポーツの歓喜をつかむ、そのとき初めてアマチュアリズムが自己目的的なものとして体得されてくるのだろうと思います。Liberal Sport Its Own End!〝自由なスポーツそれ自身の目的〟を味わうことができるのです。

スポーツマンというのは初めに目的的な行動、要するに理論と技術と練習の積み重ねによって目標の勝利に向かって一生懸命やっていく。と同時に試合のなかで非合理的な、あるいは情緒的な行動をコントロールしていく。そうして勝利を獲得したときに、初めてスポーツというのは単なるゲームで、遊びとしての自由性のなかにある歓喜、そのなかに本当の価値があり人間の価値というものは何にもないところからでもつかめるということを、実感として体得していく。

それがスポーツマンが本当に〝やったあ！〟と言うときにつかむ歓喜で、そのほかの勇気とか情熱とか努力というものは、結局のところ勝敗という歓喜のために全身を打ち込んでゲームをつくりあげていく術《すべ》にすぎないのです。

次は、なぜチーム・スポーツは教育的かということです。教育というのはその行動のなかに全身を投げ込んでやっていく、そのとき初めて青少年は学習する。本当にそれが好きでほれこんで、そこへ全身全霊を打ち込んでやっていく行動をするときに、初めて人間は教育されると思います。試合が近づいてきて、それに勝つためにみんな一生懸命になってやっている。あの行動はまさに全身全霊を打ち込んでいる行動だと思うのです。その行動のなかに知性的な行動、非合理的な行動をうまく入れこんで、そしてそれをつかめるようにしてやるならば、全身全霊を打ち込んでいっているなかでスポーツマンは自分をつくりあげていく。同時にそれは一人ではなしに、仲間と一緒にチームをつくってやっていく。要するに、ある目標を決めていろいろな連中が協力し合って共同活動をしていくなかで、人間の精神は成長していくのだと思うわけです。ですから、私が勝つではなく、われわれが勝つためにチームをつくってやっていくスポーツというものに、大きな価値を認めるわけです。やらなければならぬのではなく、やらなければ皆にすまぬというところに価値があるわけです。

さらにチームのなかでやるということはどういうことに関連してくるかというと、ある一つのチームのなかだけでは、自らが精進を重ね努力をしても、なおかつプレイヤーたちは自分を完成することはできないだろうと思うのです。そこでその人たちは必ず次の時代の後輩を自分で教えていってやろうという気分が起こってくる。そこにチームが一つのクラブをつくっていく素地があるわけです。

スポーツクラブの育成こそ最終の目標

スポーツを中心にしていろいろな人が集まって、その好きなスポーツを通じての自主独立の生活がある一つのコミュニティ・クラブとなって、そこでの生活のなかで人間ができあがっていく。そして人間が社会をつくるためにどうしたらいいか、愉快にみんなで生活していくための社会をつくるにはどうしたらいいか、クラブのなかでの行動を通じて学んでいくと私は感じるわけです。スポーツは民主社会の基礎だと言われるのはそういうことだと思います。

要するに、スポーツを通じての集団のなかで、皆がどうやったらいちばん愉快に、しかも平和な社会がつくりあげられるか。スポーツをその人間が行なうことによって社会に影響を与えるだけではなしに、そのスポーツを通じてクラブ生活、つまり社会生活を行なう。そのクラブのなかに共通のフェアという精神があって、その精神を身につけた者が今度は本当の現実の社会に出て、現実の社会でフェアに行動することによって、スポーツはその集団の生活を通じて社会にいい影響を与えていくと考えるわけです。

同時にそういうスポーツの集団を社会の基礎集団としてどんどんつくりあげていく。そして横の連絡を取って団結し、そしてその人たちがまたコミュニティをつくったりソサエティやユニオンをつくって、スポーツで得たフェアの精神を中心に理想的な社会を考えていくならば、社会を動かす力をもった基礎集団として活躍していくだろう。

従ってそういうスポーツのやり方を教えると同時に、そうしたクラブをつくりあげていくように指導者は指導する。そうすると、そういうものが今度は社会の基礎集団としてできあがり、それが共同と団結によって社会を動かしていく力になるだろう。そこで初めてスポーツが社会的な力としてこの世の中を動かしていくのではないか。こういう考え方を持ってやっていくのがスポーツ指導者の生き方ではないかという考え方を持っているわけです。現実には私はそういう考え方で五十年間ぐらいやってきたわけです。

おそらく私の言っているようなことを発表したら、そんなことできるものではないと思う人がいるでしょうが、私がなぜそういうことがやれると確信を持ったかというと、私は早稲田のラグビー・クラブを通じてそういうやり方をずっと経験してきて、七十年の人生のうち五十年関係してきて初めてそういうクラブができあがって、そのなかでクラブの連中がある程度の社会的な力をつくりあげてきた故に、確信を持っているわけです。

知情意の統合と人間

チームのなかの自分――真の知性教育

伴　理論の注入というところで知性というものに対する先生の考え方があったわけですが、結局、ああいう行き方が、今われわれ人類が到達している最も確実な一つの方法なんです。先生も本に書かれていますけれど、たとえば、「ある目的を設定し、その目的を達成するためにまず各種の情報を収集して、そして理論を構成する。それを今度は実験して反省し吟味し、再組織した理論を繰り返し実験していく過程」と書かれています。これがまさに科学的方法なんですね。

大西　その通りです。ジョン・デューイが言っておりますが、何で科学があんなに進んだかということを考えますと、科学はそういうやり方で知性的、合理的な行動を推し進めてきた。そして到達した。それが一つの確実な方法である。それを人間の行動の変革にまで応用していきたいというのがぼくの考え方なんです。

伴　ロケットを月へ到着させるために立てる仮説と、ラグビーでトライを取るために立てる仮説とは、方法論的に同じだということは確かです。ロケットの場合なら、いかにして引力をゼロにするか、ラグビーの場合なら、いかにして相手ディフェンスの力を無力にするかということだと思います。しかしロケットと違うのは、人間は心を持っているということです。だから仮説を現実のものにするためには、人間は自分に打ち克たなくてはなりません。そのためには人間はどうしなければならないか。平常心とか生死の問題とかいろいろおっしゃいましたけれど、そういう問題は宗教の次元で扱ってきた事柄ではないでしょうか。

大西　そうですね。だから私は、スポーツの練習というのは宗教の修行に非常に似たものだろうと思うんです。中世の人々がなぜああいうちゃんとした心身のバランスを持って長い間平和を保っていたかということです。科学も相当進歩していきましたし、それを通じて、案外、中世は人と科学はバランスを保っていた。それは人間たちが宗教的な修行を怠っていなかったということではないか。

現在の社会では宗教がそれだけのものをわれわれに与える力を持っていない。そうすると何があるんだということになると、喜んでそういうものをやっていく者となると、あるものにラブしている者、言うならば芸術家がそれぞれ絵や彫刻や音楽にラブするように、われわれとしてはスポーツを熱愛している者をつかまえて、そのなかで修行させていくよりしようがないのではないか。

音楽家とか芸術家という人々はそれにラブしているから、それを通じて修行していく。学問をする者は学問にラブしている。だから学問を通じて修行をさせていく。そういう方向しかないのではないかという卓越性の考えを持っていくわけです。

しかし、一般の連中をただ修行させるとか言っても、いきなり修行させることは無理なのではないか。まず初めにそれが本当に好きだという状態に置かなければ駄目なのではないか。それこそ、それはスポーツマンのなかにあるのではないか。だからその連中にスポーツをやらせるときに、遊びを楽しむことを動機として入って、本当にスポーツに惚れさせて目標を与えて、これはお前の修行なんだというふうに指導していく。これがこれからのスポーツでは必要だと思っているわけです。

伴　学校教育を見ていますと知識を詰め込んでいますね。そして、先ほどおっしゃったような未解決な問題にぶつかったときに、それをどう解決するかという教え方をせずに、小学校、中学校、高等学校を通じて言語を詰め込んで、コンピュータと同じにただ反応するという方向へ、合理的な面だけで進んできたと思うわけです。

もう一つは、合理的な面の落とし穴というのは、人間の尊厳というときに、自分は人間の尊厳をこう考えるというところで理解が終わっていて、人間の尊厳というものを実際に体を通して身に覚えさせるというプロセスが抜けているのではないかと思うんです。

大西　人間の尊厳といいますが、人間らしいというのは何なのかと考えた場合、その人間が自己目的的にほかのものを手段として向上するのではなしに、自分で自由に、何物にも制約されずに行動する場合にいちばん人間の尊厳性をつかむのではないかと思うんです。

　今われわれがいちばん悩むことは何かというと、これは青年でもわれわれでも一緒ですが、この世の中で行動することが、自分の本当の意志でやっているのか、そうではなしに何らかの手段に使われているのではないかということで悩むので、本当にこれは自分の意志でこういうことを達成するためにやっているんだという行動を持ったときは、その行動は楽しい行動で、うれしい行動で、人間の主体的な行動だと思うんです。

　だから、それをつかませないと、青年たちは今の世の中では何でも自分たちは手段として踊らされていると思う。あるいは金に使われているとか、あるいは権威の仕事に使われているのだとか、そういうことでは悩みはつきないと思うんです。

　しかし単なるスポーツみたいなもののなかで、スポーツとはただ勝負を争うだけじゃないか。しかしそのなかで一生懸命やってきた。あれだけ一生懸命やってきて勝った、勝ったけれどそのとき何が残ったんだろう。その楽しさとは何だったのかというと、好きで自分から一生懸命やったその努力の価値、それがうれしさ、歓喜なんだ。こういうことをつかんだとき初めて人生の価値の意味をつかむのではないですかね。しかも勝負の過程をかえりみて自己の闘争の倫理に照らして何らやましいものを感じないとき、満足感は全身にみなぎる。
　われわれが努力するはじめは、勝つために努力すると思ってきたが、その努力をするというのも自分がそうなるためにやったんだということにならないと。勝つためにということは、それもまた勝つために使われていることになるわけですから。勝利をつかんで努力の価値がわかったときに初めて、そんなものは何もなかった、自分は自分の意思によってこういうものをつかむためにやってきたからこうなったんだ、ということを実感としてつかむようになるんですがね。これが何と言っていいのか難しいんですけれどね。

大竹　本来なら知性の喜びを当然教えられなければならない体育以外の知識教育の授業の場でも、学ぶ喜びというものを教員が与えられなくなってきていることを自分でも痛感しているわけですが、今は教育と言えば知識の詰め込み以外にはあり得ないような有様ですから、生徒の方は、お話のような深い喜びを、スポーツの世界でも感じられなくなっているんではないでしょうか。

大西　一つは授業に全身を持ち込んできていないということではないですか。それを持ち込んでくるようにしなければいけないということですね。

大竹　授業のなかで生徒に集中させるだけのものをこちらが持っていないのかもしれません。確かにわれわれは生徒のなかになかなか入っていけないんですね。

大西　そのためにはどうしてもみんなでやっているということが必要だと思うんです。みんながある一つの目的を持って、お前もやれ、俺もやる、全身全霊でやらないと仲間外れにされる、あるいは相手にしてもらえない、という情況が必要なんです。俺だけやらないのはみんなに申し訳がないという意識を持たせること。

大竹　それがふつうの授業のなかでは、できる子だけに注意力がいって、落ちこぼれと言われる生徒をこしらえてしまうのは、全員を参加させていないからということになりますね。そうできなければ教員の恥なんでしょうが、そういう点がなかなか難しい。

大西　それは可能だと思うんです。勝負があると皆、一生懸命やるものです。ゲームというのは本当に好きなやつと一緒にやっていたら、練習に来る。みんなが集中してやらないと、疎外されて追い出されてしまうという雰囲気がありますからね。

大竹　それにはどんなにきつくても彼らはそれに耐えられる。

大西　そういう力がスポーツのなかにある。それがどんなものかと言われても言えないけれども。ただ、これは本当に野球なら野球が好きだという前提でないと。嫌いな者を連れてきても駄目ですね。

だからぼくは今の体育の授業構成のああいうやり方は駄目だというのです。あれではスポーツを好きになんかなれませんよ。

榮　しかし、あの指導要領とか指導案というものは非常に強固ですよ。たとえば小学校の体育などでは、まず準備運動をやって、それを何分やったら次に何を何分というようなことが学年ごとにきちんと決まっているんですから。それを無視していきなりゲームからでも入ろうものなら、何か目茶苦茶なでたらめをやっているように思われて批判される。しかも各種の教育研究会などの多くは、教育効果の名のもとに、狭義の技術論がもっぱらです。あれで体育が面白くなれといっても無理だと思うんです。

大西　そういうものを彼らは合理的だとか科学的と言うんです。ぼくはおかしいと言うんですよ。だいたい体操なんてものはスポーツをやる準備運動だと言うんだけれど。それより野球チームを何チーム、何チームとつくって、ゲームをなぜやらせないかと思うんです。体育指導書を読んでみるとよくわかりますけれど、ああいうものがまるでバイブルのように扱われている。

大竹　大西先生の場合、対象になる学生がどういう状態であるかというところから、どう伸ばすかというのが出てくるように思うのです。われわれはどうもまず型を考えてしまいます。型のなかに生徒を引きずり込もうとする。ですから生徒の本当の姿が見えない。そういう点では、実は教員の方が変わらなくては生徒の姿が見えてこないのではないか。

大西　生徒が何を望んでいるかということを教師はだいたい限定して決めているんですね。子供たちが望んでいることが、教師に経験のないことだと、望むことが悪いという考え方になりやすいですね。恋愛を経験していない先生は、女の子と男の子が仲よく遊んでいるとすぐ、こら、と怒るのと一緒で。あれは悪いところでね。そういうところがあるんです。要するにニーズ（必要）は何かということ。ニーズが起こってくる。その起こってきたニーズのなかで、これだけはいい、これだけは悪いとすぐ自分の判断で決めてしまうことが多いのではないかと思いますね。

榮　初めの知性の問題ですが、知性というのは一般的に個人的なものととらえられていると思うんです。しかし、実際に知性が意味を持つのは実は人間の社会のなかで発揮されて初めて意味を持つのだと思います。

一九八五年にスペインで行なわれた第二回世界サロンフットボール選手権大会のために、国内で代表選手の選考会を重ねて、次に選ばれた選手たちの強化トレーニングをした際につくづく考えさせられたのですが、個人的にどんなに優れた技倆や能力を備えた選手であっても、チームという全体のなかで自分の役割、そのとき、その場に応じたチームとしてのワーク（仕事）を理解できない、あるいは実践できない選手は使いものにならないということなんです。

どんな技も力も、それが本当に生かされ

るのはチームという場なのだということが理解できて初めて、知性と言えるのではないか。つまり知性というものはきわめて全体的なものなのだということ、そして僕たちは知性というものを今まであまりにも個人的な場でしか考えてこなかったのではないかと感じたわけです。

そうした視点でみると、知性的なものの欠如した選手や個人というものは、年齢にかかわりなく、日常の社会生活のなかでの人間関係の持ち方にもどこか問題行動があるということなんですね。

大西　チームのなかでみんなと一緒に共同作業をするなかでできてくる知性でないと、本当ではないということなんでしょうね。

大竹　そういうのはおそらく国語教育あたりに原因があるんじゃないですか。七九年でしたか、『日本語』という、文部省の検定教科書ではない、谷川俊太郎や大岡信が中心になって出した本があって、面白いなと思いましたのは、まず最初に自分の名前を出して、次に泣いたりさえずったりいろいろな生きものがいる。しかし、言葉を使えるのは人だけであるというふうな展開なのです。

つまり、自分と自分以外の人間の関係をつくっていく一つの行動を支えるものとして言葉を考えているわけです。ですから、そこにはただ単なる伝達の道具ということだけではなくて、感情をあらわすことの意味とかいろいろな展開がされているのです。

イギリスの場合は作文教育、いわゆるエ

ッセーを書かせることがさかんです。なぜ作文を書かせるかというと、これはベーコン以来の伝統で"Writing makes an exact man."つまり、書くことによって非常に厳正なしっかりした判断をする人間になってゆく、という考え方ですね。

ケンブリッジの例を挙げますと、すでに第一次大戦後の頃からのことになりますが、毎週のスーパーヴィジョン（supervision日本のゼミナールに当たるが、学生の数ははるかに少ない）は、作文教育、いわゆるエッセーを書くことに尽きるのです。何をどのように表現するか。対象に対して自分はどのような意見を持ち、それをどのように表現するかの訓練を受けるわけです。それはまた、指導教員との討議と書くことを通しての自己表現の場でもあるように思います。

国文学・国語教育――われわれからすれば英文学・英語教育ですが――が特に重視されるようになったのは、ドクター・アーノルドを父に持つマシュー・アーノルドの果たした役割が大きかったと思います。彼は当時の社会に対する危機感から、貴族階級と拮抗する力を政治的にも経済的にも持ってきた功利重視の中産階級に、貴族階級が身につけていた教養をつけさせるように主張したのです。もし中産階級が知性を欠いた魅力のない精神と文化しか持たず、指導性を発揮できないとすれば、社会は無政府状態になる危険があるというのです。

第一次大戦の勃発により国民的使命感と

自負の育成が急務となって、文学を研究することで自国の伝統と国民意識を自覚させる。それまではオックスフォードにしろ、ケンブリッジにしろ古典重視ですから、国文学教授の座すらなかったものが、一種の大義名分を与えられることになった。

しかし、大戦が終わって、文化への信頼が不信へとゆらぎを見せると、今度は精神的不安の解消を目指す役割をになうことになるのです。このような背景があって、従来の趣味的な印象批評が真っ向から否定され、厳密な分析に基づいた科学的基準の重要性が説かれるようになるのです。

『文芸批評の原理』や『実践批評』を書いたI・A・リチャーズや、『スクルーティニー（吟味）』という批評誌を創刊したF・R・リーヴィスなどですが、リチャーズは『実践批評』のなかで、題名とそれを書いた詩人の名を伏せて学生たちに読ませ、その評価を書かせるという実験をして、判断がいかに先入観に左右され易いものかを明らかにしたのです。彼らが目指したのは、文学研究を通して豊かで識別力のある道徳的に真摯な感性をはぐくむことで、特にリーヴィスは教育を重視して、そのなかで今述べた感性を身につけた人間を育てることに望みをたくしたのです。その方法として、「綿密な読解」があり、その実践批評としてのエッセーなのです。

以上は大学でのことですが、高校では作文と並行してプレイシー（précis　要約）の訓練が行なわれています。最初は五〇〇語前後の文章を一〇〇語とか一五〇語にまとめるわけですが、ここでも「綿密な読解」が要求されることになります。筆者が何を主張しようとしているのか。その主張はパラグラフのどの文に簡潔に表現されているのか。その主張は次のパラグラフにどのようにつながって展開されているのか。ここで対象を理解することは自分をどう把握しているかの問題であることにもなります。自分のアンテナにかかってくるものが、必ずしも筆者の主張とは限らないわけで、違った波長をとらえることができなければ、相手はもう一人の自分にしか過ぎないわけです。

私が教えた学生たちに欠けているのは、このような訓練ではないかと感じることがしばしばです。解釈の違いを指摘しても、「それは見方の違いで、自分がこう解釈してもいいのではないか」と、いうのです。もちろん違った解釈はあっていいのですが、それがその文脈のなかに生きるものでなければ妥当なものとは言えない。文脈のなかに生きて初めて、それがコモン・センス（共有できる意味）になるわけで、カラスの勝手でしょでは困るのです。

知りあいのイギリス人によると、小学校、中学校でドラマの時間もあるそうで、自分の役割と他の役割の関係とか、裏方を含めた共同作業になるわけですから、ドラマを演じるということは、チーム・ゲームと同じような経験、共有できる体験を得られる機会を早いうちから持っていることになります。こういうことを考えあわせますと、われわれは何か大事なものを欠いた教育をしているのではないかという気がします。

イギリスの国語教育の基本は人間関係のつくり方ですね。これはゲームの考え方にも反映されていると思うのです。そういうところが、日本の国語教育では重視されていないというか、むしろ欠落しているように思えます。今のところは知識をただ注入するということで、生徒のもっているものを引き出す作文教育には至っていませんね。

それがすべてではありませんがまず最初は言葉を通してでなければ基本的な人間関係をつくっていくことができないと思うんです。

知情意の統合の場

大西　先にも話に出た宗教的なものをスポーツに持たせることは、知性的な、合理的な方から言うとおかしいですか。

伴　知情意とよく言われますね。科学的なものの考え方は、知の領域のみで成立する概念を、あまりにも一方的に方向づけてきた。科学的自然観と目的論的自然観とを問題にしたところで、カントの美と崇高について、道徳律の「汝なすべし」という当為について述べました。これは美的判断力と道徳的意志とに関する事柄でした。この情と意とはスポーツになくてはならぬものです。これなくしては成り立たない。ゲームはむしろ美的感覚と道徳的意志と理論的知性とが一つに溶け合って表現される力の場です。生きている根本の生きる力の場が、ゲームというかたちをとって現れてきているのがスポーツです。その場では息が切れるとか、息があがる乱れる、合わないとかよく言われますが、息を徹底的に鍛える場でもあります。息は生命そのものでもあり、自らの心ですから生きている根源からの力を意味します。息は禅において特に問題にされる。禅は息の哲学とさえ言われているほどです。チームワーク、生死、三昧、無我、平常心、これらはすべて息の問題です。これは知性の領域では処理しきれない事柄で、生きているということの根本の問題ですから、これはもう宗教の次元に属するのではないでしょうか。

そこからもう一つ、大試合を前にして、先生がいつか部員たちに話されたことですが、われわれはやるだけのことはやった。明日の勝利を全員が信じている。だが勝敗というものはその場の情況に応じてどちらに転ぶかわからない。非情にも勝者はどちらか一方である。しかも何百というチームのなかでただ一校のみが勝者たり得る。勝者だけに究極の価値を置けば救いがない。そこで自分の闘いぶりを「神よ照覧あれ」と祈って神の鏡に照らし、自分を映すしかない。そのときプレイを終えた自分自身に一つの満足感、充実感があれば心を安んじたことになる。安心立命の境地に立つことができる、と。そこに神の問題が出ているのではないかと思うのです。

大西　そういうふうにぼくも考えているんだけれども、そういう考え方をすると、ある人はそれを神秘主義ではないかと言う。ぼくは神秘的なところに感激がある、喜びがあるんだと言いたいんですよ。

伴　そういう感激とか喜びこそが、現実の人間を根本から生かしているのではないでしょうか。

大西　勝ち負けのことについては、勝っても負けてもどうでもいいとか、勝ち負けがまるで暴力をふるうみたいな考え方をしているから、勝負に対する考え方が全然ないですね。

結果とか効果というのがみんな価値観に見られますからね。子供たちが結果とか効果とか金という価値観におおわれて、何でもそういうものがなければやらないというのがいちばん困ると思うんです。金で代えられない価値をつかませようとすると、今スポーツしかないという感じがしてくるんです。

伴　人間が自分自身の本源に帰ることへのきっかけですね。あることを成就するということが行為ということの本当の意味ですが、その行為のプロセスにおいて、ミレーの「晩鐘」ではないが、人間が働き、休む、あるいは勝負が終わったあとの束の間の静けさが、何とも言い得ない感じで、ふと自分に連れ戻してくれる「時」を与えてくれますね。

そのとき、事の成就は自分一人の力では

なくて、お互いにみんなが力を合わせてやってきたおかげだ。それを可能にしてくれた世界や自然、あるいは伝統、無限の空間のつながり、無限の時間の流れ、そういった諸々のもののおかげで、自分が本当に愛するラグビーならラグビーができたという、そういうことへ心から感謝し得る自分へ連れ戻してくれる。そういう瞬間をどうやって持つことができるかということなんです。

ラグビー部ならラグビー部がその年の目標を立てて、それに向かって全身全霊を傾けて精進し、そして全スケジュールを終えたときに訪れる静寂が、人間を自らの本源に目覚めさせる非常に大切な瞬間になるんではないかと思うんです。あるときは呆然自失たる虚脱感と虚無感とに襲われ打ちひしがれることもある。またあるときは何もない白一色の歓喜にひたることもある。だがいずれにせよ、そこに深い愛への目覚めがあるならば、「時」が諸々の感情をあることへと昇華させていく、仲間同士の友情へと。そういうことは現在の学校教育のなかでは不足していますね。

大西　そういうものを成就したときにでも、満足感としては理論的な満足感と情緒的なものと実際的なものとがあると思いますが、本当はそういうものを全部総合したような満足感でなければいけないわけです。ところが今、われわれの教育のなかではだいたい理論的な満足感だけしかありませんね。子供たちも数学が解けたと喜んでいるのは理論的に満足しているわけです。それは情緒的に感動し、感激し、全身をもって満足感にひたりきる実感ではないから不満があるんです。

何かそういうものを本当にバッとくっつけて満足させるというのは、この間申し上げたけれど、頂上経験みたいなものだろうと思うんです。

榮　伴さんが目的を立ててそこに向かわせると言いましたけれど、頂上経験ということのその手前に感激ということがあると思うんです。学校とか教育というものは、本来そういう感激や感動を与えてくれる場だと思います。感激や感動は人間を生かす最も根源的なものでしょう。たとえばゲームを観に行っても音楽会や展覧会に行っても、出かけるときの自分と、帰ってきたときの自分が明らかに違うだろうという期待があるからこそ出かけていく。その期待を支えているのは感動です。ですから教育は、まず何か感激感動するようなことを与えていくところから始まると思うのです。

大西　それは私は協同作業だと思う。だからぼくがチームを重視するのはそこなんです。ある一つの目標に向かって協同してやっていくなかで、人間の精神が発達していくという考え方です。人間の感激というのは、みんなが一緒に何かの目的に向かってやっていく場合に、みんなの心に打たれるというか、そういうものが人間の精神を進めていく。

これがいい、これが悪いという吟味する力というか、精神というのは、あるものをよく知ってそれを吟味する思考の働きだと思うんです。この場合の思考の働きはスピリットとはちょっと違うと思います。スピリットはものの神髄という意味ですから、この場合はマインドがそれに当たると思います。それはこういうものだと知って、それをもう一度吟味する力、そのなかに感激が湧いてくるのではないかと思うんです。

榮　子供の場合には全力でやれるものが非常に大きな意味があると思いますが、ところが今の学校というところは、スポーツにしろ遊びにしろ、子供には全力でやらせてくれない。

大西　全力でやれるものは何だというと、危険のあるものなんです。安全教育というのは最も下劣な教育だと思う。

子供がいちばん真剣になり、全力でやれるというのは危険が伴うものですね、そして危険を危険でないように与えるのがスポーツだと思うんです。全身を打ち込めるものというのは、危険の問題とも関係があると思います。危なかったら、全身を打ち込まないとやられますからね。

榮　イギリスのスポーツのなかには危険を伴う要素が非常にあるように感じるんですが。

大西　冒険をある面では向こうの人は尊びますね。あの精神がまさにそうだと思います。

榮　子供が危険なものに興味をもって取り組んでいるときには真剣そのものですね。全智全能をふりしぼって驚くほどの能力を発揮してきます。そういうときには、子供ながら、その存在が何かいい知れぬ輝きを発しているようにさえ感じられます。

大西　実際そういうときには宗教的でさえありますね。

技術の向上と人間──修行

大西　技術の向上性について、人間というのは一つずつ伸びていくという考え方を私は持っていて、スポーツのなかに技術を取り入れることを重要視するのだけれども、今のスポーツの考え方は、技術なんていうものは要らない、要するに一生楽しんで誰でもやれるようなスポーツが本当のスポーツだ、というからぼくはしゃくにさわってね。

榮　技術の問題は、今修行の問題と合わせておっしゃっておられましたが、その場合、それは団体競技とか個人競技にかかわらずと考えてよいですか。

大西　そう思います。やっている人間は、団体とか個人ということなしに、そこまで到達していくのではないですか。ただ私が先ほど申し上げたのは、団体競技の方が、人間と人間とのヒューマンリレーションのなかで人間が練られて、そしてその精神が進んでいくことは確かだということです。

伴　スポーツそのもののなかから、スポーツの哲学を打ち出さなくてはならないとすれば、技術そのものが開いてくる知というものがあるわけです。これは身体を通した経験ということでも言われていますが、身体から開けてくる一つの思想なり世界なりを表現していくのが、スポーツのなかから一つの思想を打ち出す唯一の行き方だと思うんです。スポーツマンは幾多の障害にぶつかり、それを乗り越えて一つのことを全うしていく、そういう過程のなかで、本当の知が成り立つ全体の場というものをつかんでくるのではないかと思います。

ハイデッガーという哲学者は、「道具の本質は単に役に立つものというだけではなく、そのもう一つ底に、頼りになるということがある、それが道具の本質である」と言っています。そこには、たとえば道具として靴なら靴を履いている生きた人間の実感が息づいている。ハイデッガーはゴッホの百姓靴を取り上げて、従来の哲学理論とか概念規定なしに靴そのものを直接理解することに迫ってまいります。

ヴァン・ゴッホは履き古された一足の百姓靴を、何の背景もなく、ただ百姓靴だけを描いています。その百姓靴のなかから百姓の一生とか生死とか吉凶禍福とか、運命とか、そういう諸々のものを人間は感じ取ることができます。そしてその百姓靴を履いて大地を踏みしめて、百姓が生き抜いてきた世界と大地とを百姓靴のなかに感じ取ることができると言っています。

実際に一つの仕事を通して、豊穣の喜びを得ることもあるだろうし、凶作に泣くこともあるだろうし、そういうなかから感じ取られるものが道具のなかにこめられていると言うのです。

学院（早稲田大学高等学院）のラグビー部員も、普段の練習時にはスパイクをぞんざいに扱っています。ところがいよいよ決戦に備えて合宿に入りますと、試合の前夜にスパイクに向かって頼むぞと祈りをこめています。十七、八歳の少年が、単に役立つということではなくて、頼むぞと祈りをこめてスパイクの手入れをし、労《ねぎら》っている。そのときの物と人間との感情のやりとりは、身体を通して全身全霊を打ち込んで何かを成就しようとする心根からしか出てこないのではないかと思うのです。そういうものが失われていくのが現代ではないか。

もう一つ、知識というだけならば本を読んでも得られますが、身に覚えない知識は身につかないもので、部なら部で、部員たちは、自分の行動が全体にかかわったときに自分自身の役割と責任とを常に目覚めさせられる。しかも自分を全体のなかに埋没してしまえば駄目ですから、自分の個性をあくまで発揮しながら、全体において責任を果たす、そういう情況に置かれていると思うのです。

先生はよく、人間的に劣った者は、いくら素晴らしいプレイをしても、スポーツマンとは認められない、たとえその人物が見事なプレイをしたとしても、全体における自らの責任を感じないやつは、人間として駄目なんだと言われました。そういうところの人間的なものを実感として感じさせ、つかませる場、それがスポーツの教育の教育たる所以ではないか。そこには当然、宗教的なものがなくてはならないと思います。修行などと相通じる面がありますね、心技体ということで。

大西　ぼくらの方ではアセティックという言葉があるんです。修行的という言葉です。トップクラスの人はあんなきついことをやっている、というときに、まさに修行的だと言うんです。その方面の一つの分野があるんじゃないかということを最近さかんに言っているわけなんですが、ぼくも前からそれを感じているわけです。アスリート（競技者）というのはまさに修行者だから。ところがアスレチックというのは日本に入ってきたときに競技と訳すだけで、禁欲的なものがあって修行なんだ、ということをあまり言わなかったですね。

伴　職人の人格を認めるときに職人の腕というものをわれわれは評価します。技術を通して作品の気品とか品性とかを出し得る職人は、やはり品性的に優れた人間であるわけです。そういう技術が開く人間の品性という人格性が育つ世界が、科学技術の時代である現代においては破壊されてきているのではないでしょうか。

しかし一切が機械化されていくなかでオートメーションによっても代わり得ない世界が残されている。それが自己目的的と称せられた人間の遊びの世界だと思うんです。

大西　今までは、スポーツというのは自己目的的な行動である、だからそれをやっていれば人間は自己目的的な行動をするようになるんだと考えがちだったと思います。しかし、自己目的的な行動は非常に重要な行動だし歓喜の根源ですけれど、それは自分で開拓してやっていかないとつかめないものだ、自己目的というだけでは主体性がどこかへ消えてしまう。目的的行動が自己目的的行動へ転換される局面に立ったときに、初めて本当の楽しみが加わるんだというこことについての考え方がちょっと足りなかったような気がするんです。

伴　その主体性ということに関してちょっと気になることがあるんです。それはレフェリーのことなんですが、選手は自己目的的な行動として練習に励み、自己のベストを尽くして闘っているのに、レフェリーのミスジャッジに泣かされるということが時にあるんです。しかもそれが、雌雄を決するようなビッグゲームのときには、持っていきどころのない選手の忿懣に往生することがあります。大人はまだしも、正義感の塊みたいな高校生の場合なんかは、対処が難しいと思うんですが。

大竹　ときどきラグビーのゲームをテレビで見るんですが、たとえばスクラムでカメラの位置からは当然反則であることをとらえているけれども、レフェリーが向こう側にいて見えない。そうするとテレビで見ているものはあれは反則だと思うわけです。そういうところがレフェリーには見えない。そういう点ではテレビというのはどうもよろしくないんじゃないか（笑）。

つまり、人間ですから見えないところが

ある。ラグビーというゲームはそれを見越して、レフェリーに絶対の権利を与えている。テレビはそれを崩してしまう。そこのところがちぐはぐな感じがしまして、どういうふうに考えたらいいのか。

榮　そこには視聴者の問題があるように思いますね。外国なんかはどうしているのかよくわからないんですが、日本では解説者というものがよく出てきますね。たいてい非常に高い専門的知識を持っている人たちですが、そういう人たちの意識の問題が非常に大きい。

あれは反則でしたというようなことを解説するわけです。しかしそこでもう一つ超えて、これは見えないんだ、しかしその見えないところを判断するところに人間の意味があるんだと、そういうとらえ方はしない。

実はサッカーでも、ものすごく大きな問題があったんです。それは明らかにレフェリーの全く初歩的な、弁解しようのないミスだったんですね。しかもその判定が日本リーグの優勝を決めてしまった。解説者はうまく説明したのですが、どう見ても単なる解説では処理できない後味の悪いミスジャッジでした。そうしたときに解説している者の力量に問題がないかなという気もするんです。一億総批評家という言葉がありますが、解説者が視聴者を育てている部分がずいぶんあるように思いますね。

大竹　そういう意味では観客の見る態度も問題になってきますね。

大西　観衆に自分たちの見る基準というものができあがってこないと困るね。日本ではまだその点は無理なんです。

伴　競技者そのもののモラルとか、競技者のあるべき姿というものはできているのですが、観衆の場合はまだまだこれからですね。

しかしそれをどうやってつくったらいいかというのは難しいですね。

大西　それはやっぱり、もう百年かかるのではないですか。

榮　最終的にはやっぱり、当の競技者のそういうことが起きたときの態度のとり方によっても、観衆が育てられる部分が相当にあるのではないかと思うんです。

それを非常に感じましたのは、その試合で残り時間もなく、明らかに得点して試合は決まったと思った。ところが得点でないと判定された。しかしそのときのそのプレイヤーの態度がよかった。日系人なんですが、一瞬つめ寄りましたが判定が変わらないとみると審判を責めることも抗議することもせずに、終わった相手とさわやかに握手して、もうゲームは終わったという態度で、すべてを悟ったようにコートを去っていったんですね。観衆は騒然としますし、相手チームも何となく心から喜んでいるようには見えませんでしたが、当の選手のさわやかさが混乱のなかの救いでした。

その選手の態度を見ていたときに、その選手が最後まで勝敗へのこだわりを捨てないでいるのと、納得してゲームはそれで終わったという態度をとれるのとでは、観客に与えるものはものすごく違うなと感じたんです。やはり競技していくものの責任と、それを指導していくものの責任が大きいのではないかと、そのとき痛感しました。

大竹　そういうところにプレイヤーの品位が出てくる。

伴　ミスジャッジの問題は、選手にとっては大変な試練の場となるのですが、笛を吹いたレフェリーにとっても、それ以上に大変なことのようですね。その試合を最後に二度と笛を口にしないレフェリーもいるということですから。

榮　高校生などの試合でそういうことに出会うと指導は大変でしょうね。そういう経験がおありでしょうか。

伴　勝敗を分ける決定的な瞬間にミスジャッジされたことがあります。そのときなぜレフェリーに抗議できないのか、明らかにレフェリーのミスなのに、なぜ正しい事が主張できないのか、と生徒が泣きじゃくりながら言ってきたことがあります。そのときは、われわれはラガーマンだ、いさぎよく黙ってレフェリーの裁定に従おう、と言うのが精一杯でした。その後時間がたってこの問題を話し合ったことがあります。

問題は自分の目で自分の背中さえも見ることのできない有限な存在の人間同士がやっていることだということです。だから目で見て正しいと思うことはいまだ真理ではない。目で見て正しいと思うことを各自が主張したらいったいどうなるか。相対と相対とのぶつかり合いで収拾がつかないものになってしまう。そこでレフェリーを絶対だと前提して私たちは試合に臨んでいる。それを否定したらラグビーがラグビーでなくなってしまう。

ではなぜレフェリーを絶対だと認めるのかというと、自分たちの愛するラグビーのゲームが可能であるための条件だからであり、それを認めなければ、自分たちの愛するラグビーの世界が滅んでしまうからです。ラグビーを愛するが故に、その愛の故にたとえ自分にとって不合理で非情なことであっても、それに黙って従うことができるのです。目で見て正しいと思うことはいまだ真理ではなく、それを超えて、それ以上にもう一つ深い愛に目覚めたところから事柄を判断するときに、初めてそれが真理として成り立ってくるのだということを悟るわけですね。

このことは教えてもわかるものではなく、身につまされないとわからない、愛は身につまされないとわからないものです。そのような愛というものに目覚めさせるにふさわしい場として、学生スポーツがあると思うのです。

価値の多様化と共通性

大西　ぼくは、クラブでつき合っているうちに、何か共通のモラルのような、しかも快いもの……、そういうものが外の社会とはちょっと違うのではないかと思うんですよ。それが大きな魅力なのではないか。そこへ行くと安心して、ひたっていられる……。

伴　そのクラブが利害なしで人と人とが純粋に会うことのできる空間、時間をもっているということでしょうね。

大西　だからああいうクラブは、何か現実的な働きをするときに、全部の総意であることはいいけれども、個人的に何かやり出したらつぶれるんですよ。

大竹　それがフェアであることになる。

大西　フェアの倫理というか不文律というか、そういうものがやはりそこにある。それに合う連中が集まってくるし、それが非常にいいものであれば集まってくる。不純なものであれば分裂するということでしょうね。

伴　前に、ヨーロッパのものには絶対性があり、プリンシプルがあるという話が出ましたが、しかもその絶村性は理性的なものですからはっきりしています。前にカントを挙げました。死刑の威嚇をもって偽証を迫られている証人の話です。ところがそれはもう一つ感じが違うと言われた。もっと義理人情的なものではないかと。それは感覚のなかにある理のようなものですから、どこかぼやーっとしていますが、日本人はそういうものをどこかに持っていますね。それが問わず語りのうちに、友情とか慈悲とかいろいろなかたちでいつの間にかできていたということでしょう。

大西　最近の若い連中がモラルとして持つ

のは、そういう直観的経験というふうなものらしいですね。決して合理的に話を進めていって良い悪いという、法律のジャストの考え方ではない。ジャストを盾に教師が子供を導こうとしても、子供たちは全然いうことをきかない。不文律があってそれがそこのメンバーを律している場合、何かそこにいると安定感がある、そういうものがクラブのなかにあるときにクラブはうまくいくのではないか。

伴　理性と感覚とを分けて、理性を基礎においてー切を処理していくのは無理があるようですね。理性より感覚の方が深い。存在の根源につながっているところがある。

大竹　エリオットが面白いことを言っています。彼によればイギリス十六世紀の詩人たちは思想を直接的感覚的に理解できた。ところが十七世紀になって清教徒革命で感受性の分離が起こり、その元兇はミルトンだというのです。もっともこの見解は間違いで、実際に分離が起こったにしても原因は複雑で、自分の説明は説得力に欠けると訂正されるのですが、考えるということのなかには感覚は入らないものなのですか。

伴　客観的に合理的なものが真理の名にふさわしいという考えが学問一般に通用してきますと、感覚は理性の素材になって、理性に隷属したものになります。従って感覚の領域が非常に浅く平板なものになって、日本人好みの直観とか勘とかいうものは排除されてしまいます。

学問の世界では純粋な感覚の世界は失わ

れています。それを保持しているのは芸術家や職人の世界でしょう。よく言われることですが、いつから詩人の語る言葉が真理ではなくなったのかと。

ところであらゆる分野において、価値観が多様化しています。そのときにそれを一つのもので統一しようとする方向と、それぞれに独立したものとして認めて、その上で相互に通じ合う共通のものを求める方向があるのですが……。

大西　その人の生活がどういうものであったかという、その生活のタイプによって、その概念は違ってくる。認識の仕方が違っていると評価の仕方も違ってくる。そうすると価値観がまた異なる。現在のように多様化してきたら、あるものをある一つの概念によって一つに決めること自体が困難ではないか。

伴　そこで愛するということ、愛が根本になってきます。価値観は違って意味規定は違うけれども、各自の愛するということを掘り下げたとき、そこでお互いの心が通い合うようなものが出てこないか。コミュニケーションの成り立つ場が開けてくるのではないか。

榮　それはいつも求められているのでしょうね。そして、いつもそういうものがない。

伴　やっぱりアマチュアリズムは大切なことなのですよ。早稲田のラグビーも非現実だから、それが純粋に保たれると先生は言われますが……。

大西　ある一つのもののなかに共通なもの

があるという、それは確かに、ぼくはアマチュアリズムの考え方だと思うのです。たとえば大臣がやってきても、大臣さまさまではなくて、ここでは俺お前の仲だという、そういう共通の精神があってお互いの心が通じ合う。

伴　早稲田のラグビーの遺産というものを見られるとき、先生はそういう心でみつめ、これを受け継いで若い者に伝えたい。そういうことが、根本にあるのですね。

大西　人間の尊厳と人間の尊厳とが、俺とお前という、最も素朴な愛情、友情みたいなもの、そのままでずっと行ける、そういうものであってほしいですね。

榮　継承、緊張、創造、ということ、それは歴史を振り返ってみたらそうであったと、それを実感としてそうだとお感じになったのはいつ頃からですか。

大西　自分が監督をやってからですね。継承の責任を負ってからです。継承の責任を持つとどうしてもいろいろ考えざるを得ない。それは戦後、（昭和）二十五年に初めて監督になったときからです。そのときに『早稲田ラグビーの精神』ということを書いているのですが、あれがいちばん初めの純粋な気持ちではないかと思う。

榮　言葉としてそれを言われたのはいつ頃ですか。

大西　『早稲田ラグビー六十年史』という本の出たときですから、十年ほど前ですね。

伴　そうすると歴史から何を遺産としてくみとるかというのは、その人の人間に対する理解、洞察、自覚の深さというものにかかわってきますね。

大西 そうでしょうね。それは責任感というものになるのかもしれない。

伴 その責任感はどこから出てくるのですか。

大西 それは使命だと思う。そういう言い方するとちょっと古いけれどね。

伴 「信は力なり」ということを先生ご自身の信条になさったのはいつ頃からですか。

大西 あれはやはり戦争から帰ってきて、監督になった頃でしょうね。あれはヒトラーの『マイン・カンプ』(わが闘争)の初めの言葉です。「行動は使命の感より発する」という言葉が初めにあって、そして「信は力なり」と。しかしこれは面白いものですね。真理の探究というようなことの初めは疑いから始まる、しかし疑いはものを決して終結させない。信が業績をつくりあげていく。これが面白い。しかし信じ過ぎると、今度は全然前進がなくなる。

フェアプレイの精神

八つの質問

伴　これまで「スポーツ教育論」ということについて先生からいろいろお話をお伺いしまして、いろいろなことを教えられました。ぼくも学生時代から禅の思想にいちばん惹かれて、老師について参究してまいりました。先日先生のお話を伺いまして、禅学者が「無」とか「無功徳」とか「身心脱落・脱落身心」という言葉を非常に難解なものにしているのを、こんなにもやさしく表現できるものかと驚きました。どういうところでそういうことを感じたかは、折にふれて述べたいと思っています。そこで今回は前回の話のなかでこれだけのことはお聞きしておきたいと思う点を、八つの質問事項にまとめてきました。

（一）　社会の急激な変化に伴う価値の変化の最大のものは何か。

（二）　日本ではスポーツの遊戯性のみが何故に強調されてきたのか。

（三）　スポーツの持つ遊戯性と闘争性と技術性との三つの機能をバラバラに放っておくと、とんでもない方向にいってしまうということですが、それはどういうことか。

（四）遊戯性と闘争性と技術性とを何によって統一するのか。
（五）スポーツの指導理念をどのようにしたら他者に伝えられるか。
（六）勝負に勝ったり負けたりしても、そこに何か一つのものがないと満足できないということですが、「何か一つのもの」とはどういうものか。
（七）スポーツマンは人間の価値というものを何もないなかからでもつかめるという実感を得ていく、とはどういう意味か。
（八）スポーツは民主社会の基礎だと言われるのは、スポーツを通して社会生活、クラブ生活を行なうなかで、ある共通の精神に基づいて行動するからだ、ということですが、ある共通の精神とは何か。

――この質問を順序立てて、一つ一つお聞きしていきたいと思います。

社会の変化と価値観の変動

榮　まず（一）の問題ですが、社会の急激な変化に人間が追いついていけない、それが現在の教育のいちばんの問題点である。その価値変化でいちばん問題なのは何でしょうか。

大西　日本の教育の問題として考えるならば、価値の変化の大きなものが二つあると思います。一つは、人間に対する見方というか、人間を軽視するか、尊重するか。あるいは人間の命を軽視するか、尊重するか、人間尊重という問題があると思う。

戦前を考えてみると、人間軽視、国家や天皇のために身は鴻毛よりも軽いんだ、生命なんか問題ではないんだという考え方でしたね。それが戦争が終わると一転して、今度は人間尊重だという考え方に一気に変わってしまった。逆転したような考え方です。

もう一つは、国家とか天皇が最も重要で、われわれ庶民というものは政治の主体でも主権者でも何でもない。ところが国家主義とか、全体主義という考え方が、戦後は民主主義という考えに変わって、個人の基本的人権を中心にした民主主義という価値に転化される。

この二つは、戦後の変わり方においていちばん大きい価値の変化ではないかと思います。それによってすっかり教育の問題が逆転してしまって、現在までその問題がつきまとっているのではないか。臨教審など教育の問題がいろいろ言われておりますが、たとえばいじめの問題などにしても、価値観が大きく正反対に逆転してしまったから、現在の問題がそこに起こっているのではないかと感じられます。

榮　しかしこれは大変な問題ですね。戦前の教育のなかで、人間性の軽視ということは国家主義と結びついていくと思うのですが、明治以来そうだったのでしょうか。

大西　そうですね、欽定憲法が定められてから、君臣という考え方が決まってしまった。君のためには臣は生命を賭してやるんだ。葉隠と同じで、領主に対する武士の態度、忠は死ぬことだという一つの考え方が、ずっと封建時代からきて、ちょうど明治維新という一つの革命でどっと変わればよかったのですが、そのときに伊藤博文がドイツから欽定憲法を持ってきた。天皇は神聖にして侵すべからずという一条を置いて、ことごとに欽定憲法の下に君臣を中心に考えてきた。封建社会の考え方がそのままずっと日本に最近まで残ったと思いますね。

この考え方は、戦争に負けるまで変わらないのではないか。たとえば戦後、吉田茂も、臣茂と議会で言っていますね。民主主義の考え方が入ってきてもなおかつそういうものが厳然と残っている。

榮　その価値の逆転のなかでいちばん根本的なものは、絶対的なものがなくなった。これは日本の問題であると同時に、近代の問題だと考えていいわけですね。絶対者の喪失。

大西　ニーチェが出てくる前のドイツの状態と同じことが、戦後に起こったのではないかと思いますね。

伴　ニヒリズムの問題ですね。これは思想的にも世界的な現象で、まず各国の国家主義というものが第二次世界大戦を通じて壊滅します。国家を支えていた理念、人間を支えていた理性に対して不信の念を抱き始める。神も姿を消す。それに代わるものが発見されないままに人間の心はますます虚無化していく。そのなかで指導理念を担わなければいけない哲学者たちが、マルキスト以外はほとんどギブアップしますね。さらに指導理念を唱えること自体に罪悪感を抱く時代になってきますから、各哲学者はかつての絶対的理念を説く態度を断念いたします。そうすることが自らの自己に誠実であると。

カミュの『ペスト』なども、ペストという疫病がはやったときに患者に献身的に治療に当たる医師をめぐるいろいろな条件を主題にした有名な作品ですが、身の安全のためにその場から逃れることもできるわけですが、医者はそれをしないで全力を尽くして患者のために働く。友人が、「確かにあなたは人類の救済のために働いていられるのです」と言うと、その医師は「僕はそんな大それたことは考えていません。ただ病める者がいるからそれを健康にするために働いているだけです」と答えるのです。このような謙虚な態度が好ましい人間像として評価される。与えられた人生を謙虚に受け止めて、それに堪えていこうとする人間の生き方が新しい人間像として浮かび上がってくる。

日本でも田辺元という哲学者がいますが、その人の評価を決定づけた主著とも言える『懺悔道としての哲学』の序のところでこう述べています。

「苟も哲學を學び思想を以て國に報ずべき身である以上は、縦令現在の政府の忌諱に觸るゝも、なお國家の思想學問に関する政策に對しては直言以て政府を反省せしむべきではないか、今一日の猶豫を許さない危急の時に際し、國政の釐革に関して苟も言ふべきものあるならば、ただ沈黙するのは國家に對する不忠實ではないか、という念慮と、他方に於ては、平時ならば當然なる斯かる行動も、戰時戰前に國內思想の分裂を暴露する恐れある以上は、許さるるべきではないといふ自制との間に挾まれて、何れにも決することができない苦しみであった。而して此板挾みの境地にあつて更に私の強く惱まされたのは、此程度の困難を迷ふ所なく處理することができないやうでは、私は哲學に從事する資格はない。況や哲學教師として人を導くことなど思も寄らない、當に私は哲學を廢し哲學教師を辭任すべきではないか、という疑であつた。私は此樣な幾重にも重なる內外の苦に惱まされ日を過し、其極私は最早氣根が盡き果てる思をなし、哲學の如き高い仕事は、天稟の卑い私のやうな者の爲すべき所ではない、といふ絶望に陷らざるを得なかつた。然るに何といふ不可思議であろうか。此絶體絶命の境地に落込んで自らを放棄した私の懺悔は、意外にも私を向け變へ、今や他を導き他を正すなどといふ事は全く私にとつて問題とはならぬ、自己の正しき行動さへも自由に任せぬ私なのであるから、私は先づ飽くまで懺悔して素直に私自身を直視し、外一切に向ふ眼を內に轉じて、自己の無力不自由を徹底的に見極めよう。これこそ今までの哲學に代る私の仕事ではないか、という新しき決意に達せしめたのである。最早哲學する能力も資格もない私であるから、それが哲學であるかどうかは問題ではない、たゞ當面爲すべく私に課せられた思想的仕事である以上は、私の力の許す限りそれをしようといふ決心が、却てそこに哲學ならぬ哲學を懺悔の自覺として私に課するに至つたのである。」と。

ニュアンスの違いこそあれ、カミュの『ペスト』と相通ずるところがあると思います。

結局、戦後はドイツ観念論のように、人類全体の方向を指し示すような世界理念を説く基盤が、人間自身の内部で崩壊してしまったということではないでしょうか。

大西　戦後そのときに出てきたのがアメリカのプラグマティズムだと思うんです。ある一つのものをとらえてそれを吟味し組織して、それを論理的にある方向に向かって基礎づけていった、あの科学の方法というものが、一つの確実な探究の方法としてできあがった。実証主義ですね。それを人間の行動に適応していったら、人間もそういうふうにできるのではないかと考えたのが、プラグマティズム、行動主義の考え方だと思いますね。それにアメリカ人が共鳴して、アメリカ人のあの行動力でやっていった。ところがその行き方には世界がついてこない。アメリカの悩みはそこにあるのではないか。ぼくがプラグマティズムに大変共鳴を持つというのは、結局行《ぎょう》なんですね。行ということに関連を持った人間の行動を通じて人間はつくりあげられていく。そのやり方を、今まで科学がやってきた実証主義の方法で行なってみたらどうだということです。

できれば、それを行としてのスポーツの行動のなかに入れて、スポーツマンの目標とする正しい行動を行なうというなかにその方法を入れていきたいというのが、ぼくのスポーツの教育的な考え方なのです。

スポーツ教育の現状

伴　ここで、現実に起こっている教育のさまざまな問題に触れていきたいと思います。

榮　時代や社会のひずみや矛盾が最も大きく現れるのは、その社会の最も弱い部分ですね。戦争という狂気のなかでいちばん悲惨な思いをするのもこの部分ですし、社会の混乱のあおりを最も受け易いのも、この部分すなわち女・子供です。ですから指導理念の欠如の問題も、教育問題として、子供と母親との関係のなかに最も顕著に現れてきているように思えます。

伴　榮君は、この二十年間、幼児から小・中学生、高校生、そして全日本クラスまで直接スポーツの指導にかかわってこられていますが、最近、教育の問題で強く感じられる問題は何ですか。

榮　狭い意味での教育、つまり学校教育に限定してみますと、管理教育の行き過ぎと、暴力の問題です。

管理教育という点では、スポーツ的な行動の抑制ですね。子供の本来というのは、活発な身体活動にあるはずですが、とにかく学校内で走るな、ボールを投げるな蹴るな、というあまりの禁止事項の多さですね。しかもそうした規制は学校内だけに留まらずに、時に帰宅後の校外での生活にまで及んでいます。自転車で学区域を出るな、学区域外へ出るときは制服を着用せよ等々、髪形・長さ等についてはもちろんのこと、着るもの、身につけるもの等にまで及んでいます。

そうした子供たちを何も注文をつけずに合宿などに連れていくと、必ず持ってくるものが、マンガ本と一人用のゲーム器です。これらを交互に貸し借りして車中を過ごしたり、宿舎で遊ぶのですね。異様な光景です。つまり遊びといっても友達と遊ぶのではなく、全くの一人遊びを繰り広げていく。せいぜい遊んでも同学年の子供たち同士。友情などということにはほど遠い状態です。けれども、それらの携帯を禁じて、部屋も幼児から中学生ぐらいまでをタテ割にして生活をさせてみると、結構、工夫をして遊んでいますし、また、頼りなさそうな上級生でもそれなりに下級生の面倒を一生懸命みるようになってくるんです。

日常の学校教育のなかで、全力で何かに取り組ませることをせずに表面的な危険のない安全教育をやらされているなかでは、子供の自主性や創造性、特に集団で何かをつくりあげていく能力が著しく落ちているように思います。チームゲームをやらせてみると、友情とか信頼とか愛などという深い人間性を育てていないという欠陥が、実に鮮やかに出てきます。しかも彼らの全力投球できないエネルギーはどこかで吐き出さずにはいられない状態にまで鬱屈したままにたまっていますから、いったん吹き出たときは厄介です。いじめや暴力に簡単に走っていきます。

大竹　暴力というのは校内暴力ということですか、今問題の。

榮　それだけではないですね。家庭内暴力も校内暴力も質的には違うように見えながら、やはり根は同じもののように思います。さらに問題なのは一部教師の生徒に対する暴力です。

管理の問題は深いところで暴力の問題と結びついていると思います。子供の個々の人格を認めず、自主性や自律性、創造性を育てることをせずに集団として管理しようとすれば、不満はいつもつかまえどころのないガスのようにたまっています。解決の出口のないようなこうした構図のなかで、指導に立つ教師はいらだち、不満をもった子供たちはむかつくわけです。暴力の芽は確実に育っているという感じです。特に体育の教師が、中学校などで生活指導という名の公式のお墨付をもらったときには、学校という権威のもとにたいていのことは許されてしまう。まるで人権無視みたいな無茶苦茶な体罰が平然と行なわれる様は、時に恐怖を感じさせるものがありますね。

大西　結局、愛するということがわからないんでしょうな。体育の教師は個人競技の出身が多い上に軟派でないんだな。恋、愛情なんてことがわからないんだ。愛情という非合理なものを、合理的にルールというようなもので割り切ってしまうから、子供の扱いが義務的になってしまっているんですね。

大竹　家庭内暴力の問題はどうですか。

榮　都市化現象からくる社会的な基礎集団の崩壊ということとつながると思うのですが、まず核家族化の現象と地域社会の崩壊ということでしょうね。つまり共同体が共同体の働きをしなくなってしまったわけですね。昔は家父長のにらみがきいていたり、地域社会にはそこに住む人たちが暗黙のうちに了解していた規範があったわけですね。これはもはや崩れて無い。すると母親たちは何を頼りに子育てをしていっていいかわからなくなってきている。拠って立つ原理原則（プリンシプル）がない時代なんだと痛感します。社会的に調和できず、学校でも満たされず、時に心痛んで帰ってくる子供にどう対処したらよいかわからないんです。

昔は、問題な子供を抱えた親が学校の先生に相談するといったことがよくありましたが、私は、今はむしろ、先生と十分な信頼関係ができていない限り、それを安易にするなと言っているんです。

昔は家庭や学校というものは、世間一般とは別の、家庭や学校独自の論理をもっていましたから、たとえどんなに世間がその生徒を白い目で見ても学校のなかでは守ってくれましたし、またそういう先生がいましたね。今は、守ってくれるどころか、下手にしゃべると学校で発表されたり、こんなひどい親だからこんな子供ができるので、教える方はたまったものではないという弁解の材料にされかねない。家庭も同様です。子に対する親の心、そして夫婦の情愛というものに裏うちされた家族の論理は、外なる公の社会正義という社会の論理とは異なっていたわけです。だからこそ基礎集団たり得たわけです。

私が指導しているクラブは週に一・二回しか練習日は持てないんですが、このクラブにきてやっと子供が救われたというようなケースにしばしばぶつかることがありますね。

しかし一般的には、大西先生のようにスポーツを考える方は皆無でしょうね。

伴　近代の科学的合理的な知性というものがあまりにも脚光を浴びてきて、それのみに頼って諸々の問題を解決してきたのですが、そういった行き方が挫折してきているのではないか。学校教育のなかでも、合理的なものを教えてそれを覚え込ませればそれが一つの教養なり自己形成になると思ってやってきたわけです。ところがそれがうまくいかず、非行の問題、いじめの問題、暴力の問題が起こっている。この問題をどう解決したらいいかということは、まだ暗中模索でしょう。

そういう面で文化部門や体育部門の部活動を見直すべきではないか。人間が本当に自分自身を知るという自己知の方向と、全身全霊を打ち込んで初めて何事かを感じ得る喜びと感動を与える方向とをかねそなえた教育の現場は、学校教育のなかでも芸術とスポーツの分野ではないでしょうか。

そこで次に榮君にお聞きしたいのですが、一般の教師の間にはスポーツに対してかなり厳しい批判や否定論があると思うのですが、その点はいかがですか。

榮　平等という思想がありますね。これが特に戦後のスポーツのなかに観念的に大変強い力をもって持ち込まれてきていると思うんです。

たとえば、運動会での徒競走では、勝つ者はいつも勝つ。ビリを走る者は一年生から六年生までずっとビリだ。こんなひどいことはないではないか。そこで、誰でも走って面白いようにしようじゃないかという考え方が出てくるわけです。

それから、たとえば昔の九人制のバレーボールの時代、ある高等学校の先生が調べてみたら、一ゲームのなかで一回もボールに触れなかった者がいる。これではスポーツの楽しみと言いながら、むしろ差別を生むものである。そのように差別を生むスポーツは人間的なものではないという考え方が出てくるわけです。

スポーツは確かに文化で、人間の生活を豊かにして、仲間意識を高めるものだと言いながら、実際に行なわれているのは、特定の人のためのものである、と。ダーウィニズムと近代スポーツとがくっついているという批判ですね。

大西　自然淘汰の。

榮　はい。そういう考えが一方にあって、平等でないものは何が何でもけしからん、という非常に強い反論があるわけです。

大西　ぼくは、体育指導者にはそれが当たり前だと思うんですよ。後で申し上げますが、現在の変化に伴った勝負というものを全然考えてこなかった。エミールが言っているように、つまり、初心に帰れといいますか、原始に帰れということで、要するに、世の中が変化するときにはかえって悪くなるから、原始に帰れというわけですが、それをうまく利用して、オリンピック種目でも原始種目が残されてきたんですね。

ぼくに言わせれば、人間の興味が変わってきたら、もっと社会にマッチするものに変わらないといけなかった。たとえばいろいろなスポーツが起こってきたときに、団体スポーツだけでももっと変化していかなければいけなかったのです。そういう点で、体育指導者は自分たちの範囲だけで、ほかの考え方を全然持たなかったということでしょうね。だから平等の思想が上ってきたら、それについてよく考えて、マッチしたものをつくっていかなければならなかったのに、それを行なわなかったというところに非常に大きな問題があるんじゃないですか。そんな気がしますね。

大竹　その平等というのは、能力の平等ということになるんですか。

榮　機会の平等です。

伴　能力をうんぬんする前に、人間存在として社会的に平等であるべきだという考え方がまず前提にあるのだと思う。

大竹　ええ、それはわかる。たとえば人権は平等であるとかというのは確かにそうだと思うのです。しかし、その一人一人の人間が持っている能力のようなものは、全部平等ではないと思うんですよ。

榮　そこで、さっき出たプレイとゲームの問題が出てくるんです。楽しくなければいけないんじゃないか。だから、みんなが楽しめないものをスポーツと言うとすれば、それは特定の人たちのものになる。

ルールの問題などもあるわけです。たとえば公式ルールの変更ということがよくスポーツではなされますね。そのときどういうレベルで変更されていくかというと、いつもトップレベルに合わせて変更されるというんですね。勝ち負けを争っているいちばん高いところで問題にされているから、ますます能力の高いものにのみ合わせていくという考え方です。バレーボールにしてもなんにしてもそうです。低いものに合わせるという考えはない。

そういう意味で、スポーツが大衆化されていかないで、ごく特定の人のものになっていく。だから社会性を失い、やがてスポーツは今のままだったら滅びるであろう、と。

大西　そう言われても体育指導者とかスポーツ指導者は何らの反発もしない。特に日本では。ぼくはしょっちゅう言うんだけれども、そういう考え方をするところに間違いがあるんだ、と。

もっと一般的なルールでやっているスポーツがある、ラグビーを見てみろというわけですよ。われわれがもしトップばかりつくってきたのなら、それはわれわれのやり方がまずかったんだということを反省しなければいけない、とぼくは言うんですよ。

するとと変な顔をしますがね。体育の専門家と言われている人々が確かにスポーツを仕事にしてずいぶんやってきたけれども、そういう人たちが全然教えなかった野球が、いま日本でいちばんポピュラーになっているじゃないか（笑）。みんなそれに押されているじゃないか。先生がいないほうがスポーツは発達するんだと言うと、いやな顔をされますが、実際に彼らは普及度ということは考えてない。

榮　それを解決しようとすると、技術的なところで解決しようとするんですね。教え方を変えればいいとか、練習方法に問題があるとか。たとえば、バスケットのゴール下のエリアがありますね。あれなどもだんだん広がっていっている。広がれば広がるほど、結局、背の高い者が優位になる。そのルールは誰が変更したかというと、それはトップレベルの人たちだと。被害者的な考え方なんですね。

スポーツの勝敗がより高い技術の水準で行なわれれば行なわれるほど、多数の人は見る側に回って行なおうとしなくなる。ますます人々から遊離し、隔絶した存在になる、という考え方です。

大西　実に短絡的なものです。

榮　そのような考え方を進めていくと、生産や労働と関係のなくなった多くの文化はおのずから衰微し、その一部が保存会によってようやく命脈を保っている例が少なくないように、やがて現在のスポーツも、そういう運命をたどるのではないかという考え方にもなります。

大西　ぼくは三十年も前にそういうことは言っていましたよ。今オリンピックで行なわれているような種目の大部分は、オリンピックがあるから命脈を保っているようなもので、オリンピックがすたれたら駄目になるようなものばかりだと思いますね。

榮　それと国家的国際的な競技には多額の強化費が国庫から持ち出されている。もともとスポーツは自分で持ち出して行なうべきものではないか。これでいったいアマチュアと言えるか、国の丸抱えではないか、といった経済的な側面からの指摘もありますね。

もっと極端な言い方で、たとえばボクシングとかキックボクシングなどは、それはもうプロレスと同じじゃないか。人をノックアウトして、ノックアウトされるのを期待している自分を見ると慄然とする、と。

大西　要するに合理的批判なんですよ。つまり、スポーツが非合理的だという問題については、全然考えていないんだ。合理的なものがいいということで。

ところが、合理的なものが行き詰まっているから、われわれはスポーツのなかの非合理性をもう一度見直そうとしているんですね。

榮　また勝負というのは連帯感を失うというんですね。極端に言えば、プロ野球を見てみろ、スパイ合戦をやっているじゃないか。そうやってまで勝ち負けを争うようなところから、どうして人間の連帯が生まれるのかと。そういうものは文化にはなり得ないし、生産的でないと言う。学校体育にもしそういうものが持ち込まれたとすれば由々しきことになるから、誰もが喜んでやれ、どの人にも満足できるようなものにスポーツを変えていかなければならないと。

大西　その点のいちばんの問題は、体育礼賛、体育というのはすべていいもんだという考え方なんですよ。私に言わせれば、体育の好きな人は体育をやり、スポーツを好きな人はスポーツをやればいい。芸術を好きな人には芸術をやらせればいい。みんな一緒にやらなきゃいかん、やらせなきゃいかんという教育の考え方が間違いだと言っているんですがね。

榮　ですから平等論の最後はこういうことになるんですよ。たとえば、「白鳥の湖」のバレエでは主役は王子と白鳥で、周りはみんな脇役です。ところが、国体なんかのエキジビションでグラウンドいっぱいに繰り広げられるあのマスゲームには、主役も脇役もない。みんなが主役で、しかもそこに全体としてのモチーフが表現される。エリートも非エリートもなくて不平等な競争もなくそれでいて繊細だが力強さを感じ、全体として優れた思想を表現している。そういうものが理想である——結局は最後はマスゲームが最高のスポーツの華だというわけですね。

伴　人間を考える深浅にかかわってくる問題だと思いますね。合理的なものというのは人間の知り得る世界のごくわずかなものです。合理的なものというのは非合理のなかから、やっとともった灯の一点ですよ。その一点から全体は説明できない。

榮　スポーツに人間を当てはめるのではなくて、人間にスポーツを従属させ、人間の方を大切にすべきだ。スポーツはうまくやれないと面白くないから、やっぱり技術を高めていかなければならない。教える側は下手な者、弱い者、小さい者に注目しろ。そういう者を見ることによってこそ、技術的な問題の解決があるというわけです。教えなくてもできるような者を対象にしてスポーツの高い部分から測っていくと、大部分の人はふるい落とされてしまう。それではいけない、というとらえ方ですね。

技術的な教育をする場からのみ考えますと、確かに下手な者、弱い者を見ていくことは子供などを教えていますと決して悪いことではない。いろいろと考えさせられますから。そういうことと、だから「スポーツから人間ではなくて、人間からスポーツを」という見方も、非常に短絡的だと思うんですけどね。

大西　才能と自分たちの教えていく技術との分離ができていないということです。スポーツセンスというところで分離ができない。何でも技術でできる。合理的にやれると思っている。その辺が、どうも……。

榮　大衆化という問題も、ソ連のスポーツをブランデージが賛美したという話が引用されます。

イギリスのスポーツの場合は、ブルジョワジーとかパブリック・スクール、上層階級という図式があって、金のある者が自分で出す。これに対して、ソ連の場合には国家が施設をつくり、誰でもできるようなものを広めていく。それがクーベルタンの思想と合うということで賛美した。将来、スポーツが本当に国民のものとなるためには、国家が予算を出して施設を拡充することによって、アマチュアというものが生きてくる。〝ステート・アマ〟という言葉があるが、むしろそういうかたちで普遍化するのがスポーツの望ましい姿ではないか、というわけです。

平等、合理的、普遍的というようなことが、全部そこで考えられ処理されているわけですね。

大西　政治的な統制というか、そういうことについての考え方においては非常に楽観的ですね。

大竹　そういう点は、特にイギリスも含めて、ラグビーというのは非常にアマチュアリズムについて厳しい見方をしておりますね。記憶が正確でないかもしれませんが、イングランドが対外的に負け続けたことがありました。今まではアマチュアの一つの考え方としては、勝負は自分のベストを尽くしたその結果としてあるのだから、勝敗についてはあまりこだわらない。そのことから、勝ったり負けたりしたときの感情表現も、あまり出さないということがいいことだとされていましたね。それが確か七〇年代の終わりあたりからか、イングランドのチームが勝つことに方向を転換しました。あれはアマチュアの立場からしたら、どういうふうに考えたらいいんでしょうか。

大西　あれはアマチュアというよりも、若い指導者が四十五歳以上の連中と大論争をしまして、やはり四十五歳以上のアマチュアリズムの考え方が勝つんですよ。

ところが若い連中が最後に捨てゼリフを言いまして、「私たちは多数決で負けたんだからしようがない。だけど、あなたたちがそういうことをやってきたから、イギリスがこんなに斜陽になってきたということを考えてくれ」と言って、パッと退席したんですよ。ハロー校の校長イアン・ビヤーなどが退場してしまった。すると、古い連中がびっくりしちゃって、自分たちはこうやってきたけれどもスポーツが斜陽になって、ほかのものも全部斜陽になるのではないか。これは考えねばいかんぞ。若い者はどういうことを考えているのか、若い者に新しい案を出させようということになった。それで出させたのが『ガイド・フォア・コーチ』なんです。

あれはちょうど一九六八年だったと思いますが、これでいこうじゃないかということになったわけです。それで、スポーツの哲学があまりにも勝敗に対して恬淡としていてはいかん。やっぱり勝敗がなければいけない。それがあるからこそみんなが理論的にも精神的にも研究していくのである。それは一つの目標なんだという考え方です。

だから、スポーツにおける自己目的的という言葉は、遊戯と一緒ではない。スポーツをスポーツとして考えているときは、完全に目的的行動である。ルールに基づいた目的的行動なのだ。つまり勝負があって、それに向かってやっていく。そして勝つか敗れるかの究極のところにきて最後の勝敗になったときに、初めて自己目的的行動になるんだというわけです。そういう一つの過程説を考えてきたようですね。だから、ぼくも今のところ教育的な考え方を出そうとするときには、最後に自己目的的行動というあのアマチュアの考え方を出していくべきだと思うんです。初めからそれを出して競技をやれといっても、それは今のところ無理ですね。

そうではなしに、〝本能と衝動〟からずっとスポーツを遊戯のようにやってきて、最後に勝つか負けるかという勝負のときには自己目的的になれ、それがアマチュアの考え方なんだ、アマチュアリズムの思想なんだという。それは観念ではなしに、経験することによって勝てるんだというものを出していくべきだと思うんですね。

伴　イギリスでもそういう考えに立ってきたのですか。

大西　そうなんです。イアン・ビヤーが

『ラグビーの哲学』というのを書いて、そこで述べている。

大竹　今のお話では、四十五歳以上はどちらかというと勝敗にはあまりこだわらない。それより下の人たちがやはりそういうものを無視するわけにはいかないというかたちで出てきたわけですね。

大西　ええ。それでやっぱりイギリスですね、保守的なんだな。役員全体からすれば多数決で若い指導者は負けたのですが、イアン・ビヤーとかあの若い連中が、最後に、あなたたちはそんなことを言ってやってきたからこうなったんじゃないか。それは決してスポーツだけではない。われわれ国民のスポーツマンの質の低下をきたす。勝敗はどうでもいいじゃないかという考え方にあまりにもなり過ぎる。目標に向かって進んでいくアメリカ的なものを持っていないといけない。勝つためにはもっと厳しい態度で訓練に励んで、それに耐えることによって前進していくんだということを強調していますね。

大竹　票の数では負けたけれども、具体的な立案づくりの段階では、彼らの考え方がむしろ取り上げられたということ。

大西　そうです。三年ほどかかりましてね。原理とか練習の仕方とか、全部で八冊に分かれているんです。

榮　スポーツに携わっている人たちに大きな違いが出てきているんですが、それはスポーツを技術の問題と考える人と、少数派ではありますが文化とか思想の問題として考える人の違いで、スポーツをこれまで特に専門的にやってきた人ほど技術の問題で終始しているような側面が見受けられるんです。

スポーツを教育の問題、特に奉仕とか愛のような問題まで掘り下げていくと、もうそれは技術の問題ではない。深い意味での文化と思想と宗教の問題だと思うんですけれど、そこまでいってそしてスポーツを振り返るという見方が従来なかったように思うんですが、ようやく少しずつ出てきているようには思いますね。

大西　最近文化論がだいぶ出ていますね。ただ、文化論のなかでも団体スポーツというものに対する考え方が非常に足りない。団体スポーツをやることによって人間の精神が進歩していくんだという考え方が非常に少ないんです。文化というとどうしても日本では剣道やそれと結びついた禅的な考え方ですね。

どうして遊戯性だけが強調されてきたか

榮　では次の質問へ移りたいのですが、これまでも話をいろいろお聞きしてはきたのですが、日本ではスポーツとは何かということになりますと、結局は遊戯性、プレイフルの部分のみが強調されてしまいます。遊戯のなかに楽しみがあるし、また遊戯だから自己目的的なんだ、そこにスポーツをする意味があるのだ、と考えられてきている。どうして日本では一般的に遊戯性のみが強調されるようになってしまったのでしょうか。

大西　ちょうど日本にスポーツが入ってきた頃というのは、日本に自由主義という風の吹き始めた大正ロマンティシズムの時代でした。遊戯性、プレイフルというのはスポーツの自由性を非常に強調した哲学ですから、それがスポーツの最も本質的なものなんだと、遊戯の哲学をそこへ持ってきて一応スポーツを説明した。それが一つあると思います。

もう一つは、体育史の本を見ていただけばわかりますが、スポーツと書いてない。競技とか、遊戯スポーツと書いてある。

スポーツ本来のことについては書かれたものが案外少ない。スポーツのなかに一つ遊戯というものがありますから、その遊戯を中心にスポーツを説明している。従って、そういう遊戯の競技的価値は、遊戯の哲学のなかにあるんだと説明している。

また、スポーツマンがスポーツのなかにある闘争性や技術性といったものを非常に重要なことだと考えていながら、それに対してスポーツの側から哲学的な解説を誰も出さなかったということもあると思います。これがいちばん問題です。

体育指導者は、一貫してスポーツの教育的価値というのは遊戯性にあるということを教えてきましたから、それが長い間に定説になってしまったということではないか。

その上に、スポーツのなかにある勝負性

というものが、高等学校、大学の課外で対抗試合というかたちをとると、応援団が出てきてまるで合戦のように騒ぎをやったということですね。

それに対して識者が、大変野蛮だということで、文明開化が進むときの野蛮撃滅の一つの的にされて、スポーツのなかの闘争性、技術中心の競技性というものが文化人に排撃された。

そしてコマーシャリズムに支えられた野球が猛烈に普及する。体育の連中が体育科のなかで指導者とか指導方法などを充分につくれないうちにさかんになってしまって、中学、高等学校、大学で行なわれるようになり、その上、早慶戦とか一高三高戦とか、熱狂した応援団が試合について回ってスポーツ界を暴れ回った。

こういうのは果たして教育の場としてはどうなのかということで、文部省対コマーシャリズムのスポーツの争いみたいなものが論争のなかに出てくる。その頃の文部大臣がこういうものはいけないというようなことを言い出すような論争がありました。そういうことでスポーツの競技性、闘争性、技術性それ自体が罪悪のように言われるようになってしまって、遊戯性だけが広がる。

さらにその頃になると、スポーツは指導者階級だけで行なわれるものではなく、庶民の間にも入り込んできた。それは封建社会のときの状態とちょうど同じことで、封建社会の中頃、元禄時代になってくると、今まで武士階級だけで行なわれて、武士の人格形成に非常に大きな力を持ち、中心手段として行なわれていたスポーツ的な行動が、お祭りとか、いろいろな行事、遊びなどになって、むしろそういうものとして庶民に受け止められる風潮が出てくる。

大正の終わり頃にスポーツ・レクリエーション論が出てきます。それはちょうど産業革命と同じことで、日本も産業革命が進んで、労働者がある息抜きをしようとする。労働の回復のためのレクリエーション、それがスポーツだという考え方が非常に起こってきた。そしてレクリエーションの考え方と、遊戯の哲学の考え方の二つが中心的な考え方になっていってしまった。そういう立場でスポーツをやる人にとっては、目的的行動として勝負を行ない、その勝負の極致のところで自己目的的な行動（自由無碍）に到達し、そこでスポーツ自身が目的となるという考え方には、なかなかなれない。それよりも遊戯は楽しみでいいんだという方向のほうが理解しやすい。それが遊戯性というものが日本で一般的になった原因だと思っています。

もう一つ、日本の学校で課外スポーツがさかんになったのは学友会制度をとったからですね。課外活動の費用に当てるという名目で十円くらいの学友会費を集めて、それをスポーツ活動や文化活動に使っていく。最近でもやっていますね。文化団体の方は腕ずくには弱いから、いつも予算の取り合いで喧嘩になると強い方には負けます。そのことと体育部の動きを一緒にしてスポーツは野蛮であると言う。文化団体の連中が後に教師になったりなどして、そういう論調でものを言う。ずいぶんとそういうことがあると思う。

ところが明治の文士と、大正以降の文士とは、スポーツに対する考え方が全然違う。明治の人はスポーツに理解があるんですね。野球という語の訳は正岡子規でしょう。野球のルールなどのことも文士がいろいろやっているんですよ。大正以後、文士がみんなスポーツに対して否定的なのは、そういうことがあったのではないかと思います。

伴　スポーツマンの持っている暴力性を暴いたんでしょうね。

大西　闘争性というのが悪いものに使われているというのでしょうね。あのときの柔剣道の連中は右翼的な傾向がありましたからね。

榮　戦後は政治闘争の場で、やはり運動部が体制側の抑止力として使われた。

伴　戦後、特に勝負は悪だという考えをしている人もいますね。

大西　そうです。競争というものを罪悪のように考えている。そしてそれが野蛮だという考え方も一つはある。私の『ラグビーとイギリス人』にも書いてありますが、ヨーロッパでも野蛮脱却ということはずいぶんあるんですね。昔の喧嘩のようなモブ・フットボールのようなものが、学校で洗練されて、そこからルールができてくるというのが最初の経緯です。そして近代的なスポーツになっていく。

当時はスポーツマンというのは明治時代の壮士の気風が残っていて、右翼的硬派、そういう考え方が日本にもあったのではないかと思うね。ぼくらの頃は、青白きインテリなんていうのがありましたね。青白きというのが野蛮じゃないという意味で、インテリの上には必ずついていた。

榮　それはやはり大正時代くらいからですか。

大西　そうですね。

榮　デカダンスというようなことが言われるのと合っているわけですか。

大西　そうですね。やはり大正ロマンティシズムでしょうかね。

大竹　面白いですね。同じ勝負に対して野蛮だと考えていたのに、イギリスではルールをつくりスポーツとなり、日本ではそういう展開をしないままにずっときてしまったということ……。

大西　イギリスなどは、おそらく遊戯の哲学というものを日本のように持ち込まなかったのではないかと思います。日本では遊戯の哲学という本がたくさんあります。ギューリックがいちばん早いと思いますが、その他ホールとか、ずいぶん出ているんです。

大竹　いつ頃から出始めたんですか。

大西　大正八年に出ています。イギリスではだいたいスペンサーの「エネルギー（熱力）過剰説」というものが主力ですから、案外遊戯の哲学にならない。遊戯の哲学はドイツ人が言い始める。カール・ディームなどがその中心です。イギリスではドイツ人の言うことは絶対に真似しない。イギリスにとってはドイツは野蛮ということですから。フランス人がもし遊戯説を唱えていたら変わったかもしれません。そういうことでイギリス人は遊戯の哲学を取り入れなかったのではないかと感じているんですがね。

伴　観念的だという見方をするでしょうね。日本の場合は禅というのがあって、遊戯三昧とか遊び心というものを日本民族は茶道や俳諧などのような文化のレベルで持っているわけですね。それを安易にくっつけてしまった。それで紹介が早かったのではないでしょうか。

榮　毛沢東が二十五歳のときに書いた『体育の研究』という本があります。植民地化され列強の支配に屈している祖国と弱体化した中国人民の現状を憂えた毛沢東が、衰退の根拠を明らかにするとともに祖国の再興をはかろうとした力作です。そこで彼は中国の、文武の武の欠如の理由を二つ挙げています。一つは知識人が体育を軽蔑したこと。もう一つは、体育をやる者がものを考えなかったこと。これが二つの大きな理由です。日本でも同じことが言えませんか。

大西　そうですね。武士道の武ということについてはずいぶんいろいろ考えたんでしょうが、スポーツということについては、日本では遊びだ、遊戯だという考え方が強かったから。要するに武は道だと。スポーツなんていうのは遊びなんだ、あれは遊芸なんだ、と言っている政治家が昔いましたよ。

スポーツというものを本当によく考えなかったということでしょう。柔道の嘉納治五郎なども、本当はいろいろ考えていたと思うのですが、一方で大勢の弟子たちを食わせていかなければならないという事情もあって、スポーツについて本当に自分の考えていたことを実行できなかったのではないか。本当は考えがあったと思うんですよ。

榮　話は飛びますが、イギリスでは決闘ということをやっていましたね。顔に一つや二つ切り傷があるのは男の勲章みたいな……。そういうことが遊戯の哲学みたいなものを受け入れない一つの土壌になっていたんでしょうか。

大西　だいたいイギリスでもフランスでもそうですが、スポーツというのはいちばん初めは指導者階級の闘争の手段として発達していきますね。だから、まず命がけのものだという、真面目というか、真剣さというか、そういう考え方が非常に強くスポーツには入っている。

後ほど申し上げるけれども、スポーツは遊戯性、闘争性、技術性という特性を持っていますが、遊戯性とは自由性だから、あまり自由に放っておくとスポーツは享楽の手段となって〝ダル〟になる、というのが日イギリス人の考え方なんですね。それが日本人にはないですね。

イギリス人はゲームを見て、真剣味を欠いたゲームだったら、さっさと帰っていきますからね。

伴　平等主義の思想が戦後に出てきて、勝負否定につながるようですね。

榮　これが大きかったのではないかという気がしますね。その辺はどうなんでしょうか。

大西　私は、平等論の方は左翼からきていると思うんですよ。平等ということをいちばん強調するのは左翼系統の人ですからね。左翼の人の忌みきらうのは、やっぱり暴力ですね。ほかのものは怖くないんです。あの暴力否定のなかに平等の思想があるのではないか。競争的なもの、闘争というものをそれで押さえるという政策的なものがずいぶんあって理論的に何とかくっつけようとした、という気がするんです。

左翼的なああいう行動というのは確かに強力なものですが、歴史的に言えばそれが押さえられたのはナチスの暴力ですね。そういう歴史があるから暴力がいちばん怖い。

われわれの考え方と左翼陣の考え方と違うところは、卓越性ということについての考え方です。卓越性というのは人間が進歩するためにはどうしても必要なんだ。それと階級とをどうしても一緒にしてしまう。今までの封建社会のなかでは、卓越性と階級制が一緒になってきた傾向があるけれども、大衆社会のなかにおける平準化の考え方から言えば、決してそんなものではないです。卓越性ということの意味が本当に理解されれば、あの平等論もだんだんなくなっていくのではないかという感じもしています。

榮　倫理学の上で習俗的な価値観に立つと、人間はある一定の枠を越えたものに対していつも恐怖心を持って、感覚的にその社会から排除しようとします。自分たちの理解できない人並みを外れたものに対しては、それが劣っているものであればもちろんのこと、たとえ優れているものであっても、非常な不安と危険を感じるわけですね。

ですから習俗的な尺度では野蛮なものも危険ですが、卓越したものもまた危険なのです。低次元の価値観にはいつでもそういう感覚的な部分はあると思います。

大西　そうですね。だから平等主義でいくと、社会の進歩はどうしても鈍るような感じがします。

伴　スポーツから勝負に対する真摯な態度を捨てたときにいったいどうなるのかということがこれから問題になりますが、第三の質問へ移っていきます。

危険なスポーツの遊戯性

榮　スポーツの持つ遊戯性も闘争性も技術性も、それをただそのままに放っておくととんでもない方向に行ってしまうというお話がありました。そのとんでもない方向というのは具体的にどういうことかわからなかったものですから改めてお聞きしたいと思うのですが。

大西　遊戯性というのはだいたいスポーツの自由性と言ってもいいと思いますね。要するに遊びの要素です。その遊びの要素があるからやるんだ、そしてそれを自由にやっていればそれでいいんだという考え方からいくとそれはもう遊びから娯楽享楽というものに堕落していってしまうということが一つある。

ローマの例を見ていただければいちばんわかる。ローマはスポーツを享楽の具におとしめて再起できなかった。先ほど申し上げたように、イギリス人は、ダルといって試合を見て遊び半分でやっていたら本当にぱっと帰りますね。たとえば卓球は日本人はなかなかうまい。ホテルなんかで遊ぶとき、相手が下手だと日本人は遊んでやるんですよ。そうすると外国人は怒って、君はうまいけどスポーツマンじゃないと言ってぱっと帰る。日本人は何で彼が怒ったのかわからない。せっかく合わせて遊んでやっているのにと。これがイギリス人と日本人の考えの違うところですね。もっとシリアスなものだという考え方が彼らのスポーツ観のなかにはある。遊戯性は放っておいたらダルになってしまう。

闘争性というのはご承知のように勝負中心ですから、放っておいたら野獣の闘争に陥ってしまうということです。殺し合いにまでいってしまう。そういう闘争性はまずコントロールをしなくてはいけないということです。

技術性ということですが、技術の追求というものは非常に魅惑的なものですから、これをあまり興味にまかせて追求していくと、生命を賭しても追求していくようになる。スキーの現状がそうですね。ジャンプなんていうのは実際にシャンツェを高くすればいくらでも飛べます。最近の直滑降レースは倒れたら最後、命にかかわります。それでもそれに生命をかけるまでやっている。機械スポーツにそういうものが多いですね。だから僕は機械スポーツはスポーツではないと言っているのだけど。モーターボートなどは世界記録を二回までは更新するが、三回目に成功したのは誰もいない、死んでいる。あれは湖の上を滑走するんですが、マッチ棒みたいなゴミが水上にあってもひっくり返る。全部取ってコースをつくって、そこをシューッと走る。それでもひっくり返りますよ。ひっくり返ったらおさらばです。

これからはそういう機械的なスポーツの技術追求は大変です。死と紙一重の闘争ですから。エベレストから直滑降するなんていろいろやるでしょう。あれはみんな技術の追求です。技術追求が進むと、人間の幸福のためのスポーツが死まで賭してやることになる。それを理性だけではどうにも統制できなくなってきているから、そこで理性の代わりに、人間性による統制がどうしても必要だということをぼくは言っているんです。具体的にはそういうことがいろいろ起こってきています。

伴　団体スポーツでも、たとえばコンピュータで作戦をはじいていく。選手を道具のように扱って機能的な方へ追求していく、そういう危険性もありますね。

大西　はい。今最もこういう危険があるのはアメリカン・フットボールです。アメリカン・フットボールがいちばん開発的で、いろいろなものを駆使してやっています。そうなってくると全く将棋のこまと一緒で、これをこうしたらどう受けるか、そのための技術だけやらせる。守備か攻撃かでメンバーを全部替えていく。コンピュータは作戦の予想のとき使うだけで、試合のときには無線でやる。無線で暗号を送ってキャプテンに指示を出す。だからキャプテンは大変頭がいるわけです。この頃はコーチがスタンドのいちばん高いところに坐っている。そこから無線を送る。片方は、それを盗みとる。ですから暗号で送る、そこで今度はその暗号をどう解読するかということで、まるで科学戦になっていますね。

練習もそうですね。ブロッキングをやる者はブロッキングばかり、キックはキックばかりやっている。一発蹴りそこなったら攻撃権が移ってしまうんですから。プレイヤーのテクニック、スキルがなくなってしまう。しかしアメリカ人は好きですからね。それをやめない限りますます危険なものになってくるでしょうね。

榮　日本では野球ですね。少年野球のピッチャーの酷使。普通のボールでは打たれるから、カーブとか、くせ球を投げる。そのためにまだ成長期の骨がやられてしまうという問題が出てきています。

技術性のあくなき追求ということは、そ

ういう非常な危険性を持っているということなのですね。

大西　これは今ラグビーでも非常にうるさくなっているんです。アマチュアの方は、母親あるいは家庭がそれをコントロールする。医者が言ってもなかなかそんなものは聞かれない。しかし、現実に危険度が高くなってくると、家庭がすぐそのスポーツをやらせなくなってくる。そうするとそのスポーツは駄目になってきますからね。

今そのいちばんひどいのはラグビーだと言われています。ニュージーランドがそうです。ニュージーランドでは母親がラグビーをだんだんやらせないようになってきた。

今までだったら、何言っているんだ、一人や二人けがしたって、国際試合に勝てばいいんだと。しかし今はもう母親にワーワー言われてね。結局、母親がこれをコントロールするだろうと思われていますね。

アメリカン・フットボールなんかも、プロがあれでは本当は困る。その国の固有のプロのスポーツの功罪というのは、これはまたほかの点から考え直さないといけないということが起こってくるだろうと思いますね。今までのプロに対する考え方とは別個の方向から考えられないと、どうにもならないと思いますね。

榮　金銭的なもの、経済性の問題だけではなくて……。

大西　そういうものがいいかどうかということですね。

伴　生命尊重をあまりにも強調していくと

惰弱になるし、またあまりにも軽視していくと機械的非人間的になり過ぎる。その二つの緊張関係のバランスをどうやってうまくコントロールしていくかということが人間の知恵でしょうね。

大西　それをルールで完全にしようというところがいちばん難しい。

伴　そうすると、スポーツは遊戯性と闘争性と技術性というものを娯楽性の方面だけで機能させていくと、堕落ということが現実に起こってくる。もう一つは闘争性と技術性ですね。これらに科学性が加わって、あまりにもそれが浸透してくると、人間性を破壊して、危険な方向に走ることになる。

大西　そうですね。勝負を中心にした闘争性と技術性についてはだいたい指導者とか、教育者はみんな非常に危険だ、危険だと言う。ぼくはそっちの方はそんなに心配しない。遊戯性の方が危ないと言っているんです。

その辺の縄のれんを分けて「やあ」と言って一杯飲む。それと同じレクリエーションになってしまったら、スポーツはたまらんですよ。しかし今はテニスやスキー、ゴルフが、流行やファッション、さらに娯楽のかたちになっていて、まあ極端に言えばローマの末期的症状までいっているんですね。遊戯性の方がどうも危険だ。普通は起こらないだろうと思っていることが現実に起こってくるんですね。

伴　先生の『ラグビーとイギリス人』という翻訳のなかに、「機能的民主化は早期の段階では文明化的な結果を生むものの、ある一定のレベルに達すると文明から未開に戻っていく」、文明以前のところへ戻っていく。その未開が退廃を含んでいるから、不気味であるということが書いてありましたが、今のお話もそれに当てはまりますね。

遊戯性、闘争性、技術性を統制するもの

伴　さて質問の（三）のところで、スポーツの持つ三つの機能として、遊戯性、闘争性、技術性というものが挙げられて、現在この三つのものが統一を欠いてバラバラになっている。そのことがスポーツの荒廃にもつながっているということでした。これはスポーツの荒廃だけではなくて、三つのものの統一性を欠いているということは、同時に人間性が破壊されて、人間の世界が荒廃していくことにつながっていると思うわけです。

そこで、この三つのものを統一する包括的なるものを、（四）の質問として、遊戯性と闘争性と技術性とを統制するものは何かということをお話しいただきたいと思います。

大西　この三つがいろいろな方向に進んでいくことを、もし教育上から正しく見直していこうというなら、教育方法を考えて行なうよりほかにしようがないと思うのですが、理論的な方面から統一しようとするならば、この遊戯性、闘争性、技術性が、な

ぜスポーツの教育的な考え方のなかに出されてきたかということを考えなければいけないと思います。

考えてみればこの遊戯性というのは、スポーツの自由性、スポーツの持つ自己目的性というか、そういうものだと思います。そして青少年にこの遊戯性というものを知らせていくためには、人間の自己目的的な行動が人間にとっていかに楽しいものであり、幸福なものであるかということを知らせること、それ自体が遊戯性というものを通じての目的ではないかと思います。

もう一つは闘争性ですが、闘争性というものは、人間が生活あるいは生存する限り、どうしても起こってくる原初的なものである。それをわれわれ人間の生活の目標である平和というものとともに考えるならば、この闘争のなかの倫理をしっかり人間に植え付けることによって、逆にあくなき闘争や競争を排除して平和に向かって進む。そういうことを教える一つのものではないかと考えます。

もう一つの技術性ということですが、人間というのは向上性を持っている。ただそれをやっているというだけではなく、それを何とかうまくやっていこうとするところに技術性というのがある。その技術性というのは、向上性、そして進歩していこうとする努力だと、こう考えるわけです。そこで、人間はそういう物心両面の進歩の過程においてどうやったらうまくやっていけるのか、要するに努力の楽しみというか、そういうものを教えることが人間の修行、向上に非常に重要だと思います。

それでこの三つをスポーツの特質として出したわけですが、青少年にスポーツを教える場合に、どういうものを本当に教えていかなければいけないのかということを考えたわけです。どういうふうにやったらいいか、真剣に考えた。

いちばん重要なことは、人間が世の中に出て行ってどうしてもやらなければいけない人間行動の根源的なことを、青少年に教えてやることではないか。ぼくはまずそう考えたわけです。なかでも若い人たちが困難なことに当たったときに、どういうふうにしてそれを突破していくことができるか。あるいはそれを改革していくことができるか。こういう行動を教えておくことがいちばん重要なのではないか。

そういうことを考えていきますと、ジョン・デューイが言う知性的行動、すなわち創造的行動なんですが、これがそれに当たるのではないかと考えて、それでは学生たちに知性的な行動を与えるにはどうしたらいいのか。スポーツは肉体的運動とか肉体的な行動、活動だとか言われていますから、スポーツをやっている連中は、肉体を駆使するだけで自分のやっていることを創造的行動だとか、精神的な行動だと称して、それ以上まるで考えない風がある。そこで、知性ということをしっかり教えよう。知性とはどういうものか、知性的行動というものがスポーツのなかにある、それはこういうものなんだ、ということを教えていくことが必要なんじゃないかと考えたわけです。

知性というのは今まで知識的な能力のように考えられていましたが、知性というものはどうもそういうものではなくて、何か一つのものにぶつかった場合に、一つの目標を立てて、それを実現していくという意志を持ち、行動によってそれを開拓していく。自分が今までやってきたいろいろなものを組織づけ、その組織づけた一つの理論と行動とでそういうものを開拓していく。そういう力が知性ではないかと思います。デューイは、知性というのは行動によって経験の材料を意志的に再組織する働きだと言っていますが、まさにそうだと思います。

それではそういうものがスポーツのなかにあるのかということを考えてみると、勝利に対してあくなくいろいろ研究していくスポーツのあの過程というものは、まさに知性的行動ではないかと気がついたわけです。われわれはむやみやたらにスポーツをやっているのではない。勝負がある。その勝負に勝つために、目標を立て、どういう行動をやれば相手を破ることができるかということを、一生懸命に研究して、それを練習している。それがすなわち知性的な行動だ。

われわれが世の中で行動していくときの知性的行動というものは、情報を収集して、それを理論付けて、その理論に基づいて方法論を立てる。そして、その方法論を実現するのに、どういう技術を使っていくかという技術の研究をやる。その技術を使うには、どういう練習、あるいは訓練をやったらできるのかということを考える。そしてみんなの協力を得て、チームワークをつくって達成していく。

　このやり方と考え方は、われわれが、たとえば日本の選手権を取るとか、あるいは目標の学校に勝つとかというときに、相手の情況を調べてそれに勝つ理論を立てて、その理論に対する技術を研究し、その研究に基づく練習をやり、その技術をしっかり把握しチームワークをつくってこれに当たっていく。そういう行動が勝とうとするスポーツ行動の根源ではないか。要するに、われわれがスポーツ行動としてやっている行動は、まさに世の中で創造的な行動と称せられるものだ。難関があった場合にそれを突破していく一つの方法としての行動、これの最も原初的なあるいは基本的な、最も根本的な行動が、スポーツの行動の基本的なものだ。だから、スポーツは知性的な行動の最も原初的なものであると考えるわけです。

　その知性的なやり方を、技術を教えることによって青少年たちに教育していこう。それがスポーツを通じての教育ではないかと考えたわけです。

　ここで人間の行動のことをちょっと話しておかなければいけないと思うのですが、人間というのは、いちばん初めは本能と衝動で行動を起こします。人間の生命があるところには必ず行動とか活動というものがある。その行動や活動があって初めて、知識とかそういうものがいろいろついてくるのであって、行動と活動が最初である。それは社会のなかで環境と人間が相互作用を行なっていくなかで、社会のなかの慣習というものと一緒になって、慣習的行動というものとして慣らされていく。その慣習的行動を行なうことによって、人間は社会生活をうまく行なうことができるというわけです。だいたいそれができるようになるのが義務教育の終わり頃じゃないかと思います。

それでは高等教育はなぜ必要なのかというと、義務教育だけでは人間の社会、あるいは人類の進歩はない。進歩するためにはそういう慣習的行動では割り切れない何かが必ずある。そういう解決のできない問題にぶつかった場合に、そういう困難な問題をどう解決していくか。その方法を教えておかなければいけない。その方法が先ほどの知性的行動のやり方で、その原初的なものはスポーツ的な行動と同じものである。

ですから、スポーツの行動を教えることによって、これこそ世の中における知性的な行動の原初的なものだというものを青少年たちに教えておけば、その子供たちが世の中に出た場合に基本的に知性的な行動を自分でやっていけるようになるだろう。その情報は、学校の教育その他でどんどん与えられる。その情報を再組織することによって、そういう知性的な行動、あるいは創造的な行動を行なうことができるようになるだろう。それがスポーツの教育を行なう場合の最も重要なことではないかと考えたわけです。

そこでそうした教育をどのように具体化したらいいかについて、幼児期からどういうふうに当てはめていったらいいかをちょっとお話ししたいと思います。これがいちばん具体的になりますので、考えてみたいと思います。

スポーツをいちばん初めに与えるのは幼稚園とか小学校ということになります。その場合に日本では体育というかたちで与えられているものだから、スポーツの自由性、遊戯性というものを全然無視してしまう。そういう傾向が強いような気がする。そうではなくて、小学校のときはいろいろなスポーツを与えて、そのなかで好きなものを子供たちに選択させることがいちばん重要ではないか。スポーツは自己目的的行動ですから、自由な遊びがいかに楽しいか、その自由性がいかに楽しいかということを子供たちに与える。

もし人間の楽しみとか幸福というものがあるならば、それは決して外部から与えられたものではなく、その行動のなかにある楽しさを自分が行なうことがいちばん楽しいものなんだということ、すなわち、自己目的的な行動のなかにある楽しみ、うれしさというものを追求しているときに、人間はいちばん楽しい、歓喜、幸福がある。そこにある歓喜それ自身を楽しむということを追求するときにいちばん楽しい。そういう楽しみを小学校のときに持たせる。このことが少年たちに本当に人生の楽しみを与えてやる上でいちばん重要なことではないか。遊戯をやる楽しみというものは金銭には代えられないということを知る。特に現在のような金銭文化社会においてはそういうことが重要なんじゃないか。こういうふうに考えます。

小学校前期にはそれを十分やらせる。後期上級生になるとそういう遊びだけでは満足しませんので、そこに知性を注入する。スポーツの理論を注入して理論的にその子の好きなスポーツを説明して、目的を達成するためにはどうするのか、勝利を達成するためにはどういう方法論、戦法があるのか、その戦法論に基づく技術というのはどういうふうにやったらいいのか、技術の練習はどういうふうにやるのか、こういうことを理論的に段階的に教えていく。それに基づいてゲームをやらせる。

ゲームの目標を達成するにはいろいろ研究していかなければいけない。その研究の過程が、知性的行動の最も根源的なやり方と同じなんだということを、そこで教えていきたい。それが、中学、高校における中心的な教え方だろうと思います。

そういうふうにして技術を教えていくと同時に試合をやらせることによって、技術だけではいけない、スポーツには闘争性がある。闘争性というものをどういうふうに解釈するか。スポーツの満足な勝利を得るためには、フェアでなければいけない。闘争の倫理をしっかり守らないと決して満足した勝利は得られない。

人間の生活でも同じことで、必ず闘争とか競争というものがある。それは人間の原初的な行動で、進歩の前提である。その闘争を行なうとき、きれいに正しく行なって初めて勝ったという喜びを持つことができる。ゲームを通じてこの闘争の倫理を一緒に教えていく。その闘争の倫理を教えていくなかで、合理的な技術だけでは目標を達成することができない。そのためには愛情とかチームワークとか、そういう非合理的な問題がいろいろ出てくる。その非合理的な行動と合理的な技術追求の方法とを一緒にやって初めて勝利を獲得することができるし、目標を達成することができる。このことを最も感受性の強い中学・高校の期間に教えていく。知性的な行動というものをどうやるかということと、もう一つは闘争の倫理とはどういうものか、この二つのことを徹底的に教えるということが、中学、高等学校のときに大事なことではないかと思います。

それから大学へ行った場合には大学で自主的にそういうものをクラブ化し、そのクラブを社会とくっつけてクラブの運営の仕方を学ぶことによって、平和な社会をつくるためにはどうしたらいいのかという方法を身につけていく。このようにして遊戯性、闘争性、技術性の三つを統一して、高等教育までずっとやっていけるのではないかという一つの案を立てたわけです。

指導理念をいかに伝えるか

それからぼくが先ほど述べた、「まず戦法理論をたて、それを実践する技術研究をし、繰り返し練習を重ねることによってそれを身につけ、その結果をゲームで確かめて反省を加えさらにまた展開し、そして勝利へ結びつけていく」というこのプロセスは、「歴史の方向というものを科学的な立場で考えて、歴史的法則を引き出し、それを実践的行動において実現する」というマルキシズムの考え方と非常に似ているというご指摘ですが、確かによく似ていると思います。というのはアメリカのプラグマティズムの総師のデューイも、一九三〇年ぐらいにソ連に行ってソ連の教育制度その他をいろいろ見て、アメリカにおけるよりもソ連におけるほうが、自分の考えている教育制度の在り方というものがよほどうまく実現されているということを言っています。

ただ私の考えとマルキシズムの違うところは、マルキシズムというのは、一つの社会の発展過程というものを教条的に考えていって、共産主義なら共産主義社会というものに合う人間、合うやり方をするにはどうしたらいいかということを持ってきている。

それに対して私が言っている科学的な実証というこのやり方は、ある社会を想定して考えているのではなく、人間はどんな人間も各自生活のタイプを自由に持っている、その生活のタイプがみんな違うから、それによってその人たちの考え方が違ってくる。生活のタイプが違うから人それぞれの認識の違いが起こる。たとえば、牧師の子供の生活と、レストランのコックの子供の生活は違う。ものの見方、認識が違ってくる。それはつまり評価が違うということで、評価が違えば、価値観が変わってくる。従っていろいろな人が世の中には出てくる。それがわれわれの実際の世の中なんだ。

ところがマルキシズムは一つの教条をつくって、その教条によって社会や人間はこうなるんだ、だからこの社会の教育制度というのはこうしていかなければいけない、という行き方をとっているわけです。私の考えはそうではなしに、社会のなかには生活のタイプの違ういろいろな人間がいるわけですが、それがみんな一緒になってあるものを選択して、いい社会をつくりあげていこうとする。そういうことを考えていく一つの方法が創造的な行動の考え方なんです。

それをスポーツの方から言えば、戦法理論に基づいた技術研究をやって、それを練習し、それを反省し、吟味し、連続的に改造をして、勝利に導く。そういう創造的な行動の行き方と同じだ。こういうふうに考えるわけです。

私が今まで言ってきたようなことは、ある一つの既成の哲学とか、既成のものの考え方からではなく、スポーツ教育というものを一つの仮定として、スポーツ教育を通じて若い人たちを教育していくなら、こういうふうにしていったらいいんじゃないかという一つの仮説にすぎない。だから自由にいろいろ言える。これを読んでいただいた方々は、そのなかからいいものを取って、自由にやってくだされぱいいのであって、私に従えというわけではない。だからこそぼくは自由にものが言える。

今までの科学がいい成績をあげてきたのは、情報を収集しその情報を理論立て、それを実行する方法論をつくり、それを実現するためにはどういう技術をどのようにやったらいいかということを考える。そして、その技術はどういう訓練によってできるのかを考え、できあがったものは人間が協力して使う。そういうふうにして、科学は非常に大きな進歩をしてきたのだと思います。われわれはアウトサイドのものを開拓して、それを幸福につなげようとして、科学と技術の方向へ進んでいったわけです。われわれはアウトサイドの世界、自然界をそういうふうに開拓して、それを人間の生活に持ち込んできたわけです。

そういう自然科学のやり方を、われわれ人間を育てていくときにも用いることが可能かどうか。これを実験していったらどうだろうかという考え方で私は仮説を立てて実験しているわけです。われわれは外界を開拓して生活の幸福を得ようとした。同時に、人間というものを発達させ、成長させて、それによってわれわれの心の内なる幸福を得ようとした。宗教とか哲学とかはその方向でわれわれの精神と呼ばれるものの内部に問うて、それをつくりあげてきた。

そして現代では、バートランド・ラッセルじゃありませんが、人間は外側の科学と技術を非常に進歩させたけれども、その割に人間というものは少ししか進歩していない。このアンバランスが現代の社会と人間の不安と不幸の原因になっている。人間自身を科学技術と同じように進歩させなければいけないのではないか。こういうことが叫ばれています。

この科学技術がやってきた方法は進歩の事実ではあるけれども、その方法を人間の行動にまで当てはめていって、その行動をある一つの限定のなかでやってみて、それを通じて人間にいちばん必要なものを開かせていく。それをスポーツという行動のなかに限定をして行なってみてはどうか、これが私のスポーツ教育の仮説なんです。

この仮説をどういうふうに用いるかは、それを実地に教育される方々が採用すればいい。そういうわけで私は非常に自由に発言したり、勝手に言ったりしているわけです。ただ私の考え方の根底には、五十年の間にラグビーを通して青少年を指導してきた経験と、もう一つは、イギリスのパブリック・スクールのなかで行なわれたラグビーを通じての教育が一時代を画する人間をつくっているということがあるのです。

榮　今のお話のなかで、特に自由と遊戯性の問題の大切さをわかっている人が非常に少ないように思うのですが。

大西　日本の社会には自由ということがなかったのではないか。自由というものを自分で獲得する歴史がなかったのではないか。だからおやじも子供もその孫も、結局、自由ということが本当にわからないのではないか。そこで、たとえばぼくには早稲田の高等学院の生活がそれを与えてくれた最もいい時期だったと思う。日本の教育制度のなかで、旧制高等学校の時代、あの教育だけは日本独特のものではないか。日本の指導者の人間形成の中核をつくってきたのではないか。その中核となったのは何かというと、ハイエデュケーションにおける自治と自由だとぼくは思います。

大竹　確かに子供のしつけ方を見ていると、日本では子供のときは野放図にして、物心がつき始めると、親が非常に締め付けていきますね。ところがイギリスは、おそらくヨーロッパはどこもそうだと思いますが、子供のときはそれこそ犬をしつけるみたいにしつける。そして物心がつく頃にはだんだん自由にして、自分で責任を持つようにする。自律する人間として、いろいろ責任を持たせていきますね。そういう点で、日本は逆のような気がします。しかも自由の意味がつかめる機会がなかなか少ない。

大西　それが宗教教育と非常に関係があるのではないかな。ぼくは宗教的なことはよくわからないんですが、向こうの宗教のいいところは絶対的なものがあるということ、それ以外のことは実にフリーなんです。宗教と教育の分離のときに日本の教育のなかから絶対的なものがみんななくなってしまった。向こうには、まだ宗教教育が残っている。そのなかで自由と人間の尊厳ということが育ってくるんじゃないか。

大竹　それはドクター・アーノルドがラグビー校の改革を目指したときにはっきりと出ている。『トム・ブラウンの学校生活』は、トム・ブラウンという少年が自己を発見していく物語です。トムは自分の力でここまで成長したように考えている。ところがドクター・アーノルドの死を知って、そこでドクター・アーノルドを通じて神のおかげで今の自分があると、謙虚なお祈りをするところでこの物語は終わっている。そこで初めて神との関係に目を開かれる。

トムがこのような成長を遂げたことは、一つには、身体的にひ弱な友人アーサーとの関係があります。アーサーが示した精神的な強さに感動した彼は、ひ弱なアーサーを守り抜こうという決心をする。この責任意識が彼を今までと違った少年に変える。こういう相互関係は現在の学校のなかでどれほど可能なことだろうかと思います。

大西　キリスト教がローマに入って、抑えられている人々を解放していくでしょう。ああいう自由性があるような……。だから、法律の前に宗教があるという感じなんだ。フェアという言葉だって日本人と意味が違うようなところがありますね。

伴　ヨーロッパでは、倫理道徳というのは必ず絶対者に基礎づけられなければ成り立たない。その絶対者というのが、キリスト教が出てくることによって、キリスト教の神によって常に基礎づけられてきた。ところが、近代以前は神を絶対者として自分の外に掲げて、外にあるものが人間を規制するというかたちになっていたわけですが、科学が勃興してくると、外にあるものを認めなくなるわけです。そこでヨーロッパは非常に混乱した。そこへ出てきたのが、ルソー、ロック、カントです。カントが自由性と自律ということを唱えたわけです。

そういうかたちでヨーロッパを支えたんですが、科学の進歩は外なる神も内なる神も切り崩してしまった。道徳が成り立つ基盤は、常に神であった。特にキリスト教の神であったわけです。その神が人間を基礎づける力を失ってきて、「神は死んだ」ということになると、ニヒリズムになって、何をしてもいいということになる。これが現在の世界で、ヨーロッパも日本も同じように、精神が荒廃してきたわけです。

大竹 その点でイギリスで進化論が出てきたのは決定的だったんじゃないでしょうか。人間が神によって特別につくられたものではなくて、先祖はサルだということになった。人間が動物並みになったということでもあるわけでしょうからね。

伴 スポーツの三つの機能もバラバラになってしまっている。それを統一することができれば、新しい指導理念になるわけですね。

大西 日本人の場合はヨーロッパ人のように理念というかたちをとらないような気が

するのです。日本人の心に通じ合うものは何かと言ったら、結局義理人情のような気がするんです。忠臣蔵が日本人の心をとらえるのは、そういうものだと思うのです。どんな人間でも日本人であればどこかでそういうものを持っているものなんですよ。学校でいろいろなことをいくら習っても、それが信じられない、ピンとこないということがありますね。だけどあれだけはみんなが持っている。

この間ある宗教家の話を聞いていたら、現在の価値というもののなかで、人間の尊重とか、いろんなものが出てくるのですが、そのなかに、真実という言葉が出てくるんです。それは、真理と誠実なんです。真理というのは、確かに科学で言うことができる。ところが誠実という言葉は、われわれに共通な分野では、義理人情という気がするんです。日本人は義理人情で死ぬことができるんですよ。義理というと馬鹿にするけれども、こればかりはさっきの話のカントの道徳律よりも強いような気がする。

榮　トム・ブラウンの学校生活のなかにも上級生の下級生いじめがある。そして最上級生が卒業していくときに言い残していく。それはよくない、学校を変えなければいけないと。下級生いじめをやめろ、しかし告げ口はするなと。トムは熱血漢ですから、上級生のいじめに対して反乱を起こす。そしてつかまえられて火焙りの刑みたいなことをやられる。失神寸前までいじめられ、火傷も負ってる。寮母が飛んできて何かあったはずだ、言え、と言うんですが、最後まで言わない。それがまた彼の評価を上げる。パブリック・スクールを最後に動かしているのは、結局、宗教でも何でもない、男らしさという正義感が動かしている。

大西　そういうことのわからない今の中学の先生なんかにあのいじめがわからないのは当たり前だと思うね。

　教育を語る、教育を考える、みな合理性を語るというか、そんな感じがするんです。子供たちはもっと直観的に情緒的に物事をやっている。合理的であれば絶対だという考え方がどうも強い。

伴　先生は体育のスポーツ論よりも、上杉謙信や武田信玄などの戦国の武将の方から戦法的に学ぶことも多いわけですか。

大西　戦法的ではないんですけれども、ファインプレイをどういうようなインスピレーションからつかむのかということのほうが魅力がありますね。プラスアルファのインスピレーションというやつがやっぱりあるんですよ。こつこつやっていたときにはできないで、あるときパッとヒントを得たという人が多いんですよ（笑）。

　名将が真剣勝負に臨む場合は真剣な一つの環境をつくる。仏堂に入るとか、そんなことをやりますね。いちばん多いのは自分でおこもりする場を持っているんです。そこへ入って、そういう環境づくりをやらないと、インスピレーションがわかない。

榮　戦法に基づいて、技術を生み出していく。先生の戦法のなかにはインスピレーションが非常にあるわけですね。そういう立場と、ただ積み上げていってまたその次に引き継いでいくというやり方とでは、ずいぶん距離が開いていきますね。

大西　でも次の人がそれを受け取っていく場合には、盗んでいくものではないでしょうか。与えられるものではないとぼくは思うんです。与えられるものは駄目だと思う。そういう人は後継者じゃない。後継者は前の人から盗んでくる。また盗んだものじゃないと、本物にはなれないという気がするんです。だから昔の徒弟制度は何も教えなかった。見せるだけだ。

ゲームにおける頂上経験

榮　(六)に入りたいと思いますが、ここは大変悩み、驚いたところなんです。前に、勝負に勝つには合理的な方法論では駄目だとおっしゃられたわけです。人間は非合理的な行動を持った存在だ。その次です。「勝ったり負けたりしても、そこに何か一つのものがないと満足できない」とあります。この何か一つのものというのが重要なポイントになっているんじゃないかと思ったんですが。

大西　理屈でこうだと言うんじゃなしに、これは最も直観的なものだというふうな感じがするんです。今日の試合はきれいだったか、きたなかったかと、これはあとのフェアというものに共通するんですが、最も直観的なものだと思うんです。それがないと……。自分のゲームに対する価値基準というようなものが誰にでもあると思うんですけれども、それに対してどうだったかという直観の問題だと思うんです。理屈ではなしに、今日の試合はきれいだったか、きたなかったかが、いちばん中心的な問題だと思うんです。

試合が終わって戦法的にうまくいったときに、いちばんグッとくるのは理論的な勝敗の満足ですね。もう一つ情緒的な満足というのがあると思うんです。試合もうまくいったし非常にファイトもあった。

そこでフェアの問題ですが、そういうものが総合されて、そのなかでいちばん重要なことはきれいか、きれいでないかというのが問題だと思うわけです。そのチームが世の中から優秀なチームとか、あるいは、相当なものだと認められたチームの監督とかキャプテンには、きれいかきれいでないかという問題が起こるものだと思うんです。勝ったらいいというだけのチームで勝ったときには、そういう気分は起こらない。長い間ずっと試合をやってきて、このチームはこのくらいのことをやらなければいけないというゲームの価値基準ができていると、それに照らして今日の試合は満足だったというものがあると思うんです。

長い歴史のある光輝あるチームは、そういうところに非常にいいところがある。それをやらないとそのチームは世の中からも、ほかの人間からも、チームのメンバーからも、今日は勝ったけれど、あれで満足できるのかと言われるような、そういう何か一つのものを持っているわけなんです。名チームの誇りというか、よりどころというか、ある価値に対する絶対的に伝統的な誇りと言いますか、そういうものだと思うんです。

だから、神よご照覧あれ、自分が全身全霊を打ち込んでやってきた試合を、神様から見てどうでしょうかという宗教的なものにまでスポーツのゲームが昇華されている。神が公正無私にそれを見ても恥じないようなものを自分が感じたときに、何か一つの、いいものがあってそれは素晴らしいものだと。

榮　外国の選手がグラウンドや競技場内に入るときに、たとえばクリスチャンは十字を切って入るとか、ちょっとひざまずいて入るとか、ゲームが終わって勝った場合に十字を切って出てくるというようなことがあります。そういうことはちょっとした行為なんですが、国際試合などのときに目にすると、何か崇高なものがあるように感じさせられます。

そういうことが、理論的とか、実際的とか、情緒的な満足とかおっしゃいましたが、すべてを合わせたようなものとしてあるということなんでしょうか。

大西　あの行為はゲームに対する危険性の克服というものじゃないかとぼくは思うんです。特にラグビーとかボクシングのようなゲームの場合には危険性が伴います。それをコントロールしないと勝てない。だから、それをコントロールし精神的な安定を得るために、ああいうことをやるのではないかという気がぼくはするんだけれども、どうでしょうか。

しかし外国人がやる精神の安走法に、試合前のミーティングがあります。監督がいろんなことを言う。そのあとで一分から二分間サイレントタイムを与える。あれも一つの安定法じゃないか。というのは、彼らはやっぱり国際ゲームを知っている。国際ゲームはバトルだから、そのときに自分の精神的な安定を得るためにいろいろやるのではないかという気がするんです。外国人と国際試合をして勝とうとするなら、そこまで気分がこなければ、とても勝てませんね。

伴 話が少し戻りますが、ある一つのものがないと満足できないということですが、ラグビー部の部長を長いことやっていると、長い歴史のなかである瞬間伝統をつくってくれる年があるということを感じるんですね。伝統あるチームというのは常に自分たちを照らす鏡をもっている。それがまた伝統になる。ですからたとえ負けても、その鏡に照らしてある水準に達していれば、何かある一つのものを得て満足している。ところがその水準に達していないと、惨めな思いをしてなかなか立ち上がれない。

それと、チームを編成した時点では、彼らにとってはチームの価値基準というものはまだ幻のものですね。ところが一年間のうちに、何度かの練習ゲームを通して満足したものをつかんだときは強いですね。それをつかんだ代は、チームが乱れたときに、いつもあのときに帰ろうということでもっていける。だから、ある水準に達したチームとおっしゃった意味が本当によくわかります。ただ勝って喜ぶというのではなくて、勝っても勝ち方があり、負けても負け方がある。

榮　そうしますと、その問題は、前に頂上経験ということを何度かおっしゃられたのですが、そういうことと結びつけて考えてもよろしいでしょうか。

大西　そうですね、頂上経験の一つでしょうね。頂上経験のいちばんいいかたちではないでしょうか。

榮　それがたとえば非常に衝動的なものであってもですか。

大西　初めは衝動的なものからでしょうが、だんだん努力を重ね、知と情と意というものが、開花して、そして今みたいな一つのものを得るときには、これは頂上経験の最も理想的なものではないでしょうか。

榮　こういうものは感動という言葉と結びつけて考えてもいいんでしょうか。

大西　いいでしょうね。

榮　たとえば学校という場は日々いろいろな感動があるべきだし、あってしかるべき場のはずです。ところが今はそういうものからだいぶ遠くなっている。どんなかたちでもいいんですが、勉強していてその結果に自分が満足した、あるいはゲームをやって、そこで点を入れたとか勝ったとか、自分が頑張ったためにみんなが勝利を得たとか、非常に小さなものであっても、個々の感動みたいなものが人間を育てていくということがありますね。

それは行《ぎょう》というようなかたちをとらなくても、そのときそのときにあります。そういうものが今度は具体的にある方向を目指して努力して、そしてその結果として出てきた。そういういちばんよいかたちを考えたらよいですか。

大西　そうですね。

榮　そうしますと伴さん、禅の修行みたいなものはこういうこととかなり密着してきませんか。

伴　それは禅も芸ごとも密着してくる。何かをつかんだということがあるんです。ぼくも二十年来、海童道《わたづみどう》という法竹《ほっちく》（竹笛）を用いた修行の道で、法竹を吹定《すいじょう》して、本当に満足したことは二度ぐらいしかないです。色気を出してよく吹こうと思って人前で吹いたとき、老師からこっぴどく怒られました。色気を出して技巧に走ると、うまくいってもただそれだけのことです。その後でもう一度吹き直させられたとき、もうそんなことを考えずに全身全霊を法竹に托して、必死で吹いたんです。吹定し終えた後、老師から清らかな感じがしたと言われました。自分自身も汗をかいた後のようなすがすがしさがありました。そのときの一回ともう一回くらいしかない。修行が足りないから何度吹いても定《じょう》に入れない。

スポーツマンも何度試合をしても、なかなかそういうものはつかめないものですが、あるときそういうものをつかむときがあるんですね。何かをつかんだということと頂上経験とが一つになって、つかんだ人はそれが生きる力になっていくのではないかと思いますね。

大西　それをぼくは歓喜と言っているんだ。歓喜天というのはなかなかいい名前をつけているなと思う。喜びとか楽しみとかそういうものではなしに、歓喜というのはやっぱり……。

伴　ハイデッガーという哲学者は、人間の存在をあらわにするものに根本気分というものがあると言っている。そのなかの一つが歓喜だと言っているのです。歓喜、不安、退屈、寂静、そのなかで歓喜というものが頂上経験なんですね。そのときに人間の本当の存在があらわになってくると言っています。その根本気分の方が理性よりももっと理性的だというようなことを言っています。

大西　絵をかいているときとか、芸術的なものをやっているときに、そういうものがパッと現れるときがありますね。何でもないものなんだけれども、その人にとってはそれが本当に充実したものであるというのです。

伴　そういうことが互いに語り合えるような場をこれからつくっていかなければいけない。たとえばぼくらは哲学畑で研究していろいろなことを学んできましたが、抽象観念をこねくりまわしているだけなんです。ロゴスをつかさどるものとパトスをつかさどるものと、この二つが本当の対話に入れるようなものを学問の場で開いていかなければならないという気がします。先生とこうやって話していて思うことは、現在の学問はみんなタコツボみたいなものを掘って、自分の専門は深く知っているけれども、専門が違えばお互いの対話ができませんね。むしろ対話をしてもむだだと思っているむきもありますが、それは傲慢な考えですね。

榮　そうしますと、わからないことはわからないとして謙虚に受けとめる心ができていなくてはならない。その場合に言葉を言葉として操るのではなくて、その事柄の意味をあくまでも明らかにしていく。そういう場がいつでも必要になってくる。ところが学問だけやっていると事柄はどこかでいつの間にか消えてしまって、概念操作だけを一生懸命やる。たとえばハイデッガーは、従来の哲学の用語というものは歴史的に手垢がついている、すでにある固定観念があるとして、それらを避け、日常的な言葉を使います。ところがそういうことを学ぶわれわれが、逆にそのハイデッガーの言葉を固定して、専門家でしかわからないところで論じていく。非常に高いレベルで学問研究をしているはずが、自ら知的操作のみに陥っていく。そういう人たちが学生たちに教えても、知が事実と結びつかないのですから、言葉は空転して歓喜など出てくるはずがない。

いったいこれは人の問題なのか、ロゴスとしての言葉そのものの持つ問題なのでしょうか。

伴　言葉そのものが出てくる源にある根本経験というところまで遡れない人たちではないかな、そういう人たちは。大西先生には根本接していつも感じることは、先生にはいつも経験があっていつもそれを言葉にしておられる。先生はいつもその時その場に起こっている事実を離れずに考え、それを言葉にしておられる。ところがわれわれはそれほどの経験ができないから、追体験して、そうではなかったかと自分の経験に照らしながら理解していく、そしてそれを語り伝えていく、ということくらいしかできません。

偉大な先人、先達というのは、言葉の底に由来をもっている。その由来を持っているから、信念を持って生きることができる。

スポーツの価値――自己目的的行動

榮　だいたい根本のところに入ってきたようですが、「スポーツマンは人間の価値を何もないなかからでもつかめる、そういう実感を得ていくところにスポーツ的行為ということの意味がある」（七）とおっしゃっています。その何もないなかからということが大変深い問題を含んでいるのではないかと思うのですが。これはどういうことでしょうか。

大西　だいたいスポーツというものは、あとの結果を目標としてやっていくものではない。自己目的なものですね。通常、人間行動の価値は、その結果的行動あるいは何かを得た、それによって決定づけられるものですね。お金が入るとか、あの人は総理大臣になったからなんだとか、そんなことを考える。スポーツのように金も名誉も地位も直接あまり関係ない、そんな行動の結果、勝った負けたと言って全然意味のないことをやっているように思われるだろうけれども、そうした一見何も意味がないと思われる行為のなかに目標の試合を設定して、勝とうとしてみんなが一緒に協力し合って全身を打ち込んでやっていく。そのやったぞ！　という充実感と歓喜のなかに試合が終わったときに実感されるもの、それがぼくはスポーツの価値だろうと思うんです。

そのときに青少年たちは、自分が努力と情熱と知力をもってつくり出した歓喜というものの満足感をそこでひしひしと実感している。そこに報いのようなもの、物質的なもの、また名誉ということもないけれども、それをやっている人間は実感としてそのなかに価値を認めている。そういうものがぼくはスポーツをやる価値だと思うんです。そういうことを青少年たちはこの何もないなかからつかめると実感するんだといっているんです。

榮　そうしますと、やっていることは日常的な行為ですね。練習するとか努力を傾けるとかという。そうした日常的な行為のなかから日常性を超えたもの、無功徳というようなことが出てくるということでしょうか。

伴　アマチュアリズムでしょうね。われわれの行為は普通、目的的行為で、「役に立つ」ということを軸にして、それが日常生活に還元されるけれども、そのなかで呼吸をする、水を飲む、ボールを投げるという、むしろ無用の行為のなかに絶対的なものを見つけ出していくわけですね。

ぼくは先生のこの言葉をお聞きしたときに、禅の〝如何なるか是祖師西来意〟という問答を思い出しました。達磨《だるま》がインドで修行し終えて中国へ渡ってきた。さぞかし有り難い仏の教えを説いてくれるであろうと思いきや、ただ黙って坐っているだけである。いったい達磨は何のために中国へやってきたのか。その問いに対して「庭前の柏樹子」とか、「若し意有れば自救不了」というのが答えになっているのです。

何のためでもない、坐るという日常の何でもない行為のなかに安楽の法門がある。坐ってみると、この小さな身体が宇宙全体を包んで、空っぽというか、清浄というか、何ともいえない歓喜を覚えるものです。何でもない行為のなかに人間は本当の歓喜あるものをつかむものだぞ、ということを教えているのが禅だと初めて気がついたのです。

六祖慧能に〝無一物中無尽蔵〟という言葉があります。本来無一物という語ですが、無尽なものが何でもないもののなかに蔵されている、ということを発見して、それを生き方の根本にしていったのではないかと思うのです。

禅のあの難しい言葉をこんな易しいわかり易い言葉で語れるのかと驚きをもってお聞きしました。たとえば、茶を喫し、水を飲むという日常の何でもない行為が茶道へつながっていくし、呼吸をするということが坐禅の極意へつながっていく。スポーツもまた同様です。ボールを投げ、ボールを蹴る。ただそれだけの行動のなかに無尽なるものが蔵されている。全く南無不可思議光です。

榮　達磨が壁に面してただ坐っているという行為も、振り返ってみれば大変な意味を含んでいるわけですね。ところで禅のなかではよく空とか無とかいうことが極意のごとく使われますね。わからないままに色即是空、空即是色という言い方が……。何もないところから価値あるものが出てくるということをそういう言葉に結びつけることはできるのでしょうか。

大西　そのことなんですが、先ほどの「行《ぎょう》」のなかで申し上げたように、仏教なら仏教の法をもってきて、それは空だ、それに頼っていればちゃんといけるんだという考え方を持つが、ぼくは違うんです。努力する、あるいは情熱をそれに打ち込んでいる、そして全身全霊をもってそういう目的を達成するために一生懸命やっている。そしてそれが達成されたときに、やってきた行動の価値が、ひしひしと感じられる、それこそ人間の楽しみのための歓喜の行動なんだ。金や物を求めてやっているんじゃない。それをやっている行動が歓喜をつくりあげていく行動なんだという実感をつかんでいくんだということなんです。

ちょっと仏教の方の修行とは違うんです。私も仏教のそれは好きなんだけれども、どうも何か頼り切っているようでね。南無阿弥陀仏と言ったら、うれしくなって楽しみがわいてくるんだというものではない。要するに、自分が取り組む一つの勝負なら勝負、スポーツならスポーツでこれを獲得するために一生懸命やっていく。その行動のなかに歓喜があるんだ。それがこれを得たときに本当に人間がつかんでいく喜びなんだ。そこにはなにもない。無功徳で何もないものだ。スポーツには何もない。そういうものをやっても、そこに何ら報われるものはない。その無功徳の行為に人間の価値があるという考え方なんです。

榮　そうしますと、たとえば歓喜という言葉ですが、何もないところからやっていって、これだ、わかった、ということがありますね。そこでつかんだものは止まらないで、また次のものを生み出していくということですか。

大西　要するに、そう感じたらそういうことをまた全力を尽くしてやることによって、その次の大きな歓喜をつかんでいく。

榮　悟りという言葉がありますね。悟りというのは悟ったら終わりではない。悟りの後にまた悟りがあるわけですね。

伴　道元が中国へ渡って、天童山《てんどうさん》の如浄《にょじょう》の許に参禅して、そのとき「参禅は須く身心脱落なるべし」と言われ、はっと悟った、わからなかったことがさっと解けたというのです。そこで道元は如浄の室に参じて香をたいた。そこでいよいよ如浄との最後の問答に入るのです。如浄は「焼香の事作《じそ》麼生《もさん》」（焼香するとはどうしたことか）と問うた。道元は「身心脱落してきた」と答えた。すると如浄が、「身心脱落脱落身心」と言った。「身心脱落、脱落身心」というのは、もう仏となって出てきている、悟ってやってきているということです。すると道元は「これは是れ暫時《ざんじ》の技倆、和尚《おしょう》、濫《みだ》りに某《それがし》を印《いん》すること勿《なか》れ」というのです。ただそのときの出来心でできただけだと道元は答えるのです。

『正法眼蔵』のなかで、いくら悟ってみても「華《はな》は愛惜《あいじゃく》に散《ち》り艸《くさ》は棄嫌《きけん》に生《お》ふるのみなり」ということを道元は言うわけです。そういうことがあるから悟りというものもあるんだと。いくら悟ってもそれはその時その場でできたことであって、また次にできるということではないんだ。だからみだりにほめるなというようなことを言っています。その言葉のなかには如浄の支配する力から脱した道元の独脱無依の姿が秘められています。「これは是れ暫時の技倆」、その時その時の出来心であるといっています。

大西　ぼくは悟りというものを有り難がって、私は悟りましたと言っている坊主というのは全く無意味だと思うんです。だから悟りという言葉は嫌いなんです。ぼくは人間とはいくらこういっても、科学者が真理を求めるためにあくなく求めていく。これが真理だと言っても、また次の真理を求めていく。ああいうものがやっぱり人間の人格的向上のなかにもあるのが普通だ。そしてこの過程のなかにぼくは歓喜があるんだと思う。それを歓喜を楽しむ心だと言っているわけです。

たとえば科学でも、こういうふうにいけばこれができるというので、それが信仰にでもなってしまったら教条になってしまいます。そうではなしに、それを何度やってもまだまだ次の真理があるというような動き方が、やっぱり科学のやり方と一緒だ。それをわれわれの人格の形成の過程のなかにも取り込んでやっていくのが人間の行というものではないかな。私はそう思うんですけれどね。

その過程を楽しむ心というのが、何もないもののなかにそれを人間の価値のあるものとして自分が実感することではないでしょうか。それでないと一期一会なんて言葉が出てこないと思うんです。

伴　そうですね。だからその後の受け継いだ坊さんたちが惰性に陥ったということですね。

大西　そんな気もしますね。

伴　だから仏教は死んだものになって、社会に生きたものとして働かなくなった。

人間の修行でも、あるところまで技が達してても怠ればもとに戻りますね。だからそれは実際技を磨いているとわかるのですが、怠れば駄目になってしまう。修行を続けているうちは薄紙をはぐようにいっているわけです。やめてしまうとその達したところにとどまることすらできませんね。もとの木阿弥です。

だから悟りというのもぼくはそうだと思うんです。そのときはっと目が覚めただけであって、それですべて解決つくわけではない。しかし境地の方はできてくるんですね。

大西　それはぼくは実感だと思うんです。ある程度までやっているときは実感ができるんだけれども、ちょっと怠ると実感できなくなるんですね。ただ知るというだけで本当に実感できない。実感という言葉は大変いい言葉だと思うんですよ。

榮　スポーツはまさにそれですね。

大西　ぼくは個人的な陸上競技なんかをやっていたから、それがなかなかわからなかった。しかしラグビーみたいに友達と一緒に苦楽を共にしてやったら、その実感がお前もか、俺もだとなる。実証できるんですよね。そこにチーム・プレイをやっている楽しさがあるんだと思う。それは人間の価値だと思うんです。

伴　その実感が社会生活へ生きていくわけですね。社会もお互いに共に生きているのですから。

大西　その体験が人に感動を与え、また人を同じように引っ張っていく。それがスポーツのよさだ。

フェアの精神

榮　「スポーツは民主社会の基礎だと言われるのは、スポーツを通じて社会生活、クラブ生活を行なうなかで、ある共通のフェアという精神があって、その精神を身につけた者が現実の社会に影響を与えていく」（八）ということですが、この〝ある共通のフェアという精神〟とは具体的にはどういうことでしょうか。

大西　マッキントッシュもフェアがどうだということを決めかねているんですね。決めかねている理由は、フェアは、そのクリアなプレイヤー、または教育者、道徳学者、あるいは、教会なんかに関係する人々、それぞれによってみな違うんですね。時代時代によっても意味合いが全然違うんですね。人間の価値判断といいますか、人間の良心に訴えてこれはいいとか、悪いとか決められるものですから、ジャストの考えのように一つの法的基準があって、それによって良い、悪いというように決めることができないものなんですね。そういう基準がないんです。たとえば正義というものはジャストのなかにある、するとその正義を中心に良い悪いと決められる。ところがフェアというのは、言ってみれば人間の価値判断というか、人間の良心というか、人間の感覚というか、それに訴えて、これは良いこれは悪いとかいうものも、先ほど言ったきれいとかきたないという判断なんです。従って確たる概念規定といいますか、あるいはこんなものだ、と具体的に言うのは非常に難しいと思うんです。

それをもし根本的なところで言うなら、やっぱりどんなときでも自分の良心に照らして絶村的に恥じない行動をすることを誇りとするような共通の精神、そんなものではないか。ただその価値基準は自分が決めるものだ。しかしそういうものはこの世の中には必ずある。それがスポーツをやっているうちにできあがってくる。

世の中に出ていって貢献するときに、二つの行き方があると思うんです。スポーツが直接世の中に貢献するのではなしに、一つは社会的勢力としてのクラブのような集団をつくって、その集団の組織的な力をもって社会を改革していくという行き方です。

もう一つは、その集団に所属している人間が自ら行動をして、その行動をするときにあの人の行動は正に社会の模範としていつもフェアである、ということをスポーツマンが行なって、スポーツマンになったらああいうふうになるんだと言われるようになった場合に、世の中からスポーツとは立派なものだという評価を受け、初めてスポーツは社会にいい影響を与えていく。この二つの行き方があると思うんです。

一つは個人的に社会の人に影響を与えていきます。もう一つは集団をそういうフェアな精神をもって能動的に一つの社会的勢力として伸ばしていって、社会を改革していく。そうなって初めてぼくはスポーツは社会にいい影響を与えるようになると思っているんです。

それが具体的にはどういうものかといわれると……。子供はフェアということは非常にわかるんです。たとえば子供は遊戯を一緒にやっているとかスポーツを一緒にやっている、そのときにもうあいつはいやだ、あいつはきたないからとすぐ嫌うんです。でも大人になるとそれが理屈っぽくなってわからなくなってしまうんです。

榮　子供がよくわかるというとき、子供というものは理性的でも知的でもなく非常に直観的ですね。そうするときれいとかきたないということは非常に直観的なものではないかと思うんです。

大西　私はそう思う。

榮　わかるというとき、人間は本来は理性的なもの、あるいは知性的なものの働きでわかるというふうに言われているんですが、倫理的なものの認識の底には実は感性が非常に大きな働きをなしていると考えてもいいんでしょうか。

大西　こんなことをいうと性善説に思われるけれど、ぼくは潜在意識みたいなものが、人間にはあるのではないかと思う。たとえば最近の心理学では、大人の行動を子供が小さいときに見ていて、そしてその人の倫理観をつかんでいく、それは確かだと言われていますね。大きくなってからではもう駄目だ。従って親が本当に可愛がって、相手に報いを求めない無私・無功徳の愛で子供を可愛がっていると、子供もそういう愛をちゃんと覚えていく。親が子供を意図的にいろいろとやっていると、子供がそれをちゃんと感じて、愛というものを本当の愛として認識していかないと言われるんですね。だからフェアというものもそういうものではないかと思うんです。

榮　子供の心のなかにはそういう愛を受け止める非常に高いものが潜んでいると思えるのですが。

大西　ぼくはそう思うな。

伴　理性的動物という人間の本質規定は、もう一つ人間の本源的な目覚めから汲みとられていない。もっと純粋経験というか根本経験のところから汲みとられねばならないと思うのです。

われわれは一応言葉で物事をはかって生きているところがありますね。その言葉についてハイデッガーがこんなことを言っています。

「吾々は草木である、――そのことを吾々が認めようと認めまいと、そんなことにかかわりなく――、天空に花を咲かせ、実を結び得るためには、吾々は根をもって大地から生い立たねばならない草木である。

大地――この語はヘーベルの文中では、見得るもの、聴き得るもの、触れ得るものとして、吾々を担うとともに囲い、激せしめるとともに鎮めるもののすべてを名づけている。すなわち感覚的なるものを。

天空――この語はヘーベルの文中では、吾々が観取し得るもの、しかしながら五官を以て観取するものでないもののすべてを名づけている。すなわち非感覚的なるもの、意味、精神を。

しかし完全に感覚的なるものの深さときわめて奔放な精神の高さとの間を貫通する道と径、それは言葉である。

いかなる点においてそうであるのか。言葉に属する語は、語音において鳴りそして響く、字形において光りそして閃く。音と字とは確かに感覚的なるものである。しかしその感覚的なるもののうちにおいて、そのつどそのつど、意味（覚）が音になり、輝き現れる。語は感覚的な意味（覚）として、大地と天空との間の活動空間の広さを横断しつつ測り定める。」

こういう文章なのです。

これまでは、意味というものは理性的なもので、概念化されたものを意味と言ってきたのですが、それだけでなく、感覚的なものということを言い出してきたのです。言葉は感覚的な覚（意味）として、人間の住む世界を測り定めるというのです。そして大地ということを言い始めるのです。大地（感覚的なもの）から何かを汲みとって、それを天空（精神的なもの）のなかに自由奔放に花を咲かせていくのだと。今までの行き方は、大地を忘れてしまって、言葉はそこから汲みとられたはずなのに、言葉だけが独立して、浮遊物みたいにさまよっていた。それを大地へ連れ戻さなければならない。そこに働くのが感覚とか気分とかであり、そういうものを直接経験と言っています。直接経験はその度ごとですから無数にあります。そのなかでもその人の考えを動かし、その人の直接経験を哲学へと展開せざるをえなくした経験がある。それが根本経験、そこまで下りていって初めて言葉は本当の言葉になっていく、という立場が出てきましてね。理性的というのはそこから出てきた派生的なものなんだと。だからルールとか法とかも派生的なものなんですね。

大竹　詩の言葉というものはそういう言葉ですね。ところが科学が起こってきて、言葉というものは伝達の道具という立場が強くなってきて、そういうものがだんだん失われてきたのではないですか。

伴　いや伝達の道具というよりも、自然物をとらえるときに、自然の真理は何かと言うと、科学の立場ではそれは法則性なんですね。その法則を最もよく言い表す表現形式は何かというと、記号なんですね。その記号も、数で表現したものがいちばん確かなものというのが自然科学の世界から生み出されてきた言葉なんです。

言葉と記号と数、その数が支配しているのが現代の社会の言葉であって、すべてのことを数に解消しようとしているわけですね。それは合理的理性が開いた世界です。

言葉というものはもともと一切を含んだものから語り出されているのです。感覚もあるだろうし、理性もあるだろうし、分けることのできないところで成り立っている、そういった言葉がなぜ真理ではなくなったのかという問いを発せざるを得なくなった。

特に詩人なんかが語る言葉というのは数ではないですから、詩人の語る言葉がなぜ真理ではなくなったのか、それはもう神秘主義とか、ひとりよがりの情緒主義だとか、というだけではおさまらないのではないか。

榮　言葉の問題も根源的にはそういう部分が本来あったはずですね。単なる部分的な数とかそういうことではなくて、たとえば大地に根を下ろして、そして天空に手を広げて自然の恵みを受けて、そのなかで自己の存在をきちっとつかみ証明できるもの、そういうものとして本来あったわけです。そこで初めてフェアということが把握され実証されていたのではないか。

今、未開人と言われてきた人たちが意外に未開ではなくて、実は高い文化を持っていたとされています。原始宗教のなかに樹木信仰がありますね。なぜ樹木なのかというと、地から生え大地にしっかりと足を下しそして天空へ伸びる。人間の場合、ある高さしか伸びられませんが、しかし木はどんどん伸びて天へ向かう。光を受け風を受けて、さまざまな自然の変化を受けながら厳然とある。そこに人間の生命そのものを託して、自らもそういうものであろうとした信仰が樹木信仰としてあるわけです。大樹の下に集まった人々には何か共通の倫理観みたいなものが育っていったのではないかという気がするんです。

大西　ある集団のなかで共通のスポーツというものを一緒にやって、そのなかで共通の意味をつかめますね。結局、共通の意味を持って初めて言葉はできあがるんです。だからフェアという精神はあるところではもう共通の意味を持ってあるわけです。だからだんだんその集団がいろいろ構成しているうちに、だいたいフェアという精神はこんなものだという定説ができあがっているっていると思う。それが今崩れつつあるけれども、しかし本当のスポーツをやっているなかでは、それが今申し上げたようなものになって生きているのではないかと思うんです。

榮　ちょっと飛びますが、この間スペインへ遠征しましたときに、北のバスク地方にゲルニカという、例のナチスに無差別爆撃されて破壊された町があります。親しくなったバスクの人がどうしてもぼくをそこへ連れていくというんです。そして政治をやる大きな集会場へ連れていかれたんです。その庭にはゲルニカの木という樫のような木がありまして、実はそれがバスクの人たちにとっての精神的な拠りどころだったんです。

キリスト教以前から人々はその木の下に集まって協議をして、自分たちの生き方を決めたらしい。その木は彼らバスク人の結束の重要なシンボルなんです。フランス軍がバスクへ攻め込んだときにいちばん最初にやったのは、その木を切り倒すことだった。逆にフランス軍を追い返したときに彼らが最初にやったのは、その木をよみがえらせることであった。例の爆撃も、どうもその木を爆撃するという意味があったらしいです。

爆撃されて元の木はないんですけれど、新しいひこばえが出てきて、それを大事に育てている。バスク地方のさまざまな家紋や旗などはすべてこの木を中心に描かれているんです。バスクの小学生たちが先生に連れられて見学に来ていました。

そうした一つの共通な精神があって、初めて人間がバスクならバスクという地方の者として生きている。スポーツをそういうものにくっつけていいかどうかわかりませんけれど、スポーツのなかにはスポーツという行為を通じて共通の部分にたどりつける何かがあるのではないか。そんなことを、その木の下で深く感じさせられました。

大西　共通の部分があってたどりつけるというのは、それが非現実的だからなんですよ。だからぼくはアマチュアという精神がそこに生きていると思う。要するに金銭がもしそこに介在したら、これはもう現実的なものになってしまって駄目なんですけれど、非現実的な一つの行動だからこそ、そこに共通のフェアの精神が純粋につくれる。これがいろいろとスポーツをやっているうちに純粋にそういう人たちにわかるようになる。それがぼくはフェアの精神ではないかと思うのです。直観的なきたないきれいということがわかるようになる。

伴　今の説明でよくわかりました。非現実的なものだから共通なものにたどりつけるということが。

大西　非現実的なこと自体が、ぼくはアマチュア・スポーツのいいところだと思うんです。金銭が介在するか名誉が介在するということは、完全にスポーツが現実的なものと一緒になってしまって、本当の意味を失います。今はスポーツが現実的なものだと言われるところに、すでにアマチュアリズムがなくなったと言われる所以がある。

しかし、非現実なところにスポーツがあるから、それが宗教だと言われるんですよ。ある一つのグラウンドが教会と同じことになる。非現実的な行動が何の計算もなく行なわれている。それは明らかに宗教的な行動と同じではないか。未来の宗教はスポーツだと、現在言われる根拠はそこにあるんですね。しかしそこにお金が入り込んできたものだから……。

両鏡相照

榮　フェアということを、もう少し説明してください。

大西　善悪の判断を確定するジャストという言葉がありますが、ジャストとフェアはちょっと違う。フェアの方は自分の良心に照らして絶対に恥じない行動、それを誇りとするような共通の精神です。これは自分というものの絶対的な価値判断として、自分の生き方がきたないかきれいかという考え方であろうと思う。価値基準は何だと言われると、正義に対すると同じで、なかなか決定できない。スポーツを行なっている者のフェアかアンフェアかの実感というものじゃないか。ゴルフの自己申告によく似ています。レフェリーのいないラグビーの試合をやってフェアかアンフェアかの判定を自分でやった、そこから来ていると思うんです。あのきついフォーク・ラグビーは自分たちで決めましたからね。これが根本精神ではないかと思います。

その点、日本で「フェアとはルールに違反しない行動だ」と書物などに書いてあるが、これは向こうの考えとは違う。

伴　フェアな行動が人間の最高の行為だと実感するのは、力を出し切って戦い終わったときの頂上経験といいますか……。

大西　ぼくは試合をやって勝っても不満足なものが残ることもあると申しましたが、勝ったときにも今日の試合は絶対に正々堂々戦った、フェアにやったという、そのことにおいて最も満足した試合であったというときに、いちばん感動するんじゃないかと思うんです。

伴　それがスポーツマンの感ずる絶対性といってもいいのではないかと思うんですが。そのとき、それを感じ取るのはかけがえのない自分自身ですね。絶対の個としての自分が感じている。それを同じ勝負を戦った仲間がまた感じている。そういう世界を経験できるということは、それこそ素晴らしいことではないか。

禅の方にこういう言葉があります。「両鏡相照らして、その間に影像なし。」お互いがお互いの心を、何の曇りもなく、鏡のように照らし合うことができる。そういうことが共通の精神になったとき、人と人との出会いの美しさを表現したことになるのではないか。

大西 そういう経験を両方のチームが持ったというときに、何とも言いようのない満足感が両方のチームにあるというのは確かですね。そういうことは何回か試合をやって数えるほどしかありません。試合が終わったときに勝ち負けがありますから、良い試合をやったということは勝ち負けのうちにかき消されますが、しかし時間が経つにつれて、これ以上のゲームはできない、相手もよくやった、両方が全力を尽くして戦った、という境地に達することはありますね。

たとえばイングランドと日本でテスト・マッチをやりました。これ以上はもう日本のチームはやれない。確かにワン・ペナルティーで負けたけれども、今日の試合は決して負けた試合ではないと。あの長い伝統をもったイングランドを一応ここまでたたきのめしたということに対して満足感はあった。それはイングランドの連中も今日の試合はそうだったと言っていますしね。そういう一致がそこにあった。

伴 人間にとっていちばん大切なことはそういう感動を与えること、そうでなければ人間の進歩はないと思う。ところが勝負は悪であるとも言われる。勝負の意義づけというものが本当の意味でなされなければならないのではないか。

大西 勝負というものは、そういうことをやった瞬間に敵味方が一つの人間愛に包まれていくという、その戦いの闘争の結果が二つの人間の愛情によって包まれていく現象、それがいちばん尊いのではないかと。人間にはいろいろな闘争がある、しかしその闘争はそれを本当にベストを尽くして正しいやり方で戦ったときには、それが終わったら二つの心が一緒になって、それは最も崇高な感動の極致に包まれて、相戦った両チームがそういう感動に包まれて終わる。これがスポーツの醍醐味ではないか、スポーツの価値ではないかと。その闘争という形態が愛し合う形態に変化するというその過程のために、勝敗を目標に一生懸命やっていく。そして両方がそういうフェアを中心に他のことを抜きにして闘争を行なう。そしてそういうものを実感するということに価値があるのではないかと思います。

伴　そういうことに指導者が目覚めて一つの世界を建設していく、そのときにはそこを言葉にせざるを得ません。言葉になったときに、自ら覚証して、生きた世界からその言葉を語り出しているのですが、その言葉を受け継ぐところがありますね。そのとき大切なのは、継承と緊張と創造の精神だと先生はいわれる。継承するときにはその根本のところを受け取り直していく。そのとき、初めて精神が生きたものとして継承され、それが生きた歴史になるというふうに理解していいわけですね。

大西　その感動を受け継いでいくためには、その人たちはやはり同じ感動を得るような修行的なスポーツをやって初めて、双方の人たちがそれを受け取ることができる。それはフェアという言葉で言い表すことができるわけですが、それ以上に愛情に包まれたものではないか。これはチームとチームが歴史的にある同じコンディションで、両方が最も良い時期に試合をやって、その試合が両方の人間にそういう感動を与えたときに、スポーツの価値というものが両方に最も効果的に影響したということではないですか。

榮　そこに社会性ということも出てくる……。

大西　社会性というよりも双方のスポーツに対する考え方、それが次第に昇華されていく。初めは勝つためにいろいろやるでしょうが、次第にそういうものがなくなって正々堂々と本当に戦って、勝敗にこだわらず感動できるような環境ができあがる。

榮　そういうことを禅で〝場〟と言っているわけですね。たとえば西田幾多郎は、絶対無の自覚的自己限定などといいますね。

伴　場というものは初めからあるわけではない。両方が真剣に力を尽くして戦うとき、期せずしてそこに一切のものが集中して生きて働いてくる。両方が戦っているそのところが、生きている根源の力の表現の場として働いてくる。だからその場は激しく円転する。

榮　それは空とか無とかいうふうにも言えますか。

伴　それが空。禅の『十牛図』の第八人牛倶忘という「円相」に当たるのではないですか。その円空に自然も人間も本来の姿を現してくる。

その空の場は自己目的的なところですが、そこに入るには目的的行動をしていかなければ入ることができない。目的的行動が究極のところで空ぜられていく。それが頂上経験だと思います。その場に立っていなければ空は現じてこない。その修行の階梯をこの十牛図は示しています。

大西　戦う際の勝ちたいとか、いい試合をしたいとか、名誉のためとか、そういうあらゆるものを滅却して、それよりも自分たちが今までやってきたことを全部投げ出して相手と正々堂々戦う、その後にある満足感というものを最上のものにするということ。行なうことは全く非現実的な行動で、何ら目的を持っていない自己目的的な行動です。それに人間が生命を投げうってまでして、最大の歓喜を得たという、これがスポーツの最も大きな価値であるということ。宗教というものを信じていろいろ行なう、最後に自分が欲望をすべて投げ捨てて仏にすがったときに、初めて開眼する、悟りを得るというのと同じような感動が、試合が終わったときに両チームにあるというのが理想のゲームではないかと。

伴　それがスポーツの三つの機能を統制する何物かではないでしょうか。それを具体的に言えと言われても言語道断のことですから、実際にそれを現じて見せるしかない。今、ここで現じえないならば、何かをもって表現するしかない。しかし禅では「説似一物則不中」（何をもって説明してもあたらない）という。だからそこを「無！」と言っているのではないか。「無！」とか「喝《かつ》！」とか「拂子《ほっす》を放り出す」とか、いろいろなかたちで禅は表現しています。

先生もそこを言葉で言い表すことはできないとおっしゃった。敢えて言えと言うならば、「人間性」としか言いようがないと。禅でも、敢えて言えば「仏性」ということになるのでしょうか。「無」という表現は、その時その場のシチュエーションによって、さまざまな作用をしてきます。

大西　そこでそのときの無というのは、そこに何らかがあってやっているのではなしに、そこに何もないもの、自己目的的なゲームの、何もないものに全身全霊を投げ込んでいるその姿が「無」だと。その極致では、ただゲームというものを両方が全身全霊を打ち込んでやっている、そのことだけなんだ。そんなものなんだと思うのです。今自分が坐禅を組んでいる、それは何かのためではない。ただひたすら坐っている、そういうものの境地ではないかと思う。

榮　スポーツの魅力ということのなかに、何かそういうものが見えている。わかっているわけではないけれど、何か見えているということはあるでしょうね。

大西　そう思いますね。自己目的的な行動に打ち込んでいる。それは楽しみ三昧だと。そこに没入してしまっている。それが無の境地。ラグビーをやっている、ヴァイオリンを弾いているということでなしに、それに没入している。自分も何もない、しかしそこに真の自分が生きて働いている、そういう境地のとき、初めて無と言えるのでしょう。

伴　その自己のはたらきを、臨済《りんざい》は清浄《しょうじょう》光《こう》、無分別光《むふんべつこう》、無差別光《むしゃべつこう》という言い方をしています。

「你《なんじ》が一念心上の清浄光、是れ你が屋裏《おくり》の法身仏《ほっしんぶつ》なり、你が一念心上の無分別光、是れ你が屋裏の報身仏《ほうしんぶつ》なり。你が一念心上の無差別光、是れ你が屋裏の化身仏《けしんぶつ》なり。」

とか、

「人有って我れに求仏《ぐぶつ》を問へば、我れ即ち清浄の境《きょう》に応じて出づ。人有って我れに菩薩を問へば、我れ即ち慈悲の境に応じて出づ。人有って我れに菩提《ぼだい》を問えば、我れ即ち浄妙《じょうみょう》の境に応じて出づ。人有って我れに涅槃《ねはん》を問へば、我れ即ち寂静《じゃくじょう》の境に応じて出づ。境は即ち万般差別《ばんぱんさべつ》なれども人《にん》は即ち別ならず。所以《ゆえ》に物に応じてかたちを現《げん》ず、水中《すいちゅう》の月の如し。」と。

フェアの精神もそういう自己のはたらきではないでしょうか。

榮　非常に非現実なものが、実は現実を動かしている。

伴　それが根源にはたらいて、そこから世界が創造され建立されたときに、初めて闘争の倫理が実現された世界になるのではないでしょうか。

大西　フェアということが行動によって実感される。フェアという言語だけでは成り立たない。それ以上のものがある。それがスポーツを本当にやっている者にはわかる。そういうスポーツ集団を次第にふやして、社会の基礎集団としてつくりあげていって、そして社会をよくしていく。それが基礎集団とフェアとの関係ではないですかね。

伴　それができたとき、遊戯性、闘争性、技術性というものが一つのものによって統一されてくるわけですね。しかしギリシアのポリスも、プロテスタントも、禅宗も、そういうものを一般に普及しようとしたとき、その純粋性を保てずに、現実に妥協してしまった。妥協することによってしか、世の中に普及しえなかった。しかしそうすることが堕落と没落と風化に通じていった。それが人間の歴史というものかもしれません。いったいどうしたらいいか。この問題は継承と緊張と創造の精神ということで、すでに述べられてきたことですが、難しい問題です。

大西　ぼくは何で継承ということを言ったかというと、人間は有限である。だから人間は歴史の一部を継承していく。ラグビーでも何でも、あるところにある年限だけいる。伝統を継承して進歩させて、次の者に送らないとよくならない。進歩の過程と継承とを一緒にしていかないと人類は進歩していかないという考えから言っているわけです。その過程に、重要な意味がある。常に新しいものを創造して次に継承しなければその人の任務は終わっていない。それを今いちばんやらなければならない人たちは、オリンピックなどに出ていったエリートたちだったと思うのですが……。IOCなどはローマ法王みたいなもので、そこからオリンピックの修道士のような者が出てきて世界に伸びていく、そういう組織をつくるというのがクーベルタンの理想ではなかったか。それを固定的に継承させていくという世襲的な考えはぼくにはない。一人でも二人でもいればよいのです。

伴　そういう伝えるものを「法」と考えますと、法は文字ではなくて、人から人へと、人が受け継ぐ。

大西　そうです。ぼくが思うのは、オリンピック・イデオロギー、スポーツ・イデオロギーというものではないかと。そのスポーツがすべての人から渇望されたようなものになるならば、それは浸透していくでしょう。浸透していくということは、ただ単にファンをつくることではなしに、社会の基礎集団をつくっていくことによって、その人たちが団結することによって、政治を動かすことができるという考え方なのです。政治に関与するのではなく政治を見張り浄化していく。理想的なスポーツ的な考え方をもって、政治を動かしていく。もしそれに合わないような、平和というものに反するような権力者がいれば交代させて、それに代わるものを立てていくというふうな、長い目で見るスポーツの理想像みたいなものを夢見ているのです。

伴　その場合、先生は、スポーツ一元論ではなく、スポーツを愛するものはスポーツで行く、芸術を愛するものは芸術で行く、自分たちの住む世界を純粋に愛する人たちが、それぞれの基礎集団をつくって、お互いが両鏡相照らすように語り合えるようになる世界を開いていかなくてはならないと。

大西　そうなんです。そういう人間がそれぞれの社会をつくっていって、団結をして、その場合野心をもっているような者が出てきたらその集団の価値基準に照らして、その座から下ろしていく、要するに民主主義は数ですからね。

伴　イデオロギーといっても、人間存在の自由性ということが根本にあるから教条主義、公式主義にならない。

大西　平和という社会をつくりあげていこうとする人々の協同的行動と思うんですがね。それとスポーツ・エネルギーといいますか……。

榮　人から人へというのは、つくろうとしてできるものですか。それとも出会いとしか言いようのないもの……。

大西　人と人が触れるというのと、人の考え方に触れるという場合がある。本物の指導者をしっかりつかまねばならぬというのはそこなんです。その指導者というのは、営々と築いて傑出した人がその役割を負うべきだ。たとえば、ＩＯＣというオリンピック教団は、スポーツ教の大本山というところに立ってそういう役割を担うべきだと思うのです。

伴　最後に一つお聞きしたいのですが、先生は教育の問題は国家ではなく民族を基盤として考えなければならないと言われましたが、この点を少し説明してください。

大西　これは難しい。ぼくもそれは戦争が終わってからそう考えたのであって、理論的にこうだというものではないんです。世界的にも歴史的な事実からいうと、まずユダヤが残っている。ああいう宗教団体、それから日本にいてはわかりませんけれど、マホメットの強さ、あれなんかは宗教民族ですね。ああいうものでないと結局自分たちの団結とか相互扶助なんかはできない。

国家などというものはまさに権力者がそこにいて人為的につくられているにすぎない。戦争が終わったときに、国家が何をしてくれたか、国家なんか何もしてくれてない。

しかしあれだけ迫害されてもユダヤ民族は生き残っているんですからね。やっぱり民族というものは……。国家はローマのように滅んだものもあるんですから。

伴　これも先ほどの、人間は一本の草木であるということと関連すると思います。その土壌でしかその木は育たない。とすると、民族が生きている地盤というのは、やっぱり風土。風土のなかで一つの共通のものが育って民族を構成する。そういう意味も含んで非常に大きな問題だと思います。

ラグビー校におけるスポーツと教育

スポーツと教育について論ずるとき、英国のパブリック・スクール、特にラグビー校の教育とスポーツについて語らないということはドクター・アーノルドに全く申し訳ないこととなる。そこで大竹正次氏に「スポーツと教育」のなかで充分お話を伺うことになっていたが、ケンブリッジ大学への在学研究の時期と重なってその機を逸してしまった。ケンブリッジにお着きになったらお送り願いたいとお願いしておいたところ、貴重な原稿をお送りいただいたので掲載させていただくことにした。

イギリスのスポーツ、特にチーム・ゲームと言われているものの発展をたどろうとすれば、パブリック・スクールの存在を抜きにしては語り得ないであろう。それほどパブリック・スクールの演じた役割は大きい。ここではなぜそれが重要な役割を演じるようになったのか、その歴史的背景と経過、そしてその意味を明らかにしたい。

もちろんパブリック・スクールの歴史は、現イギリス王室の歴史よりも古く、またその定義も難しいが、ここではチーム・ゲームとの関連で、十九世紀ヴィクトリア朝のラグビー校に焦点をしぼることにしたい。チーム・ゲームの興隆は十九世紀中葉であるが、それにラグビー校は大きなかかわりを持っているからである。すなわち、最も典型的なチーム・ゲームであるラグビー・フットボールは、ラグビー校を発祥の地とし、その校長であったドクター・アーノルドは、パブリック・スクール制度の発展に大きな影響を与えているからである。

ドクター・アーノルドの影響力を理解するためには当時のパブリック・スクールの惨憺たる状態を知っておくことが不可欠である。彼がラグビー校に校長として在任したのは、一八二八年から亡くなる一八四二年までの期間であるが、十八世紀から十九世紀初頭にかけては、教師の金銭欲からくる堕落と、教育効果を上げ得ないことが原因となって、数多くの学校騒動が見られた時期である。失墜した権威を回復しようとするための厳し過ぎる規則や体罰も、反抗の原因となった。そのような例として、一七八三年のイートン校、一七九三年のウィンチェスター校で起こった反乱を挙げることができる。もちろんこのほかの大きな要因として、フランス革命の影響を無視することはできないであろう。

このようなパブリック・スクールの実状にはしばしば批判が繰り返され、ヘンリー・フィールディングは『ジョゼフ・アンドルーズの冒険』のなかで、「パブリック・スクールはあらゆる悪と不道徳の温床である」と非難したほどである。一八一六年、『エジンバラ・レヴュー』、『コータリー・レヴュー』両誌は、教え方、運動の時間、しつけの無さを批判し、さらにその対象は、教科課目、ファギング制度（下級生に雑用をさせる制度）、生徒間のいじめの問題に及んだ。一八四〇年まで、パブリック・スクールでは古典以外の新しい科目を教えることは禁じられていたが、その背後には、古典は永遠の生命、永遠の価値を持っており、現在を過去に重ねることで、時を超えて古典の本質を引き出すことができるという考えがあった。十八世紀イギリスが持ったこの様相は、大学の教師のみならず、パブリック・スクールの教師にとっても、科学や数学を教える以上に同時代的なことだったのである。その上、ラテン語をかりに不完全であったにしても知っていることは、望ましい仕事を手に入れる唯一の道であり、階級差の歴然たるしるしでもあった。パブリック・スクールの教師は、十九世紀の中葉においてさえ、ほとんどが激しい体罰主義者であり、なかでも十九世紀初めのイートン校校長キートは、処罰の方法として多くの生徒の面前でむち打ちの刑を行なうことでその名を轟かせた。教師は粗暴であることを期待さえされていた。ある意味で、時には生徒よりも低い自分の社会的地位のうっぷんばらしを、体罰によって行なったとも言える。そういうむち打ちは、反発や復讐の欲望を一層弱い者へ向けるいじめをさらに多く生じさせる結果となった。パブリック・スクールの生活環境は、後述する『トム・ブラウンの学校生活』に詳しく描かれているが、プライヴァシーの欠如を始め、寒さ、悪い食事、愛情の欠如、野蛮な行為、いやな人間の存在等、およそ快適とはほど遠い生活であった。さらに医学知識の無さ、衛生環境の悪さは、ひとたび疫病が発生すれば、直ちに何人かの生命を死に至らしめたのである。

それにもかかわらず、それではなぜ当時の親たちは、自分の後継者でもある息子をそのような危険を冒してパブリック・スクールに送ったのであろうか。ドクター・アーノルドがラグビー校に赴任したのは一八二八年であるが、この前後の有名パブリック・スクール生徒数の推移は次のようなものである。イートン校―一八三三年六二七名から一八三五年四四四名へ、チャーターハウス校―一八二五年四八九名から一八三二年一三七名へ、ハロー校―一八一六年二九五名から一八二八年一二八名へ、ラグビー校―一八二一年三〇〇名から一八二七年一二三名へ、それぞれ減少を記録している。これは一八三〇年代の一時的な不景気が理由でもあるが、もっと大きくは、ジャーナリズムのパブリック・スクールの現状批判による影響であった。一方、一八〇〇年から一八六〇年の間の法律と医学を職業とする者の数は、約四万人と倍加し、聖職者は一八二七年に約七千人であったものがおよそ一万六千人へと増加している。このことを可能にさせたヴィクトリア朝イギリスの富と力の増大は、必然的に中産階級の成長を促し、物質的な面での成功が、パブリック・スクール教育を受けさせようとする者の数を絶えず増やす方向へ働くのである。ヴィクトリア朝のいわゆる帝国主義的発展を背景にした海外への関心もまた、パブリック・スクールの再生に大きな役割を果たした。植民地において必要な人材は、科学者であるよりリーダーシップを備えた管理者であったからである。一八三二年の選挙法改正、一八四六年の穀物法廃止、また奴隷制廃止運動等に見られるようなヴィクトリア朝の精神的エネルギーは、公私の生活を支配する力となりつつあった福音主義と相まって、富が露骨に示す物的な考え方との緊張と衝突を引き起こしながら、新しい展開を見せるのである。そして、このエネルギーが、苛酷な条件のパブリック・スクールに息子を送らせたものであり、ド・ハニーにならって言えば、gentleman（紳士）とmanliness（男らしさ）の概念こそが、それを可能にさせたものなのである。

この二つの概念は、ドクター・アーノルドがラグビー校において校長として生徒たちに望んだ在り方と結びついており、制度としてのパブリック・スクールの新たな展開のなかで、ヴィクトリア朝のイギリス社会に深く根づき、その社会を規定したものであった。そして、この展開に大きな力をかし、かつ支えたものこそ、チーム・ゲームであり、パブリック・スクールなのである。この表現によってドクター・アーノルドが意図したことが、弟子たちによる展開のなかでどのように変わっていくかの過程は、パブリック・スクールがいかに時代を反映したものであるか、それが決して時代に先行するものではなかったことを明らかにしてくれる。また、この過程にふくまれている問題、すなわち精神と身体の関係と自由の問題は、われわれが自らそれを解決しない限り、未来は決して明るいものとはなり得ないものである。

ここで、ドクター・アーノルドがラグビー校で行なったことを検討し、それがどのように展開されていったかを見てみよう。彼はまず自分自身を心底から教育者とは考えていなかった。彼の関心は、宗教、政治、社会問題の方にあり、ラグビー校の校長職に応募したのも給料に魅力があったからにすぎなかった。従って、彼の教育方針は彼の社会についての、あるいはキリスト教についての見方のなかから、出てきたものであった。彼にとってこの世は罪が染み透ってしまっているところであり、その改革には物的な面での改善もさることながら、もっと根底からの徹底的な改革がはかられねばならなかった。彼が目指したものは、国教会の改革であり、真のキリスト教社会の建設であった。彼がラグビー校で行なったことの背景には、国教会あるいはキリスト教社会についてこのような考え方があったことを考慮に入れておかなければならない。赴任したラグビー校で彼が見出したものは、生徒の飲酒、嘘、野蛮な行為、反抗、怠惰等であり、そこは困窮と不平等と不正が隅々まで広がった当時のイギリス社会の縮図であった。ラグビー校における改革が、いかに困難なものであろうとも、まず試みられなければならなかった所以である。

デイビッド・ニューサム（David Newsome）は、アーノルドが行なった改革を、⑴校内生活や規律に関して校長の権限を理事会から独立させた、⑵教師の地位と役割の改善、⑶一つの連帯意識をもつものとしてのラグビー校の強調、⑷ふさわしくない生徒に対する仮借ない追放処置、⑸監督生制度の適用、の五点に要約している。しかし、ここにはスクール・チャペルを教育と結びつけて宗教の役割を重要なものとしたアーノルドが抜け落ちてしまっている。ラグビー校のスクール・チャペルそのものは、ドクター・アーノルドの前任者ドクター・ウールの時代にすでに建てられていたが、ほかのパブリック・スクールにおけるのと同様、校長と牧師の役割は別々のものであった。ドクター・アーノルドは、それを自分自身が行なって、「宗教上の教えが主として校長によって行なわれない学校は、パブリック・スクールではないであろう。あらゆる偉大なパブリック・スクールにおいて、チャペルは学校生括の中心である」と、トンブリッジ校長ウェルドンをして言わしめたのであった。ドクター・アーノルドの努力の原理は、キリスト教社会の理念をひな型としてラグビー校に実現し、そこを a school of Christian gentlemen（クリスチャンの紳士の学校）にすることであった。もちろん、彼にとってのクリスチャン・ジェントルマンは、クリスチャンの方に重きが置かれていたが、このキリスト教的理想像は、当時の混沌とした社会にあって、中産階級の求め始めていたものを満たすものとして、ラグビー校の人気を高めることにもつながったのである。

　前述した各パブリック・スクールの生徒数の減少が増勢に転じて、以後上昇の道をたどるのは一八五〇年前後を境とするが、生徒たちの親が中産階級としての力と影響力を増して、貴族階級に拮抗するにつれ、彼らが不安に感じていた貴族階級のぜいたくさ、道徳的宗教的熱意の欠如といった基準に代わって、この理想像は彼ら自身の基準となり得るものだったのである。ドクター・アーノルドが貴族階級の子弟の入学を頑なに拒んだのは、特権を持ちながら義務の念に欠けて堕落した貴族階級に対する彼自身の批判の表現であると同時に、このような親たちの不安への答えでもあった。ラグビー校で「生徒の一人一人は、自分には為すべき仕事があり、その仕事を充分に果たすことにこそ、自分の義務と同じく幸福もあるのだと感じるように教育」された。それは厳格な監督によってではなく、生徒たちに自尊心を養わせることによって、つまり彼らを紳士として待遇し、できるだけ彼らの手を通すことによって行なわれたのである。従って、ラグビー校での最も厳しい罰は、その信頼を裏切ることであった。

「悪の温床」たらしめているものを根絶することを望んだドクター・アーノルドは、スクール・チャペルにおける説教、折にふれての生徒一人一人への、また直接教えていた最上級生への語りかけによって、さらには彼の信頼を裏切り理想像の実現の妨げとなる生徒たちを追放することで、彼自身の影響力を行使したが、教師のほかに監督生の助けが必要だった。『トーマス・アーノルドの生涯』の著者であり、ドクター・アーノルドから直接指導を受けたスタンレー（Stanley）は、それを次のように描いている。ドクター・アーノルドに「監督生たちはその権力を行使する点で悪用を厳しく諫められたが、同時に彼の強力な支援も期待できたのである。」また、「（ドクター・アーノルドは）監督生たちが、至高の原理と動機に基づいて学校を最善のものとするために、校長とともに仕事をしているのだと感じるように努めてくれた。さらに、校長とともに道徳的責任と学校の実際の福祉に深い関係を持っているのだ」とも。『私（アーノルド）は諸君が当校で善を行ない、自分自身はもちろん他人に対しても恩恵を永続させる機会がいかに多く、かついかに大きいかを充分理解することを願う者であります。また未来に備えて、より良い機会がここほど見出せる場所はほかにはあり得ないでしょうし、それはまた将来当校での生活を最高の喜びをもってかえりみる由縁ともなるものでありましょう』。ここには、ドクター・アーノルドが監督生の在り方をどのように考えていたかが示されているが、彼自身'The Journal of Education'誌に寄せた手紙のなかで次のように述べているのである。

「監督生の仕事は、生徒たちの間で秩序を維持することであり、不都合な行為をやめさせること、特に強い者による弱い者いじめを防ぐことである……この目的のために彼らには全般的な権限が与えられている。この統轄する者たちは、大きな責任を授けられ、教師から信頼と配慮をもって扱われ、絶えず校長と直接話し合いを行ないながら、ほとんど独占的に校長からの指示を受けて、最も良い意味における自尊心を身につけるようになるのである。彼らは自らが学校の名声に責任ある立場にあるものと考え、その当然の結果として彼らと同じ特典を享受していない同年齢の生徒たちより、はるかに優れた品行の習慣と大人の心（manliness of mind）とを身につけるのである」。

ここで大事なのは、校長が直接監督生と話し合うとしているところである。彼以前の校長像は、生徒たちにとっては威厳を備えた遠い存在であり、校長自身も生徒たちの教科外の活動には無関心であった。もちろんこの監督生制度は、ドクター・アーノルドという類まれな影響力を持った個性の持主だからこそ、見事に機能したものであろう。とはいえ、ドクター・アーノルドに直接教えを受け、後にパブリック・スクールの校長になった弟子たち（パーシバルがクリフトン校、ボーンがハロー校、バトラーがヘイリーベリー校、コットンがモールボロー校等）も、威厳を脱ぎすてて生徒とともにプレイし、全生徒との接触を深めることによって新しい校長像を確立した。このことは、他の教師たちにも同様のことを促す作用を果たしたであろう。ここでもう一つ注目したいのは、右の文中で使われているmanlinessが、文脈から考えて、男らしさというよりは、子供らしさに対する大人らしさを意味するものだということである。しかし、その後のパブリック・スクール制度は、このドクター・アーノルドのmanlinessに彼とは異なった意味をつけ加えることによって、新たな発展を遂げるのである。そして、ドクター・アーノルドを有名にし、アーノルド神話をつくりあげる役割を果したのが、彼の弟子であるトマス・ヒューズ（Thomas Hughes）であり、その著書『トム・ブラウンの学校生活』であった。

学校を舞台に少年小説の原型ともなったこの作品は、最初は一同窓生という匿名で一八五七年四月に発売され、すぐ版を重ねて同年十一月までに一万一千部、一八六二年末には二万八千部が売れる人気を博した。それにはこの小説の題材が、著者自身のラグビー校での経験に基づいて、少年トムが正々堂々と戦い、良きスポーツマンとして成長していく過程を描いたものであることが挙げられよう。しかし、ここで描かれたmanlinessの理想像は、読者がヒューズの意図とは関係なくドクター・アーノルドの意味した「崇神と善き学習（godliness and good learning）」を無視して、むしろ対立する反知性的なゆがめられたmanliness像をつくりあげる皮肉な役割をもになうことになった。この背後には、ヒューズが在学した当時ドクター・アーノルドによって表現されていた宗教的熱情と言えるものが、その後の道路網の改善、鉄道の敷設によって、対校試合という新たな宗教に取って代わられつつあった事態がある。ヒューズがどのような意図を持っていたかは、一八五八年版の序文によく示されている。（岩波文庫版にはこの序文はない。『トム・ブラウンの学校生活』からの引用は岩波文庫の前川俊一訳による）。ヒューズはまずこの本が出版された後、古い友人から受け取った手紙を紹介する。「いじめの悪をもっとはっきり非難することができなかったものか。またそれを止めさせる手段方法について何も示されていないこの本は、パブリック・スクールの状態が兄ブルックのまれにみる指導下にあったときを除いては、苦難と痛苦の状態にあるという確かな証拠となるものであり、臆病で神経質な子供は、終日身体的な不安にさらされている。この治療策はただ一つ、年齢別、少なくとも九～十二歳、十二～十五歳、十五歳以上の三つの学校に分けることである」。これに対して、ヒューズは別の古い学友からの手紙を引用して答えとしている。「年齢別に分けたからと言って、いじめの問題は解決されない。この問題は他のいろいろな方法によって立ち向かわなければならないものである。すなわち、最上級生に押さえさせるだけでなく、下級生にもそれを潔しとしないように思わせなければならない。また、教師は本当に生徒に注意を払えば、誰がいじめられそうかわかるものである。教師がいったん決心すれば、いじめを止めさせることはできると思う。すべての学校悪と同様、いじめの問題はありきたりの処理の仕方より、活力を生み出す仕方によって、つまり棍棒を持って威嚇するより、自尊心を持たせ、お互いを尊敬し合うようにさせることで解決されなければならない問題であると確信する」。この後、ヒューズは敬愛する何人かから、この本は説教臭が強過ぎるのが大きな欠点だと言われたことにふれ、「自分の著述の目的はすべて説教の機会を得るためのものだった……少年たちに説教することであった。もし再び機会があれば、他の年齢の人たちに説教することになるであろう。いやしくも書くことを仕事にする人間ならば、自らが固く信じ、かつ説教したいと願うことを持っているものである」と宣言している。そして、ラグビー校出身者の性格の特徴を、「温情にあふれ、心からのさわやかさと若々しさを持っていることにある」として、この性格を与えたのはドクター・アーノルドであり、彼が身をもってその教えを示したこと、個人的に接触したどの少年にも道徳的な思慮深さを授けようと、倦むことなく熱心に努めたことによるものであると述べている。さらに続けて、「少年、つまりは人間にとって、唯一の真の知恵は全生命を神に従わせること、われわれの為すことはどんなことであれ、神の御名において、神の栄光のために為すのだということを教えてくれた。その教えは、自分にはパウロの道を誠実に従っていくことのように思える」と述べるのである。しかし、アーノルドが教えたように人生を生きようとすれば、苦難の時を経験することになる。「自分の仕事に真剣に取り組めば一層しばしば災難がふりかかってくるように思える」が、この苦難を克服して初めて少年が、謙虚に自分の無力さを知り、常に神とともに生きることで寛容を身につけ、日々の生活を楽しむことのできる大人に成長していくのだと序文を結んでいる。ここでヒューズが示している少年から大人への成長を遂げる生き方にこそ、ドクター・アーノルドの唱えたmanlinessの真髄があり、これは言うまでもなく『トム・ブラウンの学校生活』の主人公トムの生き方なのである。

少年トムがラグビー校へ行くに当たって、父親から受けた別れの言葉は次のようなものであった。「いいかな、お前はお前自身の切なる願いによって、前途に幾多の困難を控えながら、熊の子のように、この偉大な学校に投入れられようとしているのだよ——わしはお前をそこに遣るにはまだ早過ぎるように思っとるのだが。もし学校が今でもわしの若い時分のままだとすれば、いろんなむごい、悪辣なことが行なわれ、いろんな怪しからん言葉を耳にすることだろう。しかし恐れてはならぬ。嘘をいわず、いつでも勇敢で親切な気持ちを忘れるな。そしてお母さんや妹に聞かせたくないようなことを、聞いたり、言ったりしないように。そうすればお前は家に帰るのを、またわれわれはお前に逢うのを恥じる必要がなくなるのだよ」。父親が彼をラグビー校に行かせるのは、「一つには、彼が行きたがったからだ。息子が勇敢で、役に立つ、嘘をいわぬ英国人になり、紳士になり、キリスト教徒になってくれれば何もいうところはない」と考えてである。ラグビーへの道中、トムが受ける最初の試練は暁方の寒さである。「馬車に乗込んで半時間もすると、足の感覚が全然なくなって」寒さとはどんなものか、足がないときの気持ちとはどんなものか思い知らされる。しかしこの試練には、「まず、英国人なら誰にもお馴染みの、あの黙々として堪え忍ぶ意識――何物かに対して頑張り続けて一歩も譲らぬという意識があった」。それから馬の足が「堅い道路に触れる快い響や車掌の角笛の朗らかな音色」、さらに「暁の光を待ちのぞむ気持ちと、足指の感覚が戻ってくる喜び」とがあった。「それから夜明けと、日の出、これが完全に見られる場所は、馬車の屋根を措いてどこにあろう。その光景の素晴らしさを味わうには、運動と、変化と、そして音楽が必要である。もっとも音楽といっても、それは唱う人間の音楽ではなくて、努力してこつこつ進んでいくときに、自らくも象徴的に示唆している文章といえよう。トムは半ば凍えながらも馬車の旅を楽しんでいる。足の感覚が麻痺してしまう寒さも、その感覚がまた戻ってくる喜びに結びつけることができるのである。堪え忍び頑張り続けるという意識がそれを可能にさせる、あるいは感覚が戻ってくる喜びを知っているから頑張り続けるのである。しかもただ堪え忍ぶだけではない。周囲の変化に応じて、朗らかな音色を楽しみ、美しい光景を味わいながらなのである。情況の変化を見逃さず的確にとらえる身体感覚と、その感覚から判断を引き出すもう一つの内なるものとの在り方がここに示されている。

この身体感覚を幼年のトムに戸外で手ほどきしたのは、ベンジー老人――「六十年に互る白馬ヶ渓の故事来歴に通暁し、老若、ことに子供らの重宝する色々な事柄を心得ている、元気で剽軽で、人情に富んだ」――であった。この戸外教育は違った階層の子供たちとの出会いの場所であり、郷士ブラウンは自分の息子が「貴族の息子と遊ぼうが、百姓の子と遊ぼうが、相手が勇敢で正直なら一向に差支えない」と考えていた。というのも、彼は「人間は全く彼のうちに存するところのもの、すなわち衣服とか階級とか、財産とかいった一切の外面的なものとは無関係に、肉体という彼を囲む四つの壁のなかに存するものによって評価さるべしという信念」を持っていたからである。彼自身もまた父親や祖父と同様、農場主やその土地を耕している農夫たちと一緒にフットボールをやったり、鳥の巣探しに出かけたりしてきたのである。「それで彼はトムが村の子供らと遊ぶのを奨励し、自分が及ぶ限りそれに力をかして、囲い地を遊戯場に開放したり、子供らのスポーツのためバットやフットボールを用意してやったりした」。このブラウン郷士の在り方は、かつて英国を支えたと言われる中流上層階級の伝統であり、ヒューズが特に評価していると思われる在り方なのである。

しかし、身体の強健さだけでは充分ではない。「自ら脳裡に響いてくる、いみじき沈黙の音楽」に耳を傾けない者の惨めな例を、木刀試合のジョオ・ウィリスに見ることができよう。相手を年輩の静かな老人とあなどったウィリスは、ひたすら力にものをいわせて老人を圧倒しようとするが、逆に引きまわされ、冷静さを失って頭を割られてしまう憂き目を見るのである。このいみじき沈黙の音楽に導かれて、トムは大勢に逆らっても真実と正義のために闘う道徳的勇気を身をもって証すことになる。このことはトムとアーサーの関係の展開に示されていることである。トムがどうしてアーサーの面倒を見るようになったかは、校長と受け持ちの次の会話にはっきりしている。

「彼等（トムと親友イースト）には大変困っています。両人は私の寮のファグたちの間で大きな指導勢力になっています。なかなか活発で勇敢な連中ですからね。彼等を失うのは残念だが、しかし評判をよくして、たのもしい人間になってくれないと、学校に置くわけに行かないのです。もう一年もすると、下級生全体に大変悪影響を及ぼすようになりますからね」。「両人のどちらか一方に、面倒を見てやるような幼い生徒をつけてやったら、真面目になるのじゃないかと思います。二人のうちではブラウンの方が一層向こう見ずのようです。ブラウンさえついていなければ、イーストの方はそう無闇にいたずらはすまいと思います」。こうしてトムがソファの向こうの隅に見出したのは、「ほっそりとした、青白い少年」であった。「この少年は青い大きな眼と淡い金髪をしていて、今にも床から消え去りそうに小さくなっていた。彼は一眼でこの小さな客人が、もし構わずに置かれたら、パブリック・スクールの最初の一学期はまことにみじめな思いをするような少年に違いないと見てとった。トムは正直な人柄であったから、その少年を同室させて置きながら、構わず一人歩きさせることなどとてもできなかった」。

外見上はいかにも弱々しいアーサーが、身体強健をもってなる保護者のトムを驚かせたのは、その精神的な強さであった。アーサーはトムに聞きあわすこともなく、就寝前の祈りを始めたのである。「当時、ラグビー校ですら、幼い子供が公然と祈りを捧げるのは、並々ならぬ勇気のいる行為だったのだ。それから二、三年後に、アーノルドの雄健な信仰が学校に感化を及ぼし始めてから、形勢は一変した……しかし、トムの入校したのは、その時分ではなかった」というわけで、トムはおよそ人前では神に告白を捧げない人間の仲間入りをしていたのである。それが「これまで自分が弱虫として憐れみ、さげすまんばかりにしていた、ちっぽけな、弱々しい子供が、偉そうぶっている自分の敢てなし得ないことをやってのけた」のである。トムを苦しめたのは、自分が卑怯者だという意識であった。しかし、「これからどんなことがあろうとこの少年を守り抜き、彼をはげまし、加勢し、その重荷を背負ってやろうとわが胸に誓ったとき」、漸く落ち着きを取り戻す。そしてその誓い通りに、あとにも先にも一回限りの格闘を、上級生のスロッガー・ウィリアムズとすることになる。トムはいわばやみくもに引き受けてしまったアーサーを守るという責任、

「この信託が、自分の学校生活の中心であり、転回点であること、自分がものになるかならぬかの岐路であること、現在の自分に課せられた課題であり、訓練であることを、何とはなしに悟って」全く別の少年に生まれ変わりつつあった。この格闘は、下級生いじめを一度もしたことがない、そして上級生に対しても決して後ろを見せたことのないトムの名誉を賭けた戦いでもあった。この勝負は校長が姿をあらわして、決着を見ないまま終わり、校長の意を受けた弟ブルック（ブルック兄弟の弟）の仲介で、お互いを尊敬しながら握手をかわして幕となる。

この校長に対して、生徒たちは「自分らの上に、己のいい分を通さないではやまない、強力な人間が出現したことを感じた。そしてその人間が、また賢い、愛情深い人でもあることをまだ知らずにいた。彼の個性と感化力は、割合じかに接触するようになった少数の上級生は別として、まだ日が浅い関係で、一般に力を及ぼすに至らなかった。それで彼は自分の膝下の寮の大多数の生徒にすら、非常な恐怖と嫌悪の目で見られていた。それは彼が赴任してきて以来、学校も校長寮も恐ろしく放縦かつ乱脈な状態にあることに気づいていて、強力な手腕をふるって、建てなおしという、必要ではあるが、不人気な仕事に今もって従事しているからであった」。その校長が、ラグビー校の伝統と日常生活における生徒間の慣習を何よりも尊しとする連中を、感激させ、魅了したのは、何であったのか。

「この方はこの世における一切の卑劣なもの、女々しいもの、不正なものと、全身全霊を挙げて闘っているのだと悟ったとき、その言葉に耳を傾けたのである。……それで、しぶしぶ、僅かずつながら、しかし全体として見れば、確実に、着実に、彼の生活の意味が、初めて若い少年の胸にしみじみとわかって行ったのである。すなわち、彼の人生は、彼が偶然にまぎれ込んだ痴者や怠け者の天国ではなくて、昔から神の定め給うた戦場であり、そこには傍観者なるものは存在せず、どれほど幼い者も彼の味方として馳せ参ぜねばならず、しかもその戦いには生死がかけられているということが」。このような意識を生徒に呼び覚ますと同時に、アーノルドは説教壇から語る言葉と日常の生活を通じて、いかに戦うかを彼自身の不撓不屈の精神とともに示したのであった。

トム自身は、入学してすぐフットボール試合の洗礼を受け、その後、兄ブルックの「私は将来ベィリオゥルの奨学資金を獲得するよりは、わが寮の対外試合を続けて二度勝った方が有り難いです」という演説を、仲間と一緒に狂気のような歓呼で応じた段階から、下級生全体に悪影響を及ぼすような、校長が放校を考えざるをえない過程を経て、アーサーに対する責任を引き受けることで校長の信託に応えて成長を遂げるのである。このような変化と成長は、トムの他者との関係を通じて学ばれていっており、これはまたラグビーというチーム・ゲームの経過過程が与えるものにほかならない。『トム・ブラウンの学校生活』では、クリケットについて次のように語られている。「それの教える規律と相互への信頼とは非常に貴重だと思う。それは自己を滅し切ったゲームでなければならない。それは個人を十一人の一団のなかに融かし込んでしまう。彼は自分が勝つために戦うのではなくて、自分の組が勝つために戦うのだ」。

しかし、ドクター・アーノルドの示した宗教的道徳的影響力は、チーム・ゲームが一ラグビー校を超えてパブリック・スクール制度というより広い世界に浸透したとき、規律の乱れを減少させ、学校騒動へ暴発しかねないエネルギーに対する望ましい鎮静剤の役割へと変化していた。彼の死後十年を経て、チーム・ゲームは意図的な配慮をもってパブリック・スクールのなかで、公式のカリキュラムの一部となる。パブリック・スクールによる違いはあるが、週五日から三日のチーム・ゲームへの参加が義務となるのである。前述したパブリック・スクール批判は、議会にクラレンドン委員会（Clarendon Commission 一八六一年）、続いてトーントン委員会（Taunton Commission）の設置となって、厳しい監査が行なわれ、国家試験、定期的な監査、科学を含む新しいカリキュラムの編成、授業料の免除制度等を骨子とする答申がなされた。これに対するパブリック・スクール側の危機感が、校長会議（Headmasters' Conference 一八六九年）の招集、設立となって、共通のエトスの追求とその維持に努めることになる。従来からパブリック・スクールが誇りとしてきた人格形成の内容をあらわすものとして、肉体的道徳的勇気、忠誠、協力、公正が挙げられるが、古典が精神を鍛えるように、チーム・ゲームは精神、身体、性格を鍛える効果的な手段として確認されたのである。しかし、科学を含む新しいカリキュラム編成への動きは依然弱く、一八九〇年の校長会議においてすら、ウェルドンによって提案された古典の時間の減少は、オックスブリッジの入学に差しつかえるとして否決されている。このような科学に対する対応の鈍さに比べて、チーム・ゲームの浸透はきわめて急速であった。これにはパブリック・スクール批判を含む内外の要因がからみあっている。生徒たちからすれば、薄汚く暗い教室での退屈な授業に比べて、屋外のプレイング・フィールドはそれだけで引きつけられるに充分な緑の広場であり、そこでエネルギーを発散させるチーム・ゲームは生き生きと躍動する面白さを持っていた。その上に勝つことの栄光があったのである。一度でもイギリスを訪れたことのある者には、この広々とひろがる緑の芝生に感嘆せずにはいられなかった経験を持っているであろう。この素晴らしく手入れの行き届いたグラウンドこそ、パブリック・スクールの持つ圧倒的な価値とヴィクトリア朝の富の象徴であったと言えるであろう。そしてこの富による保証が、日々の生活費を稼ぎ出すことから自由な時間を、ゲームをするということで、いわば時間を非生産的に使うという新しい価値観を生み出したのである。これがすなわちアマチュアリズムであった。従って、アマチュアリズムがこの富の保証によってのみ成り立っていたのだとすれば、この保証が危うくなったとき、変質は避け難い運命になるのは当然である。

しかしアマチュアリズムにはもう一つ別の側面があることを忘れてはならない。イギリスに限らず、ヨーロッパには仕事とそれ以外の世界とを画然と区別する考え方がある。この考え方とて経済的保証と無関係ではないが、買い取られたものではない自分の時間、言いかえれば私の尊厳を取り戻している時間を、自分の愛着するものに奉仕することの自由という側面である。チーム・ゲームが必修として課せられたとき、たとえばハロー校において、当初それがきわめて不人気であったのは、この自由を侵されたことへの反発からであった。一八六九年当時、五百人の生徒のうち、百五十人ないし二百人の生徒しかフットボールに参加せず、一八七一年クリケットの場合には僅か九十人そこそこであった。一八七九年の生徒会誌では、必修となったフットボールは「当校での生活を楽しくないものにするための新案」と表現され、結局一八八五年には選択制へと後退を余儀なくされたのである。

一方、アーノルドのもとで教師をつとめたコットンが一八五二年に校長として赴任したモールボロー校の場合は、急速に受け入れられている。この相違はどこから生じたのであろうか。一つには、ハロー校が一五七一年創立の伝統校であるのに対して、モールボロー校は一八四三年、開校したばかりの、しかも一八五一年の騒動によって校長が退任した落ち目の新設校であったことが挙げられよう。さらには、コットンがラグビー校での経験を生かして、監督生制度、寮対抗試合、教師に若く競技経験のある者を採用し、生徒たちとともにプレイすることによって彼らをグラウンドに引きつけたことである。コットンの赴任によってモールボロー校で初めてチーム・ゲームが公式の中心課目として機能する条件が整った。秀れた教師自身がチーム・ゲームに参加することで、生徒たちをそれに巻き込み、魅了したのである。また、寮対抗試合は、個人の成功がチームの勝利につながることで一層の連帯感を強めるのに役立ち、生徒たちにチーム・ゲームへの熱狂を呼びおこすことになる。

ゲームへのこの熱狂を予測するかのごとく、コットンはゲームへの過度の専念を強く戒めている。なぜなら彼の意図したギリシア的な全人（The whole man）の概念では、心身を共に発達させることが、われわれを造り給うた神に仕えることであり、「知的な面と同様に身体面の卓越は、道徳的にも宗教的にも善によって支配され、自己を捨てて正しく義がなされることを知ったときにのみ、恵みあるものとなる」からである。コットンが危惧したように、チーム・ゲームを必修課目にすえた戸外活動は、イギリスの海外植民地への展開とともに、そこでの職業が要求する頑健な体力の養成に必須のものとなって、まぎれもなく知的努力への敵意と軽蔑を示す生徒たちを送り出す結果となった。そして、アーノルドが自分の内に潜む罪との闘いにこそ示すことができると考えたmanlinessは、身体的勇気と集団への忠誠の方に焦点を移して、二つの調和し難い信念、すなわち正直、謙虚、名誉、宗教心を併せて持つと考えられているクリスチャン・ジェントルマンと、仮借ない個人の生存競技のなかでの仮面をかぶった団結精神とを共存させたまま、第一次大戦でソンムの泥濘にまみれるまで続くのである。

大竹正次

◇ケンブリッジ大学ヒューズ・ホール前学寮長、リチャード・ディース教授に資料のご教示をいただきました。

Ⅳ　勝利への創造

継承・緊張・創造——荒ぶる魂の源流

早稲田ラグビーの歴史のなかで継承と緊張と創造ということが書かれている。われわれはそういう精神をもって従事すべきだということを言ってるんです。

私は人間観として、人間というものはある一つの歴史のなかで、その人間がある時代の使命を担っているという考えを持っている。歴史のなかの何年かを自分が受け持って、自分の使命というものを考えてそれを全うしていく。前人のものを継承し、緊張して、それをやり通して、そこに創造的なものをつくりあげていけば、次の人がまたそれを継承してくれる。そこに発展とか進歩があるのではないか、とこう考えているわけです。そこで、一つの部というものも、ある年代の人々がある時代の部をそれぞれに構成しているわけですから、それが前のものを継承し、その継承したものを新しく創造して、次の代に譲っていく。それまでは必ずその人間が責任をもってある期間の使命を果たすという、そういうことが大切ではないかと思っているわけです。その中で緊張ということが、早稲田のラグビーの特徴ではないかと。

五十年の記念のときでしたか、ある先輩が、「早稲田のラグビーは緊張の連続であった。その年代年代、年々にすべて緊張してやり続けた。それが五十年の歴史なんだ」ということを言われまして、私も強く共感しました。そういう緊張というものはどういうものなのか。スポーツは娯楽的なものとして楽しんでやればいいんだということですと決して緊張ということは出てこない。そこで私が考えますには、世の中に誇りを持っている集団としてスポーツをやっていく場合には、どうしてもある一つの歴史的な伝統的な何物かをそこに持つ、それが誇りであるか勝利であるかいろいろでしょうけれども、それを前の人よりもより良くしようとして皆が一生懸命にやる。ただ楽しむというだけではなしに、修行する。ラグビーを通じて行《ぎょう》を行ない、その行の楽しみを楽しんでいく、それが早稲田の行き方ではなかったかと。修行の楽しみとでもいうものです。最近の言葉にアセティック(ascetic)というのがありますが、そういうものではないかと。アメリカあたりでは今頃になってそのようなことを言っていますが、早稲田は五十年も前から修行的という言葉を中心にしてやってきたのではないかと思います。

新しい物を創造していくのには、何か長い間にわたる指導理念というものがある。それがどういうものかと考えますと、どうも私は、ただの肉体だけを使うラグビーではない、知性的行動としてのラグビーというふうに考えるわけです。それはどういうことかと言いますと、いつもトップレベルを維持するために、いろいろな情報を収集して、理論的な方法、理論づけを毎年毎年行なっている。あるいはそれが何年かにわたってある一つの理論づけをつくっていっている。その理論づけを理論だけでなしに、方法論として、作戦、戦法というものに変えて、その戦法に基づく技術を研究し、その技術をいかに練習したらいいかと練習方法の研究を理論的にも考え、精神的なチームワークを皆で身につけて指導してきた。それが早稲田の知性的ラグビーの一つの指導理念ではないかと私は思う。もう一つ言うと、知性的な人員の行動というものの最もプリミティブなものをラグビーに求めて、それを学生に与え、世の中のどんな難関に当たってもこれを体現していれば突破することができるという、そういう確信を与えるためにラグビーをやっている。

早稲田ラグビーの注目すべきことは、イギリス、フランス、ニュージーランドなどの世界的なラグビーと比べて、それ以上に立派な技術論をもっているということです。今まで世界各国から出ているラグビーに関する書物を見ましたが、それらのなかで最近指摘されてきているようなことが、すでに二十年以上も前から早稲田では行なわれてきているという、驚くべき事実がいろいろある。一つの例をとりますと、いちばん最近に出て問題になったのは、南アの会長ダニー・クレイブンという人の、タメの理論――バックスの浅いラインで出ていくときに、一斉にスタートせず、タメてラインの深さをつくっていくという、タメの理論でやれば浅いラインで充分であるという、それがまさに早稲田では昭和の五、六年頃にできあがって、全国制覇しています。あるいはクイック・パスという、パスの理論なども、ゆさぶりから早くパスを回さねばならないということからきているのでしょうが、早稲田のパスの方法は、スイング方式ではなしに回転方式だということで――これは日本的なもので、向こうの連中はスイングの方がいいとさかんに言いまして――、早稲田のパスの方法を批判しました。しかし最近のように日本がある程度国際的な地位を得るようになりますと、日本のパスがいちばん素晴らしいパスであるということを世界が言い出している。そういうことがやはり昭和六年頃にはすでにできあがっている。最近のロッキング・スクラムの方法だって、すでに早稲田はセブンシステムをとっていましたから、このセブンシステムでいかにエイトを支えて組むかということについて猛烈な研究をした。全く最近と同じようなロッキング・スクラムを、昭和五、六年にすでにつくりあげていた。そのほかにバックスのセーフティ・ラインの理論がありますが、そういうものを最近ダニー・クレイブンが発表していろいろなことを言っていますが、すでにゆさぶりのときに、そういう動きを早稲田はやっていた。こういうふうに考えていきますと、早稲田のラグビーというのは素晴らしい技術的な進歩をしていた。それがまた我らの誇りであった。しかもそれが早稲田の今までの歴史的な試合における八〇パーセント以上の勝率というものを維持してきた原因だと思う。それらを毎年毎年新しいものを創造していくことによって、それを受け継いで継承していったというところに、早稲田の最も素晴らしい伝統があるように思うのです。

もう一つ素晴らしいところは、早稲田のクラブはOBと現役が一緒になって一つのゲマインシャフト（情緒集団）を形成している。それはただ学生のクラブであるだけではなしに、社会のなかの独立した一つのコミュニティとしての組織と機構をそこにもって、社会のなかの基礎集団の一つとして厳然と存在しているということです。これはヨーロッパやイギリスなどでは多くあることですが、日本を含めたアジアでは非常に少ない。こうした民主的な集団というものを非常に早くから早稲田はもっていた。そういう気がいたします。従ってそれが独立して五十年もの間続けてこられたということは、社会学的にいって素晴らしいことである。そういうコミュニティを、ラグビーというものを通じてつくりあげて、それが社会の一つの基礎集団としての動きをしっかり行なってやっているということは、世の中に誇り得るラグビーの行き方ではないかと考えております。

そういうことが長年にわたって続いているということは、このなかのいろいろなやり方が正しく良いものとして伝えられてきた証だと私は思う。もしラグビーが弱くなったりして駄目になってしまったら、おそらく誇りを捨て、貧すれば鈍するで、実につまらないクラブになってしまったのではないか。常に日本のトップレベルに位置して日本のラグビーのトップを行きながら、しかもそれを指導しているという誇りのもとにラグビーを行なってきた。従って恥ずかしい試合をしてはいけない、理想的な試合をしなければいけないと、各時代の人々が緊張してやってきたところに、素晴らしいものを残してきたのではないかと思うのです。

今までは知性的ということをいろいろ申し上げて参りましたが、ラグビーは決して知性的なものだけではありません。ラグビーのなかには、合理的科学的というふうなものよりも、むしろ人間が持っている非科学的非合理的ないろいろな行動というものがあるが、しかし同時にそれをコントロールするものがその闘争形態のなかにある。ラグビーというのは一つの闘争であります。この闘争というものを、実際にコントロールすることは非常に難しい。この問題は理論的には到底解決できないものです。十五人で行なうスポーツですから、そのなかにチームワークというものがないと勝利を収めることはできません。しかしこのチームワークというのも、またこれは情緒的な問題でありまして、愛情と信頼の問題ですから、これはまさに科学と合理性だけではコントロールできない。もう一つはラグビーは大変危険なスポーツです。その危険性というものがあるが故に、それをやる人間はまさにその危険性を突破していかねばならない。これは生死の問題に関係があります。生死のコントロールは非常に難しい。これはつまり危険のコントロールでもあります。それには厳しい修行が必要です。

また、試合というものは緊急事態がいつも発生する。ピンチだ、チャンスだというふうに。それを十五人の人間がそのつどその緊急事態にどうしたらいいのかということをみんな自覚をもって対処する。こういう訓練の場がラグビーにはあります。そういう場が試合のなかにあります。これをいつもトップレベルの試合をすることによって、プレイヤーたちに修行の態度と心構えを与えたことは大変なものであったと思うのです。従ってこの科学的合理的、すなわち知性的な行動の教育と、非知性的な非科学的非合理的な行動のコントロールという二つのものを非常にうまくマッチさせて立派な試合をやって、五十年の間に一つの誇りうべき集団をつくりあげてきたということは大したものだと思う。

こういうことがラグビーと人間との関係ではないか。こういう関係こそ人間の修行に、そして人間形成に必要であると。そのためにラグビーを青少年たちにやってもらいたいものだということを、心から考えているわけです。

自主、自律、創造

自由なゲーム――子供のスポーツ

伴　榮君もスポーツ少年団を長い間指導してきて、スポーツの指導理念について指導上かなり問題にし続けてきたと思うのですが、今の先生のお話を聞いていかがですか。

榮　全く同感でして、この問題は人間の自由性の問題とかかわることですから、私にも語り尽くせないほどの紆余曲折があるのです（笑）。

私が子供たち、といっても主に中学生のサッカー指導を、彼らの出身小学校の先生方から依頼されたのは、まだ本当の二十代の半ば過ぎでしたので、体力もあり、勢いにまかせて率先垂範、本当に厳しい指導をしました。といっても、いわゆるしごきではなく、中学一年生のやれる限界情況を見極めながら、彼らが納得のいくまで、繰り返し範を示し、理解させ、実践させたのです。幸い、そうした指導を真正面から受け止める、実に素晴らしい子供たちに出会えたのです。

一年半ほどの指導で、東京で一、二を争うほどのチームづくりができました。これには中学校の先生との二人三脚の成功もあってのことですが。

その後、彼らを軸に、その父母と小学校時代の担任の充分なバックアップを得て、地域のクラブとして育てるという意図を明確にしてクラブづくりをしていきました。

自主性、自律性を重んじて、指導性のある子供をつくるということで、その後十年間ぐらいは厳しい練習、合宿等を続けていきましたところ、クラブの評判を伝え聞いて、やがて小学生、それも一、二年生という低学年から、しまいには幼稚園児まで入会してくるようになりました。

当時、小学生や幼児のサッカー指導書などというものは皆無でしたし、その頃日本で出ていた数少ないサッカーの指導書を片端からすべて読んでみても、せいぜいフットボールの歴史と、技術指導に終始したものでしたから、自分で工夫する以外にありませんでした。外国の専門誌まで取り寄せて、ずいぶんと練習方法の工夫もしました。

そうやって工夫をした上に、練習をやらされているという気持ちでなく、しかもフットボールを楽しんでやっているうちに上手になるようにするにはどうしたらよいか、考えたものです。とにかく小学校の一年生なんかは、興味が持続しませんし、集中力に限度がありますので、練習の後に必ずゲームをやりました。終わって、〝さて今日は何がいちばん面白かったかな〟と聞いてみると、これが異口同音に〝ゲーム〟と返ってくるわけです。

自分の考えてきた事柄と事実とは何かが

違う、そう感じ始めたときに、アルゼンチンからやってきて日本リーグ入りした日系二世の青年に出会って、その技倆の素晴らしさに驚嘆しました。どういう練習をやってきたか尋ねると、練習はしたことがない、ただ自由にゲームをやって遊んで覚えたのだ、という返事です。そうするうちに、今度はブラジルで、プロもプロ、ワールドカップのブラジル代表の座まで争ったという日系人に出会い、直接、共にプレイをしたり話をする機会をもちました。すると彼は奇妙なことを言うんですね。

〝先生、日本は変ですね、サッカーのうまい選手は試合をやって、下手な者は練習ばかりやっている、外国は逆ですよ！〟

と言うのです。〝ええ!?〟と一瞬意味がわからず、彼の真意を聞き質しますと、

〝下手な選手をトレーニングしても上手にはならない。うまい選手をトレーニングして、初めてトレーニングの意味がある。それなら下手な者はスポーツはできないのかというと、そうではない、チームを組んでゲームをどんどんやって楽しめばよい〟

という意味のことを言うのです。その挙句に、〝日本では勉強すれば誰でも東大に入れますか〟

と言われたのには参りましたね。

彼の言わんとしていることは、年齢も、技倆も考えずに、ただ技術のトレーニングをすればよいという画一的な指導者の在り方を突いていたわけです。そして、子供のときには、とにかく、自由にゲームをたく

さんやって、サッカーを好きになることが大切なので、好きな者がたくさん増えれば増えるほど、優れた者が出てくる確率は高い、十人のなかの一人よりは、千人のなかの一人の方がはるかに能力の高い者が出るのではないか、大切なことは、ゲームをする場とチャンスを多くすることだ、ということだったんですね。

また彼は、日本の指導者は、子供のときから教え、与えることばかりするから、大人になって自由な発想をもった自分の特徴を生かす選手が生まれてこないのではないか、とも言うんです。しかも当時の彼は日本リーグで大活躍した選手でしたから、その言葉には説得力がありました。

目からウロコが落ちるとはこのことか、という感じがしたのを今でも思い出します。

そこで思い切って、技術指導を止めて、さまざまなゲームを子供たちの興味にそってやらせてみますと、実に生き生きしてきたんですね。週一回のクラブですが、それがゲームで面白いものですから、後の六日間を、子供たちは自分で友達を集めては、場所を探してゲームをやってくる、もちろんその間に、相手に勝つための技術は、自分でどこからともなく覚えて身につけてくる。それがまた素晴らしい、といった具合で実にうまくいきました。

その頃です、特に幼児を観察していて考えさせられたのは。子供の自然の状態というのは、生きた活動のなかにあるという点です。しかも、彼らが生き生きと何かをしている状態は、決して命じられてやってている状態ではなく、自由に心の赴くままに活動しているときだということです。そういう彼らが次に複数で何かをやって遊んでいるとき、つまり、彼らの世界をつくり出していくときには、彼らなりのルールというか、約束事を互いに見出しつくり出しながら遊んでいる。つまり彼らが自分たちの世界をつくり出していくときには、実は彼らの世界を支える遊びの規則が生み出されているのだ、ということでした。しかも、それは自由な遊びのなかからつくり出されたものであり、これを守らなければ自分たちの遊びの世界も成り立たないから、きちんと守っていく、そこに自主性、自律性、創造性の原型があると思ったのです。

まして、人間の歴史や文化は、人間の精神の自由によって生み出され、歴史や文化もまたこの自由を求める人間の強い意志に担われてきたのだとすれば、この自由性の問題こそ、人間の生存にとって最も大きな意味をもつ問題であるわけです。

そういう視点に立てば、自由性ということは遊びというところで最も原初的に成り立っているのだと確信したわけです。

まして、生涯スポーツという見地に立ってみると、すべての子供たちが選手になるわけではないし、たとえなったとしても選手生活は人生の一時期にすぎない。すると、いつでも、どこでも、誰でもができるものでなければ、スポーツは文化だとは言い得ないではないか。まず遊びから入り、途中たとえ厳しいトレーニング等の選手生活をしてもまた、遊びに戻ってこそ、人間の自由性ということからも、スポーツが真に生活のなかで生きたものになるのだから、スポーツの本来はやはり遊びだ、と考えたわけです。

ところが、そうした行き方でやってみると、成長期の少年、青年にはどうも問題が残ってしまうのです。自由だ、遊びだといっていると、いい加減な球蹴りで終わってしまって、真剣性が出てこない。大学生や社会人になると、まるでサッカーが楽しいのかその後の一杯が楽しいのかわからなくなってしまう。創造性どころか、主体性そのものも遊びのなかで茶化され、骨抜きにされていく始末です。そんな有様で外国のチームなんかとゲームをやると、ヤワな部分をまともに突かれて、とても通用するものではありません。

自由な発想を生かし、楽しみを忘れないで、ということだけでは、少年や青年たちは、いくらでもルーズになってしまって、しかもそういう状態に安住してしまうんです。ここ数年、この自由性と遊戯性のもつ危険というか、未明な部分に大きな疑問を持ってきていたのですが、今の先生のお話をお伺いして、霧が晴れるように私の疑念が取り払われていくような気がいたします。二十年の悪戦苦闘にはっきりと道を示していただいた思いです。

大竹　また目からウロコが落ちましたか(笑)。

榮　いや、それより、目が開かれるという思いですね。

早稲田ラグビーの場合

伴　榮君自身の精神の現象学ですね。ところで先生の部の指導理念には人間の生き方というのが根底にあって、そこから早稲田のラグビーとそのクラブが何を創造し、継承してきたかということをその連続性において見られている。

大西　私がいちばん感じたのは八十何パーセント勝利をしているという事実ですね。これは世界のいろいろなクラブに行きますが、どこにもない。なぜか。それは継承と緊張と創造の精神だということを感じたわけです。

ぼくはデューイの経験論を信奉しているものですから、過去に何があったという経験論ではなしに、経験は現在の相互作用、現在の行動であり、それは未来を目指す行動に直結していると考える。従って過去の行動も、現在の行動も、未来の行動も関連性をもって相互に作用し合って前進していくものだという考えです。

大竹　最初に緊張を与えられるというのは、たとえば最初は慶応に負けっぱなしになりますね。慶応に勝つためにどういう戦法をつくりあげていくかと……。

大西　それと、もう一つ素晴らしいのは、歴史的に調べてみますと、弱いときも強いときもあるのですが、弱いときでもその一年間を引き受けている連中というのは、猛烈な緊張の連続で一年間を過ごしているのですね。

ぼくらの頃は、特に明治が強くて、早明戦が中心でした。明治の教育方針というのは、個性教育ではなしに、団体中心で、ある線までは必ず毎年上がってくる。ですから勝ち負けを見ていると明治はいつも同じ力で、早稲田が強くなったときに早稲田が勝ち、弱くなったときに負けている。

また指導の体系が早稲田は非常にフレキシブルです。部がとんでもない状態に落ち込んでいるときには、非常に優れた監督が出てきて学生たちを引っ張っていくかと思うと、学生の自治能力が優れていて学生が主体となって監督は必要のないような状態ができる。自主運営で勝っている。川越（藤一郎）のときなどがそうです。非常にフレキシブルだと思う。そういうやり方がよかったのではないかと思っています。監督などもOBや現役から推されて就任する。

大竹　昔から部員の自主的な考え方が大事にされていたということですね。

大西　そういうことができたのは、戦前の組織にはサーヴァントがいたということですね。ボール当番とか、風呂をたくとか、ジャージを洗うとかということに人を雇っていた。またこういう人たちがプライドを持っていた。ボールに空気を入れさせたら、日本では俺以上の者はいないとね、誇りを持っていた。昭和十八年くらいまでいましたね。部費で雇った。あれは非常に進歩的だったと思うのですよ。
　向こうのクラブにはグラウンドキーパーなどが必ずいますね。そういうことがあったから新人と古参との間がうまくいった。戦後なくなりましたね。
大竹　これほど勝ちながら三連覇が難しかったというのは先生も、監督のときに何度か経験されていると思いますが……。
大西　学生のときにはできなくて、監督になってからも三年目に負けた。これは創造がなかった、継承と伝統はあったんだが創造がなかった。二年勝つとこの通りやれば勝つのではないかということになってしまう。結局ベルトコンベアの伝統になってしまって、新しいものを考えなくてはならないのに、創造が出てこない。部員の気持ちにもゆるみが出てくる。それとあの頃になってくると外国との交流がなくて、そういう刺激が得られなかったですね。
大竹　戦前に早稲田がゆさぶりを完成しますね。これはやはり遠征がきっかけですか。
大西　そうですね。結局あのときは、オールブラックスがヨーロッパへ行って、ゆさぶり戦法で、トゥー・スリー・トゥーのセブンで展開作戦をやって全勝して帰ってきたときで。その影響を受けて展開練習ばかりやっているのを、豪州遠征のときに見たわけです。それで日本に帰って、ゆさぶり戦法に取り組んでいったというわけです。
大竹　そのあと縦のゆさぶりもやらなければいけないと……、これは……。
大西　その頃の争覇は明治と早稲田だけで

したが、明治が早稲田のゆさぶりに対してどうしたらいいかということを考えた。結局ディフェンスが猛烈に早く強くなってきた。それに対して早稲田はうまくいかない。それで負けて、考えなければいけないということで、縦のゆさぶりという戦法を考えたわけです。結局キックとホイールで縦に進んで次に横にゆさぶって。

大竹　そのあと早稲田はエイトのフォワードになりますね。これはまた何かきっかけがあったわけですか。

大西　セブンでは明治の戦車フォワードに対抗できない。もう一つはルールの改悪ですね。結局ハーフのボールインの問題なんです。ボールを中庸の速度（モデレイト）で入れろというふうになっていたのが、ジェントリーと変えられた。ジェントリーというのはどういう言葉かということで問題になった。国交が断絶しているから英国と連絡がとれない。それが大議論になって、ボールを地面につけてごろごろところがして、スクラムの向こうの縁《ふち》よりも出ないスピードという、これがジェントリーだというふうに規定したわけです。明治の戦車フォワードと言うけれど、そういうルールができたからそれによって明治は有利になったというだけのことなんですよ。それに対応するには七人では駄目だ、八人で行けと。

大竹　それから藤本（忠正）君の代のとき、またセブンになっていますね。

大西　あのときは前のときとは事情が違うのです。スタンド・オフに石井（教夫）と藤本という優秀なのが二人いましたから、藤本をナンバー・エイトにしていました。しかしそれよりも藤本にファイブ・エイスをさせたほうがいいということで、フォワードをセブンにした。それと当時早稲田のバックラインよりも八幡のバックラインが強いので、そのバックラインに抜かれたら、その抜いてきたやつをとめるのは誰か、藤本がいちばん強いということでファイブ・エイスにした。

大竹 例の、早稲田が二部に落ちたとき、木本（健治）さんがキャプテンです。そのとき練習の休みを週二回にして授業に出ることを先生が実施されたのですが、これは……。

大西 それはね、あんまり留年者が多かったからですよ。上級生が学校へなんか行くな、という雰囲気ができてきた。あの頃は第二学部があって、練習時間が授業時間にひっかかってその連中が授業へ出れないんです。それではいけないということで休みを週二回にした。その代わり、休みとはするけれど各自は自分で自主的に練習しろと。

伴 現在のような練習時間と形式は川越（藤一郎）さんの時代（昭和十二年）に確立したということですが、そのときは、二時間練習で三十分フリーですが、すべて実戦形式で密度を濃く意識してやれば、それで一杯一杯で、長く続くのはおかしいんだ。四十分ハーフ、一試合八十分を全力で走りきるためにはどれだけの時間が必要かということを考えて、二時間の全体練習が終わった後で、個人のメニューをこなしてゆくためにフリー時間をもうけた。この練習方法は非常に難しい。チームに定着するには六年かかるだろうと川越さんはおっしゃっていました。

大西　結局そういうことが生まれたというのは、終わってからの自由練習は、上級生が下級生を教えるための時間が三十分であって、真っ暗になってもやっていたからですよ。それに遅くまでやっていてもサーヴァントはいるわけで、下級生もできた。それが持ちこたえる力になった。

大竹　藤本君のあと、山本（巌）君がキャプテンで日本一になりますね。そのときに先生が団長でニュージーランドへ行きますね。それは何か目的があったわけですか。

大西　オールジャパンをつくって、それが向こうに通ずるかどうか。昭和二十九年からオックスフォード、ケンブリッジなどと試合をやっていますが、単独チームは案外いい勝負をしたりするのですが、オールジャパンは試合にならず、負けている。国際試合がこんなことではいけないということで調べてみると、どこの国でもナショナルチームをつくって指導し訓練している。その頃は、相手が来たときに選手を選抜してオールジャパンをつくればいいと考えていたわけです。それについては香山蕃さんや星名（秦）さんと大議論をしました。いろいろあったのですが、結局ぼくの意見が容れられました。

そこでオールジャパンの指導計画を出し、

それが承認されたのでチームづくりを始めた。それにはまず思想の統一をやらなければいけない。オールジャパンが外国チームを相手に戦うときは、「展開・接近・連続」で行くのだと。この方針に従って二年間練習をしてきました。そのときニュージーランドから招待がきて、それに応じることになった。予定より一年早すぎました。計画では三年で仕上げるつもりでいましたから。

しかし行くならば「展開・接近・連続」で行くということを話をし、選手たちに納得させました。遠征中はどんなに負けてもこの作戦だけは変えないぞと。それはどういうことかと言えば、相手がこうくるからこういくとか、ああくるからこういくとそのつど変えていたら、後の者に何の役にも立たない。われわれはこの方法で外国のチームにはいけると考えているのだから、この作戦を十試合全部に当てて、その結果良い悪いを判定して、その次の段階へ進もうではないかと、全試合これでやっていくぞ、と言ってやったわけです。そうしたら初めの四試合は負けたが、後の五試合は全部勝った。しかもオールブラックス・ジュニアをやっつけたから、外国の連中がびっくりした。

日本へ帰ってきて、遠征してどれだけのものを得てきたかを試すために、日本選抜チームと歓迎試合をしてもらった。行く前には互角に戦った全日本選抜チームを、帰ってきたときには問題にしなかった。そこで大西の言うことは一理あるということで、みんなの認めるところとなったというわけです。

伴　歴史を振り返って本質的なものを引き出してくる先生の目といいますか、陸上競技のハードルからラグビーへ、本書の序に書かれている早明戦後のミーティングにおけるクラブ員の一体感、八〇パーセントを超える勝率とその価値の究明のなかから、合理性と非合理性の統一とか人間の最も大切なものとかをつかみ出してこられたわけですが……。

大西　ぼくは早稲田のラグビーにいちばん感心しているのは、皆、自分のためにやっているのではなしに、身を粉にして早稲田のラグビーのために奉仕している。そういうもので早稲田のラグビーは強いんじゃないですか。何のためにラグビーをやっているのだというと、自分のためでも学校のためでも名誉のためでもない。早稲田のラグビーのためにやっているということに生き甲斐を感じているように思うのです。何々のためというとおかしいけど。実際にラグビーをやっていて、何も具体的に得になることはないのだけれど、ラグビーをやることで自分を高めるとか豊かにするとかそういうものがある。そういうものをやっていることに充足感を感じている。その充足感が緊張の原因になっている。それは原因でもあり動機でもある。

榮　もう少しその緊張ということ、具体的には……。

大西　自己犠牲みたいなものがあると思う。

理屈で割り切れない。ラグビーが肉体と肉体とを接触させてやるでしょう。だから何か離れられない友情みたいなものが生まれてくる。友情じゃないかと。

榮　接触プレイというのは大きなことかも知れませんね。危険も憎しみも愛も、そこから出てくる。本当の戦いは、全身をぶつけ合う接触したプレイの上に初めて成り立つのかも知れませんね。

伴　すると「奉仕」ということですが、最初につくった人たちの心に自己犠牲的奉仕ということがあったわけですね。それが日常の当たり前のことであったと。ところが戦いにおいても奉仕ということ、自己犠牲と愛情が根本になければ勝てない。日常の当たり前の行為が同時に激しい闘争のところにも一貫して出ていて、その奉仕と愛情が自分たちのクラブに体現されているかどうかという証を勝つことにおいて立てた。信頼と責任とか、パスは愛情をこめてとか、ということが、日常の行為のなかで当たり前のことになっているんですね。ラグビーというスポーツもそうですけど、しかしそこに最初に集まってきた人たちが素晴らしい人たちだった……。

大西　初代会長の井上（成意）さんや木村（文一）さんたちが身をもって残していったものでしょう。早稲田のラグビーに集まってくる連中が、何か愛情という放射線を出し合っている。あれだけきつい緊張の練習をやってきて、自分の心というか情緒のなかで起こっていることと、仲間の心のなかのことが同じであり、自分も仲間も同じことを思っている。それが、おいお前もか、俺もだ、で通じ合っている。その連中が共通の精神のもとで、上の人が下の人に強制するというのではなしに、集団がこの連中に呼び求める。それに応えていく。

そこに満足感なり、充足感がある。彼らはそこを離れると寂しくてしようがない。寂しくてそこを離れられないのだと思う。

勝つチームをつくる

愛情、信頼、鍛錬

伴 先に継承、緊張、創造、ということを話していただきました。昭和三十六年に二部に落ちたときも緊張の年だったのですが、昭和五十六年も早稲田にとっては非常な緊張の年であったと思います。ここで崩れれば早稲田ラグビーの伝統が根底から崩れるという、瀬戸ぎわではなかったかと思います。その非常事態に備えて技術委員会に諮問して、先生がその委員長になられ、次に監督を決めるという段取りになったが、なかなか監督が決まらない。そこでやむを得ず二月十五日に監督を引き受けられ、零から出発された。いうなれば土地を耕し、種を蒔き、手塩にかけて育成し、最後に大輪の花を咲かせた、その一年間の苦労をお伺いしたいと思います。

大西 チームの監督として指導を引き受ける以上、勝たしてやることが最上の教育だと思っている。勝利が全国制覇という価値の高いものならば、一年くらいある程度学業を犠牲にして悔いるものではない。昭和五十六年（十二月六日）、早明戦で勝ったとき、新聞各紙は一斉に「大西魔術の勝利」とか、「早稲田奇跡の勝利」とか騒いだ。勝つべくして勝ったんだといくら言っても聞かない。しかしこれは勝つチームをつくった一例として面白い実績だと思います。

五年間くらいの低迷期が過ぎて、昭和五十六年に第三回目の監督を頼まれ、技術委員長という役になって監督を探したんですが、結局引き受けざるをえなくなった。時期が切迫してしまってね。私はその前に、木本主将のBクラスに落ちたときに監督をやって、昭和四十年に辞めた。

その後ずっとラグビーから離れていたというよりも、ラグビーを研究することもあって、外国のラグビーについていろいろ調査を始めていたわけです。退潮いちじるしいイギリスだったが、一九六六年にイングランド・ラグビー協会が『ガイド・フォア・コーチ』という本を出してイギリス・ラグビーの脱皮をはかった。それが日本にもやってきて、その翻訳をやりながら勉強した。この本が研究の中心でした。

もう一つは一九七一年にちょうどラグビー百年祭世界会議がイギリスで行なわれまして、そのときに金野君（金野滋・日本ラグビー協会専務理事）と私と二人で参加して、向こうのいろいろな講演会や会議などに出て勉強してきたわけです。その年、イギリスが日本に遠征して参りまして、日英のテストマッチを私が監督でやりました。一九七二年にイングランド、ウェールズ、フランスへ日本が遠征したとき、そこでいろいろ経験を得ました。特にフランスでは私は団長でしたから、フランスの現状を調べたりいたしました。それと書籍の上では、イギリスのドン・ラザフォードとか、ウェールズのレイ・ウィリアムズとか、南アのダニー・クレイブンとかいう人たちが出した本の翻訳をやりその研究をしました。

そういうことをいろいろやりながら、私は私なりにその頃の日本ラグビーの指導方針といいますか、そういうものを習得したのです。この頃オールジャパンも次第に駄目になるし、早稲田も駄目になってきたから、どうやったらいいかと考えていたときです。そういうときに監督をやってくれと言われたので、今まで考えていた研究の成果をいろいろ出して試してみたというわけです。ぼくにすれば研究と計画とがそのときにうまくいって成功したということになるのですが、それまでにはいろいろ今言ったようなことの研究成果があったればこそとぼくは思っている。研究の成果がそのときのテストで実証されたのが大変うれしかったことであります。

それがうまくいった一つの原因に、鈴木（惇）君なんかと一緒にやって初めて早稲田の高等学院が国学院久我山高校に勝って全国大会に行ったとき（昭和五十二年）の連中が、ほとんど全員大学のラグビー部に入ってきて、それがキャプテンとかマネージャーとか、選手とかいろいろやってくれて、気心が通じていたということです。これが大きな力になっていると思いますね。

私がやったように皆さん思われますけれども、私がやったというよりもその連中の力です。彼らに監督になってくれと言われたときに、「俺には勝つ自信がある。お前たちは俺の言う通りにやるか。やる気があるならやってやろう」と。そしたら「やります」と。

そこでいちばん初めに彼らに与えたのは、二月十五日からまずサーキット・トレーニングと、ウェイト・トレーニング、それを一日の日課にきめて、起床後と午後の練習の始まりと終わりにしっかりやってもらった。それを一年間続けて、あまり体の強くなかったチームの体力の増強に相当役立ったこと、まず体力増強ができたこと。それは確かに朝六時半から一時間やり、夕食の前にもやりましたから相当きつかったと思うのですが、みんなよくやりました。

ティーチングとコーチング

もう一つは、その頃私の考えていたことですが、コーチングだけでは駄目だ、もっとティーチングをやって理論指導を行ない、頭の指導をやらなければいけないということです。頭の指導というのはティーチングと言われますが、その頃ティーチングが世界的なはやりで、ティーチングをしっかりやらないとどうしてもチームはうまくならないということが、さかんに言われていました。

そこでティーチングとコーチングをどう

して調和させていくかということをいろいろ考えて、根本的にラグビーの基本の理論指導からやっていこうと、まず月曜の四時から六時までをティーチングに割り当てました。一週間の練習計画を、なぜこれをやるのかということを、そこで徹底的に話し、選手たちの疑問を全部出させて、疑問を解いて納得して実行するというふうにしました。知性的なるものの注入ということです。ラグビーは知性的なスポーツだということを強調した。ラグビーには理論がある。それをどう戦法にして、それに基づいて技術を習熟させ、練習をやってチームワークをつくって戦っていくのかという、ラグビーの理論的構成とそれに対する勝負のなかの理論を徹底的に行なったわけです。

日本のその頃の考え方というのは、ラグビーはタックルとかパスとかキックというう基礎技術があって、それを身につけていなければならない。こういうものをやってから、しかるのちにチームプレイという考え方が強かったわけです。私もそういうふうにやるだろうと彼らは思っていたに違いない。ところがそんなことをやっている時間がない。何しろ十二月の早明戦には勝たなければならない。それにはどう戦うかということがいちばんの問題です。

チームの分析と、戦法、技術練習

そこでチーム力を分析して、早明戦の戦いはこうだと決定した。そして、このポジションはこういう技術を身につけなければその戦法はできない、ということを徹底的に教える。各ポジションごとにどういうことをやれ、時間がないからそれは自分でやれ、そして各人に課題を三つぐらいずつ与えた。これを二週間おきくらいにテストする。その技術というのが何で決まってくるかというと、明治とこう戦いこうして勝つという作戦で決まる。それを各人に指示したわけです。全部のチームには個人プレイの上にさらにユニットプレイがある。これはフォワード、ハーフバック、クォーターバック、バックスのそれぞれに基礎的な戦法に基づく練習を徹底的にやらせる。その前に必ずティーチングをやりました。こういうやり方を徹底したわけです。

しかし最後までできなかったことは、本城（和彦・SO）の長距離砲です。七五ヤードキックする力をつけろといって練習の方法を与えましたが、長距離砲は最後までできなくて、これがあのときのいちばんの錯誤でした。だからわれわれの作戦からすれば、七〇パーセントしかできなかったことになる。

もう一つ強調したいことは、最近のラグビーは防御が発達している。従って一般の攻撃をいくら練習しても、ゲインラインを突破できない。どうやってその発達した防御を突破するのかということを研究しなければ決して勝てない。今までしてきたことは頭から取り払ってしまえと。そしてその防御ラインを突破するには集中攻撃以外にないと。個人がこういう情況のときはこう抜くというのではなく、みんなの力を一点に集中させて突破する。その攻撃を行なうのに何が必要かというと、サインによるプレイだと、サインプレイの徹底的な練習をやらせたわけです。

ＯＢのなかにはサインプレイばかりしているると言う者もいましたが、現代のラグビーでは攻防どちらが有利かと言えば、防御側が有利だということは歴然としております。そのことを徹底的に理論的に彼らに説明して、攻撃がその防御に勝つためには、どうしても十五人の力を集中して、その集中した地点で有利に戦わなければいけない。あるサインを出す、それを全員に徹底する、そのときには全員がこう動き、こう攻める。それには攻撃のパターンを必要とする。その作戦的なことを徹底的に理解させて、それに基づくサインプレイの練習をやったわけです。

そのサインプレイの場合に問題になるのは、今までの四バックラインの一線攻撃というのでは、これではとても抜けない。一線攻撃の端から端までボールを渡すのに時間が三秒半くらいかかるけれど、その浅いラインからの防御を考えてみると、必ず第二センターでつぶされてしまう。ボールは三人にしか渡らない。それならばバックスは三人でいいではないかと。

そこで第一線ラインと第二線ライン、スタンドオフ、センターが二人、ウィングが二人いる。フルバックがいる、六人だとすると三人しか球がまわらないんだから三人・三人のラインを考えればいいではないかと。それは、第一線と第二線に分けて使って、第二線の者は第一線がつまったときにそれに加入して、ゲインラインを突破する。すなわちダブルライン戦法、ダブルライン攻撃というのを考えて、そしてそれをいろいろやってみた。

しかしそれを成功させるには、接触のタイミングと間のとり方です。それは口では言えるけれどもなかなか教えられない。タイミングと間というものは面白いもので、ちょっと狂っただけでとれない。真剣勝負でパッと合ったときのタイミングと、遊び半分のときのそれとでは全然違う。遊び半分のときには自分でつかめない。この問題をどうするか、体で教えなければならないということです。

今まで早稲田ラグビーのやり方というものを研究してきたけれども、その研究のなかでいちばん感じたのは、各国のいろいろな本を見ておりまして、それに出てくるような新しいプレイというものは早稲田大学ではすでに昭和の七年から十年くらいの間に全部行なわれている。そのくらい早稲田のラグビーは優秀だ、ということを発見しました。従って、みなに自分が教えていることは世界的に見て決して劣っていない素晴らしいものだから、自信を持ってやれと。そうやって春の練習の終わりに近づいていった。私はある程度の成果を期待していた。

しかしその頃私の体の方が医者が予言し

た通りになりました。一ヵ月は保証する、それも一週間に一度東伏見グラウンドに行くなら保証するが、それ以上通ったら倒れてしまうぞと。その通りになり、慈恵医大に入院しました。そんなことで五月の初めから始まる春の対校の練習試合に出られなくなってしまった。そこで今まで教えたことをキャプテン以下がしっかりやって戦えと言っていたわけですが、入院して病院で聞いていると、慶応、明治、日体大戦とみんな負けてしまって、それも大差です。しようがないからキャプテンとかバイスキャプテンとかを呼んでいろいろ話を聞くけれども、なぜ負けたかさっぱりわからない。

ゲームの分析とチームワーク

ゲームの分析の結果、どうも彼らはぼくの教えたものを、本当に理解していない、あるいはやり方に対して信じこんでいないような感じがしたわけです。

そこで、自分が信念をもって今までやってきたことでなぜ負けるのかと非常に悩んだわけです。一つ考えられることは、私は理屈ばかりを言いまして、理論的ラグビー、すなわち合理的ラグビーということが彼らの性格に最も合ったものだ、ということでそれを大変強調しましたね。ところがどうも勝敗ということになると、合理的以外のこと、あるいは科学的理論的なことだけではできないことがいろいろある。

それは何かというとチームワークの問題、闘志の問題、それから、命がけでやるというようなこと、そういうことが試合には技術以上に作用して勝敗を決定する。慶応にも明治にもやられたのはそういう点ではないかと。

そこで僕は夏合宿までにもう一度、本当に一丸となって、命がけでラグビーをやるんだということを徹底するように幹部に言ったわけです。幹部はチームワーク中心、闘志の発揚中心にいろいろやっていったわけです。今までは理論的なことを強調してきたけれども、今度の合宿は違う。まずチームワークの問題と、自分たちの体力がどこまで続くかその限界に挑め、そしてすべてファイトで押し通していけ、という方針を立てました。そして夏合宿ではそのことを中心にやっていった。ゲームに対してもあまり勝敗を要求しなかったので、負けたり勝ったりしましたが、あまり文句を言いませんでした。この練習はきつかったけれど、自分たちでそれを突破したことで、ある程度チームワークをとることについては効果があったように思われます。

いちばん考えたことは、この連中に、ぼくのやり方に対する絶対的な信頼を持たせなければ駄目だということです。しかし今まで理論的なことを強調して練習をやらせましたけれども、現実には試合に負けてばかりいた。どうも監督の言うことを聞いていても勝てそうにないではないか、という疑問がいろいろと出てきていました。

リーダーの養成と戦法の徹底

それにはいろいろな原因があったでしょうけれども、ゲームをリードするリーダーがいなかったということ、もう一つは、チームをどういうふうにしたらいいのかということを幹部の連中が本当に自信を持ってやれなかったということ。そこで僕はいちばん重要な試合をダブリン大学との試合と考えたわけで、アイルランドのダブリン大学がちょうど日本にやって参りまして、第三戦を早稲田とやる。慶応と明治がわれわれの前にやるということで、どんな試合かと思って二つ見ましたら、ダブリンが全然進歩のない、要するに終戦後十年くらい経って南アフリカがヨーロッパへ行ってヨーロッパのチームを全部席捲したときにアイルランドがやっていたような、実に鈍重なゲーム運びでやっているのに、それに明治も慶応も負けてしまった。

こんなチームになぜ負けるのだろうとぼくは思いまして、それでダブリンに勝つために、どうしてもOBを入れて、試合というものはどういうふうに運んだら勝てるのかということを現役の学生に身をもって知らしめたいと、こう思ったわけです。そこでOBのクォーターの南川（洋一郎）とフルバックの植山（信幸）とを採用して、スタンドオフに植山を使い、彼にゲームリーダーをやらせ、そのサブとして南川を使い、南川と植山でいろいろなゲームの仕組みというものをやっていくことを計画。

それに学生のゲームリーダーの本城をスタンドオフからウィングにまわしました。ウィングというポジションは暇で、全般の情況がよくわかりますから、どういうふうに植山がリードしていくか、そのリードを本城、お前ができなければ負けるんだぞと、お前しっかり見ておけと、ウィングに置きました。そして植山に作戦を授けたのです。

この作戦というのは要するに、相手が鈍重だから展開作戦で振り回すということが中心ではあるが、しかし少なくとも敵陣へ入ってわれわれの最もいい条件の場所までとにかくボールを持っていく。そして条件のいちばんいい場所からどう攻めるかということをしっかり練習しておいて、トライをとるということです。

練習も長いことやっているわけではありませんから、決してややこしいことはやりませんでした。四つくらいのサインプレイとキックで、どういうふうにしてそのサインプレイが用いられる場所にボールを進めていくかと。たとえば味方陣地から敵の右二五ヤードでラインアウトにするためには、どういうふうなキックをしてタッチさせるか。タッチさせたらすぐショート・ラインアウトから球をとって、どう攻めてどのサイン、どの攻撃パターンでトライをとる、ということを四つ決めてやったわけです。

結局そのうち三つがバッチリ当たってダブリンに快勝いたしました。これは現役の連中に一つのゲームの運びというものを教えると同時に、監督の言うことを本当に聞いてやっていたら勝てるという信頼を集めた点では、非常にいい試合だったと私は思うのです。

この試合を契機にして、非常にチームの動きが違うようになりました。私がいう一つの戦法の練習というものに本当に身を入れて、全身を打ち込んで練習するようになりました。そこで私もこまかいところまで言ってやって、その正確度を増していきました。明治との試合のときに、やるべき五つくらいのことを徹底してそれに打ちこんでいったわけです。もちろんその作戦を徹底するために必要な個人技術は各人にうんとやらせました。

ところが、ほかのチームが早稲田というのはこういうふうにやるということを見て、かえってそれを破ることを向こうが考えるから、やられるのではないかという危惧を言う先輩やコーチもいましたが、しかしぼくは頑として、そうではなしに、相手がこうくるからこういくとそう考えたらいかん、こっちがこうしていって勝つんだと、あとはどうでもやってこいというふうに考えるほうが積極的で、しかも勝つ方法なんだということを学生にもコーチにも納得させ、そして徹底してやったわけです。

早明戦が終わって早稲田が勝つと、魔術師とか何とか言われましたけれども、決して魔術師ではありません。戦う前にサインプレイを五つにしぼってそれを完全に学生がやれるようにした。しかもそのきっかけをどういうふうにつくっていくかということを本城にリードさせ、ゲームリーダーということを彼にしっかりと理解させた。そして早明戦ではそのなかの三つが成功して勝ったというのが現実であります。

私がつくづくそのときに感じましたのは、自分で考えた戦法は、相手が早稲田に遮二無二かかってくる、それをどう破ってゲインラインを越えるかということで、サインプレイと集中攻撃を徹底的にやる、そのことが全員に周知徹底されて、全員がそれをまず行なえた。そのとき次にどんなパターンで攻めるかということまで考えてその練習をやっていくということが、成功したもとだと思ったのです。

最近のラグビー界ではいろいろなことが言われています。大西のラグビーはサインを使い過ぎるなどといわれるのもその一つですけれども、しかし攻防の現実を考えますと、防御の鋭いチームに対しては、そういう集中的攻撃的サインプレイというものを行なわないと、まず第一にゲインラインを越えられない。たとえゲインラインを越えてもなおかつそのかたちでどう攻めるかということ、次にどう破っていくかということまで考えて、攻撃のパターンを練習していかないと勝てない。これが現在の鉄則ではないかと、ぼくは考えております。

こういうことを私が言って、それを学生が信じてそして自分たちからこれをやったということであります。従って学生のリーダーというのは非常につらかっただろうと思うんです。何となれば私はそれを要求するし、それを敢然とやると一般の部員は練習が相当きついものだから反発する。リーダーはその間にはさまれて非常に苦労しただろうと思うのです。しかしリーダーたちが私を信頼してこの練習をやれば絶対勝てるんだ、だからやるんだと、なんぼ突き上げてきても知っちゃいないんだと、徹底的にやっていったところに勝利があったような気がするんです。

要するにこの一年間は、私が何年かの間に考えた最近のラグビーというものに対するテストケースを、充分に計画を立てて、そして思う通りにやって大勝を博したという点において、満足した一年でありました。

かく戦えり

人間のベストの限界を知れ

伴　春のときは知性の注入ということで、合理性を強調されますね。それで春は、勝てないというより通用しなかった。そこで夏合宿は非合理性を強調される。そのとき先生の次元で選手たちがものを考えることのできるまでに成長していたら、先生の表裏一体のその言葉が何をねらっているかがわかるのですが、高校卒業して合理的なことしか教えられてこない連中には、そんなことは理解できるはずもなく、負けたから大西先生は逆のことを言っている、大西ラグビーは古くて、敗れたのではないか、という不信感が部員の間にあったのではないか。

大西　そういうこともあったでしょうね。しかしぼくはあの連中が夏合宿で最後までやれたということがいちばんの成果じゃなかったかと思いますね。

榮　病院でキャプテンたちにゲームの敗因を聞かれて、この連中はゲームをコントロールできないとお感じになったということですが、それは具体的にどういうことですか。

大西　結局ね、ある情況が起こったとき、その情況に適したやり方を知らないのではないかと。

榮　ゲームのある場面のときにその場面ではこの手を使うのだと……。

大西　そう、そういうことがわからない。何をやっていいのかわからない。だから相手に先手を打たれて、せっかくここではこういうことやったら行けるのにリーダーが気づかない。結局、試合の定石というものを、本城とか寺林（務・主将）とかいうリーダー格のところが、私がそこまで教えてあってもまだ確実につかんでいなかったということですね。

榮　教えられるだけのものは教えている、選手としてもそれをやっているが、生きてこない。そのときに選手たちは何かが欠けているということを感じてはいると思うのです。チームワークとか闘志とか捨て身といわれたときにある者は気がついているのではないか、という気がするのです。そこで先生が夏合宿で最後までやれたことが大きかったという、それはどういうことですか。

大西　あのときの情況では、自分の計画が消化できるかどうかということがいちばん心配だったわけです。相当きつい練習でしたから、これでつぶれてもしようがないから、これで行こうという気持ちでしたから。それを何とか自分らの体力でやってのけたということは、ある程度の体力の限界を彼らが出しつくして、秋に行ける体力をつくったということですからね。それで僕はある程度安心した。

もう一つ、ここでこうやるということを自分たちでは決定できない。そこで助けてやらなければ駄目だと。それはここではこういうことと、こういうことがある、だがここではこれをやるんだと、私が一つに決定してやる方がいいんじゃないかと。そうすると彼らの自主性を捨てるようになりますけれど、彼らの今の現状では自分たちでは決められないのだから、私が決めて納得してやっていくように習熟させたほうがいいのではないかと感じたのです。

だから以後のやり方は、ここではこう行け、とだいたい限定してそれを与えてやっていった。それがうまくいくぞということを証明するために、ダブリン大との一戦に賭けて、ＯＢの植山と南川とにこういうふうに行けと伝え、そしてそれをやったらそれがうまく当たったということですね。

榮　計画では選手に相当にきついものではあったけれど、夏合宿で最後までやれたと。その夏合宿の計画というのは、春から知的なものをやってきて、次に夏ではこんどは非合理的なものをぶつけて、という、全体を含めた計画ということですか。

大西　そうです。私どもの夏合宿は、一応、方針その他を監督が立てますが、長い間の習慣では、技術を捨てて体力の限界をどこまでか知らせること、それによって秋の練習のときにこうあるべきだということをやっても、へばらない。そうでなければ長いシーズンを勝ち抜けない、その限界を知らせることが夏合宿のいちばん大きな意味なんで、それを彼らがやってのけたということは、それだけきついことをやってもチームが崩壊しなかったということは、ある程度の成果が上がったということですね。その最終的な実証の場がダブリン大との試合であったというわけです。

伴　先ほど榮君は、教えることは教えた、後は捨て身の闘志ということがあれば勝てると言ったけど、そういうことが通用しないほどに春の時点ではチームは崩壊してしまっていた。早慶戦は縦横に走りまくられて大差の完敗、特に早明戦はプロレスラーを相手に対戦しているようなものでした。技が一切通ぜず、段違いの体力の差を見せつけられた試合でした。

その印象は選手もコーチもOBも観衆もみんな同じだったと思います。だから捨て身の闘志とチームワークがあればいいという以上に、大西ラグビーというか早稲田ラグビーが壊滅してしまったというのが、先生が入院されているときの情況でした。そのとき先生が〝我欲を捨てろ〟という手紙をキャプテン寺林に出された。それを受け取ったとき「前がパッと開ける思いがした」と寺林は言っていました。それから秋のシーズンに入ってからのことですが、委員の佐々木卓も思想の統一をつくり出すために、本城らと、先生の作戦の両面性を納得のいくまでとことん話し合ったと言っていました。

昭和五十六年の年も終わってみればすべてうまくいったように見えるのですが、チームづくりでいちばん苦労なさったことは何ですか。

大西　ぼくはやっぱりフロントローの強化だと思いましたね。みんなバックスで頭を悩ましていましたが、バックスの方はまだ人がいました。フロントローの方というのは伊藤（秀昭）に松瀬（学）でしょう。その松瀬が普通ならいいんですが、足がいかれてしまっていたし、フッカーは佐伯（誠司）。あの小さな二人でしょう。よく頑張ったと思います。だから支えるスクラムを組んで、佐伯に敵ボールを味方のものにするように何とか邪魔して、そして、相手がヘマをしたら球をとるぞという格好をせい、といったら、実際よくやりました。うまかったですよ。なかなかあいつは器用でした。

伴　チームづくりは待ったなしの時間との勝負ですが、タイムスケジュールのなかで先生は病気に倒れて一ヵ月半くらいベッドで寝ておられながら、二月十五日に監督を引き受けられて、あの史上最強チームと言われた明治に七・三か八・二で不利と言われた早明戦に勝つまで、どういうふうにして時間にきちんと間に合わせてチームをつくることができたのですか。

大西　ぼくがこういうふうに行くということを四つか五つ挙げて、それに習熟させたということじゃないですか。だから本城なんかにしてみれば不服だったんじゃないんですか。大西さんは俺たちに決まったことばかりやらせる、もっと自由にやらせろ、と。

伴　それも、ただ勝ったということではなくて、先生の思う通りにプレイヤーを動かすところまで完成していったと、そこまでもっていくということがね。

大西　だけれども、それをやらんと勝てんと思っていたんではないですか、あの調子では。俺たちのやり方を今までやったけれどもどうもうまいことといかん。勝つには親爺の言うことをきかにゃいかんということではないですか。その辺、ぼくは先ほどフロントローと言いましたが、あの連中がゴール前で何回もスクラムを頑張りましたでしょう。あれがやっぱりチームに与える影響がいちばん大きかったんではないですかね。

それについては原精太という六十歳のOBが関西からやってきてくれましてね、彼が春から一緒にずっとやってくれました。彼がいちばんの功労者ではないですか、あのときの。彼があれだけ教えてくれたので、フォワードがゴール前であれだけふんばれたんですね。彼は腰が曲がってしまってもう駄目になったと言っていました。よく教えてくれましたね。結局あの軽量のフロントローが彼のおかげで何とかあそこまで行ったのですね。

伴　先生は夏合宿というものをどういうふうに考えておられますか。

大西　これは私自身の考え方よりも、長い早稲田の考え方だと思うんですが、二週間もあんなところで長い合宿やるんだったら、一週間ごとにわけて休養をとらしてやったほうが、技術的にうんと覚えますよ。しかし長い秋のシーズンの試合の過程のなかで、残りの十分で勝つか負けるかというのは、だいたい自分の体力の限界というものに挑戦したやつでないとできないという考え方が、早稲田に流れているからではないですか。

二週間やって最後にへばって、へばって、へばりぬいているけれども、まだここでこうやらなければならないというときに動けると。意識下の動きが意識のあるときと同じように動いていけると。こうなって初めて、残りの十分で勝敗の決まるような試合ができる。

人間のベストの限界を知れということでしょう。これも年寄りの監督になるとできませんね。

伴　日比野（弘）監督はその辺のところを同じやらせるにしても、もう少し合理的に考えてやらせているようにお見うけしたのですが。

大西　ええ、結局ね、日比野は外国人とのゲームにおいてね、監督になって恵まれ過ぎているんですよ。ぼくみたいに外国人とのゲームで最後の十分、二十分で何回もひっくり返されてやられてるのとまた違うのですよ。あいつの試合では、逆に後を追っているからね。この間（一九八三年十月）のウェールズとの試合でも後を追うとるですよ。そういう試合が多いですからね。チームをやっていくときでも、もっとリラックスして愉快にやったほうが夏合宿でも効果があると考えている。

　早稲田の伝統の考えでいきますと、何しろ十四日のうち七日終わったと、八日九日十日目になってきたら涙流して走る。これでなければいかん、という考え方ですね。

伴　先生はその路線でどこを行かれるのですか?

大西　ぼくはもう最後の涙を流しても走らすほうですよ。だけどそういうきついことは年寄りの監督になったらもうできませんね。西野綱三さんの監督のときにはもうできませんでした。それをやれるのは若い監督ですね。

大竹　やはり四〇歳くらいまでですか。

大西　そうですね、なかなかやらすのは難しいですね。

使命感——青春の生き甲斐

伴　原始時代に男が狩猟に出かけるときに、おこもり堂にこもってお祈りをする。合宿はそれと同じだというようなことを先生はおっしゃっていましたが、それはどういうことですか。

大西　あれはいろいろあるんですが、要するに人間というのは弱いから、何かの目標を達成するためには、何かを断つか、何かに誓うか、どちらかをしなければいけない。神に願をかけるときに塩を断つとか酒を断つとかあるでしょう。ああいう形式というのは、人間は弱いから、もしそれで何か効果があるならやったほうがいい。一緒に何かを断って頑張ろうではないかという誓いを立てる、そういうものが必要ではないかと思いますね。

伴　監督として何をなすべきかという問いについてはいかがですか。

大西　監督の性格、あるいは経験は、生活のタイプによって違うと思うのですね。たとえば軍隊の下士官養成学校で指導してきたような人はどんなことがあってもあのやり方は変えず、強固な意志を貫いてきますね。そういうやり方がいいかどうかということには問題があります。というのはある程度まではもっていけるが、それ以上はどうかなということです。

一方、個性教育の弱みは何かというと、自分の個性と相手の個性におぼれてしまって、強固なものをなくしてしまう点です。特に自分の個性が弱いのに個性教育をやろうと思うと、かえってこれは駄目だと思いますね。個性教育をやる場合は自分が個性的に強い人でないと駄目だと思います。

榮　寺林君に欲望を捨てよと言われたことと、涙を流しても走れということとは関係がありますか。

大西　もっと何らかを信じよ、とそれを強調したのではないかと思いますね。

要するに寺林のいちばんいいところは、僕のやることをね、共鳴するなら本当に共鳴して誰が何と言おうと強行することなんですね。これはなかなかできないんですよ。

彼と佐々木卓（副将）がいたからぼくはできたんですよ。寺林がリーダーシップを発揮して強行していく。それをなだめるのが佐々木卓であって、その後はマネージャーの宇田川岳志が受けていくというようにうまくやっていったと思うのです。

彼がいちばん苦労したのは、強行したら下の者は反発しますね。それに対して、それでもなおかつ強い意志で強行していったんですね。そこから起こってくるいろいろな意見に対して、あれもしたい、これもしたいと思わずに「欲望を捨てろ」と私は言ったのではないかと思うのです。

伴　寺林という男は、責任ある地位につくと、寺林個人を超越して、その立場になりきって判断し実行していける男です。私も歴代の主将を見てきましたが、四つのタイプがあると思います。一、自分にも甘く、他人にも甘い。二、自分には甘いが、他人には厳しい。三、自分には厳しいが他人には甘い、四、自分にも厳しく、他人にも厳しいと。寺林はこの四つ目のタイプでした。しかしこの場合、主将一人ではどうすることもできない問題が起こってまいります。監督と主将のやり方に対して、ついていけない部員が出てまいります。その部員と指導者との間のパイプ役を見事に果たしたのが副将の佐々木卓と宇田川（岳志・主務）であったと思います。そしてそれをもり立てていった同級生の仲間たちでした。そのコンビネーションは学院時代も実にうまくいきました。

それを考えると、仲間のめぐり合わせというものを感じます。一人だけでは、寺林だけでは浮き上がってしまったかもしれません。その上彼らは幸運の星の下に生まれていると思います。学院時代に日本一の指導者である先生に指導されて優勝し、さらに大学の四年生のときにまた先生に指導される。彼らは恵まれていますね。

大西　選手に選ばれなかったあの連中がね、中熊、安増、永井、中村らがね、あの連中がよくやったですよ。

伴　寺林と佐々木卓とが言っていましたが、「やっているときにはすべて自分たちの自主性で事を決めていたと思っていたが、今から振り返ってみると大西先生にうまく使われたという気がする」と。

たとえば本城は非常に優れたプレイヤーだったから、もっと自由に動こうとする。自由に動かれて困るのは、彼の動きに直接関係してくるプレイヤーたちです。それはチームとしてここではこう攻めるのだということが決まっていますから、自由に動こうとする本城に対して、たとえばフランカー陣からクレームがつく。バックスはフォワードに頭が上がりませんから従わざるをえない。そういうことを選手の間から自然にそういう声になって出るようにチームづくりがなされていたということです。作戦面でも理を押していくと当然そうなると。

また、夏合宿の終わりに近づいてくると、昔の修行者がある大願を成就するために、自分にとっていちばん断ち難きものを断って身を清め一筋に精進していく話を先生から聞く。そうすると自分たちもそうしなくてはならないような気分になってくる。酒はすでに断っていましたから、今度は煙草だということで、合宿の打ち上げのストームファイヤーのとき、誰言うとなく「俺は煙草を断つぞ」と火の中へほうりこむ。すると次々に部員たちがポケットから煙草を出して「この野郎、こん畜生」と言っては火の中へほうりこむといった具合で、自然にわれわれ部員の間から禁酒禁煙という雰囲気ができてしまったという次第で、「今から考えると、先生の掌《たなごころ》の上でうまくもっていかれたと思う」、と言っていました。

榮　早稲田の勝率八十何パーセントというのは、それを支えてきたものは何ですか。

大西　それは使命感です。使命感によって緊張の行動が一年間続く。青春の何らかの生き甲斐というものは、使命感。明治維新のいろいろな人間の行動だって、やはり使命感だろうと。そういうものをもって俺たちはこれを受け継いだと。石にかじりついてもやらなければならんという使命感ではないでしょうか。二軍は二軍で、俺たちが当たって一軍を抜いていくぞと、これはやはりリーダーの問題でもある。

榮　そうしますと、今早稲田は百人以上の部員がおりますが、どんなに少ないときでも五〇人くらいはいたはずですが、試合に出られるのはそのなかの十五人、一軍といっても二十人くらいと思います。これらのなかには四年生になってもゲームに出られない者がいますね。

そういう使命感のようなものは、出られない選手のなかではどのように働いているものでしょうか。やはり同じように働いていないとチームとしては駄目でしょうか。

大西　ええ、結局その使命感的な気持ちが、その責任者といいますか、そういう人をもり立てていく、あるいは責任者としての自覚を持つようになるということでしょうね。二軍の連中をそういう気持ちで奮い立たせていくのは、そのときの幹部であり、上級生の選手だと思うんです。

榮　たとえば明治維新の例ですが、あのときにはたくさんの若者が死んでいるわけですね。そのなかには、それがどんな狂信であろうと、命がけの果たし合いのなかで、自分が楯になって斬り結んで倒れてでも、仲間の者を生かすという発想というものがずいぶんあったと思うんですね。

二軍の選手にはそういう部分があるんでしょうか、まとまっているときのチームの二軍の選手には。

大西　そういう気持ちよりも、二軍のリーダーというのは、俺たちがここで一軍を抜いてしまうような力を持って一軍に当たっていかないと負けるぞ、というそういうふうな使命感を持っているのではないでしょうか。

榮　誰か一軍が倒れたらいつでも俺が代わってやる。代わるだけの力量はいつでも備えている、そういうことでしょうか。

大西　そうですね。もう一つは常に緊張して試合をしてやる。対等になって相手になってやる。一軍が力を落とせばいつでも出ていくぞという気分が二軍にあるときは強いですね。

伴　部員全員の一体感をつくり出すというのは実際難しいですね。

大西　そうですね。一体感というのは、言うことをきくやつばかりをずらりと並べるのは楽なんです。個性の強いやつを一体感にまとめあげるというのは、いちばん難しいですね。

伴　百人も部員がいると監督の目も全員にはとどかないし、全く外れた人間はそれこそ見捨てられたという気分になってしまいます。それでもなおかつ部にいることの充実感を与え、生き甲斐を与えて、しかも試合は十五人ではなく、百人全員で戦っていくのだという一体感を持たせるには、どうしたらいいでしょうか。

大西　やはりポジションごとのリーダーがしっかりしないといけない。よく教えてやらなけりゃいけないし、そしてやり甲斐のあるようにしてやらないといけない。ぼくがいちばん感心したのは、ぼくらの頃には部に入って二、三年で選手になる者と、六、七年してもなれないのが同じポジションにいるわけです。それでもね、負けたりすると控えの五年生にレギュラーの三年生が頭をすりつけてあやまりに行っていた。そういう気分になってくると強い。

伴　監督の立場でいちばん難しいのはポジ

ションチェンジをするときですね。そのときにチームの不和が出ますね。

大西　もし不満をもっているなら納得させたほうがいい。お前のプレイはここが悪いからこう変えるのだと。いちばん困るのは、力はあるけれどそいつが出るとぶちこわしになるというのがいますね。それをどう使うか。逆にそいつを使わなかったために、ゴール前で取れる点も取れずに負けたとなるとまずいですね。結局自分の作戦の方向というのがはっきりしていればどっちかに決めることができるのですが。それともう一つは上と下との関係がありますね。二年生と三年生とどっちを使うかと、力は同じだと。そういうときはぼくは同じ力なら長い経験のある方を使う。一年長い方は何らかのものを持っていますよ。それに同じ学年同士のまとまりもありますから、チーム力も向上します。

榮　ラグビーというのは他のスポーツと比べると理論的に組み立てができて、それが理解しやすく、またチームワークを考えたときにも個人と個人との関係、ポジションごとの役割および関連がわかりやすいスポーツだと思います。そういう点で教育的なスポーツだなと感じます。

大西　それはディフェンスの技術、これが他のスポーツと違うということじゃないでしょうか。ラグビーの場合は一対一で必ずマークがある。そのマークはタックルという武器をもっているということ。これは他のスポーツにないものだと思うのです。攻撃側は相手のタックルの実力を判定することは大変難しい。だから今まで大して強くなかったのが、タックルをきちっと練習してやってくるとどんなにうまい者でもなかなか抜けない。攻撃的技術のあるアローアンスを見ておかないと……。他のスポーツ、たとえばバスケットなどでは個人的な技術が非常に見られますが、ラグビーではそれがあまり見られない。

榮　ディフェンスというのはまさにチームワークですが、攻撃は一つのミスが必ずしも自責点には結びつかないのですが、ディフェンスは絶対にゆるがせにできない。タックルというのはそういうことですか。

大西　いや、そうではなくて、倒すという、他のスポーツではインターフェアと見られるプレイが防御側に与えられている。しかも攻撃側はボールを受けたり走ったり蹴ったりしなければならないのに、防御側はボールを持たずにただタックルの技術一つで倒せるわけですから、防御側の方が大変有利ということです。

伴　これは大きな要素ですね。人間に対する理解の探さもタックルというプレイから生まれてくる。これが他のスポーツにないラグビーの素晴らしさじゃないか。生死の恐怖心を超えるのもタックルの一瞬です。それに責任感というものを感じるのもあの一瞬。責任分担がはっきりしている。そういう約束事のなかで集団練習をやっていますから、責任感と信頼感が自然にできてきます。

榮　この競技は危険を伴いますね。そうすると責任を持てるある年齢でないとやらせるのが難しくはないですか。

大西　いや、その危険度というのは、幼児の方がはるかに感覚で知っている。今危険かどうかわからないのは青年期です。日本の体育は青年期になって、体力でがんがんやることを教える。その前に幼い者にこういうふうにやればいいという動きや技術をしっかり教えておかなければならない。そうすれば危険度は少ない。実績から見ても、高校生の、体ができてくる以前に、精神的、神経的な教育をされていない者、これがいちばん怖い。

榮　そうすると幼児期から可能だと。けれど、世間一般には誤解がありますね。その誤解はスポーツの発展段階的な理解の問題ですか。

大西　誤解があるというよりも、指導者の方にそれをしっかり教えておいて、指導者が子供たちにしっかり教えて実行させていけば危険はないと。ただウェイトだけは一緒にしておかないといけません。ウェイトの差は危険です。

伴　そこで質問に戻りまして、「何をなすべきか」ということと、「何を願うことが許されるか」という問いについてお話しください。

大西　何をなすべきかというのは各人の価値観によって、それが決まってくるわけですが、それをいちばん限定するのは、その人の生活タイプだと思いますね。たとえば軍人の生活のタイプと牧師の生活タイプとは全然違いますね。当然価値観も違います。

そこで、教育の問題というのは、教育の間にだいたい同じような境遇を通ることによって人間を同じような生活タイプで教育していくという公共教育の目的があると思うんです。これを個性教育にしたらまた大変な問題が起こってくると思うのです。しかしそうかと言って同じような型にはめた教育をしていくと、日本の昔の教育のようなものになってしまうから、その辺が難しい。

しかしたくさんの価値観があって、そしてその人がいろいろな目標を持ってやるべきことをやっていくことは、非常にいいことだろうと思うのです。それがなぜスポーツのときに神との関係ができてくるかというと、これはスポーツの結果が、不確定《アンコンサーン》だからですね。不確定になってくると、その確定を何かに決めてほしい。そこで祈る。もう一つは、全面的に帰依をして依頼して、そして勝たしてくれと一切を願い込むか、あるいは自らはできるだけのことをやって、あなたの目から公平に見て今日の試合は立派かどうか判定をしてくれという、神よ照覧あれという、そういう願いと二つあると思う。

私はまあ、本当の修行的なラグビーの行き方をする人であれば、やるだけのことを全部やって、それでしかも勝敗を超えてどちらが立派にやったかどうかを公平に見てくれというのが願いの筋じゃないかと。いずれにしても願う心というものは、スポーツが不確定な結果を持っているから、必ずある。その願いをどう持つかはその監督の価値観、考え方というか、そういうものではないか。

伴　そうすると勝たせてくれと願うのは、自分の価値観に照らして恥ずべきだということになりますね。そういう感じが湧くというのは自分自身の人間をどういうふうに形成していくかという人間の主体性の問題に関係してきますね。

大西　そう、どういう理想をそのゲームに持っているかということに関係しますね。終わって自分たちが両者とも本当によくやったと。そして「ノーサイドの精神」になるというふうな、これを願う態度と、そうではなしに勝ってその実感にひたりたいという態度でいくかは、その人の理想的なゲームに対する考え方の違いから出てくるのではないか。

伴　先生のお考えは、神とか絶対者を否定するのではなく、それらに何がしかかかってきますが、その絶対者というのはどういうものですか。

大西　絶対者というのは、神聖な判定者、自分の行なったことを自分で判定するということよりも、自分よりも何かもう一つ上にいて、その観点から見てどうなのかという理想、そういうことじゃないか。

伴　判定との関係……、そういうことが「場」なんですね。

大西　ですから、聖なる行為に対する願望みたいなものではないですか。

伴　禅は徹底的に仏というものを否定します。殺仏殺祖、それでいながら仏は仏ですから……。

大西　仏の方から言えば、こちらへすべて帰依しろ、信ずるものはすべて成仏すると。そういうことと、いやその境地に至るまで修行して、そこまで行かなけりゃ仏教はいかんのだと、そういう禅の行き方と、そこで一致するんでしょうが、普通の人はなかなかそこまで行けないから、そこであなたは私に帰依しなさいという、これが仏の側でしょう。ぼくなんかは「ただ信じなさい」ではどうも納得できない。

　しかしそういうことを考え始めたのは人間の不幸の始まりかもしれない。どんなに考えてもそこまでしか行かない、だから南無阿弥陀仏と唱えていればよろしい、それ以上は行けないということかもしれません。けれどぼくはどうも納得できない。それが近代人の悩みかもしれませんね。

V

闘争の倫理

未来からのスポーツ

大衆社会化と基礎集団の崩壊

今回は、スポーツと人間および環境の変化と、人間の将来ということで話させていただきます。将来の世界をどういうふうに見るか、人類の将来を予測することは未来学のなかで非常に難しい問題ですが、子供たちや青年たちがむかえる世界のなかで、将来起こり得ると考えられる現象を考えてみますと、まず科学・技術の進歩と都市集中の問題、その都市集中のなかの社会の基礎集団の崩壊、そして大衆社会の出現である。この大衆化現象の進行と、大衆社会化というのは現在も起こっておりますし、ますますひどくなっていくと思うのです。

そこでその大衆社会のなかでスポーツというのはどういうふうになっていったらいいのかということを考えてみますと、大衆文化の問題と非常に関係がありますが、大衆文化のなかで一つの文化としてスポーツが行なわれていく場合には、それはローマのように享楽的な遊びのスポーツに堕落していくだろうと思われる。そのなかでわれわれがスポーツの指導者として大衆化をどういうふうに考えたらいいかということを考えてみますと、大衆社会のなかの基礎集団としての家族集団とか地域集団とか、いろいろそういう基礎集団が大衆社会化によって崩壊していっているのに、その基礎集団に代わるべきものがつくられていない。これが急激な大衆社会の出現による大きな欠陥ではないかと。

大衆社会というものは権力者側に大変有利な社会に変えることができる。情報を統制して国民を疎外してしまえば、戦時中の日本やナチスのように、群集心理操作で自由に大衆をコントロールできる。それと同時に、非常に非合理的で、何を考えているのかわからない、あるいは衝動によっていつ爆発するかわからないようなものを秘めている社会が、大衆化社会だろうと思われる。どうしても今からそのなかに基礎集団をつくっていかなければ、民主的な幸福な社会をつくって進むことはできないだろうと思うわけです。そこで、大衆化社会のなかでは、基礎集団に代わってスポーツ集団、スポーツクラブのようなものをどんどんつくっていって、それを基礎的なものとして健全なものにしていくという方法、これがスポーツの指導者として考えるべき問題ではないかと。

もう一つ並行して起こりつつあるのは、自由時間の増加です。給与が高くなって労働時間が少なくなる。そこでそれをどう利用していくかということが大きな問題になる。同時に遊びということについての教育を今まで全然受けていない民衆は、自由時間をもらってもどうするか。そのときにまた基礎集団がない。各庶民は原子化され、核化されている。そのとき自由時間は各個人ばらばらなものになってしまって、享楽的な方向に進まざるをえないのではないか。同時に、われわれが接する若い人たちというのは、そのときに学生であり生徒であって、これは労働から解放された全くの自由時間の享受者ということです。この人たちが果たしてこれを有効に使えるかどうか。人類の将来はこの自由時間の使い方によって決まるだろうといわれるほど重要な問題なのですが、これに対して、どう対処できるか。ここには国家の浮沈にかかわる重要な課題があると思うのです。スポーツはこれに対して建設的な地位を占めるだろう。

もう一つは人間の変貌なのですが、人間は実際あまり変化していないんですね。人間だけは全く進んでいない。千年前とだいたい同じです。知恵の方の問題も、何しろ馬鹿な戦争を繰り返しているような具合で進んでいない。人格と科学の進歩とのバランスがとれていない。ただいちばん大きく変わったのは、長生きするようになったということと、少年少女たちの発達が加速度的に早くなった。早く大人になるようになった。先ほどの自由時間の問題あるいは大衆文化の問題と非常に大きく関係していることがいろいろあると思うのですが、加速度的になったということは性の自由化が行なわれる可能性を持ったということ。要するに彼らは性に対する自覚を持っていないのに、いつの間にか性が彼らのところにやってきてしまう。これは大変重要な問題だと思います。この性のコントロールとスポーツのコンディショニング、つまり自分たちの身体のコントロールですから、この性の教育に関してスポーツ的な教育ができないものだろうかということがまず考えられる。

人類の平和と闘争の倫理

今まで述べたようないろいろな変化と同時に、どうしても避けて通れないのは、核爆発の現実であります。もしこのままで行くならば、いつか地球をひっくり返してしまうようなことを起こすかもしれないというのが現在の人間であります。これに対してもなかなかうまい対策はない。特に学者、教育者はこれに対して逃げている。これを何とかしないと、これだけでも今まで考えてきたような幾つかのことも吹き飛ばされてしまうようなことじゃないかと思います。

人類の歴史のなかで近代の社会を評価して、われわれは誇りをもっておりますけれども、平和の問題から考えるならばそれ以前の封建社会の方がはるかに永い平和を維持していたとも言える。三百年近い平和を維持している。われわれの時代は少なくともここ百年の間に、大きな世界戦争を二つも経験している。ところでなぜあの時代、永い平和が続けられたのかというと、そこでは闘争の倫理が今よりもずっと教育的に、あるいは一般の間に浸透していて、それが行動的に行なわれていたからだと思うのです。この教育が徹底的に行なわれていた。当時の指導者階級であった領主、従士、騎士、武士が自分の武士道や騎士道というもののなかに闘争の倫理を遵守して、それを社会の全体にまで行きわたらせ、そして平和を保ったのではないかと。そういう仮説を立てることができるんじゃないかと私は思うわけです。

考えてみると、現在のわれわれは闘争の倫理などというものを教育されずにきている。またそういうものが、現在の日本の教育制度のなかにはなさそうだ。それが何のなかにあるかというと、スポーツのゲームのなかにあるんですね。スポーツのゲームのなかにだけしか闘争の倫理というものを教えるところがないように思うんです。

今までわれわれは体育を通じてスポーツというものを考えて、全人教育だとか健康のためだとか体をつくるためだとかいろいろ言っていましたが、スポーツという闘争形態というものを学問とともに、文武両道として教育の課程に入れこんできたということは、そういう闘争のなかの倫理を本当に教えるためにそれが置かれていたのであって、どうも健康や体力をつくることとか、あるいはレクリエーション的なものとか、そういうことは付随物ではないかという考え方に到達したわけです。

私は今そういう考え方が正しいと思っている。われわれがスポーツをやり剣道をやり、試合をやるのは何なのかというと、そのなかで闘争というものをどうコントロールするのかということを身につけるために行なっているんだと。そしてその闘争を常に中心的に行なってきたのはそのときの指導者層です。戦争などもそうです。その戦争を止めさすにはどうしたらいいのかというのが、これが闘争の倫理なんだ。その倫理を教えるというのは、闘争のなかに、行動をもって体得させていく、それが武の教育なんだと、そういう結論に私はなっている。従ってわれわれがスポーツを体育のなかで行なっているのは、子供たちに体をつくるとか、全人をつくるとか言われてきましたが、そんなものは付随物であって、われわれが平和に生きていくためにはどうしてもそれを教えておかなければ、特に指導者に教えておかなければ、世の中が乱れ、平和ではなくなる。これを考えた人類の知恵が文と武の教育を置いたのだと、こう考えるのです。

その観点から考えていきますと、この頃はエリート教育というといろいろ批判されますが、しかし世の中にはどうしても指導者層というものがあって、その層が社会をリードしていくわけですから、そういう層の人間にスポーツというものを徹底的に行なわしめる。

それも今までのような遊びのスポーツではなしに、勝敗を重要視する、勝つための努力をする。そのなかで闘争の倫理を教えていく。

考えてみると封建社会のなかで剣術とか柔術とかいろいろなものがあって、指導者たるべき者にそれを課したということは、まさにそういう連中に命がけの闘争の倫理を教えた、そして命をかけてもその倫理を守るんだということを教えたわけです。それで彼らの社会は闘争の倫理によって統制され、安定し、平和を保つことができた。こういう考えに立つわけです。

近世史上特に立派な実績をあげているのは、十九世紀のイギリスのパブリック・スクール――ケンブリッジ、オックスフォードにおける指導者教育としてのスポーツ教育です。

それではそういうスポーツ教育をどういうところで行なうのかというと、先ほど申し上げた体育のほか、スポーツクラブというものを育成して、そのなかで行なう。戦争で死ぬのではなく、死をかけて平和を守る。そういう人たちが団結する。現在は世界的なスポーツの組織がありますから、そういう組織がスポーツを通じての平和というものを中心に据えて努力していかないと、世の中は平和にならない、ということを一つのテーマとして平和運動を広げていく。そしてそれをイデオロギーとして民主的組織として団結して動く。スポーツが権力者によって悪用されるようなときは、団結して動いて権力者を交代させる。

こういうことが実践されるなら、それは平和を守るための世界的な運動の一つのやり方の中心的なものになると私は思うのです。

もしそれができるならば、全世界のスポーツマンの力が結集し、現在のように、オリンピックはオリンピックだけのお祭り騒ぎをやるのではなしに、こういうことを共通の精神として団結することができるような基礎集団が各国の社会の基礎集団となる。こういうことによって初めて将来の暮しにスポーツが大きな力となって、平和を維持する力となることができるんじゃないかと。まあ夢のようなことですが考えているわけです。

これに反して今のスポーツにおける科学技術というものは、もっぱら勝敗とか優勝とか、記録とか、あるいは美の追求みたいなことをやっていますが、これは付随物であって、本質的ではないと私は思います。今まではこれが主体になって表に出ていた。まあオリンピックでだいぶいろいろなことが言われていますけれども、結局はオリンピックの目的である平和運動としての機能がうまく働いていない。従って、ＩＯＣとかＮＯＣとかああいう組織が立派にあるわけですから、そういうことを自覚して、クーベルタンの理想を遵守して、平和な社会をつくるために団結していくべきだと叫んでいるわけです。四年に一回ずつオリンピックに集まる人々がこの平和運動の殉教の士となってやっていくなら可能であると確信しているわけです。

スポーツと人間形成

スポーツの乗数性

伴　最近は絶対的なものを説く人がいなくなりましたが、闘争の倫理というと、そこに何か「絶対的なものへの信」が決定していないと、そこへはなかなか入っていけないですね。

大西　ぼくはいつも疑問なんですが、勝つためにはどうしても絶対的なものを信じていなければ駄目なんです。進歩するためには何か疑っていなければ駄目なんです。疑と信、それをどういうふうにもっていくか、大変難しい問題があると思いますね。

大学生くらいならともかく、高校の初級くらいにこれを言うと本当に混乱すると思うんですよ。その点、殊に難しい。現在絶対的なものを信ずることなしには勝てないと言えば、そんな馬鹿なことはないという意見の人も片方にいますしね。もっと相対的なものだという考え方がある。その点が大変難しい。

伴　ところで闘争の倫理を「真」としなければ、先生の哲学は成り立たないし、先生のやってこられた一切のことが虚無に化してしまう。闘争の倫理は一般社会においては、まだ一つの仮説であるかもしれませんが、しかし日常現実の事実の根底においては、また格のあるスポーツのゲームにおいては、すでに現実的な事実として現成していると思うのです。そのことに目覚めていないだけのことかもしれません。その意味では仮説という言葉は不適当かもしれません。

　無数の個が絶対的な自由と絶対的な平等とを相互に主張したうえで、不倶戴天の敵と敵とが敵対のままで平和的に共存し得るということが現実の世界であり得るのか。現実の世界では絶対的な敵対が絶対的な調和であるということは背理であるために、法によって個々の自由と平等とを相村化し、権力によって威嚇するというかたちを取らざるをえないのですが、この点はいかがですか。

大西　スポーツの世界というのは宗教と同じで、ある現実から離れた場にスポーツのいろいろな行動、特に勝負というような行動が置かれている。そこに、現実においては無いような理想的なある一つのかたちが現れてくるという気がするんです。

　たとえば国と国との試合をやるときに、その試合が終わったら、負けた方と勝った方との観衆が、まるで戦争をするような状態にまでなる。それでも、競技した人間は実際にそこまではいかない。これは、人間はそういう理想的な場に置かれますと、人が見ている前では、『菊と刀』で言っている恥の思想というか、そんなことは俺は人間だからできないというような、そういう抑止力が働いてこの敵対をコントロールする。そして、その敵対をコントロールするということは、積み重ねる訓練によって可能になっていくというふうに思います。

従ってそういう訓練をやっていくのが、スポーツ教育の真の目的ではないか。それを私は闘争の倫理という名前で言っているわけです。しかし、これはよくわからないんですが、これがもしあるとするならば、それはスポーツのようなある非現実的な一つの場面ではないだろうか。スポーツ自体がそういう場面にあるからこそ、教育的な一つの材料として使われるのではないかと思います。

伴　スポーツではフェアプレイということがよく言われますが、レベルの低いところまでしか訓練されていないチームは、フェアの解釈も結局は、ペナルティが怖いからルールに違反しない、という限りでのフェアの行為にまでしか達しないわけですね。ところがルールとかそういうことではなしに、人間性というか、そういうところまで訓練されたチームがあるのではないか。また、そういうことを実証したゲームがあるのではないかと思うんですが。

大西　いちばん大切なことは、子供のときにゲームをやらせて、そのゲームのなかで徹底的に闘争の倫理の教育をしていくということではないかと思います。日本のスポーツや体育などの指導の仕方というのは、子供のときにはゲームをなるべくやらせないで、ある程度年を取ってからやらせる。そのためにそこで徹底した教育ができない。

ゲームでは、アンフェアなプレイとフェアなプレイのどちらを選ぶかという選択をプレイヤーはいつも強いられるわけです。そのときに、アンフェアなプレイを抑えてフェアなプレイを行なってその喜びがわかるのは、ぼくは十五歳ぐらいまでだと思う。本当に身に沁みて、俺はきれいにやったんだという純粋な気持ちがわかるのは十歳くらいまでです。その年齢のうちに徹底的にゲームをやらせることがどうしても必要です。

それ以上になると、逆に裏をかいてやったというような気分の方が起こってきて、純粋なフェアなプレイを喜ぶという気持ちがなくなってしまう。そういうようになってからフェアにやれと言っても無理です。

ですから、その前にもっとゲームをやらせて、そのゲームのなかで今の行動はいけない、今の行動はルールでは許されるかもしれないけれども、本当はいけない、そういうことをはっきり教える。その点、パブリック・スクールでは入学した一年生か二年生の頃、十二、三歳でしょうか、それを徹底的に教えています。試合が終わったら必ずそういう学生を呼んで、それをほめたり、怒ったり、いろいろやっている。

榮　今のお話は子供を見ているとよくわかりますね。十歳ぐらいまでの子供というのは大変教えにくい。ということは、本人の素地そのものでしかできないからだろうと思われます。遊びのゲームなんだと言っても、遊びにならない。そして勝ち負けに非常にこだわるし、きれい、きたないということをさかんに言いますね。夢中になってゲームをして負けると本当に泣きます。

ところが十歳を超えると負けてもそう簡単には泣かなくなる。その代わり、相手の裏をかくような戦術的・技術的な指導が可能になります。ところが十歳くらいまでの年齢の子供たちにゲームをやらせるという考えは一般的に少ないし、スポーツのクラブなどでは技術指導やトレーニングができないという理由で三年生くらいからでないと入れてくれないところがある。ゲームをすればいいじゃないかと思うのですが。

幼児とか小学校低学年でスポーツを始めた子供たちは、技術的なことから人格的な面まで含めていろいろな意味で、五年、十年経って見ると、安心して見ていられる選手になります。身に沁み込んでいますから、高校生や大学生になって、一言いえばこちらの心がすぐ通じるという感じがある。現実にそういう子供たちがきちんと育っていますので、今のお話はよくわかります。

大西　良いか悪いかということが本当に出てくるのは、未組織なゲームを行なうときに起こっているいろいろな状態においてだと思うんです。それがきれいかきたないかということを判断して、そしてルールをつくっていく。つまりルールとかルール以前に何でこのルールができたかというふうな情況がいろいろありますね。そのつくるものは何だということを数える。ルールというものがあって、それに従うものではない。そのゲームをよくしていくためにルールをつくっていくんだ。そういうことを教えていくのがぼくはやはり一つの教育だと思います。

日本の教育は、ルールがあってそれに従わなければいけない、というように教える傾向が強い。ルールはわれわれの将来を開くためにつくり、つくり替えていくんだという教育が少ない。つくり替えていく基は何だというと、フェアという一つの基準です。こういうことを教える必要があると思うんです。

榮　まだ未組織のときに自然に自分たちでいいとか悪いとか、きれいとかきたないとか決めていくことが大切だというわけですね。

大西　その基準がフェアだとぼくは思います。ルールがなくてもフェアかアンフェアかを子供は決めることができる、逆にその感覚が子供たちを育てていく。それが基礎のいちばん重要なことじゃないかと思います。

伴　ということは、こちらの絶対的な自由も認める。相手の絶対的な自由も認める。しかもお互いに絶対の平等に立ってイコール条件で闘える場を創造していくということが、フェアかフェアでないかということなんですね。

大西　そうです。だからフェアの条件というのは、両方とも同じようなコンディションであるということ、それが絶対的な条件。

伴　大人になると、我執が強くなる。だから我執を離れて無我になることが要求される。この間から問題になっている〝空《くう》〟ですね。いろいろなことを決めるときに、空の場からの発言でなくてはならないということが前提になります。そういう空の場に出ることが果たしてできるのでしょうか。

大西　これが非常に難しい。これはその人の修行というか、そういうことによるのではないですか。

榮　そこで遊びの自由性ということが前から問題になっていますね。子供がルールをつくっていくというときに、自由性というものがなくては、新たなものはつくれないと思います。そうすると、大人の場合にもそういう問題が起こらないかと考えるわけです。

　初めからルールがあってということではなくて、自分たちでルールをつくっていく創造性みたいなものを認めていかないといけない。ところが大人の場合には、ルールというようなものに対して絶対なものだという固定観念がいつもある。それがなかなか抜けきらないわけです。しかし規範やルールも人間がつくっていくものなのだと言って自由性を強調すると、自由性というよりは遊びの要素の方が強くなってしまう。

　子供の場合はその自由ということがわかる。縛らないで自由にやらせておくと、お互いに自由に考えてぶつけ合いながら、平等な条件で何か自分たちなりのものを出してきます。

ところが大人がやるときには、すでにルールが決まっていますね。しかし、スポーツは遊びだというと、楽しんで遊び終わってしまうという傾向が強くなる。子供だったときのように、自分たちでルールをつくっていくことは難しいでしょうか。これは伴さんのおっしゃる空の問題にかかわることなんです。

大西 大人でも遊戯のように遊ぶというなかにやはり自由があるんですから、子供と同じ状態に置かれるんじゃないでしょうか。

榮 ただ、トレーニングみたいなものは入ってこなくなるんですね。ある年齢を超えて自由にやれと言うと、遊びに流れて闘わなくなる。

大西 真剣性をなくしてしまう、真面目性をなくしていくということですね。

榮 そうなると、この空の場が問題になるところでは単なる遊びではなくて、真剣性を持った何か、修行という言葉が出ましたがそういうものが加わってこないと、そういう場は出てこないような気がするんですが……。

大西 そうです。勝ち負けはどうでもいいというときには、空の状態というのは起こらないんじゃないでしょうか。空の状態が起こるというのは、その空の状態にならないと自分が自由にならないということですから。

伴 空の定義は、空は無我、大智、大悲、これが空だというんです。大智というのは、先日からずっと問題になっているように、フェアかアンフェアかを選ぶときに、深い愛によってそれを決める。そのとき真なるものに目覚めますね。これが大智です。そして本当の智が出てくる。これが大智です。物事をただ知識的に知ったとか、知識の確実性ではなくて、人間性というか、仏教で言う仏性に目覚める、それが大智なのです。

ところがそれは逆に言えば、最初のときに問題になった戦争という情況に立ったとき、人間はどうすることもできない。喰うか喰われるかという、絶対的な敵対を人間は互いの存在の根底に蔵して生きている。それは大きな悲しみです。それを乗り越えようとするとき、無我というか空が問題になる。

ところが、今の大人の遊びには、そういうことは問題にならないし、自覚されもしない。

なぜ闘争の倫理ということが問題になっているかというと、人間にはどうにもならない、どうにも超え難い業というものを負って生きているわけですね。先生は理性で考えたらもう駄目だ。戦いの場に臨んだら、理性ではもうどうにもならないということを実感としておっしゃった。そいつを何とかしなければならないという悲願が人間の心に生じてくる。これも一つの業ですが、その業が、ゲームのなかに闘争の倫理というものを呼び起こしてきている。そういう裏腹があると思うのです。人間に対する徹底的な否定、それが、即、徹底的な肯定を呼び覚ましてくる。

大西　スポーツマンが勝負によって体験する空の状態というのは、まず、自分の我という欲をすべて捨てるということが第一。いいことをしてやろうとか、こうやってやろう、ああやってやろうとか、そういう自分の欲というものを持っていたら、その欲に自分自身が制限されて、あるいは牽制されて、本当に自由な行動が取れない。自分の今までやった技術とかそういうものを本当に自由な状態で全部出そうとするならば、自分の欲を全部捨ててしまわないと出せない。そういう人間の状態が空の状態だと思う。だから、空というのは、自らの行動を全力を出せるように自分でその状態をつくる、その状態が空だと思います。

ですから、うまいやつと下手なやつとがやったら、こういう状態は起こらないと思います。両方が本当に力の差がない、達人のような状態になったときに初めて、双方がそういう状態になると思うんです。

榮　その無我の情況というのは非現実な世界ですか。

大西　いや、現実の世界にそういうものがあると思う。いちばん簡単にそれが出てくるのは、あの硬くなるという状態です。下手な選手が初めて試合に出たときに硬くなるという状態は、まさに自らの欲に拘束されてしまっている。何が悪い、かにが悪いと人はいろいろ言うけれども、ぼくはそうじゃない。これはこういう状態だと言うんですが、みんなその辺のことがわからないんです。

落語でもあるでしょう。何かの拍子で、平民の若者がある剣士とどうしても試合をしなくてはいけないようになった。そこであした剣士とやらなければいけないような羽目になってしまって、どうしても殺される、同じ殺されるんだったら、何かいい方法はないかと剣術の達人に聞きにいく。そうしたら、大上段に構えろ。目をつぶれ。頭のどこか、どこでもいいから、何かひやっとしたら、その刀をバサッと落とせ。そういう構えだけを教えるんです。そして、その剣士と向かいあったら、向こうが参りましたと頭を下げた。こういう落語がありましたね。

あれなんか非常によく言い表していると思うんです。要するに無我の状態になってその体勢を取る。やはりそれが空の体勢じゃないんでしょうか。

伴　あるチームが不動の体勢で出てくる。相手も出てくる。双方が絶対の敵対者として力を尽くして戦ったときに、本当にやったという感動を経験するわけですね。そのときさらに敵同士の間に友情というものもわいてきますか。

大西　友情というよりも、やるだけのことはやったという満足感、充実感じゃないかと思いますね。全部の選手がそんな気持ちになることはない。もしなるとすれば、リーダーとか限られた者だと思います。そんなことを要求しても一般の選手はなれないでしょう。

でもこの間も申し上げたように、そのときにそういうふうな状態になったほうがいいのか。そこでもまだ勝つということを意識しているほうがいいのか。これがまだぼくにはわからないんです。そういう欲を全部捨ててしまって勝てるかというと、ぼくは勝てないような気がします。いつも日本人があるところまでいって最後に負けるというのは、そういう状態にちょっと早くなり過ぎるのじゃないかという気がするんです。

外国人は、まだそのときに勝つという執念に凝り固まっているような気がする。絶対負けないというような試合ぶりを何回も経験しています。十点も開いているのに、あと二、三分でひっくり返される。われわれの常識ではどう考えても考えられない。そのときの連中は、そんな無我の境地じゃないという感じがする。どうしても勝たなければいけないという、さっき言った恥の思想とでもいうほうが強いような気がします。

ニュージーランドのときもそうです。長い歴史もあるし、日本のチームなんかに負けることはできない。そんな馬鹿なことができるものか。こんなに七万人も来ているなかで、生き恥をさらすのか。そういう気分だと思います。

そういう、どうしても勝たなければいけないという何かがそこにあるんじゃないか。それがまだぼくにはわからない。いろんな本を読んだり、『五輪書』や、帝王の本を読んでも、みんな最後は無我、無欲、要するに空で終わっている。でもぼくは、空ではどうもそうはならないような気がする。そこがわからないんです。

榮　そう言われている空は、後からの説明じゃないんですか。

伴　そうかな。空を観念的にこういうものだとしたり、空を理想化したり、美化したり、理由をつけて述べると、もう空は死んでしまいますね。生きているときはやはり空即是色、即ということが……。

大西　空の説明のときには必ず禅が出てくるんです。禅僧が入ってきて、いろいろなことを解決しているような感じがしますね。しかしそれは全くやったことのない人たちの話ですからね。その辺がよくわからない。どうしてなのか。

榮　こういうことはないですか。たとえばゲームのなかで勝ち試合みたいなときは相手の動きもこっちの動きもよく見えている。しかも、こうしてやろう、ああしてやろうじゃなくて、自分の体が自然に動いているということがありますね。しかもその動きそのものがそのときにちゃんと自分に自覚されていますよ。

大西　自覚されているというよりも、そういう状態に自然になっていっているんですね。そこへ持っていっているんです。しかし、そのときに勝たなければいけないという気持ちでカーッと動いているかというと、そうでもない。

榮　見えていて自然にそうなっているとき

には試合も勝ちとれているわけですね。ただ、先生がおっしゃる最後の二、三分とかいうときに、くらいついてくる執念みたいなものは、確かに日本人にないものをヨーロッパ系の人は持っているなということは感じます。でも、日本人にだってそれはあるような気もするんですが……。

大西　ぼくは、日本人にもそういうものをつくれないことはないと思います。しかし、日本人のつくり方はちょっと違う。日本人はこれで死ぬというときになって初めて出るような気がするんです。向こうの人は、生死には日本人のようにあまりこだわらない。やっつけてやるという意欲、そんなものを持っている。これは騎馬民族だからかもしれないけれど。これ以上やったら死んでしまう。それでも負けたりしたらどんな顔《かんばせ》あって日本に帰れるのか。そういう生死の関頭に立ったようなときには、日本人は今度はそうなるんだ。そこが何か違うんだな。

　だから、日本人の方がそういう状態で自分を捨ててしまうから、無我になれるのかもしれない。向こうは無我になりきれないのかもしれない。これは剣術のときには結局は殺されるんで、スポーツのときには殺されることはないから、その違いかもしれません。

榮　そういう世界は非常に少ないですね。ぼくらも日常ほとんど失っています。たとえば遊びの場合には、直接そういう命のやり取り、勝負をかけるということではなく、もっと違うところでやりますね。先ほどから聞いていますと、空の場とか無我ということが自分を生かす。そこで自分があらわになる。ギリギリのところが出る。今、そういう場はほとんどないんじゃないですか。

大西　そういう点で、遊戯の哲学についてはし、そんなものは駄目だとイギリス人はしょっちゅう言いますね。遊び半分じゃ駄目だと。そんなのはスポーツじゃないと。それが、彼らのゲームのスピリットなんです。

後で問題になる、「わかる」ということもそれと関連してくるわけです。

大竹　この前のお話ですと、わかるということについて、その場に臨んでそこのところで先生が判断なさるということをおっしゃっていますね。普通われわれがわかるという場合にも、たとえばコンピュータのボタンを押すと、コンピュータからすぐに答えが出てくる。それでわかったという表現を使いますが、実際には、そのプロセスでどういうことが行なわれているか、わかっているわけではない。しかし先生の場合には、ラグビーに限らず、その場その場に臨んで判断されているのですが、今言ったプロセスを先生自身はもうすでに経験されていて、その上でわかるというふうに言われているわけですね。そういう意味では、われわれがわかるというのと、先生がわかるというのとは、ずいぶん違いがあるように思います。

ただその場その場でというと、場当たり主義と考えがちですが、その辺はどういうふうにお考えですか。

大西　この問題は私の哲学からいうと重要な問題だと思います。ある一つのことにぶつかったときに場当たり主義になるというのは、ぶつかったときの対応が、物理的というか、生理的というか、そういう反射反応みたいな行動の場合には、まさにパティキュラリズム、場当たり主義になる。しかし、人間のある一つの行動を次第に訓練して、あるものにぶつかったときにこれは何だということをまず自覚させて、そのものから、この行動とかこのものは、将来自分の人生にどういうふうに使っていったらいいのかということを考える。そのための適切な手段を考えて、実行する。

この行動は、今までの生理的行動みたいにパッと反応するだけの行動じゃなくて、そこに考えるというメンタルな要素が入っている。そういう精神的な行動をわれわれは行なうことができる。そして、その精神的な行動を考えてみると、ただ反射というのではない。

いちばん初めに何だと考えるミーニング（meaning）と、その次に何だと思う判断のミーン（mean）と、その次にそれが精神的だというメンタル（mental）と、もう一つはマインド（mind）、この四つのこと、つまり、何だということ、何だと考えること、それを精神的に反応するということ、そして精神を持って行動する精神的行動だというこの四つの間に、ある一つの関連性をずっと持っている。その関連性によって考えていくことを子供たちに教える。そうやって考えることが、ある事態に当たったときに子供たちにやらせるべき一つの行動だろう。ぼくはそれをスポーツにおける行《ぎょう》というようなことだと考えているわけです。

考えてみれば、これは自らあるものを比較し判断し、そしてそれにある一つの推理をつけて将来の方向を決めて、それを自分で決定していくという、人間の知性的な行動のやり方と同じだと思います。そういうものをあることに当たって常にできるようにすれば、場当たり主義になっていかないと思う。そういう訓練をいつもやっていかなければいけない。

大竹　いま先生は訓練ということをおっしゃいましたね。たとえばパスの場合、身体の持っている条件から、パスのかたちが、練習をすれば非常に合理的なかたちで決まってくるように思うのです。それがスポーツにおける行になるのではないかと思うのですが、そうすると、それは身体のかたちではあるけれども、そこで訓練をするということのなかに、いつもメンタルな要素が含まれている。それがゲームの大事なときに集中して、先ほど出てきた無我の境地になって、素晴らしいプレイになっていくのだろうと思います。

その訓練で、ただ言われたからやるというのでは、そういう境地は出てこないのではないか。やはり自分が考えて、積極的に自分が何かをつくり出していくような気持ちでの積み重ねでなければ、無とか、空とかいう場に到達できないと思うんですが……。

大西 最初にこれはこうだと思ったときに、たとえばパスならパスで、そのパスというものをわれわれの将来にどういうふうに行ったらいちばんいいかということを、人間はやっていくと思うんです。それが人間の一つの前進というものでしょうね。

大竹 たとえば最初に間違った教え方をする場合がありますね。それは訓練していくうちに、かたちがいちばん合理的というか、そういうところにできあがっていくものでしょうか。

大西 いや、この前も言いましたが、自分の行動をこうやれと言われても、それを反省し吟味をして、そして新しい行動にしていくこの過程が、自らでないといけない。いつもそのことだけはガッチリ言っていかないといけないんじゃないんですか。自らやらなければいけない。俺はこう言ったけれども、お前はお前で自分に合うように考えていかなければいけない。人間というのは未来に対してどうしたらいいかを考える、そういう人間の未来志向というか、目的志向というか、そいつを大いに利用する。

大竹 そういう場合には常に自分を別の自分が見る目がなければいけないということでもありますね。

榮 そこでいつも問題になるんですが、ただ身体的なトレーニングを教えられた型どおりにやって、それでスポーツができたと思ったり何かができたと思ってしまう。修行つまり行ということだとすれば、それは主体的でなければならない。ところがスポーツをやっている人が批判されるときには、主体性がないというかたちでいつも批判される。それは、どこに問題があるんですか。

大西　日本では型というものがあらゆる場合に非常に大きなウェイトを占めてきたんです。その型が目標みたいになって練習が行なわれてきた。それと同じような考え方がスポーツのなかにあると思います。また、そういうような本を読んだりすると、やる人がそういう考え方になっていく。型さえできればいいんだという感じです。型というのは将来勝つためにいろいろ考え出されたものですが、その型ができるかできないかが目標になってしまった。こうなってしまうと、かえってその型が邪魔になってしまう。

だから外国人によく言われるんですが、日本の練習を見ていると騎兵の練兵だ。近衛騎兵の練兵みたいにきれいだ、こう言うんです。本当にそうです。型どおりで本当にきれいです。しかし、試合になってもその型から離れることができない。そういうのは、日本のコーチが悪いんじゃないかとぼくは思う。

榮　スポーツをトレーニングするというとき、その非常に動的な行動のなかには、実は自己凝視という、内へ向かう人間の精神的なはたらきがあるはずなのに、日本ではトレーニングというともっぱら身体的で、自己把握という部分が欠落しているのではないかという疑問があるんです。スポーツだけをやったんでは馬鹿になると言われるのは、人間の内へ向かっていく部分が欠けているということを言われているんじゃないかと思うのですが。そこはどうでしょうか。

大西　自己凝視は重要ですが、私は、逆に自己凝視がきつい連中ほどスランプが長いという感じがするんです。自己凝視がきつ過ぎると、スランプを抜け出すことができない。いい素質がある者でも、あまりにもコーチからワアワア言われてスランプになってしまう。

だから、その吟味の仕方をコーチはよく見て教えてやらなければいけない。吟味というのはテストなんですから、そのテストの情況を試合でやっているときなんかによく見て、うまくいったとかまだ駄目だとか言ってやらないといけない。

大竹　それは外へ出るかたちで抜けないといけないわけですね。

大西　そうなんです。だから自己凝視をしたときに、ポッとある機会をつかまえてその機会にパーッと飛躍できるようなことを与えてやるということは、コーチとしては非常に重要なことだと思います。

大竹　「かた」というのはいろいろな漢字がありますが、方向の「方」というのを書いて「かた」とも読みますね。その「かた」というのはもちろん今お話しのようになかへ向くことも大事ですが、時には方という、ある方向へスーッと抜けていかないと、スランプが深過ぎてつぶれてしまう。

大西　非常に論理的な者とか秀才でスポーツのうまいのがいるでしょう。そういう者にこの自己凝視をやらせると、ガタッと駄目になっちゃって抜けきれないときがあります。こういう性格の者はよく見ないといけないと思います。

大竹　そういうときにはコーチがかなり大事な役割をすることになりますね。

伴　だから型というのがどこから出てきたかという源がわかっていないと、生きたものにならないですね。菅平で先生と川越さんが話しておられたなかでまだ記憶に残っているのは、先生は人の動きのなかには必ず理があると。川越さんはそれは自然だと言われたのですが、それは表裏一体をなしていると思うのです。だから、自己凝視というけれども、トレーニングのなかでハッと気がつく。そういう、自己に覚めるやり方ならいいんですが、行じないで、ただ頭のなかで反省的に自己凝視をしすぎても何の進歩にもならない。繰り返し繰り返し、試行錯誤をしながら壁を破る。そこで初めて自分を見出すことができると思います。

だから、トレーニングを通して事柄を理解するときに、初めて自分が変わる。自己凝視して行き詰まった自分が破られて、本当の自分に目覚めていく。目覚めることによって、また事柄が新たに発見される。そういうところがスポーツのなかの知るということの特徴ではないかと思います。

人間性への目覚め

大西　私の行の考え方が仏教の人の考え方とちょっと違うところは、仏教の人は無為になれと言います。ぼくは、確かに無為にならなければいけないけれども、やはりやる目標を定めて持っていなければいけない。それは先ほど言ったように、自分の将来にとって、この行をどうやっていったらいいのかということをいつも考えて実行していかないと、そのものが自分の身に付かないと思うんです。

同じ坐禅を組んでいても、何も考えていなくてただ組んでいればいいんじゃなくて、そのなかで、なぜ坐禅をやるのか。俺の将来にとってこれはどういうためになるのか。その行動をするためには、どういう処置を講じていったらいいのか。そんなことを言ったら禅の人は怒りますよ。それは邪念だから駄目だと言うけれども、ぼくはそうじゃないと思います。坐っているときに考えたら駄目ですが、そういう気持ちがなければ、禅だって自分の行動の将来に本当に身に付いていかないような気がするんです。伴さんの言っていることとちょっと逆かもしれませんが……。

伴　いま指摘されて気がついたのですが、スポーツの知を型にとらわれて狭く考えていました。確かに「行」を離れて純粋に知性の領域で想像される「理」というものがあります。この理と、行を通して型に表われる理とを、別々に考えていました。この二つの理を関連づけ、統一的に考えていくほうが現実の事実に即しているようです。

西谷啓治先生は、「覚について」（西谷啓治著作集第十三巻）という論文のなかで、『感覚性の場と非感覚性の場、さらには超感覚性の場との間を連絡せしめるものは何か。単純化して言へば感性と知性の結び付きを可能にしているものは何か、という問題である。その問題は「理」と「事」といふ見地からいへば、最も原初的な「事」（つまり純粋経験の基礎的な形態としての感覚知）のうちに含まれる「理外の理」と本来的な意味における「理」との間の聯関と発展に係はる問題である。』（一〇五頁）と述べておられます。この部分の内容に、大西先生の哲学が関連していると思いました。

この問題は哲学では未解決なままになっています。また「わかる」ということもその場に臨んで事に当たって、そこに生起している事柄を感覚で受け取り、判断し推理し精神的に反応し精神的に行動するということの全体で先生は受け止められている。先生の思考の領域は非常に広く深く高いという印象を受けました。しかも先生の思考は二つの理の領域へ出入《しゅつにゅう》自在ですね。

榮　先生がおっしゃった禅の問題ですが、坐ることと同時に、問答をやりますね。その問答というところでは、明らかにある一つの事柄が問題になって、それを解決しようとしてやっている。ですから禅の場合には両方がいつもかかわっているのではないですか。言葉で闘わせている部分がありますね。そうすると、ただ坐りっぱなしということじゃないわけですね。そういうふうに考えてはいけないいんですか。

伴　究極的には、悩み、苦しみ、業に泣いている衆生がいる。その衆生をどうやったら救えるかということが根本にあるわけです。

四弘誓願、これが仏教の大前提であり、一大願目です。生きとし生けるものの悲願です。そこで問答も言葉でやり取りしているのはまだ仏法辺のこと、周辺のことだというのです。畢竟いかん、ぎりぎりのところを出せと迫る。場合によっては首をしめつけて答えを迫る。山岡鉄舟は竹刀を持って、正眼に構え、これが俺の臨済録だと答えた。利休は自ら行じた茶で自分を出してくる。だから禅というのは生きていることの根源を指し示しただけで、そのあとはお前たちがお前たちの本来の面目で生きていけ。お前が本当に生きているそこを出せ。こういうことなのです。

禅宗は只管打坐ということで本来の面目を出してきた。禅が坐禅という型になって定着したのが禅という宗派であり、一つの基礎集団です。だから、禅宗と禅というのはちょっと分けて考えていかなければならない。無相の相という言葉がありますが、無相が禅で、相が禅宗という関係、その無相の禅を理解し愛した人たちが、俳諧の道とか、茶道、華道、武道、芸道へと脱禅しえたのはそのためです。善も思わず、悪も思わず、まさにその瞬間における自己本来の面目をそこへ出していくのが禅問答の答えです。山岡鉄舟は竹刀を振って、これが俺だと。そこを愛する者が集まって鉄舟会をつくる。それが一つの基礎集団となって今日に至る。

スポーツを本当に愛する者は、スポーツのなかに何かをつかんで、その何かを愛する者が集まってクラブを組織している。そのとき早稲田のラグビーが優れているのは、早稲田のラグビーは近代を経てきているということです。先生のスポーツ理論のなかには知性が導入され、科学が切り開いた知、それが職人的な行のなかに注入されている。しかもそのうえに科学が開いた知だけが判定の基準ではなくて、人間性というか、精神によって再吟味され、精神において最終判定がなされているということだと思います。そこに未来を開く鍵が潜んでいると思うのですが、現代という時代は、むしろそういうことが育つ基盤が閉ざされているでしょう。まず現代の分析からやっていかなければいけないと思います。

榮　ところが現実生活では、ここで話してきたような事柄とは、はるかに遠い事柄ばかりが行なわれていますね。先ほど勝負における空は非現実かというふうにお聞きしたのは、現実にはそうでない情況ばかりだからなのです。

京都大学の上田閑照先生が、「十牛の図」という書物の冒頭で、

「往々にして私たちは自意識は過剰であるが、自覚に乏しい。また、時にそのような在り方が反省されても、自己反省によっては真の自己に徹し難い。たまたま生を受けて、この世界にこのように存在している私たちの真の在り方は、どこに求められるべきであろうか。

私たちの道は、ほとんどつくられたものばかりに取り囲まれている。現代の私たちの存在は、とめどなく希薄化しているように感じられる。にぎやかで活動的な生活世界のなかにあって、これというしっかりしたものはなく、漠然としてはいるが底なしの不安に漂い、あるいは制御しようのないいらだちにかられる。諸宗教の聖なるものも、歴史的社会のさまざまなイデオロギーも、人間存在の統合と意味充実への力を失ったように見える。

他面、人間同士の対立は、ブロックとブロック、国家と国家からはじまって、家庭内に至るまで、さまざまな形態において、誠に旧態依然たるものがある。あるいは、ますますひどくなっていると言えよう。

私たちの自己自身へのかかわり、人間同士のかかわり、自然とのかかわり、すべて連動するこれらの連関の核心になるようなところは、いったいどのようになっているのであろうか。改めて、なくてはならぬ唯一のものを問わざるをえない。」

と述べられています。

大西　結局、人生不可解とポーンと出してきているんですよ。どんな人間でもあのへんに来ているんです。しかし、これをどういうふうに考えていくかというと、感謝と愛情という問題が、人間のいちばん究極的な重要な問題だと言われていますね。そうすると、その感謝と愛情という問題が人間に起こってくる状態とは何かというと、どんな宗教者でも書いているんですが、すべてを絶対者に帰依しなさい。そのときに初めて感謝と愛情とがわいてくる。こう言っている。ぼくは、それが真理のような気がするんです。心臓が悪くなったから言うんじゃないんですが……。

実際、心臓が悪くなった状態とか、戦争なんかに行って、これはもう駄目だと思ったとき、絶対者に帰依して、それから感謝する、自分はこうやって生かされてここまでこうしてやってこられたと。愛情もそれからわいてくる。考えてみると、どうしても他力本願にならざるをえない。ところが、ぼくなんかは、他力本願なんて人間のくずみたいに言われてきたから、どうしてもそれはいやなんです。このへんが非常に難しい問題になるんです。

大竹　先生は今、病身で自分が経験されたとおっしゃいました。そういう経験をしないと、ふつうはそういう感じにならない。むしろ逆の方向に、現代のいわゆる科学の技術が、そういうことを感じさせないように動いているように思うんです。

榮　それはいつも非常に危険を伴う。というのは、家庭内暴力とかいろいろな問題がありますが、哲学のなかでは主体性の欠如とか、人間関係の希薄化という言い方をするわけです。主体性が欠如していくというときに、何が欠如させているのか。生活という意味では以前に比べればはるかに充足しているはずなのに、いろいろなかたちの暴力が起こったり、基礎集団が崩解していくという問題が起こってきているわけです。そこのいちばん大きな問題として、大竹先生が今おっしゃったテクノロジーの問題があるわけです。

どういうことかというと、人間が物事をわかるということが、体験し、思考してわかるというよりは、今はむしろ反応してわかるということに変質してきている。大きな問題として、技術の世界が非常に巨大化してきて、生活のあらゆる場面が技術化しているわけです。

伴 先ほど先生が、絶対者に帰依しなければいけないとおっしゃいましたが、その帰依する絶対者が死んでしまったと思うんです。昔は、自分をあらしめている、命の恵みを与えてくれているものに対して南無阿弥陀仏と言いますね。あれは、量りしれないものに帰命するという意味らしいですね。帰命無量寿如来、南無不可思議光、人間の根源のところはそう言う以外にないではないかということでしょう。そのときは、大自然の生命とか、生き生きした自然に直結したところで、人間はそういうものを感じ取っていたわけです。だから、お天道さまという言葉も昔の人の心には生きていたのですが、現在ではもはやその言葉は死語になっていますね。

科学技術の発達によって、われわれの住んでいる環境が変えられて、いちばん身近なはずの自然が生活空間のなかでは遠いものになっている。以前は、水でも川へ行って水をくみ、井戸から水をくみ出す。ところが今は水道の蛇口をひねればすぐに出る。また人間の情報も自分の足で歩いて実際に見てということではなしに、テレビを通して居ながらに世界の情報を得ることができる。それはそれで確かに進歩であり、人間の生活を支えているところもあるのですが、しかしすべてが間接的なものになってきている。新しい抽象化が行なわれている。榮さんが言ったように、思考が反応しかしなくなっている。

以前は、わかりましたと言うときは、お互いの心とか、次に何をしなければいけないか、どうすればどういうことになるか、原因、結果、周囲の情況そしてその構造、そういうことを全部了解して、わかりました、心得ましたと言ったはずです。ところが「このチャンネルを押せばテレビが映りますよ。はい、わかりました」と簡単にわかりましたと言っている。大事なことを置き忘れ、無頓着に応答が行なわれている。そういうわかり方しかできないような人間になってきているのではないか。新しい生活空間が科学技術によって人工的に創造され、技術連関による生活環境が建設されている。

そのなかでスポーツが未来を拓く力を持

っているのは、その科学技術の世界がつくり出した最大の欠陥を補っていくものを持っているからではないか。パイロットが着陸するとき、管制塔の指示に対して「ラジャー」と応答する、そういう応答の仕方を開発する場がスポーツのなかに残されているのではないか。

だが、そういうことを真剣に考えざるをえない情況に追い込んでいるのが現代という時代です。科学技術の進歩によって生じたレジャーの問題です。この自由時間をどのように生きるか。自由時間が人間を本来的なものに目覚めさせるきっかけとなるかもしれないし、逆にそれによってローマの末期みたいになるかもしれない。危険のあるところ救うものもまた生じるということでしょうか。

それから行為の世界が変わってきたと思うのです。以前の倫理道徳は個人に基盤が置かれていました。究極的には個人の人格と神との問題でした。そこではまだ個人の意志は信仰によって神とか聖なるものにつながっていく方向をとることができた。個人の仕事も個人の意志によって善なるものへ還元することができた。目的——手段の関係も究極的には神と個人との関係に基盤を置いていた。井戸塀と言われた昔の政治家、昔の学校の創立者などそうです。

ところが今日のように企業が大規模になってくると、個人の意志を超えて、目的ではなく手段であったはずのものが、人間の意志を決定してくる。人間がつくり出したものが最大の決定権をもって人間を支配してくる。これがテクノロジーの特徴です。いわゆる巨大組織の怪物です。ギリシア以来の個人倫理では支えきれない事態かもしれません。

榮　たとえばナスやトマトは一年中店頭にありますね。あれは自然の状態でつくられているわけではない。環境というとぼくらは自然環境というふうに思ってきたんですが、その自然そのものが違うものになってきている。生きるということを直接に支えている〝食〟そのものがいろんな技術の結び合い、自然のお陽《ひ》様、土、水といったものとの関連のなかからではなくてできている。そして、それを運んでくれるものも舟や馬車ではなくて、近代的な交通機関と交通網です。しかもそういうものがどこにどれぐらいあって、いくらだという流通のシステムは、ボタンを押せば居ながらにしてわかる。そういう情報とこれを扱う機械や技術連関を知らないと生活できない。生活そのものが外的に規制されてくると同時に、そのことが心の内部にまで入ってきて、いつの間にか自己の存在そのものが薄くなってくる。自分は何もしなくても生活は成り立つのですから。

　先ほど存在の希薄化といいましたが、技術連関のなかで生きているということは、人間そのものが、そして個々の存在が非常に希薄になっている。いやおうなしに、そうさせられている。さっき伴さんがテレビとおっしゃいましたが、確かに早慶戦なり早明戦の試合を見ているんです。ところが見ているのは、大西先生がグラウンドで見ている試合じゃない。ぼくらは、回されているカメラの目で見ているわけです。早明戦を見たと言っている人も、実は映した人の目でしか見ていない。いつの間にか、ありとあらゆる生活がそういうふうにさせられてきている。よほど注意をしないと、自己が失われていく。この喪失感はどこかでゆがんで吹き出してくるだろうと思うんです。

ただそこでいちばん問題になるのは、その技術連関そのものを否定して生きていくわけにはいかない。

大西　ぼくは最近、科学技術ということがさかんに言われて、その通りだと思っていたんです。しかし、どうもそうじゃなしに、人間の行動でも考えでも、科学の産物も、そういうものがみんな金銭化されてきた。資本主義の悪口を言っているようになってしまうのですが、その思想は古いと言われるんですが、金銭がそれをコントロールするというところに、何か問題があるように思います。要するに、金銭文化社会というのができあがってしまって、そのなかの一つとして人間が動いている。これがいちばん問題だと思うんですよ。そこでアマチュアリズムと言っているんですが、実際これを何とかしないといけない。

こうなってくると、貨幣の丸でも握っているような、人―金―人みたいな世界になっているわけですね。子供たちの考え方がそれによって動いていくんですから、金と生活をある程度分離していくような社会を教育のなかにつくっていかなければいけない。教育があまりにも金というものにベッタリくっついて行なわれ過ぎている。人間がある程度食えるようになったときには、そういう食べるための金を抜きにした教育方法を考えていかなければいけないのではないか、という感じを最近受けているんです。

子供たちの教育なんかでも、いっぺんみんなを集めて、ギリギリの生活をさせながら、そのほかの生活のなかでは金銭を使わせずに、金銭を使わなくてもこういうふうに生活できるんだというような教育をやっていかないと、子供たちが金から離れられないんじゃないかという気がします。

大竹　技術連関という言葉がありましたが、それがつくり出す環境というのは、いわば間接的な世界ですね。その科学技術の行きつくところは、結局、人間の肉でも食べられるのではないか、それを食べてなぜ悪いのかということにもなりかねないわけですね。

人工授精なんかもありますからね。そうすると、いったいそういう問題に対してわれわれはどういう態度を取らなければいけないのかということで、その便利さと、そういう命の問題とがあるわけですが、科学が果たしてその問いに答えうるのかという点ではどうなんですか。科学というのは、その答えを持っているんですか。

大西　それよりも、文化人という指導者階層がいちばん悪いんじゃないかと思いますよ。自由だとか何とか言っているけれども、人間は具体的にどういうふうに動いたらいいんだとか、行動して生活したらいいんだということは何にも言わない。昔だったら「朕惟《ちんおも》うに」（教育勅語）があったわけです。今は何も中心がなくて、言う人言う人によって言うことがみんな違うでしょう。しかもそれが抽象的で具体性が全然ない。そして偉そうなことを言っているけれども、やっている行動を見れば全くなっちゃいない。このへんを、何とか教育のなかで直していくよりしようがないんじゃないか。

子供たちがいちばん興味があるものは何かというと、性とスポーツなんですよ。その教育のなかで、健全なものは今はスポーツ以外にないんですよ。

榮　その場合、先生がおっしゃった巨大資本、コマーシャリズム、それから情報、そういうものが問題です。そういうマスメディアを握ったものが、間接的にいつの間にか支配をしている。そういう情況に対して誰も言えないわけです。

大西　資本の世界が組織的になってしまっているから、それをコントロールできる力がないんですよ。昔は財閥がいたから財閥の偉いやつがコントロールすれば、ある程度できたが、今はそういうものがないでしょう。

これには社会的な一つの力がそれを支持してくれなければ駄目なんです。要するに、金銭とくっつけたらいけない行動がある。その行動がどんどん金銭によって侵されていく。医学なんか完全にそうですね。医学、教育もそうだし、あらゆるものがそうなっている。スポーツなんかもその一つです。そういうものを世の中が、それは人間のあるべき姿ではないといって考えなければいけないんですが、それをやらない。人間もサラリーマンになっちゃいましたね。

大竹　幕末の薩摩に島津斉彬という大名がいましたね。彼がイギリスから織機を輸入して織らせるんです。そうすると、今まで職人がやっていた一年間の生産量が、四、五ヵ月でできてしまう。一年分が四、五ヵ月でできると、今までそれをつくっていた人が失業してしまう。それから原料がすぐなくなってしまう。それに販路の問題もある。そういうことで、彼はその実験をやめさせてしまうわけです。

つまり、それをやめさせたのは島津斉彬という一人の人間です。その時代は、それがまだできたわけです。それは自分の狭い一つの藩だからということもあるでしょうが、そういう決断が下せて、それを実行に移せたわけです。今は、スペースシャトルが落ちて、それこそレーガン大統領が中止と言える立場であるはずなんだけれど、もうできなくなっていますね。

大西　それから大衆参加なんていうことを言うけれども、その大衆をそれだけの人間に仕上げるのは大変なことですよ。

要するに世界の賢人会じゃないけれども、

何かそういうものが一緒にワーッとやって、具体的な倫理というようなものをつくっていくべきだったんでしょうね。
しかしぼくはいちばん悪いのは学者だと思う。学者というのは、自分が科学的に考えていって、まるで糞尿の垂れ流しと一緒でみんな発表してしまう。それを、われわれがいつも言っているように、吟味することもしない。吟味して、これを出したほうが人類のために良いかどうかを考えないといけない。それを全然なしにやっている。学者がいちばん罪悪ですよ。

榮　人間は歴史的にいろいろな困難にぶつかってそれを解決する知恵を生み出して、その知恵をさらに新しい人間の支えとしてきたわけですね。
今こういう外的な環境が便利になっていますね。しかしその便利さが逆に人間を疎外して問題を起こしている。だけどこれを止めろと言っても、多分人間の欲望ですから止めようがない。それに対するものをもう一つの峰として、それを支えきれるような新しい倫理観を立てるしかない。

大竹　もう一つ絶対がなくなった。なくなったというのは言ってみれば、人間が自分自身がもっている悪というものを見なくなってしまったので、その絶対に帰依するというところがなくなってきたのではないか。

大西　悪を見なくなったのではなく、悪とは何ぞやということが、その定説がなくなったということですね。

伴　聖なるものの意識が失われてきた。生命の尊厳といっても、精子バンクなどができてくると、また結婚もギブ・アンド・テイクの契約結婚になって、一切のことが変に合理的に、変に功利的に、変に機能的になって、それが日常の感覚になってくると、昔、悪だとされたものが悪ではなくなりますね。つまりモラルというものの成立する基盤が人間の根本のところで崩壊してきたということではないでしょうか。

大西　日本ではあまりにも宗教の力が失われ過ぎた。西欧にはまだ残っている。日本ではそういうものがなくなってしまった。

もう一つは性の問題を解決しなければ大変なことになる。

伴　性の問題と同時に、生命に対する感覚も違ってきていますね。ある雑誌で読んだのですが、ある青年が「人間が人間の肉を食ってなぜ悪いのか」と問う。また十代の少女が子供を産んで、新聞紙にまるめて、ポリバケツのなかに捨てたというのです。少女が捕らえられて言うには、「自分で産んだ子供を自分で始末してなぜ悪いのですか、別に誰にも迷惑をかけてはいないではないですか」と。

こういう問いが出てくるというところに、現代という時代の問題があると思うのです。以前は、人間の本質は理性とか信仰というところを押さえて理解されていた。しかしこのような問いが発せられるということは、その人間にとって、人間とは何であるかがわからなくなってきているということだと思います。人間と人間との間の本質的な連帯性が、その人間から欠落しているということ、人間と人間とが相依りながら共に生きているという、〝共に〟が欠落していると思うのです。

　また、その人間からは、昔は罪だとされた——法律に照らしてではなく、法的には許されても、神の鏡に照らしたとき、これは許されないというものを、昔の人間は持っていた——そういう罪の意識と聖なるものの意識とが、欠落している。

　しかしそういう問いは逆に言えば、救いを求めている人間の声かもしれない。

榮　動物ならばここから先をやったら全部が滅びる、そういう生存の危機に対する共通の感覚ですか、そういうものが人間には欠如してしまったということですね。

絶対の信

大西　結局、人間の卓越性の伸長ということを誤ったというか、卓越性を伸ばして、それを自由放任にした。その自由放任のなかで、その研究したものを、世の中はどうなるかとかいうことを吟味しないで、自由に発表させてしまった。それによってわれわれは人類を滅ぼすほどの核を持った。人類が滅びるかどうかというような瀬戸際に立たされている。これが現代人の不安の大きなところで、その不安が現代人の将来に対する希望をなくさせていっているのではないだろうか。

　そこで、そういうときに起こる現象は、

享楽をむさぼろうとする生き方です。現在のいろいろな情況を見ていると、そういうものがますますひどくなっていっているような気がするんです。またそれを弁護するような理論とか言説が氾濫している。世の中を悪くしていこうという人はいないでしょうが、そういう時代が到来しているような気がする。

人間の生存に共通なもので、これだけはどうしてもやってはいけないというものを人類自身が考えて、それを全部に徹底させるような教育をしていかなければいけない。その教育は、ぼくは法律だけではとても駄目だと思うんです。人はみんな法律がまるで人間を統制しているように思っているみたいだけれども、法律がトラブルを起こしているほうがかえって多いのではないか。

やっぱりこれは教育だと思うんですね。人間が科学と技術を進歩させてきたわけですから、人間を教育することにもそれだけの情熱を打ち込んで、その方法を考えていかなければいけない。そしてそういうことを考える人間の団結によって、新しい運命共同体としての人類をつくりあげていかなければいけないんじゃないかという気がするんです。

その一つの方法として、オリンピックとか世界選手権というような世界的な一つの組織を持ったスポーツを……。スポーツがもしいいところを持っているならば、スポーツにしかできない教育を行なっていくにはどうしたらよいか、スポーツによる将来の教育を考えていかなければならない。

　今までのスポーツは体をよくするとか、健康をつくるとか、全人をつくるとか、いろいろなことを言いましたが、そうではなしに、人類がもっと平和で、闘争がない社会をつくるため、そうしたものにスポーツの教育が向けられなければならない。そうなってくると、いちばん重要なことはスポーツが持っている闘争を通じて、われわれは闘争の倫理をどういうふうに持っていくべきかということが大切だと思うんです。それは非常に重要なことです。

　もう一つは、スポーツはどうしてもチームワークを必要とする。チームワークの根源は何かというと、愛情であり、信頼であり、そして、感謝だと思うんです。現代では宗教以外に実際に人間と人間とがつき合ってつくりあげていくものは、ゲームを中心としたスポーツ以外にないと思っております。

　さらに生と死の問題があります。スポーツは危険を伴います。特に山とか冒険とかは危険を伴います。危険の最たるものは何と言っても死ですから、死のコントロールは人間としては大変難しいことで、死のコントロールを自ら実験して、訓練をやっていくというのは、私はスポーツ以外にないと思うんです。スポーツに含まれている危険性に遭遇して、それを一つ一つ克服していく過程のなかで、死に対する人間のコントロールができあがっていく。人間が有限であること、つまり死の認識を持ち、死の哲学がそこから出てくる。そういう感じがするんです。

　重要なことは、人間が緊急事態に陥ったときに、それに惑わされていると、ボーッとしてしまって、どんなことをしでかすかわからない。たとえば核のコントロールなどにもそういうことが予想される。そういう非常事態の人間のコントロールは、あらゆる人間に非常に重要だと思うんです。ゲームのなかではいろいろな非常事態が起こる。チャンスとピンチが起こる。そのチャンスとピンチをコントロールしていく一つの力をそのなかで養っていく。これは非常に重要なことではないかと思うわけです。

　特に指導者階層に対しては、そういうことが現代社会における最も大きな教育目的、あるいは教育目標ではないかと私は思うんです。そういうことでスポーツをさかんにして、スポーツの弊害をなるべく少なくして、人間が持つ余暇を人間が人間のために有効につくりあげていくような組織をつくっていくことが、スポーツを通じての教育の根本の使命ではないかと考えているわけです。

伴　教育の場でそういうものをつくりあげていく場合、自らがわかるということと同時に、他にもわからせるということがいちばん問題になるんですが、現代はわかり方が非常に軽薄になって、知が成立してくるプロセスを踏まえない。

　先生の教育論には知性はもとより闘争本能、緊急事態、生死、チームワーク、愛情、信頼、責任といった、いろいろな要素が入ってきますね。そういうものは一つの目的に向かって、お互いが協力しながらその目的を達成していくというプロセスのなかから自覚されてくるものなのですが、そういったプロセスを経験する場が現在失われてきていると思うのです。

大西　人間の精神は、私の考えではただ坐禅を組んでとか、そういうことで成長するのではなしに、人間が協同してある目標のために全力を挙げてやっていく、その過程のなかに生まれてくるものだと思うわけです。

スポーツはそういう教育的要素を持っている。勝ちたいということは、人間の本能的なものですから、そのなかに協同の要素を入れて、自然に追求させていく。それがスポーツ教育の非常に重要な点です。

現在、青春の只中にいる若者たちには、言うならば性の問題が非常に大きな魅力になっているし、音楽とか芸術の問題が青春の大きな魅力になっている。そのほかにダンスとかいろいろなものがたくさんあります。しかしスポーツはそういうものの興味よりももっと強い興味をつくって行なわれなければならない。そうでないと、スポーツはおそらく彼らのなかに浸透していくことは難しいだろう。その点では、ぼくは男同士でやるスポーツの出身ですけれども、やっぱり男女でやれるということは青春時代の非常に大きな魅力ですから、男女でやれるスポーツを大いに考えなければならない。

スポーツが持っているいろいろな教育的価値のなかで、個人的なスポーツよりも団体的なスポーツの方がはるかに教育的効果が多いと考えるならば、そういう面白いスポーツを、スポーツの指導者、体育指導者が考えていかなければならないだろう。同時にオリンピックが世界で行なわれるいちばん大きなイベントであるならば、オリンピックでそういうものが行なわれれば、それが全世界に広がっていくでしょう。世界でウェイトリフティングなんて何人やっているか知らんが、そういうものがオリンピック種目のなかにたくさんあるというのではどうもわからん。これではみんなが魅力をもって世界のスポーツに参加することはできないという気がするんです。

そこで、魅力のあるスポーツを大いに考えていくことと、それを体育を通じて各国が共通して研究していく、そのなかでフェアなプレイの精神、すなわち闘争の倫理を一生懸命教えて、フェアプレイの精神に命を捧げても平和を守るというふうなものをスポーツマンのなかにつくっていく。オリンピックの選手は平和の戦士として各国に帰って指導者になるというふうなものにまでなったときに、初めてスポーツは人類に大きな貢献をするのではないかというような空想を持っているわけです。

伴　現代の社会のなかで非常に大きな問題が一つあると思うんです。これは、ハイデッガーの『ヘーベル――家の友』という本

のなかにある文章ですが、

「科学が探究する技術的に支配可能なる自然と、人間が住み慣れた仕方で、しかも、それと同様に歴史的に規定された一定の仕方で住むということに属している自然的な自然とが、いわば二つのよそよそしい地域のごとくに相互に区画されてしまい、しかも、絶えず加速度的に相互にますます離れて暴走していく。技術的に建築され尽くした世界という建築物と、より一層根源的な仕方で住むための住まいとしての世界、その両方に対して等しき仕方と強さにおいて心を傾かせる家の友、このような家の友が欠けている。」

この文章から言うと、二つの世界を統一する人間が求められていると思うんです。人間の行動に科学的な知性を導入されて、しかも、人間性に目覚めさせて、それをゲームにおいて実証しようとなさる。科学的な知性と人間性とが身体的に一つに統一されたかたちで、人間性を回復する方向を志向されていると思うんですが、その点はいかがですか。

大西　私は現在までのスポーツがあまりにも練習に耐えるというかたちで進み過ぎていたと思っている。ここにどうしても知性というものを導入していかないと、現在の人たちにマッチするようなスポーツにはならないような気がするんです。現代人は知性を離れて生活できなくなっていますから、どうしても知性をスポーツのなかに入れて、新しいスポーツの種目をつくって、それを現代人に合うようなものにしていかないといけないというのが、私の考え方なんです。
　従って、私はあくまでスポーツの非合理的な方面と合理的な方面とを一緒にして、新しいスポーツマンの行動をつくりあげていきたいと考えているわけです。
　愛情の問題にしても、闘争の倫理の問題にしても、そこへ知識を入れただけでは、身についてこないだろう。非合理的なやり方で何回も反復して、自分の体でそれを経験していかなければできないだろうと思うんです。

榮　知というのは、そういう意味での知なんですね。

伴　そこでわかるという問題にかえりますが、あの監督はわかっているとか、あの選手はわかっていないとか言う場合、どういうことをさしてそう言っているのでしょうか。

大西　あの選手はわかっている、わかっていないというときには、その選手が球を持った瞬間ある判断をする、そのときにそれが理論的にそのときの情況にピシャッと合っているようなプレイをする場合に、わかっていると言っているわけです。それを本能的にただリアクションみたいにプレイしている場合には、あいつはわかっておらんというようなことでしょうね。
　監督なんかが試合の相手の、今のあのプレイから判断して、あのチームにこういう作戦をこうやっていくというようなことがわかるというわかり方と、もう一つは人間の使い方ですね。あの人間ならこういうふうに使っていくというような人間の使い方です。それを、知っている人が見て、適時、あいつはわかっているなというようなことを言っている。

その、わかるというのは、その人の程度によって非常に奥深いものではないかと思うんです。ゲームのやり方というのは人間が実社会で行なっている、最も基本的といいますか、そういうものが非常に大切です。それをつかんでいくいちばん大きなものは、知性的な行動と、もう一つは非知性的な行動です。そしてそのときにそれをどういうふうに行なっていくかということをだんだん自分で判断していかなければならない。そのゲームのスピリットに合っていることが非常に重要じゃないかと思うんです。

ゲームのスピリットとは何かといえば、フェアプレイの精神だと思う。いくら勝ちたくてもわれわれとしてはこうは行けない、こういうふうに行くのが正しいと。それで負けてもそのチームのやり方は立派だと言われればそれでいい。そういうことが監督として選手としてわかるか、わからんかの問題だと思うんです。

伴　それがわかると、闘争の倫理も同時に確立されますね。

大西　そうですね。だから、闘争の倫理を最初から知って、それをそのなかで教えていってもらいたい。

伴　ゲームのスピリットがわかるということは、スポーツマンとして侵してはならない神聖なものというか、崇高なもの、ゲームとしての格の高さがわかるということ、それがその人の人間性にも還元されてきますね。

そういうチームのスピリットを持ってお互いが烈しく闘い終わったとき、両者が満足しますね。そこからおのずから詩がわき出てくるような……。

大西　詩というよりも美じゃないですか。ぼくはそれを純情の極致と言っているんです。青春時代にしか持つことのできないロマンチックなプラトニックな恋みたいな純情の極致。その純粋なものの満足感じゃないですかね。

榮　これは若いときでないと難しいですか。

大西　そうなんです。理論的な満足とか、あるいは美的満足みたいなものは時には得られますが、本当に現実に勝利したあの実際的な満足はなかなか得られません。そこで美と崇高とが実感として直接に関係している。そしてそれは人間の歓喜の極致、そういうものをつかんだときに本当の充実感、幸福感が得られるということを青年たちが持つ。

伴　そういうものはやはりその場その場で現れてきたものを、実感として感じる以外にないわけですね。

大西　ぼくはそう思いますね。

榮　最初のところへ戻るんですが、その過程においては感無量みたいなところはまだ実現していませんね。ところが、何かそういうものを目指しているわけです。

大西　先ほど言った、勝つということを以前に知ったやつが強いのは、そこだと思うんです。前に一ぺん勝った味を覚えている。その歓喜を原動力として今度も勝つということを意識してやるでしょう。そんなものがあるんじゃないかとぼくは思うんです。

榮　そこで絶対という問題なんですが、先生が前に、勝つときには信が必要だとおっしゃった。そういう意味では絶対じゃないと信にならないですね。

大西　ぼくはそう思いますね。

榮　そうすると、訓練の過程で、まだ勝ったという本当の歓喜の境地を味わったことのない後から続いてくる者を、一度勝ったことのある者が引っ張るときには非常に大きな意義を持ってきますね。訓練されている者にとってはまだ現実になっていない非現実的なものが絶対化して、苦しい練習を支えている。こう考えていいですか。

大西　それを支えさせていくものは、ぼくがいつも言う監督の教祖性だと思います。要するに監督の魅力だと思うんです。俺が言う通り、こういうふうにやったら、絶対に行けるのだという……。今年（一九八五年）の慶応なんかまさにそうです。その信じたものがないと、勝てないように思うんです。絶対勝てると信じこませる力、それを裏づける方策と実力……。

榮　そういうことは、ちょっと場が異なるかもしれませんけれど、たとえば芸術なども、自分が目指している永遠の美に向かっていこうとする。そういうものをどこかでつかんだ者が、今度は日々精進してそれをあらわにしていくと。

大西　そう思いますね。だから芸術とスポーツは非常にその辺似ていると思うんです。だけれど、その美がどんなものだということをインスピレーションとして感ずることができない人は、ぼくは芸術家ではないと思うんです。それはテクニシャンであって、芸術家じゃない。

だから、監督の場合でも、こうやったら勝てるぞというものをインスピレーションできちんと持って、それを練習に理論づけて、一つ一つ登っていく。そういう過程を経るんじゃないか。このチームならこういうことをこういうふうにやったら勝てる、そのためにはこういうふうに練習していくんだというやり方じゃないかと思うんです。チームの診断と指導計画とはそんなものじゃないですか。

榮　このチームならこうやったら勝てるぞと、そういうことがわかる人とわからない人がいますが。

大西　いますね。チームの戦力の判定と上昇度の判定の二つがわからなかったらできないでしょうね。何ヵ月あるからその間にこれはこういうふうに進んでいくということ、その進む目標に対して戦力の判定はこのくらいにしたらいい、このチームをこのくらいにしたら勝てるという判定がわからなかったら、五里霧中になっちゃうだろうと思います。これはやっぱり経験の累積ということがずいぶんあると思いますね。ただ才能だけじゃないと思う。その点が芸術家とちょっと違うところじゃないでしょうか。

榮　そうするとスポーツの方がはるかに一般化しやすいというふうに言えますか。

大西　経験を積んだ監督が出てくるなんていうのはそういうことでしょうね。もしインスピレーションだけのものならば、明治の北島（忠治）さんみたいな人は出てこないでしょうね。彼は自分の経験だけであそこまでちゃんと持っていくんですから。

伴　スポーツにおいて、たとえば闘争の倫理を新しく確立しようとする場合、空の場をつくっていける人間をつくらなくてはいけない。あるいは、それを実感としてつかみ、自ら行じて現じうる人間をつくらないと、とてもできませんね。

大西　オール・フォー・ワン、ワン・フォー・オールという行き方ではできないと思うんです。ぼくの考え方は、そのなかで卓越性のあるやつを誰かつくらなければ、そのチームは決して勝てない。

闘争の倫理をアピールする場合に技術の面でどうして卓越した者が必要かというと、力のある者はどうしても力でプレイを行なっていくんです。力で屈服させていくものですから、アンフェアではないんだけれどもアンフェアに見える、あるいはアンフェアになる可能性があるんです。従って、それを技術でサーッと行く者が中心になって、フェアのプレイを見せる。そこに闘争の倫理が見えてくるのです。だから、世界的に見ても、力のプレイヤーを強いと言うけれども、立派だとは言わないですね。

　オール・フォー・ワンの場合には、そうした卓越性を持っている者がチームのなかに入ってくると、どうしてもチームワークが難しくなるんです。だいたい卓越性を持っているような者はちょっと変わっているやつが多いんです。それをみんなが雅量で認めてやるようなチームでないとトップには行けないと思うんです。その辺がチームの監督をやった場合に難しいところですね。

伴　これから必要なことは、結局、人間性を吟味する、そういう場を教育のなかに持たなければならない。

大西　それと、社会的ななかに運命共同体的な組織といいますか、国粋主義者みたいだけれども、そういう組織がないといけないんじゃないでしょうか。たとえば闘争の倫理、あるいは、性の倫理なんていうことが言われて、その社会のなかに入ってきたときには、その社会ではそれを評価してくれるようなものがなければならない。

　もう一つは自由ということがもっと人類の方向に合致した自由として使われなければいけない。自由が、人類が滅んでいくような自由として使われるんだったら、それはおかしい。そういうものをどういうふうにコントロールしていくかというと、どうしても運命共同体のような社会組織が必要だと思う。ある時期にそういう自由が経験できる青年たちの組織と教育制度を考えなければいけないいんじゃないだろうか。

教育のやり方というのはどういうことかと言うと、働く教育よりも遊ぶ教育をどうやってするかという逆転が必要なんじゃないかと思います。働くという教育はエキスパートがいれば実際に楽にやっていけるんです。それよりもこの世の中で自由に遊ぶことを何も訓練されていないで、ポーンと世に出て自由に男も女も交際できるとなると、ろくなことが起こらないのは当たり前ですね。そこで問題なのは恋愛の問題です。恋愛の問題と性の行為という問題とは紙一重だと思うんです。この間題は実際難しいと思う。なかなか本能には勝てないですからね。

榮　これは人類にとって新しい問題なのでしょうか。古くからあるんでしょうけれども……。

大西　ぼくは新しい時代が来たと思うんです。子孫の存続と性とが分離されて、性は技術になって、体外授精などというものが出てきました。それは一つの技術としてプレイになってしまうのではないですか。

榮　このことについて何か解決の方向は見出せますか。

大西　ありませんね。要するに性を解放してしまうなら、これはまた別ですけれども、まだ人類の倫理では性を解放することはできないでしょうね。性が珍しいものでなくなったら、教育はおそらく楽でしょうね。

スポーツを愛する心

伴　近代になると、真理を実証するということが、人間の身体的な行《ぎょう》を通じては行なわれなくなる。実験、観察といっても、人間の身体的な行を離れていますしね。しかしこれからは真理を吟味し証す場は、身体を通さなければいけないのではないか。科学的、合理的な知性だけでは闘争は解決されなかった。闘争は避けられないにしても、闘争でありながら直ちに絶対の敵対が調和であるという背理が健全に成立し得ることが、実証されなければならない。その実証がスポーツのゲームのなかでなされていると思うのです。特に素晴らしいゲームは、人間性を回復する灯火をともしているような感じがするのです。

大西　ぼくは先ほど申し上げたように、ある一つの現実の場と非常によく似ているけれどもちょっと変わった場（たとえばスポーツクラブ）がある。この場の本当に人間的な接触が、その人間をつくりあげていくんじゃないかと思うんです。ここでは実際ちょっとおかしなことをするやつは、そのなかで制裁されてしまいますから。現実の場だと、まあまあ、あいつは名門だとか何とかかんとか言って許されていますけれども、ここではそんなことなしに、あるスポーツを通じて淘汰されていきますから、人間の価値判断が正当に出てくるんじゃないですか。

伴　先ほどの純情の極致とか歓喜の極致とかいうものは、プロセス抜きで結果だけを与えられても感じられませんね。

大西　そうです。

伴　そうすると、人間が本当のものに到達するのは、出発点があって、いろいろ苦労しながら、憎しみ合いながら、愛し合いながら、そして、知性を導入して、試行錯誤しながら、最後に事を成就したときですね。

大西　みんなが一緒になってやる共同作業を一心にやっていく、その過程のなかにあるんですよね。

伴　しかもスポーツには季節感があります。部の一年間の暦は春夏秋冬の天の時地の理を充分に考慮したうえで決められる。現代は自然から離れていくと言われながら、自分の体力の限界に目覚めるなかで、自然にマッチした行動がなされるなかで、春夏秋冬の香りが心身に刻みこまれていく。しかもどんな情況に置かれても、自分たちの所属するクラブを愛するが故に、そのクラブの水準にまでは達しようと、監督も部員も懸命に苦しい練習を続けている。

　これからの社会を開くには、やはり新しい基礎集団づくりが問題になると先生はおっしゃっていますが、その基礎集団をつくるポイントは、まず「愛する」ということですね。

大西　男同士のチームワークが純粋な愛になるというのはそこだと思うんです。男と女の問題は愛がなくてもくっついちゃいます。男と男、女と女は、愛が本当になければば続きません。そういう点で同じチームの愛情は非常に重要ですね。山でザイルを結んで、あっちが落ちたら、こっちも落ちるという連帯感は愛と友情の極致だと思う。

伴　最近、山登りでも機械の力を借りて、楽に登っていますが、そういうものからは美と崇高の感情は出てこないのではないか。

榮　そうですね。本当は積み上げていくはずなのに、ヘリコプターでポンと行っちゃうとか、プロセスが結果を生むわけなのに、プロセスが省かれて結果だけが称賛される。実はプロセスのなかに人間の思いがあるわけで……。

大西　ぼくはあれも断然、闘争の倫理だと思うんです。山にはそれだけのものがまだできていない。ぼくに言わせれば、山岳にはまだ闘争の倫理ができていないんです。スポーツという考え方が薄いんじゃないか。冒険に近い考え方をしているのではないか。あれは完全にスポーツなんですが、冒険や探険みたいな考え方が非常に強いのではないかと思うんです。

榮　名利ということにつながってしまうわけですか。

大西　それもあるし、名誉なんかも付くし、スポーツはイコール・コンディションの下での闘争だという点からは、非常にアンフェアですね。この頃は実際機械で登っているようなものだ。少なくともそういうものに制限を加えて、みんな同じコンディションで登るというようなところにフェアなスポーツ的なものができてくる。

榮　山登りそのものは非常に高い意味をもっているはずですが……。

大西　山登り自身がそうなのではなくて、問題はそのやり方です。

榮　結果は登頂した人間の名誉ですが、そのプロセスにたくさんの人の犠牲があるわけです。自分を殺して、他を生かしていくわけです。そういう意味では生かされた人はそういうものを全部背負っているわけですね。本来そこに大きな意味がある。ところが結果だけを尊ぶようになれば途中のところが全部抜けてしまうということになるわけですね。

大西　もう一つスポーツでいいところは、遊びと労働とのつなぎをやるのがスポーツだと思うんです。今までは遊びは遊び、労働は労働と、遊びは面白いものだ、労働は苦しいものだと、こういうふうな考え方が強かった。しかし、遊びはその習慣においてある一つの行事を生むものでしょう。スポーツは一年なら一年間ずっとやってきて、毎日毎日のことがいかに苦しくても、これは奴隷の苦しみではない。自らやっていく楽しみの連続で、そして勝つたびにそれが充足されるんだ。そういう労働の仕方であれば、労働は確かに立派なものなんだ。人間疎外なんていう問題は起こらないだろうと思うんです。現代社会においては労働の考え方は非常に重要な論点ではないかと思うんです。

榮　その場合も自分が本当に愛するものを持つということが大きなポイントになりま

すね。

大西　そうです。だから、ほれるということの重要性です。スポーツは現世利益のようなものは何もないけれども、それにほれたやつがいいものをつかむ。スポーツはほれ込んでしまったら、それが大変高い価値を持ったものであることがわかる。

榮　先生のおっしゃる、愛する、ほれるということ、そうでないとそこに自分が住めない。家でも町でもそうです。そういうものが一つの基礎集団をつくっていくわけです。昔は、おらが町おらが村と、そこにこれこそ私のものと大事にしているものがあったわけです。人間は愛するということがないと、住めないわけですね。住みにくい町というときには、そこに何か愛着を持てない、ほれるものがないという意味がありますね。

もう一つ、宗教の場合、救いということは同時に許すということとつながっていたと思うんです。人間ですからいろいろな間違いをやるし、一生懸命やっても失敗をする。そのときに許せるということは、本当に愛していないと許せないんじゃないかと思うんですが。

大西　これは宗教が日常生活に入っているかどうかによって非常に違うんじゃないですか。日本では宗教が日常生活とかけ離れているでしょう。子供のときから男女が交際できる場としてのチャーチとか、公民集会所とか、そういうものを日本はもっとつくっていくべきではないか。そこへ行けば子供たちの楽しみがあり、日曜ごとにそこへ行ったら好きな女の子とも会えるし、ダンスができる。そういうところがあってしかるべきではないかと思うんですね。

そういうものが日本でももっと考えられていかないといけないのですが、日本の大人たちはそんなことをしたら無茶苦茶になるとか何とか言ってますけれど、そういうところで許し合いとか、そういう問題が生活のなかに入り込んでいくのではないかという気がするんです。

榮　スポーツの場合はどうですか。本当に愛しているものと一緒にやっているわけです。サッカーでもラグビーでも、そういうものだから失敗も許せると、こういうふうに考えたらあまりに単純ですか。

大西　いや、許せるとか何とかよりも、スポーツの場合は、逆に信じているからじゃないですか。あいつはそんなことしないと信じているんじゃないですか。だから、許す許さんよりも、そういう信のつき合いになるんじゃないかと思うんです。だから大人のつき合いの観点と子供たちのつき合いの観点とは全然違うんじゃないか。だってフェアだったらあいつはいいと言いますものね。アンフェアだったらあいつは悪いと言う。規定とか何とかないからね。

伴　ゲームにおいてテストを重ねていきますね。そのときにある程度のレベルに達すると、欠点がはっきりわかります。そのときに「まあまあ」というような低次元の許しだと妥協になって、本当のものをつかむことができません。お前がああしなかったのが悪いんだということを、個人批判ではないんですが、名指しでやっていく厳しさがありますね。そこに参加している者が共通の目的に向かって共に進んでいますから、共通の基盤に出ていると思うのです。結局厳しい個人批判でありながら、批判されている者も謙虚に聞く。そして次にそこで批判されたことができる自分になろうとする し、言う方も私心がないから共に協力する。そこには達成すべき最高のものがあるだけで、それに向かっていっているから、お互いが低次元の妥協じゃなくて共に厳しく励んでいくものになるのではないか。そういうものを高い次元のチームは持っているのでないか。

大西　そうですね。そういうときに監督とコーチとのそれぞれの意思疎通がものすごくうまくいって、信じ合っているということでしょうね。

伴　そこで、そういうことが一つのチームにおいて成り立ちますね。それを社会へ広げていきますと、お互いにそれぞれ愛するものは異なってくると思います。詩歌を愛する人は詩歌、スポーツはスポーツ、スポーツのなかでもプロとかアマとかいろいろ価値観が違ってきて、いろいろな基礎集団ができています。そのお互いの基礎集団のコミュニケーションといいますか、それをどうやってつくっていったらいいでしょうか。

大西　価値観の問題は、どうしても違うものだからしようがないんです。スポーツマンのいいところは、その人間に対して非常に単純な価値観を持っているということじゃないですか。
価値観の範囲というものは微妙に狭くて、ある非現実的な、この社会における金とか見栄とかと関係のない、そういう人間の価値判断をそういう連中は持っていて、それだけでつき合っていけるから、案外スポーツのそういう団体はうまくいくんじゃないでしょうか。単純なところが非常にいいんじゃないかとぼくは思うんですけれどね。単純で、しかも人間の根本的なところだけはちゃんと握っている。

伴　人間関係というのは、繰り返し先生がおっしゃっているように、結局はきれいかきたないか、その単純なものが価値基準だと思います。それが本当の価値だということ、しかもその単純なものにおいて人間の美と崇高なるものを、人間の尊厳をあらわしていく。それは芸術にも宗教にも通じるような最高の表現をしていますね。
現実に起こっている事象を直視して、現在最も取り組んでいかなければならない問題は何かが自覚されてくると、そこから未来の視点も、共通の人間の問題も開かれてくる。その未来の視点を背景にしながら、それぞれの愛する世界を語り合うなかから共通のものが導き出されるのではないかと思います。事柄に対して無心になるとはこういうことではないでしょうか。西田幾多郎は「物来って我を照らす」と言っています。

大西　そうですね。ある経験を積んでそのなかで体得していったという人間は、どうしても過去のそういう業績を中心にしてものを考えるというのが多いですね。そこで未来的なものよりも、そういう過去の経験を中心にして考える。

要するに、スポーツというものはわれわれ人間の幸福のためにあるんだという原点に返って考えるなら、今までの固定概念を全部ひっくり返しても新しいものをつくっていくべきだろうという考え方です。

実際にオリンピックがなかったら続いていかないというスポーツはたくさんあるわけです。それを次の時点で子供たちがやっていく。そうするとそこから得る教育的価値を中心にもう一ぺん考え直さなければ、ぼくはスポーツというものの価値はなくなってしまうと思うのです。同時にスポーツが金で売られる時代になりましたね。

そうすると、スポーツはもうわれわれの「行《ぎょう》」というようなものではなくて、金の手段なんだという考え方が、これからどんどん入ってくると思うんです。それに対してはっきりした何か哲学を持たないと困る。

本当はＩＯＣやＩＦの連中がもっと真剣に話し合ってやらなければいけないんでしょうが、どうも今のところはあまりいい方向には進んでいきませんね。

というのはなぜかといえば、金がないと行事ができない。するとその金はどこから来るか。今度のＩＯＣの規約改正もおかしい。あんなに簡単にオリンピックにプロを入れるようなことをなぜするのか。二年前のバーデンバーデンのときにはオリンピックにはプロは絶対に入れないと言っていたんですからね。

榮　今度はオリンピックのプロ化の問題が出てきていますね。

大西　みんな自分が優位を保つためにはいろいろなイベントをやっていかなければいけないわけですが、イベントをやるためには金がかかる。その金をどこからか集めなければならない。

伴　先生の闘争の倫理ということも、簡単に平和ということからではなくて、戦争という体験を通されて、人間の超え難い闘争性というものを経験されたわけですね。だから戦争という局面にいく前にそれを止めなければいけない。それを止めるのは、カントの美と崇高ではないが、生死を超えて行為できる強い意志を持った人間でなければできない。

大西　そうですね。政治に参加して、その権力とかいろんな重圧に負けないで平和を守るだけの意志を持った人間、要するに、戦争で死ぬんだったら平和を守るために死んでもいい、というような人間をつくらなければいかんと私は思うんです。

伴　そうですね。そこに「行」ということが当然入ってくる。そして行を通して知識を知恵に昇華していくということですね。

大西　そうですね。

伴　それによって闘争の倫理つまりフェア

の精神を唱えられるときに、なぜスポーツは遊戯性だけではいけないか、技術性だけではいけないか、闘争性だけではいけないかという根本の問いを、戦争という体験、しかもその場での直接経験が呼び起こしてきた。そして闘争が最終的に純情の極致とか、フェアの精神のところへ昇華されていって、初めて基礎集団の共通精神ができてくる。そういうものをこれから創造していかなければならないということですね。

大西　ええ。私は若い人たちが皆ヒッピーみたいな精神を持っているとは思わないんです。若い人たちはまだ、もっと純情なロマンを持った青年だと思うんです。現実がそういうふうな方向に進んでいかないから、それに圧倒されている。若者たちのそういう意識が結集すれば社会的勢力となって権力者を落とせるんだという現実がくれば、もっと力強く動いてくるのではないかと思う。

伴　現代の若者は人間とは何であるかがわからなくなっている。金銭、セックス、遊興、そういうものに精神的に病んでいます。その病んでいる状態をどうしたら健康な状態へ返すことができるか。スポーツの哲学を人類における健康の所在の追求だと考えてもいいわけですね。

大西　だから逆に言うと、学校のいじめ暴力事件なんか、一ぺん半日休んで、全校生徒に半日サッカーをやらせて、試合ばかりさせて、その上にいろいろなことを教える。要するに最低の闘争の倫理を教える。そして喧嘩するときにはこうするんだ、大きいやつは小さいやつをいじめたらいかん。そういうことを教えていったらどうかと思うんですがね。

伴　それから戦争を防ぐためには生死を賭してもそれをやるという態度は、人間としての真に愛するものを持たないと出てこないということですね。不倶戴天の敵と戦いながら、しかも敵は敵でありながら、そこで平和に共存し得るということの実感といいますか、そういうものを、人間は、幼い時代に経験していかなければならないということになるのでしょうか。

大西　ええ。青春の時代にそういうものをつかまなければいかんというんです。だからオリンピックなんかは、そういうことを感じさせるようにやっていかなければいかんと思うんですよ。

伴　それからチームを編成して共通の目標を立てて船出するのですが、その道程において、陽の当たる者と陽の当たらない者、フェアなやつとアンフェアなやつとが出てきて、さまざまな不協和音を奏でることもあるのですが、幾多の苦しく辛い練習を乗り越えていくなかで仲間意識が芽生え、チームワークの重要性に目覚めるとき、言葉では言い表せない共同のモラルというものが生まれてくると思うのですが。

大西　そうですね。そういう点で、今の指導者のコーチの連中というのは、技術ばかりいろいろやっているんですよ。教えるということはどういうことか、強くするとはどういうことかということをもっとやらないと、それが技術ばかりになってしまって、技術的に小さいことをゴチャゴチャやっているわけですよ。だから、それじゃいけないとコーチ会議などでもぼくは何回も話をしたんだけれども、なかなかうまくいきませんね。

榮　いずれにしてもぼくたちは有限な存在ですから死というものを背負っているわけです。そのことから逆に、愛の問題とか未来の問題ということを説くことはできないですか。

大西　それは先ほど申し上げたように、人間は有限である。死は避けられない。そこでその生死を自らコントロールしようとする一つの考え方と、もう一つの考え方は生死は自分のものではないんだ。それはある絶対者が、つまり仏なら仏、神なら神がそれを司っていて、その下にわれわれは生かされているんだという、その考え方がこの学問社会でも通るなら……。だけど実際、学問の社会というよりも文化人の社会では、それが通らないんですよ。

今の文化人たちは人間の主体性ということを言って、人間には主体性があるから自分で思うようにやっていかなければいかん、自ら考えて決定したことを自分でやる。そういうふうに人間をつくらなければいかん、それをつくることが教育の目的であると言っているわけですね。

しかし逆に考えると、そういうことが果たして一生のうちにできるのかどうかと考えていくと、それよりも神を信じているほうが、その一生が幸福だったかもわからないですね。今のように四十年も平和が続く時代だったらその方がいいかもわかりませんね。人間が自分の主体性がなければいかんと考え出したのは何だと言ったら、戦争のせいですからね。戦争の方がやはり切実だと思うんですよね。だけど平和がこういうふうに続いているならば、神に頼って、神の言われる通りに信じて、神の御心のままにやっていく。そういうのでも充分やっていけると思うんだ。

大竹　生かされているというところから、また感謝の心が出てくるんじゃないでしょうかね。

大西　そこなんですよ。つまり、だいたい宗教家は皆その考え方を持っています。それは一律で決まっていますね。自分は生かされている、自分で生きている存在ではないんだ、みんなに生かされているんだから、私は感謝する、喜捨する、奉仕するという考え方ですね。これは、その人が生死の関頭に置かれたらいちばんわかると思います。

榮　その感謝の問題ですが、たとえばスポーツをやった者で、たとえそれが個人的な競技であってもクラブのみんなのおかげでとか、自分を支えてくれた仲間や先生、先輩のほかに、私を支えてくれた環境といったものまで含めて、自分の力じゃないということが出てきますね。人間の関係だけではない、たとえばグラウンドのコンディションだとか、晴れていたからとか、そういうもっと自分を取り巻く自分以外のものにも生かされているという、自らを超えたものに対する感謝の念を教えることができると思うんですが。

大西　それはそうです。私はやはり感謝と愛情というものを教えていくならば、そういうことは一つ一つにやらせていかなければいかんと思うんです。その時代時代、その時々をつかんでやっていかなければいけない。そのいちばんの感謝の始まりは親だと思います。だから私は夏合宿に行ったら手紙出せ、と言うんです。まずそこで感謝しなきゃいかんと言うんです。

そういうことがもっとわれわれの生活のなかへ入っていかないものだろうか。それはアフリカの土着の人々の方が、はるかにわれわれより進んでいますよ。食事のときは必ず身ぎれいにちゃんとしてきて、日本人みたいにショートパンツで入ってくるなんていうことはしない。そういうものがもっとあっていいんじゃないかという感じがするんですが。

伴　主体的というと聞こえがいいのですがよく考えてみると、自然も人間同士もお互いが依存し合いながら相互に成り立っている。しかも依存するというのは主と従の関係ではなくて、それぞれが自分の独自性を発揮しながらお互いに依存し合って生きている。ちょうど五臓六腑の五臓がありますね。心臓は心臓としての機能を発揮し、腎臓は腎臓としての機能を発揮し、肝臓は肝臓というように、それぞれが独自性を発揮しながら、どれか一つやられると駄目になる。そういうところで人間は生きているということの感じ取り方と同時に、そういうことの知を開いてやらないと、そういう宗教的なところへは行けないのではないか。

大西　そうなんです。

そこでそういう基礎集団の前に、まず家族でそういうものがつくられることが第一番ですね。だから核家族は嫌いなんです。その次は、今はもう地域集団は駄目ですから、地域集団のなかに男女の集団をつくったら、これはすぐできると思うんです。そしてそれをうまく指導していって、そして変な気持ちで見ない。それはスポーツを通じてでもいいし、自分でやるのでもいいし、何でもいいからそういうものを取り入れる。

学校の校長とか地域のそういう人たちが、もう少しそういう社会教育に力を入れていくべきではないか。そしてそういうのが基礎集団になって、その集団が幾つか集まってまたつくっていくということです。しかもそういう基礎集団がやはりボート（選挙権）とくっついてこなければいかんと思いますね。

伴　そのときやはり、利害を離れましてフェアでないといけない。それがもう最後に守らなければならないものですね。

大西　そうです。そこの連中の規範の中心はフェアだということです。

愛と感謝と奉仕──知行一致

伴　長年、先生のお話をいろいろ伺いまして、結局、先生の思想というものは、愛と感謝という土壌、そこから育ってきた一本の思想の木だという感じがするんです。無功徳とか無報酬とか、そういう宗教的な次元の心のはたらきが水をくみとる源泉にあって、そこから育ってきているのではないか。そういう愛と感謝と奉仕の精神を、早稲田のラグビー部に所属し、そして六十年間生きてこられたなかから、自然にくみとってこられたということですか。

大西　それはやはり戦争のおかげで、戦争をやって植民地を見て、そしてこれは何とか若い者の考え方を正しく指導しなきゃならん。そうでなければ日本の国は滅びるという、そういう植民地政策を見た反省の結果ですね。

榮　その愛と感謝と奉仕ということは一つの非常に大きな倫理観の問題だと思うんです。しかもそれは非常に感覚的な問題ですね。フェアというのは、よいものをよいと感じられないとどうしようもない。

大西　きれいかきたないかということです。

榮　きれいかきたないかということは非常に直観的なことでしょう。それは誰でもわかることであると同時に、非常に深い部分がありますね、行為ということを通しますから。そうすると、きれいであるということを言いかえますと、清らかということですか。その底に愛と感謝が非常に大きく働いていると思うんです。

大西　それはそうですね。ぼくはしかし、きれいかきたないかという、そういうものが日本人にまだ残っているというのは、これは忠臣蔵だと思いますよ。忠臣蔵を放映するとテレビの視聴率がグッと上がるということだからね。まだそういう感情が残っているうちは日本は大丈夫ですよ。だからあれがいちばん封建社会のなかにおける倫理の象徴ですね。

榮　そのことはきれいとか、清らかということに通じますか。

大西　清らかというのは、何かちょっと狭いような感じがするね。

榮　どうして清らかということを出したかといいますと、聖なるものということですね。聖なるものは非常に清らかなものという、狭いかもしれませんが、それだけ非常に高いものとか深いものという意味がありますね。そういうものときれいということとは結びつかないですか。

大西　いや、やはりきれいというのも聖なるものに非常に関係していますね。

要するに、ぼくは聖なるものというのは、この純粋な愛だと思うし、奉仕というか、愛と奉仕ですね。つまり聖なるものというのは誰かに尽くす行為ですから、尽くす行為が今なくなったということは確かですね。

榮　キリスト教ではそういう聖なるものを貫いているときに、正しいという言い方をしますね。神の前で義となる。その場合にそれは愛と結び付いているわけですね。それと今先生がおっしゃった奉仕ということ。しかも奉仕ですから、それによって報酬を期待したり、あるいは見返りを要求しないということだと思うんですが、そういうことをスポーツを通じて育てることができると思うんですが。

大西　ぼくはそうだと思うんですよ。報いが何にもないようなスポーツにほれ込む。それをやって楽しく思うこと自体がぼくは奉仕だと思うんです。奉仕というのは考えてみれば、神様を拝んだから一万円儲かるというわけでもないのに、やはり拝むという。そのときには全く何も求めてはいない。しかしそれは精神的な安定のためになるという、魂とかそういうものとくっついている。だからそこに奉仕というものがあると思います。

尽くすということもそうだと思います。たとえば、人のためにいろいろ尽くして報いられるものが何もなくても、尽くした後に大変うれしい気持ちが残るとかいうのは、やはり愛ですからね。だから尽くすということはなかなかいいと思うのですけれどね。

それがおかしいんですが、教育を受ければ受けるほど、尽くすという言葉が消えていくんですよ。それが日本の教育のいちばん悪いところだと思います。外国ではそうでもないんだ。

榮　どうしたことなのでしょうかね。

大西　わからないんだ、それが。大学を出ると……。だから「無法松の一生」にありますね。松五郎が、東京の大学から帰ってきたボンボンに、どうもお前は人間が変わったぜ、と言っている。大学でいったい何習うとるんだ、と怒っているものね。

榮　そういう無垢な感情がなくなったということですか。

大西　そうですね。純粋な情感といいますか、純粋な情緒といいますか、そういうものが人間からだんだんなくなっている。教育を受ければ受けるほどなくなっていく。そしてそうなることを言いわけする。

榮　それはどういうことですか、信と義の問題ですか。

大西　要するに、教育の場にはそういう経験をつかむ場がないということではないんですか。ゆゆしき問題ですよ。

榮　やっぱり驕るんでしょうかね。

伴　いや、現代の教育が人間の根本を忘れさせる。

榮　知が忘れさせる。

大西　いや、何かを知っているんですよ。だけど行なえないんです。その辺に知行の一致ができない。ところが日本の歴史のなかでは、知行一致した人間は皆不幸になっているんです。知行一致というのは王陽明の哲学なんです。一致してなければ人間でないという。大塩平八郎みたいな、ああいう偉い人も知行一致を全うして不幸になっているんです。だからそういう人物は、日本ではタカ派ということになっちゃう。

榮　そこのところはどう考えたらいいんですかね。

大西　そこはだから難しいんですよ。

榮　先生がおっしゃる愛と感謝ですが、それはやはり知行一致したところでないと出てこないものでしょう。

大西　そうですね。

榮　にもかかわらず、そういうものが出てくるときには、むしろ不幸なかたちで出てくる。知行一致をいちばん行なったのはかつての禅僧たちでしょう。彼らは知行一致で滅びることだってあった。滅びるということはどういうことだったのですか。

伴　平常底《へいじょうてい》。

榮　最後に問題になるのは平常底。では武士の場合は。

大西　武士の場合は融通がきかなかったと言われる。正義は通っているが、正義だけで権力者をつぶすことはできない。そんなことで反逆したやつは要領が悪かった。

榮　言ってみれば融通のきかない代表が武士だったと。

大西　武士のなかでも正義を貫いた者は特異な人物だった。立派だと認めていることは認めている。しかしみんな悲劇で終わっている。

榮　そこに人間を見つめる深さというものが最後は出てくる。

大西　何かしかし今教えられていることは他人が経験したこと、自分が直接経験したものじゃないことが多いですね。そういうことに対して何か自信を持って信じていくわけにいかないんじゃないですか、今の人は。

榮　あくまでも自分がやってそうだと思わない限りそういうふうに思わない。自信を持ってそうだと思わない。

大西　実証主義の一つの悪いところじゃないですかね。いんちきなものが出過ぎているのかもわからない。

伴　スポーツや芸術の世界は学問の世界と違って、たとえば自由無碍という言葉がありますと、その境地を実際に現じようとします。今日の闘争の倫理に関する問いは仮説ですね。「絶村的な敵対が同時に絶対的な調和」である。この仮説が成り立たないとすれば、先生のスポーツ哲学も成り立たない。この仮説をスポーツは現実のものにしようとしている。そういうところに真理の成り立つ場が必要上出てきたのではないか。今までは知識検証は合理的な知性の場でなされていたけれども、それだけで一方的に進められてしまったらどうもそれについていけない。もう一つそれを人間の身体において、人間性として吟味し実証しようというところにきている。この仮説は人間の本源的な問い、悲願と言ったほうがいいかもしれない。不倶戴天の敵同士が平和的に共存し得る世界が成り立つかどうか。この問いにスポーツはゲームにおいて応えていこうとしている。だからこそゲームのスピリットということが重要視されるのだと思います。

大西　今までの偉人の言行録なんかでも、ある一つの仮説をつくって、それでかき集めてきたんじゃないでしょうかね。今それを崩して書くほうがまるで歴史家みたいですからね。そうじゃなしに世の中を良くしようとするならば、僕はそのほうがいいと思うんですけれどね。たとえば私の闘争の倫理なんていうのだって、考えてみれば平家物語に書いてあるわけですよ。あんな時代に何でこんなに闘争の倫理が発達していたのかと。

伴　闘争の倫理は、剣客の究極の境地でしょう。たとえば無勝負を勝負するとか、真の剣の極意は殺人剣ではなく活人剣だと。あれもやはり闘争の倫理ですね。

榮　武士の武は、戈《ほこ》を止めるという字だそうですね。

大西　小説家の方がはるかにあの連中の心の底を知っているね。

伴　理性の「理」ということも、知性の領域だけではなしに、行に裏づけられた身体を通して現成する理、そういうものがあると思う。今までは思考の形式において把握された理なのですが、そうではなくて、行とか身体を通して現成する理。それを人間の知として明らかにしていかなければならない。

榮　カントの実践理性はそこまで行っていませんか。

伴　ちょっと問題の領域が違うと思います。スポーツの場合は、人間の行動と行動との関係には理があると言われる「理」と、しかもその理はプレイヤーが実際にプレイできなければ無に等しいものになりますから、プレイヤーのプレイに表現される「理」との合一が問題になっています。

大西　さっきの理と型の問題ですね。理の場合は、もう完全にある勝負に対する理です。勝敗に対する理。片方の型の方も初めはそういうふうにつくられていくんですが、それが逆に、確立されてしまうと型は型をつくるための型になってしまう。その辺がどこか違う。従って理の方はやはりスポーツなんかから言うともう少し範囲が広いですね。一つの技術に対する理だけではなく、戦法とかいろいろなものを包含したものではないか。

榮　それが具体化したときに知になると考えていいですか。

伴　その理が実現したときにやった！　と感ずる、そこですね。

大西　そこが、理論的満足、やった！　と感ずるときには理論的満足のほかにもう一つ勝敗とくっついて勝ったという実際的な満足、そのときに情緒がもっと入ってくる。これがやった！　というものになる。

伴　フェアということもそこで入ってくる。やった！　と言っている人、まさに「その人を見よ」(ecce homo) ということですね。

闘争の倫理

絶対的敵対と絶対的調和

伴　「闘争の倫理」という言葉はなかなか理解しにくく、かつ、かなりの抵抗のある言葉です。しかし昔を振り返ってみますと、人間の本源に関して宗教の次元において問題にされた事柄の多くは、闘争の倫理ではなかったかと思うのです。世界の四聖と言われた釈迦、ソクラテス、孔子、イエスは言うに及ばず、歴史家に至るまで「闘争の倫理」を問題にしたと言っていいのではないか。

ヒストリーという語は、ギリシア語では「探究する」という意味です。ではギリシアの歴史家たちは何を探究しようとしたのか。彼らが探究しようとしたのは、時間を超えた永遠の真理です。時空を超えて、英雄であれ凡人であれ、誰においてもどこにおいても見てとれる人間の本性です。

要するに人間は闘争本能をコントロールしきれず、戦争ばかりやってきた。しかも勝った者はいつかは必ず滅びる。レオニダスもエパミノンダスもアレクサンダーも、この普遍的な「ことわり」を避けることはできなかった。

昔の日本の歴史叙述も、この「ことわり」を説いた。『愚管抄』が世の変遷を「道理」の現れとして述べていることは周知のことです。昔も今も将来も、いつでもどこでも同じ「道理」が繰り返されるとしたら、この道理を自己の戒めとして生きるのが最も知恵ある生き方ということになる。『大鏡』、『増鏡』、『本朝通鑑』というように、昔の歴史叙述が鏡、鑑と名づけられているのはそのためです。

「祇園精舎の鐘の聲、諸行無常の響あり、娑羅雙樹の花の色、盛者必衰のことわりをあらわす。奢れる人も久しからず、只春の夜の夢のごとし。たけき者も遂にはほろびぬ。偏に風の前の塵に同じ。」

という『平家物語』のあのくだりなど、まさにそうです。人間の愚かしさが諸行無常を通して自覚されるとき、そこに浮かび上がってくるのが「闘争の倫理」ではなかったかと思うのです。

諸行無常、涅槃寂滅を説く釈迦の教えはもちろんのこと、プラトン、カント、ヘーゲルの哲学に至るまで、闘争の倫理に目覚めて、人間の住む世界を建立していこうとしたのではないか。そのとき西洋の歴史は、理性を基礎にして人間の住む世界を建立してきたと言えるのではないか。

人間と人間との関係においても、たとえば家族や友人の関係でも、社会関係でも、国家間の関係でも、その関係の基礎に理性をおいて秩序づけていった。そこには人間が人間として存在すること自身を条件づけている法が支配している。その法は人間が人間であろうとする限りは犯すことの許されない理法であり、道理である。法といっても人為的な法律ではなく、存在の理法である。その法を犯せば、人間が人間でなくなり、人間自身が自己矛盾に陥り、生存の危機にさらされる。ということは、人間の践《ふ》むべき道理として、存在そのものの論理がそこに支配しているということです。そしてその理法を認識し、その法則に従って実践することは、理性の力によるとされた。

　アリストテレスが人間の本質を「理性的動物」と規定したのは、この道理からです。理性的動物という規定は全くの矛盾概念ですが、理性と動物性という性が激しく闘うなかで、理性の力が動物性を支配するとき、人間は真に人間になるという支配関係を、この規定は意味しています。

　ギリシア以来今日に至るまで、西洋の歴史は理性を基礎にして闘争の倫理を説いてきました。確かに理性は人間を支える本質的なものでありますが、しかし理性だけでは闘争の倫理を守りきることはできないということを、人間の歴史は物語っていると思うのです。

　そこでいよいよ闘争の倫理の核心に入っていきたいと思うのですが、問題にしている事柄がすでに私たちの力の及ばないところにきてしまいましたので、ここで西谷啓治著作集第十二巻に収められている「三聖慧然《えねん》と仰山《きょうさん》慧寂《えじゃく》との問答」の究明の助けをかりて、そこで究明されている事柄を、大西先生の経験に照らしていただいて、実証していくというかたちをとって話を進めていきたいと思います。ここではもはや誰が言っているかということではなく、究明しなければならない問題は何かということを明らかにする場に移ってきていると思うからです。

「仰山呵呵大笑」というこの禅問答は、古来有名な禅の公案の一つですが、この公案を究明する西谷先生の立場を、まず述べておきたいと思います。

『この話は、人間と人間とが出会うというのは一体どういふことかを示したものといへる。われわれは二六時中に他人に出会つてゐる。家庭で妻子と出会ひ、務め先で仲間と出会ひ、往来や乗り物のなかであかの他人と出会ひ、歴史で百年千年前の人と出会つてゐる。そして別に不思議とも思はない。しかし、人と人とが互ひに相見るといふことの根底には、どういふことが含まれてゐるのか。さういふことが可能な根拠はどこにあるか。それをどこまでも究明して、その底に含まれてゐる限りない恐ろしさと限りない美しさを開示したのが、この話である。究明するといつても、出会ひの当処を離れた外側から、生物学的、社会学的、人間学的、倫理学的、等々の説明をしてゐるのではない。さういふ説明は、どれも、深みに手のとどかない所で全部を解決しようと言はれても仕方のないやうなものである。例へば基本的人権といふやうなものをいくら持ち出しても、(それはそれなりの意義はあるとしても）、人と人との出会ひはさういふことで片づく問題ではない。それだけでは、ホッブズのいはゆる「人間は人間にとつて狼」といふことすら、いかんともなし得ない。カントのいふ人格性の立場、互ひに人格としての尊厳を認め合う関係でも、まだ人と人との出会ひの深みにとどかない。総じて哲学的、または神学的な究明すら、その出会ひの底に潜む底なき深みにとどかない。例へば神の聖霊に生かされた者の交りといつても、なほ靴を隔てて痒きを掻くの感を免れない。マルチン・ブーバー以来、その出会ひが「私と汝」（Ich und Du）といふ「人格的」関係として強調されてゐる。それはさうであるが、しかしまさしくその「私と汝」といふ「人格的」な関係が、その底に大きな問題を潜めてゐる。禅的な究明はその問題から出発するのである。

その場合、二つの事柄が徹底的に、妥協なしに、認められねばならない。第一には、私も汝も主体としてそれぞれ絶対的なものだといふことであり、第二には、私も汝とは絶対的に相対的なものだといふことである』（西谷啓治著作集第十一巻、二七七頁）

このような前置きをして、人間の悲願である根本的な問いが立てられています。

倶《とも》に天を戴き得ない人間が、二人とも、全く健在で共存し得るのか。それが可能であるためには、人間の絶対的な自由と絶対的な平等とが妥協なしに、徹底的に認められなければならない。だが果たして絶対的な自由と絶対的な平等とを、一つのこととして同時に成り立たしめ得るような、そのような普遍はあり得るであろうかと。

このような問いに現実の事実をもって答えることができれば、大西先生の主張される「闘争の倫理」も確かな基盤をもって基礎づけられることになると思うのです。しかし現実の人の世では不可能とされているために、個々の外からであれ、個々の内からであれ、個としての人間の上にあるいは内に何らかの普遍的なもの、法的なものを認めて、その普遍的なものによって個と個とを関係せしめ、個の絶対性を中途で相対化してしまうことになる。

『例へば狼的な人間にとつては国家とその法の権威が、倫理的人格にとつては実践理性とその道徳法則が、宗教的人格性にとつては絶対他者とその神聖な律法が、人と人との関係を基礎づける普遍性の場となる。』(同二七八頁)

このように、個に対してそれ自身を実体的なものとして定立してくるような普遍は、国家でも実践的理性でも神でも、その「法」によって個と個とを媒介し、媒介的に統一している。そこでは個と個との関係そのものが実体的になって、個は関係のうちに半ば自らを没している。普遍も半ば個々の内に内在し、個々の内から個と個とを関係せしめている。このような普遍は個をすっかり超越した、個の根を切るような普遍ではない。だからいかなる法の威力も個の自由を全部吸い上げることはできない。

『国法の威力も狼を完全な羊に化し得ず、狼は時として小さな「町の狼」に、あるいは巨大な権力意志の権化になる。道徳法の尊厳も人間の自愛を根絶やしできず、自愛は「根源悪」へ深まることができる。神の律法の神聖さも、人間の自恣への欲求を抑え得ず、人間は神に背いてサタンの誘ひに従ふことができる。』(同二七九頁)

普遍の網を洩れた自由が時としてそれに反逆して無法の自由になる現象は、日々の新聞が伝えるところである。またギリシア悲劇が伝えるアンチゴネーの話も、聖書の記すアダムとイブの禁断の木の実の話も、個の自由がいかに抑え難いものであるかを物語っている。

『そこで問題は、私も汝も主体としてそれぞれ絶対的なものだということ、および私も汝も絶対的に相対的なものだということ、そしてその二つの事柄は徹底的に、中途半端な妥協なしに、認められねばならないということであつた。そこまで帰らなければ、真の自由も平等もあり得ず、真の個も普遍もあり得ない。しかし私も汝もそれぞれ徹底的に絶村的だということは、それぞれが絶対的に絶対的だということである。それぞれが絶対的に絶対的だということは、両者が絶対的に相対的だということである。これは全くの自己矛盾であり背理である。それは絶対的な敵対、倶に天を戴かずといふ敵対である。倶に天を戴くといふことができない限り、どちらかがどちらかを殺す外はない。それはお互ひに一方が他方にとつて狼だといふ、喰ふか喰はれるかの関係である。しかしそれでは「相対」は消えてしまふ。といつて「相対」を維持することは、それぞれの「絶対」が許さない。しかもまた、どちらかを取りどちらかを捨てるべき理由はない。両方は全く平等である。それ故、倶に天を戴き得ない人間が、二人とも、全く健在しつつ共存しなければならぬ。本質的に不倶戴天なる敵と敵が本質的に平和的な共存をしなければならぬ。それが背理で不可能だといふならば、普遍とその「法」によつてその間に妥協をつくるほかはないが、その妥協は絶えず矛盾を孕み、闘争を生ぜしめ、崩壊の危険に曝されてゐる。それがいつも歴史の現実であり、人間の限りない「苦」である。そしてさういふ問題の根本は、人と人との関係、つまり太郎と次郎といふ二人の「人間」がゐるといふ単純な事実のうちに既に含まれてゐる。つまり、絶対的なものが二つある、乃至は無数にある、という不可能事が、日常現実の事実として既に成り立つてゐるのである。不可能が現実に可能になつてゐるのであり、われわれの日常は実はさういふものなのである。しかしまたそこから限りない紛糾も限りない苦も生じてゐる。それならば、その現実の事実を禅はどう解決するのであるか。絶対的な敵対が直ちに絶対的な調和だといふ全くの背理に、禅はどういふふうにして可能の証を立てようとするのであるか。』（同二八〇〜二八一頁）

この最後の問いですね。禅をスポーツに

置き換えて、「絶対的な敵対が直ちに絶対的な調和だという全くの背理にスポーツはどういうふうにして可能の証を立てようとするのであるか」と問うことができます。私たちは「闘争の倫理」において、この背理がスポーツのゲームのなかで現実に成り立つことの証明を行なおうとしているのではないか。

榮　私も汝もそれぞれに徹底的に絶対的だと。しかもそれぞれが絶対的に絶対であると同時にしかも両者が絶対的に相対的だということは具体的にどういうことですか。

伴　学生ラグビー日本一を決定するときの早稲田と明治の対決のようなものです。両者は不倶戴天の敵として、それぞれが絶対的な敵対として国立競技場のグラウンドに出てきています。早稲田は早稲田の戦法理論をひっさげて、明治も明治の必勝の戦法理論をひっさげて出てきています。それぞれの戦法理論はそれぞれのところにおいて絶対です。天も地も自分のものだと絶対に妥協を許さない、喰うか喰われるかの戦いです。そこでは両者は絶対的に絶対的です。しかし早稲田の戦法理論も明治が存在しなければ何物でもない。明治の戦法理論も早稲田が存在しなければ何物でもない。早稲田の絶対の戦法理論は明治の絶対の戦法理論に対して立てられているし、明治もまた然りです。そういう意味で両者は絶対的に相対的だということです。そこでは「私」と「それ」の関係ではなく、「この野郎」「こいつ」という、俺お前の関係、つまり

「私と汝」の関係になっているということです。

大竹　ゲームは敵同士でなければ成り立たないわけでしょう。そういう意味では、お互いが敵であるということのうちに同時に、敵として信頼するということによって早明戦が成り立つというふうに考えてもいいわけですね。

榮　そうですね。でも事の道理としては、戦う前に信頼というのがどういうかたちで出てくるのかな。多分ぼくは初めには徹底的な敵対関係として出てくると思うんですけれどね。

大竹　けれど、そのゲームの相手として明治を選ぶということのうちに、すでにその明治を信頼しているのではないか。いかに敵でもゲームを成り立たせる相手、明治がいなければゲームは成り立たないわけですね。明治を相手として選んだということがそういうこととしてあることなのではないですか。

伴　選んでも相手が本当の敵としてふさわしくなければ崩れるわけですね。だから実際にゲームをしたその現場から敵を敵として認めるということが出てくるのではないか。

大竹　その場合ゲームをして初めて自分が信頼できるライバルとしてあるかどうかということが、お互いにはっきりするように思うのです。

伴　その信頼がどこから出てくるのか、これが問題ですね。

榮　一般論から言えば、見も知らぬ相手と喰うか喰われるかの格闘技を行ない得るのは、その前提にルールがあるからだと。ルールがあって初めて、敵同士が心おきなく戦えると考えられていますね。だから自由もルールの上での自由であると。

ルール以前のものに目覚めよ

大西　ルールがゲームを可能にしているのか、それともルールの手前にある人間にとってもっと本源的な何かがゲームを可能にしているのか。ぼくは思うのですが、ゲームを成り立たせているルールとか、努力する心とか、友情とか、それらさまざまな事柄を可能にしている最も本源的なものに目覚めることが、人間にとって重要なことではないか。ルールをがっちりと定めて、それ以上のことを考えさせないというのでは、人間の真の目覚めはありませんね。その点、善もなし悪もなし得る可能性の場に置くのが教育だと、日体大の創立者の一人、飯塚晶山は言っていますが、昔の人の方が何かをつかんでいますね。

伴　先生のお話のなかに、フェアはフェアであるとしか言いようがない、それ以上何かを言えばフェアの意味から離れていく。そのフェアであることによって、闘争が愛情に包まれるところがあるとおっしゃいましたね。そこのところが敵対でありながら調和だと言えるのではないでしょうか。

大西　フェアが起こる場合はですね、あるプレイ中に何らかの問題が起こるわけですね。そのときそれに見合う行動は、一つは良い行動であり、一つは悪い行動だと思うのですよ、そのときその人が考えることは。そういうときに、そういう悪い行動をしたら勝てるかもしれないという判断と、いや、そんなことまでして勝つ必要はない、という自分の正しい判断と、それがここで葛藤する。そしてそのときにそのフェアの方の行動が、アンフェアの方の行動に打ち克って行なわれた場合に、その行動がフェアであると、こう言われるわけです。だから、そのときに愛情が湧くということは、その選択の根本的なものは愛情だということではないでしょうか。その選択のどっちを選ぶか、二律背反のどちらかを選ぶということは愛情だと。従ってフェアプレイの根本には愛情がある、ということになりますね。

伴　その愛情も頭で考えられたものではなくて、実際にそういうことが起こったその現場で、実感としてつかむ。そちらが源ですね。一般にヨーロッパの思想はその源を経験しているはずなのに、その源を跳び越えてしまう。よく言われるのは、水流の方から水源を導出しようとしているのがヨーロッパの思考であると。先生は終始一貫、水源の方から発言されていますね。その上で水源と水流とを自在に行き来されているという印象を受けました。

この間も気がついたのは、「神に祈る」ということですが、普通は神に祈るということは、自分以外の何かに頼るということなので、いさぎよしとしないというふうに考えがちです。ところが、先生の場合はゲームをどう持つかによって神の祈り方が出てくるのではないかと。ゲームをどう持つか、ゲームというそちらの方から考える。

大西　ある一つの善悪の行動の選択に当たったときに、ある普遍性というようなものを持ってきて、それを一つの基準としてこれを悪いか良いか決定するというのが、これまでの考え方だと思うのです。

ぼくの考え方は、そこに当たったときにその現実にのっとって、いいか悪いかをそのときの自らの人間性によって決定をするということですね。要するにある一つの普遍性とか観念というようなものでこれを考えるのではなしに、あるいは法とか何かで定めるのではなしに、事実に当たったときにその事実の、そのときの新判断、既成の善悪の判定の基準ではなしに、その「場」が基準となって、それに即応する自分の善悪の判断、それを基準として決める。それがぼくは特にフェアの場合必要だと思うわけですね。

伴　そのときに大切なのはその場に臨んでとか、事に当たってということが必ず前提にあるわけですね。

大西　そうです。具体的なその場に当たって判断するという、その判断は先ほど申し上げたように、ある既成の決定によって行なうのではなしに、その時のその場の情況、その時のその場の人間性による善悪判断といいますか、そういうもので決定するという、それが現代人の価値判断ではないかと、そういうように思うのです。

伴 西谷先生が「知性の眼ざめは根源に一層深い盲目をひそめている」と述べられているのは、その場の開けから目覚めさせられていない、真の知の目覚めは場の開けから我執の根を断ち切って目覚めさせられる、ということでしょう。

大西 それは知恵と知識の違いだと思う。そこで知識的に、仮説的に物事を考えることを、知恵で考えなければいけないと思う。知恵とは、ある人間の行動によってその人間性を通して実証され昇華されたものである。知識が物理的な実験ではなしに、人間の行動によって実験され実証されたものが知恵だとこう思うのです。従って知恵で判断する。

伴 ヨーロッパの思想でいくと、個が個の絶対的な自由というものを主張すると、社会は成り立たない。しかし個の絶対的な自由を表現させながら、しかも平和にその社会が成り立つとき、そこに絶対的な普遍が出ていると言われているわけですね。

そういう絶対的な普遍、一方の個が全くの自由をぶつけながら、しかも他方の不倶戴天の敵も全くの自由をぶつけながら、両方が平和的に共存し得る、そのような世界を成り立たせるような普遍はあるか。

ルールとか法律とかはそういう普遍ではありませんね。法律は相対的ですから、それをここでは、

『そのような普遍はあり得るであろうか、

そういう普遍は絶対的な「無」あるいは「空」のほかにはあり得ない』（同二八〇頁）

と言っています。

大西　そうでしょうね。禅から言えば「無《む》礙《げ》」ということではないでしょうかね。剣で闘うことから考えるとよくわかるんですが、両方ともすべての欲望から解放されて、すべて自由になって、自分の今まで磨いたすべての技術をそこにあらわそうとするときには、どうしてもそういう自由がなくては駄目だということは、あらゆる剣聖が言っていることとです。

その場が空だと言うのはそこだと思うのです。そのときにぼくはその空で打てるかということなのです。打たれて「お見事」と言って死んでいく者、その者はそのときに打つ、勝つという意志を失くした者ではないか。ぼくがわからないのはそこなんですよ。

そういう自由が両方に存在することは確かにあると思います。それが、こやつはすごいじゃないか、という状態ではないか。

伴　そういうことは現実にあり得るでしょうか。

大西　現実にあると思う。たとえばラグビーの真剣勝負で間と絶妙のタイミングでサッと抜くとき、本当にここだ、この自由だという瞬間にサッと抜く。あの一瞬、その一瞬の判断というもの、それは空だと思う。

榮　向こうもまた抜かせまいとしますね。そこで秘術を尽くして、死力を尽くしてきますね。

大西　そうそう。お見事というか、どうだというふうになるもの。やられた方もお見事というふうになるものね。

　タックルに行ったときにね。ガーンといった、このタックルで絶対にとまった、あの瞬間なんか確かにそうだ。それこそ「大《だい》死一番《しいちばん》、乾坤新《けんこんあらた》なり」だ。

伴　ところが人間は有限で相対的でしかあり得ないから、法を定めて、法の上で相互に承認し納得し和解していくしか道はないではないかというのが、今日までの行き方です。

榮　そういう段階で考えているのではない、その手前というか……。ホッブズは人間を狼としか見ない。狼の状態を実践理性で克服するというカントの場合もしょせんは自愛を抜けきれない。つまり、人間の飽くことなき自己主張が始まり、つまるところ自己というものに対する信頼というか、自己の絶対化というのが起こるわけです。

大西　それは自己棄捨ではないですか、自己主張と逆のものではないですか。

　そうでないと自己が自己の欲望によって支配されますからね。それを捨ててしまわないと自由な存在にならないという考え方と違いますか。仏教の考え方から行くとそうですね。勝負の考え方もそうです。

伴　だから捨てることによって逆に自己の自由が出てくるということです。

大西　これはあらゆる剣の連中が言っている。その辺で剣禅一致ということが言われている。逆に言えばそういう境地になったときに自由な動作、行動が行なわれるということです。そうじゃないと自由な行動は出てこない。どこかに捉われてぎごちないものになってしまう。そういうことでしょうね。

伴　そのときは闘う者同士が、互いに無我になるわけですね。

大西　どちらが先に無我になるかという、その瞬間が切り込む瞬間ではないですかね。

伴　そういうことが平等ということなんですね。これが本当の闘うということの価値であると。絶対の無差別に属している。

大西　そしてその差が行《ぎょう》ではないですか。行というのはそれを決定づける裏づけではないか。

伴　ただの遊びからは真の無差別も差別も出てこない。ただの遊びから言われる平等は単なる無差別で、真に両者の我執の根を断ち切ったところに現れる自覚的な無差別ではない。その無差別は全身全霊を打ち込んで修行した者同士が生命を賭して闘うときに、初めて理解できることではないですか。

大西　禅僧の行と、剣聖やスポーツマンの行と違うところは、行動として現れてくること、最も自由な行動として現れてくる。坐禅を組む者は坐して三昧に入る。この違いではないかな。坐禅の方はそこに判断と行動が伴ってこない。

ぼくがスポーツなどの行の方が実践的現実的だというのは、そこに判断と行動としての実験、実証が伴っているからなんです。

闘争がスポーツに化するところ

伴　先生の言によれば、スポーツのゲームは相対抗するものをもっている。その対抗する者同士が一年なら一年という時間をかけて、戦法理論を立て、その理論を身につけるために身体的な行を通して、科学的合理的な面のみならず、情緒的な非合理的な面での実験・実証を重ねて、その上で喰って喰われ、喰われて喰う激烈な闘いの場に立ち、その闘いのなかで小さな我が滅却され、自他不二の処に立つ。それは坐禅の行とは質的に違うと。

大西　そうです。禅の連中は坐禅のことばかり言っている。禅の素晴らしさは、朝の三時半にカンカンカンと鳴って起床し、夜寝るまで一言もしゃべらず五百人ぐらいの雲水が整然と動いている。あのチームワーク。全然口をきかないで意思がポーンと通じ合っている。すごいものです。共通の精神の処にみんなが集まって、意思が通じ合ってさっと動いていく。そういうことができるのだということを禅のなかに見ないで、坐禅のことばかり考えている。坐禅ではないですよ、実際に素晴らしいのは。

スポーツのゲームにおいても、試合中に、行動している最中に、何も言わずにあれだけのチームワークのとれた行動ができれば大したものですよ。

榮　鍛えてもできないものでしょうか。

大西　学生スポーツは一年で仕上げなければなりませんから、なかなか難しいですね。

榮　そういうチームが闘ったら見事でしょうね。

大西　それこそ、空の場が動く。

榮　その場が初めからその場としてあるわけではなくて、それは現れてくるとしか言いようがないわけですね。

大西　現れてくるというより、つくっていくと言ったほうがいいかもしれない。それが逆にその人の力量かもしれない。それをつくるということが。

昔よく真剣勝負の場で、名人が刀を抜いてこう構えたら、相手は何もできずに逃げていったという話ね。空の場をつくられたら、まいったと言うより仕方がない。今の剣道にはそれがないと昔の人は言いますね。

榮　大森曹玄が対談でこう言っていました。名人と名人が抜き合ったらどうなるか。相討ちというのはまだ境地が低い。抜いたら、お互いに相手の力量がわかる。だからそれは相抜きで終わる。相抜いたところで、「場」がもうわかっている。そこのところを西田幾多郎の言葉をかりれば、絶対無の自覚的自己限定ということになるのでしょうか。

伴　闘争が愛情に包まれる。そういう出来事を、禅では真空妙有と言っています。大阪弁で「あきまへん」といいますね。科学技術はあきまへんなと。そのあきまへんが「空《あ》く」。空いてそこで人間の本来に目覚める。その目覚めたものを敢えて言葉で言えば、仏性。仏性が働くとき、それは清浄光、無差別光、無分別光として働く。この働きがフェアの意味にぴったりだと思います。

しかしそういう働きは人間の存在に連綿として受け継がれているのですが、しかしそのとき、そのときにしか出てこない。道元はそれを「さきよりあるにあらず、いま現ずるにあらざるがゆえに、かくのごとくあるなり」と言っています。

そういう働きが人間にはあるのですが、それが現れてくるのはいつもそのとき、そのときだと。「盡界にあらゆる盡有は、つらなりながら時時なり。」（道元）と。また「自己をはこびて万法を修證するを迷ひとす、万法すすみて自己を修證するはさとりなり。」と。万法すすみてきたるその場ですね。場が証したそのときに、人間にとってなくてはならぬ唯一のものに目覚めるのではないか。そのなくてはならぬ唯一のものを敢えて言葉で言えば「法性」。その法性が今ある自分をあらしめているのだと。その法性が今ここにこうして生きている当処で自覚されるとき、一切のもの（衆生）がそこに集中して相依り、相属して働いている全体的な連関そのものの働きが法性だと自覚されるのではないか。それが真の自己の働きだと。

大西　そうでしょうな。戦い終わって歓喜にひたっているとき……、本当の歓喜というものは一切のものがーっと一つになって湧き起こってくるものでしょうね。

今ここにこうして生きていられるのは、

好きなラグビーに全身全霊を打ち込んでやれるのは、自分の力だけではない。日月星辰、草木国土、大自然の生命の恵み、ＯＢ、縁者、家族、観衆、そして真の敵対者があったればこそだと。そこに目覚めるとき、本当に愛する心、本当に感謝する心ができてくるでしょうね。

伴　モラルというものも、そういう目覚めから生まれてくるのではないでしょうか。

榮　先ほど「空く」と言われましたが、それは世界が開けるということでもあるわけですね。そこに自己本来の面目も現れる。しかし自己本来の面目が現れるためには、自己だけでは駄目なのですね。相手がいるのですね。

そこで禅の問題がひっかかるのです、禅は坐禅だけなのかと。禅も本来は人と人が出会って、闘わして、いろいろなことが生まれてきたと思うのです。真空妙有《しんくうみょうう》とか平常底《へいじょうてい》とか、いろいろな良い言葉が出てきているわけですね。

ところが坐るということが先行していくようになると、直接的な場というものが開けにくいということはないですか。

伴　禅が興ってきたときは、現実の世の「空きまへん」という、その空かないものをどうやって空けるかという問題と真剣に取り組んだと思います。その空かない事柄が「問答」となったと思います。禅が教外別伝、不立文字、直指人心、見性成仏というかたちをとって何故に名告《の》りをあげてきたのかを理解すると、現在の禅が形骸化していることがわかります。

しかし人間の歴史を振り返ってみますと、人間のしていることはすべてそういうかたちをとっているのではないですか。それは日常の現実の事実に真剣でなくなるということかもしれません。真剣勝負の場を失ってしまったということかもしれません。あるいは知識の累積がそうさせるのかもしれません。

ところで、先生は常に現場から考えておられる。先生は勝負師だから、現場を離れて観念に落ちたら負けるのではないですか。

大西　そりゃ駄目です。どんな良い考えでも、それをちゃんと練習し、そしてゲームで実証したものでないと、本番では使えません。

伴　そういう考えが身についておられますね。

大西　そりゃそうです。そういうふうになりますね。やはり自分でやったものでないと使わないということになります。

伴　禅も、それこそベルトコンベアの継承だけで、現実の問題と取り組む継承と緊張と創造の精神を欠いてしまったのでしょう。

たとえば先生の編み出された「展開・接近・連続」というラグビーの戦法も、それを編み出したときの現実の事実の場での緊張と創造の精神を継承しなかったら、ただ真似事をやっているだけではないかということになりますね。

大西　そうなんです。今のオールジャパンがそうです。これはいくらやっても駄目です。

伴　先生はスポーツの技術面のみならず、スポーツの哲学の面でも、ただマンネリで受け継がないで、スポーツのもつ三つの機能である闘争性と技術性と遊戯性とを統一するものは何かと、新しく問い直される。しかも人類の将来に対して、もしスポーツが応え得るものがあるとすれば、それは闘争の倫理だと提唱される。でもスポーツの世界はまだそこまで至っていないのではないですか。

大西　そんなこと言ったら、スポーツマンらしくないというのだ。本当のスポーツマンというのは、深く考えないで、もっとからりとしているものだと。

スポーツは理屈じゃないんだ。いいものはいいと、信じてますね。しかし、スポーツマンにも本当はもっと考えてほしいですね。あまり考えないからね。それで信じている者はそれでいいんですよ、他力本願で。本当に信じている者は、それはそれでいい。だけどちっとも信じていないくせに、そういうことを言っているんだな。もっとそれをやらなければいけない者がそういうことを言っている。

それで、新しい倫理ということですが、要するにぼくに言わせれば、そんなものはその人間が闘争ということをやっていたら、二つの言葉でいい。それはきれいであるか、きたないか。いつも言っていることです。この二つのことはわかるはずだと。武士道のなかではあまりそういうことを言っていない。マッキントッシュの『フェアプレイ』という本のなかで、フェアとか正義とかいろいろ論じているだけで、結局、フェアの中心は何だということは言っていない。

そこで日本でも庶民に最も影響を与えた武士道は、やはり山鹿素行のあのへんです。山鹿素行の考え方を一般化した芝居が忠臣蔵です。忠臣蔵が武士道の中心として庶民の下まで下りていった。

榮 江戸時代に多くの大名の藩が取り潰されているでしょう。ところが仇を討ったのはあれ一つですね。ということは四十七士のような人はたくさん居たわけではないということですね。

ですから、スポーツをやっているからスポーツマンかというと、決してそうではなくて、それを本当に継続できる人間はやはり少ないような気がする。

忠臣蔵は誰にでも受けるわけです。きれいきたないということは誰にでもわかる。

大西 皆それを感じている。それを糊塗しているのは林羅山と荻生徂徠なんだね。この二人の学者があらゆることに理屈をつけて抑えているわけだ。取り潰しの理由などもあの二人です。そういうものが一般庶民のところまでいくと、それはきたないとか、そういうことになって受け取られる。

榮 それで思い出すのは、植村直己さんのことなんです。一九八四年二月、アラスカの最高峰マッキンリー山に厳冬期単独初登頂に成功した後、還らぬ人になってしまった。

一九七一年でしたか、エベレスト南壁の初登頂をねらって世界のトップクライマーを集めてエベレスト国際隊というのが組織されたとき（ディーレンファース隊長＝米）に、彼は日本から選ばれて参加しているんです。この隊は、初めから心配されていた登頂隊員を誰にするかということが、最後にやはり俺が俺がというかたちでふき出して、隊を離れる者や、体調を崩して落伍する者が続出して、結局登頂に失敗したんですね。

そのとき彼は第一次アタックのメンバーではなかったんですが、ルートの設定、サポートにものすごい働きをした。特に頂上アタックの寸前の八千メートルを超えたときに、アタック隊員のために荷揚げをするんですが、何とそのときに自分の酸素ボンベは使わずに登っていって、そのボンベを登頂隊員のために置いてきているんです。これは奥様の公子さんから直接お聞きした話なんですが、彼のそうした名誉とか、名声とかを一切超えた自分を計算しない行為というものは、自分を主張してやまなかった隊員たちの心にも、さすがにうつったんですね。後々非常に高い評価を受けるんです。

またこの登山中にインド人のバフグナという隊員が遭難死をしているんですが、その面倒を最後までみて遺族を見舞ったのも彼一人だったそうです。

ダージリンにあるインド国立登山学校はそういう彼に深い敬意を払って、昨年山岳博物館をつくった折に、植村氏の遺影を「五大陸の最高峰に最初に登った男、二十世紀最高の登山家の一人」として掲げたと伝えてきています。イタリアの超人的登山家ラインホルト・メスナーと、五十歳でエベレストの頂上に立ったイギリスの名登山家クリス・ボニントンの間に飾って。

苛酷な自然との闘いのなかでの生死をかけての行為ですからね、彼のそうした行為が何を意味するかは、誰の胸にもうつる。きれいか、きたないかということは誰にでもわかる、そういうことでしょうか。しかし、それができるかできないかは、本当に自己をつきつめた修行をしないと無理なんでしょうね。

大西　それは、現実の世界から離れたところ、宗教の世界みたいなところにスポーツがあるからだと思うのです。

登山もそこにある。そういうものが非現実の一つの人間の行動のなかに、理想的な行動のなかにあるから、きれいとかきたないとかいうことがわかると思うのです、そのなかで修行してきた連中には。世の中にいたらそんなことがきれいか、きたないかは簡単にわかりゃしませんよ。

そこで武士道をみてみますと、やはり一番は義です。義に合っているかどうか。義に悖《もと》るか悖らないか。

もう一つは、勇のいさぎよいということ。いくらいろいろやってもいさぎよくないと駄目です。

さらにこれが命がけだということ。

卑怯、未練がないということ。

この四つぐらいが、きれいきたないの基準じゃないですか。山鹿素行の『聖教要録』のなかに、そういうことがたくさん書いてある。指導者たるものはかくあるべし、武士はかくあるべし、徹底的に書いてある。あれを子供の頃からやらせたわけでしょう。

そういうことを現代のスポーツマン、指導者になる者にやらせないといけない。それが教育のなかに必要となるのではないでしょうか。

それらは哲学の方では、やはり死の哲学です。死の哲学が人間を伸ばす原動力ではないですか。死が目の前にあるというだけで真剣になるし、生命がけになる。どうも生の哲学よりも死の哲学の方が人間を本当にする。


伴　死に直面すると一切が自己へと集約される。死を通して初めて自己が見えてくる。そして人間が見えてくる。それが人間の本源への道を開いていくのではないか。

そこで問題は、「闘争の倫理」を共通の精神として社会の基礎集団をつくる、そしてそれが一つのイデオロギーになると、それは高い次元の我執、法執になるということです。法執であるだけに、我執以上に抜き難いと言われています。

その法執と高次の我執が、結局また新たな闘争を呼び起こしてくる。歴史はそれを教えています。そこで、先生がイデオロギーという言葉を使われるとき、社会主義社会で言われるイデオロギーと、どう違うかを聞きたいのです。

大西　社会主義のイデオロギーというのは、ある目的を決めて、その目的を獲得するための一つの欲望みたいなものが中心ですね。そうではなしに、私の言うイデオロギーは、それをやれば報酬に何がある、かにがあるということに関係なく、無償の行為と言いますか、フェアの行為が中心です。要するにフェアであれば、これがきれいだと思えば、どんな報酬がなくとも、あるいは何の目的がなくとも、それを行なうという、それがやはりフェアの精神ではないか。だからフェアの方のイデオロギーは、もし言うならば、無功徳というか、無償の行為と言いますか、そういう人間の行動ではないかと思うのです。

闘争の倫理というのはもともと我執、法執の根を断ち切ったところに成立してくるものです。それを「空の場」と言えば言えるのではないでしょうか。

伴　ここにこう書いてあります。

『人間狼の立場はもとより、人類の世界を二分するやうな闘争でも、もとを質せば「自己」を中心にし、「自」と「他」を分ける我執に基く。我執の深い根はいはゆる「無明」（あるいは第八阿頼耶識）である。さきには人間の知性そのものの根柢にも一層深い盲目があるといつたが、それは「無明」を指したのであつた。あらゆる迷ひも苦もそこから由来する。それを克服するためにさまざまな理論やイデオロギーが考へ出され、さまざまな「法」が立てられる。

例へば国の法律、道徳法則、神の律法などのごとくである。しかしさういふ「法」も、我執の息の根を止め得ぬ限り、我執は「法」の裏に隠れて現はれる。自分の国を誇り、道徳を誇り、神仏に誇る。さういふものをも法執とすれば、法は高次の我執である。さまざまなイデオロギーも同様である。「法」が悪いのではなく、「有」としての普遍に定着する人間の在り方、「他律」、「自律」、「神律」に執着する在り方である。すべてさういふ執着の在り方が「有為往相」であり、執着されるあらゆる「法」は、その在り方を覆ふ積雪である。自他不二、「無我」、「空」としての普通の場に超出して、初めて無明を破る「恵日」の光が射す。その光は大智（般若の智恵）の智光である。

しかし自他不二が単なる無差別と見られるならば、それは無差別の観念であり、その観念もやはり一つの法執である。「真如平等」、「法性一枚」、乃至は「一者」や「絶対的同一」の堅い氷層も、我執、法執を超えたところでの隠れた法執であり、我執である。それを突破して初めて、自は自、他は他、法は法として「芳を闘はす」現実が真の現実となる。』（同二八六～二八七頁）

榮　イデオロギーということですが、お話を聞いていましてはっきりしてきたのですが、社会主義で言われている「社会」という言葉は一つの普遍概念です。その「社会」は、人間は生まれながらにして自由平等であるという、人間の本性・自然を想定して、歴史を否定し、非合理性を否定し、生活の知恵を否定して、あるべき本来のかたちで考え出された概念です。その概念で、人間のもろもろの集団形態や生活様式を一まとめに統括しようとする目的的行動が社会主義のイデオロギーです。その行動の原動力は確かに人間の自然権の獲得であり、自然的自由の自己主張です。

大西　イデオロギーはそもそも観念形態ですが、闘争の倫理は観念形態ではない。適当な言葉がないのでイデオロギーという言葉を使っているが、闘争の倫理はその「場」に当たって、「事」に当たって、その時々に出てくるフェアの精神です。それが生活の知恵だと僕は言いたいのです。

さてそこで新しい倫理ということですが、武士道でも騎士道でも駄目なんですね。そこで「闘争の倫理」と言っているのですが、そうするとお前の言っていることは勝敗第一主義だとか、武士道だとか、神秘主義だと言われるからね。闘争の倫理をわからせるのは難しい。だけどこれまでに述べられていることが、もし学者の間で通るなら、「闘争の倫理」もいけると思う。

伴　では、西谷先生の文章をさらに引用して話を続けていくことにいたします。

『絶対的な敵対は同時に絶対的な調和であり、それらは一つの事柄である。絶対的な敵対はそのまま遊びであり、絶対的な調和は単なる無差別ではない。自他は不一であり、不二である。不一不二とは、各自が絶対性をもちつつ相対し、相対しつつ暫くも離れないといふことである。私は、汝が汝の絶対無差別において私であること、然もそのことによつて絶対的に汝自身であることを承認しつつ、その汝を私自身にする。そしてその私の絶対無差別に立つて私自身である。この絶対的な「無関係」における調和を、もし愛とよぶとしても、それは所謂エロスの愛ともアガペの愛とも違つたものであらう。』(同二八五頁)

『一種の宗教的意味における愛ともいへる。(宗教的といつたのは、自他ともに自他とその相対性を絶対的に坐断した「空」あるいは「無我」の場に立つからである。)』(同二八五頁)

大西　そういうことが可能であるためには、そういう愛がなければならないということは確かです。確かに修行的スポーツを目指しているチームはそういうものをもっていると思います。

ゲームの性格からいって、戦う自他は不一不二であることは確かです。戦う者同士は私も汝も絶対的な敵対関係にあります。その双方がただひたすら勝つために喰うか喰われるかの攻防を繰り返すとき、その攻防が人間の限界に迫る秘術を尽くしたものであればあるほど、全身全霊を打ち込んだものであればあるほど、美と崇高とを表現してくるものです。観衆はその美と崇高とに感動し感涙することもあるでしょう。それを調和と言えば調和だと言えます。不一ではあるが不二だと。そこを、「絶対的な敵対が同時に絶村的な調和であり、それは一つの事柄である」と言えば言えます。またそのとき、ゲームが真にゲームになったと。ゲームが真にゲームになったところでは、私も汝も無差別、平等である。ゲームの創造に全く無差別平等に参加している。逆に言えば、真なるゲームに真にかなうとき、私は私であり、汝は汝である。また、私あってこその汝であり、汝あってこその私であるということが実感されます。

榮 そのためにはフェアでなくてはならないんですね。そこでルールでは裁けないけれども、アンフェアな行為だという具体例を言っていただけませんか。

大西 そうですね。戦法の面では、ラグビーというゲームは限定された空間で戦いますから、きたない手を使えばいくらでも勝てる場合があります。相手にゲームをさせないきたない戦法です。その戦法を使ったら、ゲームはぶちこわしになる。それこそスポーツがスポーツでなくなります。行為の面ではゲームの展開でボールが自陣に蹴り込まれてコロコロところがっている。一方はそのボールめがけて身体ごとセイビングに入ろうとする。他方はそのボールを蹴ってさらに敵陣深く入ろうとする。その一瞬の双方の動きのなかで、他方が球を蹴ろうとして相手の頭を蹴とばしたとしても、ルールの上からは裁くことはできない。それをしないのは愛情だということです。先ほどの言葉で言えば「絶対的な無関係における調和」、敵味方の関係を超えたところに支配する宗教的愛と言ってもいいでしょう。それがゲームのスピリットであり、フエアの精神です。

伴　それがスポーツを本質的に基礎づけているものであり、それが闘争の倫理だということですね。

大西　そうです。

伴　その闘争の倫理がゲームの基底に脈々と流れるとき、スポーツが真にスポーツになる、すなわち闘争がスポーツに化する。

大西　闘争がスポーツに化するということが、人間の現実の世界において可能であれば、それが真の文化と言えるのではないですか。

伴　ここにこう書いてあります。

『多くの変体を経て、仰山は仰山の本分に帰り、三聖は三聖の本分に帰つた。しかもそれが調和であり、唱和である。そのハルモニーには無限の美しさがある。白隠はこの出会ひを「龍象蹴蹈《りゅうぞうしゅうとう》」の闘ひと評し、足なへの馬や目の見えない驢馬などの近付ける処ではないと言ひながら、他方では「その唱拍《しょうはく》鼓舞《こぶ》、恰《あたか》も春花の春暖を得て紅紫を闘はしむるに似たり」とも言つてゐる。それが各自が各自の本分に帰り、各々自身である処である。われわれが日常互ひに出会ふ唯中にも、同じく本分を守つてゐる処があるはずである。ただ、それは実現されてゐないし、究明されてゐない。その究明には、現実にその出会ひの底に徹するといふことによる外ない。それには、喰ふか喰はれるかを通して、むしろ喰つて喰はれるを通して、互ひの小さな「我」が滅却され、自他不二の処、闘ひが遊びに化する処に帰らねばならない。春花が春暖のうちに紅紫を闘はす如くにならねばならない。個人と個人、国と国、あらゆる集団と集団との関係も、そこまで帰らなければ、豺狼の闘ひに留まる。』（同二八五～二八六頁）

「そこまで帰らなければ」と言われている「そこ」が、まさに闘争の倫理の処だと思います。

諸行無常と空の場

榮　「仰山呵呵大笑」の問答を、ここで改めて説明しておいたほうがいいのではないですか。

仰山三聖に問ふ、「汝、名はなんぞ」。聖云く「慧寂」。山云く「慧寂はこれ我」。聖云く「我が名は慧然」。仰山呵呵大笑す。

ということになっていますが。

伴　そうですね。では西谷先生の話にそって説明してみます。三聖慧然も仰山慧寂もともに高名な禅僧ですから、お互いに知らぬ仲ではないのです。この問答は、剣の達人と達人とが穂先を交えた法戦と考えたらいいでしょう。

三聖は自分の名を問われて「慧寂」と答えた。慧寂は仰山の名です。三聖はその答えにおいて、仰山が仰山自身であるところ、仰山がいかなる「汝」の相対をも許すことなく自己に化するところ、つまり仰山の絶対性をそのまま彼の自己の内に収めたことを意味します。絶対性をもったものが相対の世界ではたらくときは、そのはたらきはおのずからいかなる相対をも許さないものとなります。三聖の自己はもともとそういうものであり、仰山の投げた網から脱け出るとき、自己の他なるものをすべて引きとらえて、自己の内に引き入れ自己化する自己がおのずから出て来るものです。そこから振り返ってみれば、最初に三聖の名を問うた仰山の「自己」も、もともと同様な場に立っています。三聖を三聖自身から名実ともに奪う立場に立っています。それ故両者は絶村的な敵対の関係にあるわけです。

ところが他面から言えば、三聖が仰山の名を名告《の》ったことは、絶対に己れを空しくして己れの位に仰山をとらえたことになります。他者が自己の中心に置かれることです。互いに他者中心的なことは絶対的和合です。

そこで他人に自分の名を名告られた仰山は、「慧寂は我が名」と切りかえした。自己の内に収め取ろうとした三聖の網から抜け出て、仰山は仰山の自己に帰った。すると三聖も「我が名は慧然」と言って、三聖も三聖の自己に帰った。仰山も三聖も自分の本分のところに帰ったことを意味します。お互いがお互いの格を認め合い、本当の相手に出会ったことのすがすがしい気分が、仰山の会心の笑いとなっているのです。闘いが笑いとなり、敵対関係がからりとした笑いになるのは、自他ともに自他とその相対性を絶対に坐断した「空」あるいは「無我」の場に立つからです。そういうことがどこから生起してくるのか、そこが問題です。

榮　スポーツの世界でも、年に幾度か真剣勝負のゲームをすることがありますが、そういうことが起こるというのは希有なことではないでしょうか。

大西　まあ確かに何年に一回あるかないか、そういう試合が行なわれるということですね。

榮　西谷先生は人と人との出会いの最高の境地を、「闘争が遊びに化する処」とか、「絶対的な敵対はそのまま遊びである」と言っておられますが、その「遊び」を「a sport」と訳しておられます。また「遊戯三昧」を「a sportive samadhi」と訳しておられます。ということはスポーツという事柄を、非常に深いところでとらえておられるということではないでしょうか。

伴　「自は自、他は他、法は法として、芳を闘はす現実が真に現実になる」ということの証をスポーツのスポーツたる所以のところに見ておられるのではないでしょうか。

　ところで闘いが終わり、選手も観衆もすべての者が去って、先生が独りになられたとき、何を考えられますか。

大西　試合が一切終わったというときには、やはり「やった」というような……。「やった」というのはいちばん良い言葉ではないですか。ある一つのことを考え、そのやり方をみんなに話して指導し、それが本当にきれいに行なわれたかどうかということでしょうね。勝敗の問題は、やられたときにはやはり口惜しいけれども、それにはそれなりの原因がありますからね、敵は立派なものだという感じで、敵に対する愛情というか賞讃というか、そんなものの方が多いでしょうね。そういう意味で自らの方を反省するということでしょう。

それより、こちらの考えたこと、初めに考えてやったこと、それらがピタッと一致していたかどうかということ、それが試合後のいちばんの感想でしょうね。この間も申し上げたように、ある一つの試合をやるときには、その試合をある程度こうなると予想して、それに基づいてこうやっていくと、それがうまいことといったかどうかということ、それがうまくいったときにいちばん監督としての楽しみがあるように思うのです。かえりみてうまくいっていたら「ヤッター」という気持ちです。うまくいってなかったら「いかれたな」、自分の作戦は間違っていたと、そういうことでしょうね。そういう試合はやはり一シーズンに十五ぐらい試合をやって一つか二つしかないのではないでしょうか。二つあったら、いいほうかもしれませんね。

僕が昭和五十六年に監督をやったときでも、結局はダブリン大との試合と早明戦の二つが自分としてはまあ満足できる「ヤッター」ということですかね。その他はやはり不満が残りますね。

伴　絶対的なものということについてお聞きしたいのです。たとえば早稲田の戦法理論は明治の戦法理論に対して立てられているのですが、早稲田にとってはそれしかないというかたちで絶対であり、明治も同じです。そこで早稲田の絶対と明治の絶対とが同じグラウンドで覇を競い合う。両者の理論が喰うか喰われるかの戦いを演じているとき、両者の理論がそれぞれに本領を発揮して嚙み合えば嚙み合うほど、そこに両者の絶対の理を超えて包む絶対の理が現れてくると思うのですが。

大西　そういう絶対の理というのはそのときに出てくるのではなしに、試合が終わったときに双方の戦法理論を考えて、あのときの絶対はこうだったというふうに考えるのではないか。試合をしている最中は自分の方の戦法を、双方ともに絶対と信じて戦っていると思う。しかし試合が終わってから、決定的な場面がありありと浮かんできて、その場面を回想し考えてみると、あのときこういう二つのものがああいうふうに戦っているけれども、こういうものを用いて戦ったほうが良かったのではないか、いやあのときはこういうものを用いたらいちばん良かったのではないかというように、双方のものを超出した理がある点で出てくると思う。

伴　そこに反省ということが入ってくる。それが理の特徴ですね。

大西　反省といっても、ただの内省的な反省ではなく、場面場面が反省を呼び起こしてくる。

伴　そういう双方の絶対の理を超出して、しかも双方の理が本質的にそれぞれに属しているような絶対の理が、人間に思い浮かぶということは不思議ですね。

大西　そのとき試合の最中にそれを考えてやったら、自分が迷ったことになるから、試合に負けるかもしれません。試合は逆に一本にしぼって、それを信じてやったほうが強いと思う。ただし終わってから反省したら、あのときはこうだったということがでてくるかもしれません。

伴　「ミネルヴァの梟は夕暮が迫ってきたとき、やっと飛び始める」とヘーゲルは言っていますが、これが「知」の本質かもしれません。また「真なるものは全体である。しかしその全体は自らの展開を通して自己を実現する実在である」とも。

そういうものを通して創造される新しい戦法理論は、ただ科学的合理的な理というだけのものではなく、その理のなかに人間の品格といったらいいか、美的感覚と当為というものも入ってきていますから、芸術の創造に近いのではないですか。

大西　本当に品格のあるチームのものはそうでしょうね。逆にそういうものがそのチームを格づけていると言ったほうがいいかもしれませんね。

榮　ぼくがミニサッカーの全日本のチームを連れて、スペインの世界大会に行く前に、どんなことに注意したらいいでしょうかと先生にお尋ねしたときに、「自分たちの立てた戦法理論を貫け」とおっしゃいました。それから勝算はどうだと尋ねられて、勝てるチームもあるが、絶対に勝てないチームもある。そういうチームとどうやったらいいかとお尋ねしたら、先生は「自分たちのやり方を貫け、相手によってそのときの思いつきでいろいろと変えるべきではない」とおっしゃった意味がやっとわかりました。

大西　それを貫いていかないと次の飛躍がない。その時々に、こうか、ああかとやったら、次の日には何もわからなくなってしまいますからね。

榮　今のお話を聞いていますと、自分たちのやってきたことをとにかくぶっつけてみて、そして結果として、そこはこうあるべきだったという高いものが出てくると、そういうことでいいでしょうか。

大西　そう思います。

伴　囲碁にたとえますと、棋士が戦い終わった後で、両棋士と第三者を交えて、その戦いの局面を最初の一手から再現して打ち直し、棋理を究明している。両者は勝負を離れ、敵味方を超えて無心に棋理の場に出ている。そこには敵も味方もなく、我もなく、事柄自身が推進され、棋理が究明されている中に、自分自身も生きて真実に目覚めていく、そういうことが可能になっている場である。その場は人と人との出会いの現実がその本来相としての超現実性を現してくるところだと、西谷先生はおっしゃるのですが、この点はいかがですか。

大西　そのときはそういう気分でしょうね。要するに彼我の者が勝った負けたという欲望なしに、明鏡止水の域に入って、その理論的なものは何だろうと究明しているわけです。そうして初めて新しい本当のものが出てくるのではないでしょうか。

伴　一般に現実と思っている、その現実の底に隠れていたものが現れてくる。

大西　そうですね。それが出てくるでしょうね。

伴　一般的な現実を実際の現実だと思っている人にとっては、それは超現実に見える。

大西　そうかもしれません。

伴　そっちの方が本当の現実なのに、それがわからない。むしろ神秘に見える。

大西　そうですね。おそらくやっている当事者同士にも見えない。見えてくる前には、ただの戦いとして考えているから、その浮かんでこなかったものが、真剣勝負で本当に戦って初めて浮かんでくるものでしょうね。だからそういう試合を積み重ねていった人の方が、そういうものを一つ一つ積み重ねて持ってゆくから、そういう人が考えた場合、そういうものが出てくるのではないでしょうか。

伴　そこでいよいよ最後の質問に入りたいと思います。

『自他不二、無我、空としての普遍の場に超出して初めて、無明を破る恵日の光が射す』（同一七八頁）

と言われていますが、この点はいかがですか。

大西　そういう普遍の場は、相対的な普遍の場とか法的な普遍の場とかいうものとは違いますね。我執、法執の息の根を止める普遍の場ですから、そういう普遍の場があるとすれば、「諸行無常」ということでしょう。

そして、滔々と流れる諸行無常という大河の上に浮かぶうたかたの存在に現れるもう一つの普遍の場は、先ほど申しました絶対の理が現れる「空の場」でしょう。

伴　その普遍の場に超出するとき、闘争の倫理をなくてはならぬ唯一のものとして覚《さと》るのですね。

大西　そのときにね、ぼくはまだ迷うのです。要するに、ここだと思って自由の域にいるとき、情況は次々と変化しますね。それに対処しながら、そのときでもなお絶対に勝つんだという、そんなものがなければならないような気がするのです。そうでないと負ける。禅僧や剣聖はそんなものがあってはいけないと言っていますが、その辺がどうもわからない。

あとがき

大学体育に関与してから三十七年、大学スポーツに関係してから五十二年。私はその人生の大部分を早稲田の杜で生かされてきた。そしてスポーツとラグビーの研究に専念させてもらったのである。有り難いことであった。ラグビーについては十数冊の著書によって自分の研究を発表して、いささかわが国のラグビー界に寄与したと考えているが、スポーツについてはいまだ著書を出していない。ここ数年来、今回絶大な協力をいただいた伴一憲、大竹正次、榮隆男の三先生から、何回となく研究をまとめて出すよう要請されたが、不勉強で実現できなかった。昨年心臓の大病で入院、九死に一生を得て現在自宅療養中である。三先生から今度大学を去る機会に発表しないともう機会がないと言われ、それではと決心したときは療養中で書くことができない。仕方なく話を録音して原稿におこす方法となったため、こうした変わった編集の本となってしまったのである。

さてこの本は今まで個々に研究されてきたスポーツに対する研究が、将来どうしたらスポーツを通じての教育によって平和な社会の建設に貢献し得るかということを中心として書かれている。

今年は敗戦から四十一年、戦死した戦友の霊に感謝の念を捧げるとともに、戦争に参加したものとして、現在の平和が永久に続くよう懸命の努力を払わなければならないと決意している。それではスポーツ指導者としてこの平和の維持に貢献するためにはどうした方策があるだろうか。

歴史上最も永い平和の期間を持っているのは封建社会である。なぜだろう。それは文武の教育が徹底していたからだと思われる。宗教による平和の教育と武術を通じての闘争の倫理の教育がうまく調和して平和の維持ができたのではないか。従って武の教育は闘争の倫理を体得させるのが目的であって、その流れをくむスポーツを通じての教育も、ゲームによる闘争の倫理を教えるのが目的であって、体力や健康の養成はその付随物にすぎない。スポーツにおけるゲームを通じての、勝敗における闘争の倫理の教育こそ、今後の青少年の教育に最も必要なものであり、そうした闘争の倫理を体得した青少年が団結して社会の基礎集団としてのスポーツ集団を結成して社会的勢力をつくり、もし戦力を準備し、あるいは戦争に導かんとする政治家その他に対しては、断固として闘い、これらを落としていく覚悟をつくらなければならない。こうしたスポーツを通じての国際交流と闘争の倫理の教育を行なうことこそ、平和を維持するスポーツ指導者の方策ではないか。こうした趣旨によって本書はまとめられている。

しかしこの本がこうして立派にできあがったのは、偏に先に紹介した、早稲田大学高等学院教諭で西洋哲学特にハイデッガーの研究者である伴一憲先生、同大学政経学部助教授で英文学専攻、パブリック・スクールの教育に詳しい大竹正次先生、および、女子美術大学助教授で西洋哲学専攻、ミニ・サッカーの国際的指導者である榮隆男先生諸賢の、一年間に亘る共同研究と録音テープより起こした原稿三千枚の整理、編集の一切をやっていただいたおかげによるもので、ここに深甚なる謝意を表するものであります。

一九八六年九月

大西鐵之祐

大西鐵之祐　略歴

大正五年（1916年）　四月七日、奈良県に生まれる。

昭和四年（1929年）　奈良県立郡山中学校入学。中学時代五年間は陸上競技に打ち込み、ローハードルに専念。昭和八年に関西中等学校陸上競技大会でローハードル二位。奈良県選手権者、記録保持者。

昭和九年（1934年）　郡山中学卒業。早稲田大学第二高等学院入学、同大学ラグビー部に入部。

昭和一一～一二年（1936～1937年）　ラグビー部選手（バックロー）として活躍。このとき二年連続全国制覇を達成する。

昭和一四年（1939年）　早稲田大学商学部卒業。東京芝浦電気株式会社に入社。

昭和一五年（1940年）　近衛歩兵第四連隊に入隊。

昭和一六年（1941年）　現役除隊と同時に召集、陸軍少尉として仏印に出征、近衛歩兵第四連隊第八中隊に所属してタイ、マレーシア、シンガポール作戦に参加。

昭和一七年（1942年）　シンガポール占領後スマトラ作戦に参加、のち警備隊に転属、終戦後二一年までスマトラ警備に従事。

昭和二一年（1946年）　マラッカ捕虜収容所を経て復員帰還、六月召集解除。アヤ夫人と結婚。

昭和二三年（1948年）　復職した東京芝浦電気を退社、早稲田大学理工学研究所に勤務。

昭和二四年（1949年）　早大体育局非常勤講師。

昭和二五〜二九年（1950〜1954年）　早稲田大学ラグビー部監督。二五、二七、二八年に全国制覇。二九年、「アサヒスポーツ賞」受賞。

昭和二七〜二八年（1952〜1953年）　全日本ラグビーチーム・コーチ。二七年オックスフォード大、二八年ケンブリッジ大両チームが来日し、全日本チームのコーチ、全早大チームの監督として対戦。国際交流の幕開けとなる。このときケンブリッジから贈られた書物、『Danie Craven on Rugby』（ダニー・クレイブン著）の革命的ラグビー理論に感銘を受ける。

昭和三〇年（1955年）　早稲田大学大浜総長秘書に。以後四二年まで秘書課長、校友課長、校友会常任幹事等を歴任。

昭和三七〜四〇年（1962〜1965年）　二度目の早大監督に就任。前年度Bブロックに転落した早大を一年でAリーグに復帰させる。

昭和四一〜四六年（1966〜1971年）　全日本ラグビー・チーム監督、日本ラグビー協会技術委員長。「展開・接近・連続」の理論を中心に強化策を推進、その攻撃理論は国際試合史に大きな成果をあげる。

昭和四二年（１９６７年）　早稲田大学教授、日本体育学会評議員。

昭和四三年（１９６８年）　全日本チーム、ニュージーランド遠征。オールブラックス・ジュニアを破る（23―19）。これにより全日本チームは国際的に認められることとなった。

昭和四六年（１９７１年）　英国協会創立百周年ラグビー世界会議に日本代表として金野滋氏とともに参加。イングランドチーム来日。全日本チームの監督として対戦し、大接戦の末敗れる（３―６）。全日本チームようやく世界の檜舞台に進出。「ビッグスポーツ賞」受賞。

昭和四八年（１９７３年）　全日本チームの英仏遠征に際し、フランス遠征の団長としてフランスチームと接戦。

昭和五三年（１９７８年）　早稲田大学評議員、ラグビー部長、日本体育学会監事。

昭和五六年（１９８１年）　三度目の早大ラグビー部監督。来日したダブリン大に快勝。対抗戦全勝優勝。英仏遠征、ケンブリッジ大、エジンバラ大に勝利。

昭和六〇年（１９８５年）「朝日体育賞」、「ビッグスポーツ賞」を受賞。

昭和六二年（１９８７年）　早稲田大学を退任。名誉教授に。

平成元年（１９８９年）　勲四等旭日小綬章を受章。

平成七年（１９９５年）　九月一九日、胸部大動脈瘤破裂により死去。享年七十九歳。

主著書

『わがラグビー挑戦の半世紀』（ベースボール・マガジン社）
『ラグビー荒ぶる魂』（岩波書店）
『ベストラグビー』（ベースボール・マガジン社）
『ラグビー』（旺文社）
『作戦講座　ラグビー』（不昧堂）
『モダンラグビーフットボール』（早大出版局）
『ラグビーの技術』（鶴書房）

主訳書

B・ジョーンズ、I・マクジェネット、B・ドブス『ウェールズの実戦的ラグビー』（共訳、ベースボール・マガジン社）
ダニー・クレイブン『現代ラグビーの技術と戦法』（共訳、ベースボール・マガジン社）
エリク・ダニング、ケネス・シャド『ラグビーとイギリス人』（共訳、ベースボール・マガジン社）

参考文献

Deobold B.Van Dalen, Bruce L.Bennett. A World History of Physical Education. Cultural, Philosophical, Comparative, Prentice-Hall, Inc., New Jersey, 1971.『体育の世界史』加藤橘夫訳（ベースボール・マガジン社）
今村嘉雄『スポーツの民族学』（大修館書店）
P.C.McIntosh, Sports in Society, C.A.Watts & Co., Ltd., London, 1963.『スポーツと社會』飯塚鉄雄、石川旦、竹田清彦共訳（不昧堂）
P.C.McIntosh, Fair Play：ethics in sport & education, Heinemann Educational Books Ltd., London, 1979.『フェアプレイ：スポーツと教育における倫理学』水野忠文訳（ベースボール・マガジン社）
Janet C.Harris, Roberta J.Park, Play, Games, and Sports in Cultural Contexts, Human Kinetics Publishers, Inc., Illinois, 1983.
John W.Loy, Barry D.Macpherson, Gerald S.Kenyon, Sports and Social Systems, : a guide to the analysis, problems, and literature, Addison-Wesley Publishing Coy. California, 1978.
Donald B.Bell, John W.Loy, Sports and Social Order, : Contributions to The Sociology OFN Sport, Addison-Wesley Publishing Co., California, 1975.
John W.Loy, Gerald S.Kenyon, Sports, Culture and Society, The Machmillan Coy. Collier Macmillan Ltd., London,1969.
鈴木良徳『アマチュアリズム二百年』（日本体育社）
清川正二『オリンピックとアマチュアリズム』（ベースボール・マガジン社）
Eugene A.Glader, Amateurism and Athletics, Leisure Press, Westpoint N.Y.1978.『アマチュアリズムとスポーツ』四国スポーツ研究会訳（不昧堂）
滝沢克己『スポーツの哲学』（内田老鶴圃）
カール・ディーム『スポーツの本質とその教え』大島鎌吉訳（万有

出版株式会社）
ポール・ワイス『スポーツとは何か』片岡暁夫訳（不昧堂）
マイケル・ノバック『スポーツその歓喜』片岡暁夫訳（不昧堂）
可兒徳、飯塚晶山編著『體育原理』（日本体育学会）
今村嘉雄『日本体育史』（不昧堂）
E.Dunning, K.Sheard, Barbarians, Gentlemen & Players, : Sociological Study of the Development of Rugby Football, Martin & Robertson Coy. 1979.『ラグビーとイギリス人：ラグビーフットボール発達の社会学的研究』大西鉄之祐、大沼賢治共訳（ベースボール・マガジン社）
大西鉄之祐『わがラグビー挑戦の半世紀』（ベースボール・マガジン社）
毛沢東『毛沢東の体育の研究』山村治郎訳（ベースボールマガジン社）
中村敏雄『近代スポーツ批判』（三省堂新書）
トマス・ヒューズ『トム・ブラウンの学校生括』上・下　前川俊一訳（岩波文庫）
Tom Brown's School Days, Published by Macmillan and Co., London, 1858.
J.R.De S.Honey, Tom Brown's Universe, : The Development of the Victorian Public School, Published by Millington, London, 1977.
Brian Simon and Ian Bradley(eds.), The Victorian Public School, Published by Gill and Macmillan Dublin, London, 1975.
J.A.Mangan, Athleticism in the Victorian and Edwardian Public School, : The Emergence and Consolidation of an Educational Ideology, Published by Cambridge University Press, Cambridge, 1981.
John Chandos, Boys Together : English Public School 1800-1864, Published by Hutchinson, London, 1984.
森田與惣之助『トーマス・アーノルド』（イデア書院）

ホイジンガ『ホモ・ルーデンス』高橋秀夫訳（中央公論社）
カイヨワ『遊びと人間』清水幾太郎、霧生和夫訳（岩波書店）
ルース・ベネディクト『菊と刀』長谷川松治訳（現代教養文庫）
ドレイパー『宗教と科学の闘争史』平田寛訳（角川文庫）
フリードリッヒ・フォン・シラー『人間の美的教育について』小栗孝則訳（法政大学出版部）
マックス・ウェーバー『プロテスタンティズムの倫理と資本主義の精神』梶山力、大塚久雄共訳（岩波文庫）
テエヌ『芸術哲学』広瀬哲士（東京堂）
森昭『教育人間学』（黎明書房）
黒田亮『勘の研究』（岩波書店）
池田潔『自由と規律』（岩波書店）
カミュ「ペスト」（佐藤朔、高畠正明編集『カミュ全集』④新潮社）
林道義『マックス・ウェーバーの社会学の方法と構想の一部spiel（遊技）概念について』（岩波書店）
森昭『ジョン・デューイ』（金子書房）
植田清次『プラグマティズムの基礎研究』（理想社）
朝比奈宗源訳注『臨済録』（岩波書店）
道元禅師『正法眼蔵』（岩波書店）
田辺元『懺悔道としての哲学』（岩波書店）
西谷啓治「行ということ」（『風のこころ』新潮社所収）
西谷啓治『禅の立場』（創文社）
西谷啓治『覚について』（東洋学術研究第十八巻）
西谷啓治『現代における人間の問題』（大法輪）
唐木順三編『思想の饗宴』（創文社）
樫山欽四郎『悪』（創文社）
上田閑照、柳田聖山『十牛図、自己の現象学』（筑摩書房）
川原栄峰『哲学入門以前』（南窓社）
山崎正一『カントの哲学』（東京大学出版会）
プラトン『プラトン全集』第十三巻法律篇　田中美知太郎、藤沢令

夫編（岩波書店）
カント『実践理性批判』波多野精一、宮本和吉、篠田英雄訳（岩波文庫）
カント『判断力批判』大西克礼訳（岩波文庫）
ヘーゲル「精神の現象学」金子武蔵訳『ヘーゲル全集』第四、五巻（岩波書店）
ヘーゲル「法の哲学」岡田隆平、速水敬二共訳『ヘーゲル全集』第九巻（岩波書店）
ニーチェ『ツァラトゥストラはこう言った』氷上英廣訳（岩波文庫）
ハイデッガー「野の道：ヘーベル——家の友」辻村公一、高坂正顕共訳『ハイデッガー選集』第八巻（理想社）
ハイデッガー「芸術作品の根源」菊池栄一訳『ハイデッガー選集』第十二巻（理想社）

監修を終えて

『闘争の倫理』誕生にはエピソードがある。一九八〇年の夏、早大学院ラグビー部の合宿に参加するために、例年のごとく私は大西先生と一緒に、上野駅から信越線に乗り菅平に向かった。その年はジェフリーズ（当時早大学院英語講師）さんも同行した。彼は八歳のときから母国イギリスでラグビーに親しんだラガーマンである。列車が上野駅を発車して間もなく、何思うことなく“What is sports ?”と彼に質問した。彼は“Play”と答えた。“Only play ?”と問い返すと、もっと深い意味を問い出したいのなら“What is the meaning of sports ?”と問うべきである、と問い方を正してくれた。そこで私は“What is the meaning of sports ?”と問うた。その問いに対して彼は“Sports is democracy.”と答えた。

私はその答えに、一瞬驚きと戸惑いを覚えた。しばらく彼の言葉を頭の中で反芻しながら思ったことは、古代ギリシア以来の伝統がこのイギリス人の心にも脈々と流れていると いうことであった。それは、人間は社会的動物であるとともにロゴス（言葉・理法・理性）を共にする動物である、ロゴスを共にすることによって初めて人間は人間になる、という西洋の伝統的な人間観である。スポーツマンはルールを共にすることによって初めて、同じフィールドに立ちプレイすることができる。これこそ民主主義の原点である。このように理解した私はその考えを大西先生に述べたところ、先生も首肯《うなず》かれた。そしてジェフリーズと私との問答が切っ掛けとなって、先生の口から本書で展開されているスポーツ論が堰《せき》を切った水のように滔々《とうとう》と流れ出した。

上野駅を出て間もなく話し始められたのであるが、列車が上田駅に到着しても話は終らない。上田から菅平高原までのバスの中でも話は続いた。スポーツを問題にされる時、スポーツそれ自体を独立に問題にされるのではなく、社会との相互作用において捉えられる。その時代時代の社会がスポーツに何を求め、スポーツは何を応えたかをきちんと押さえて、そのうえで人類の未来がスポーツに何を求めているかを話された。未来の視点に立ってスポーツ論を展開された時初めて、スポーツの本来あるべき姿が語り出された。まさに大西哲学のパノラマである。

私は目から鱗《うろこ》が落ちる思いで話に聞き入った。と同時に、このスポーツの哲学を世に残さなくてはならないという思いがつのった。スポーツの哲学がスポーツをやった人、その人から語り出される、そこに大きな意義があると思ったからである。私は先生に「今話された事を是非本にして下さい」とお願いした。すると、「ワイフ（愛妻アヤ夫人）にもそう言われとるんや。戦時中のこともあって婚約以来ワイフには何もしてやっとらん。ワイフの還暦も近いのでお祝いに何かプレゼントしてやろうと思い、望むものはないかと聞いたら、ワイフはそんなものはいりません。大西哲学を下さい、と言いよる」

と先生は満更でもなさそうな顔で夫人とのやり取りを話された。後になって私はアヤ夫人に、哲学の本を書いてほしい、となぜ言われたのか尋ねてみた。夫人は次のように答えられた。

「大西のラグビーの戦法や戦術についてはいろいろと語られているけど、それとは違う大西の持っている哲学については語られていない。それを語って欲しいとかねがね思っていたし、一生連れ添う人がどんな考えをもっているかも知りたいと思ったからです」

夫人の思いと私の思いとが一致した。大西先生をけしかける強い連合軍が結成されたのである。

ところが一九八一年に、先生は早大ラグビー部の監督に駆り出された。当時腰と心臓にやや疾患があった先生の身体を慮《おもんぱか》って、主治医は、責任がもてない、と反対し、忠告した。事実先生の胸のポケットにはいつもニトログリセリンが入っていた。とはいえ低迷する早稲田ラグビーを復活させるには、先生をおいて他に人がいなかったのであろう。

勝つことが不可能に思えるような強い相手に対して、本気で対抗し、勝つことを考え研究し続けていた人は他にいなかったのであろう。後の話になるが、ジャパンが第一回W杯を制した世界最強チーム・オールブラックスと対戦して、完膚《かんぷ》なきまでに叩きのめされたことがある。スポーツ記者はオールブラックスの強さにのみ関心を示し、日本の指導陣はいかに彼らが素晴らしいかをコメントした。しかしその時、先生は記者を向こうに「いくらオールブラックスが強力とはいっても、使ってくる戦法は四つしかないんだ。それなのにやられすぎだ。指導者はラグビーを研究してないんじゃないのか」と、滾《たぎ》る思いをぶつけていた。そのような先生である。監督を引き受けられてからは打倒明治に燃えて、全身全霊をラグビーの指導に打ち込んでいかれた。したがって本の方は一向に捗《はかど》らなかった。

数年が過ぎた。本の進行状況を聞くと、「すんません。机に向かうと眠くなるんや」と悪戯《いたずら》っ子のように詫びられた。これでは埒《らち》があかない。そこで口述筆記のスタイルを取ることにした。先生の頭の中には、すでにスポーツ哲学の大系は出来上っている。それを聞き出せばいいからである。その段取りを決めていた矢先に、先生は解離性大動脈瘤と脳梗塞で倒れ、危篤状態に陥られた。もはやこれまでか。日本のスポーツ界はこれで一〇〇年遅れる。天は我らを見捨て給うたか、と天を仰いだ。一九八四年十月二十三日のことであった。

しばらく危篤状態が続いていた或る日、容態が好転し、助かる見込みが出てきたという情報が入った。アヤ夫人を慰労するつもりで病院を訪ねた。病室には相変わらず面会謝絶の札が下がっていた。病室の前で見舞客が記帳したものを見ていると、アヤ夫人が病室から出てこられた。面会謝絶なので軽く挨拶して引き揚げようとすると、医者の許可もとらずに病室へ入れて下さった。そして「大西にまだやり残した仕事がある、と言って下さい」とお願いされた。構想を練って準備していた本の骨格となる目次を見せて、「先生、人類のためにこの仕事をやり遂げるまで生きつづけて下さい」と祈るような気持で訴えると、ウンと首肯《うなず》かれた。声はまだ出なかった。

見舞った後、私は今後の先生の容態を考えて、一冊の本にまとめ上げるにはどのような方法が一番いいのかを考え直さざるをえなかった。先生に二時間ぶっ通しで語ってもらうことは無理かもしれない。とすると一方的な口述筆記より、対話形式の方が適当な間《ま》がとれていいかもしれない。そう考えて大竹、棻両氏に相談し、対話の中に入ってもらうことにした。

一九八五年六月一日に、先生は二二二日の闘病生活を終えて自宅に戻られた。奇蹟の生還である。自宅に帰られて二週間後、「始めよう」と、先生から声がかかった。待ちに待った声である。いよいよ発進、月に二回、先生のお宅で大西哲学を聞き出す作業が始まった。作業は主治医の助言指導に従って、先生の体調に細心の注意を払いながら、先生のリハビリを兼ねて行われた。時間は一時間半を目処に、二時間を限度とする。タイムキーパーはアヤ夫人ということになった。ところが話に熱が入ってくると、二時間を優に越すことがあった。そんな時、心配顔で夫人の方に目をやると、「構いません。続けて下さい」という気丈夫な返事が返ってきた。私は、道のためなら死んでも構わない、大西哲学を世に残す、という夫人の心意気と志とを感じた。

先生の言葉は自分の経験を通して摑んだ言葉なので、自分の言葉になりきっていた。言葉が生きていた。言葉に生命が通っていた。先生の魂が息づいていた。学者の冷たい言葉とは違って、温かい人間愛に溢れていた。私達も、朝に道を聞かば夕べに死すとも可なり、という心境で、真剣に作業に取り組んでいった。このようにして出来上ったのが、本書『闘争の倫理』である。

さてこの度（１９９９年）、中央公論新社から『闘争の倫理』が復刻されることになった。まことに時宜を得た出版であると思う。現在日本のすべての学校は、幼稚園から大学院に至るまで、教育の大改革を要請されている。昨今の著しい科学技術の進展により、私達の住む世界に大きな地殻変動が生じているからである。国際化、情報化、環境問題、生命倫理、高齢化、少子化など、それらの諸問題が進むなかで、人と人との、人と道具との、人と自然との関係を巡って、これまでに経験したことのないような問題が、私達の身近なところで生じているからである。

二十一世紀は今よりもますます複雑で流動的で不透明な時代になると言われているだけに、二十一世紀の人類は解決できないような困難な問題に直面することになるであろう。そのような問題に対処していくためには、明治以来の日本の教育の基調であった知識を習得させることに力点をおく教育では不十分であると言わざるをえない。

知識習得型の教育は、明治以来今日まで、日本の国家目標であった近代化を実現するために執られた教授法であった。明治の初頭、後進国であった日本は、近代化を成し遂げていた欧米諸国をモデルにして、それらの国々の文化や文明を学び、それらを自国の近代化に応用して、近代化への道を急いだのである。明治の指導者は近代化を効率的に推進するために、欧米諸国から得た知識を画一的に習得させて、国民の教育水準を全般的に高めることを、教育の第一目標にした。戦後の日本の教育も経済大国を目指して、この教授法を踏襲してきた。

知識習得型の教育の欠点は、卓越した人間を育てることを疎《おろそ》かにした点である。これからの時代は個人の内に潜む能力を引き出して、優れた創造性を育て、考える力を強くする教育が望まれるのである。そこで文部省は知識習得型の教育から、自ら問題を発見し解決していく問題発見解決型・課題探究型の教育への転換を呼びかけている。その呼びかけに応えるためには、知識を教え込んでそれを理解させ記憶させることで満足するような教育ではなく、問題解決能力を身につけさせる教育でなくてはならない。そのような教育とはどのような教育であろうか。

さらに今日の日本は近代化の成熟期を迎えて、社会構造に大きな変化を来している。とくに教育の面で言えば、モラルの成立する基盤が危うくなっている。モラルを育むべき社会の基礎集団であった家庭や地域社会がその教育力を失い、社会生活に大きな問題を投げかけている。そこで家庭の教育力や地域社会の教育力の不足を補完するような新たな社会の基礎集団が組織されなくてはならない。そのような基礎集団を生み出すことのできるような教育とはどのような教育であろうか。

新しい教育の在り方を求めるこの二つの問いに、『闘争の倫理』は見事に答えている。読者はその答えを本書から読み取っていただきたい。『闘争の倫理』は二十一世紀の教育哲学である。

大西先生は早稲田大学高等学院生にラグビーを指導される時、「わしは技術指導をしとるんやない。人間の根源を教えとるんや」とよく言われた。理論的な研究を非常に重視された。その姿勢は、真の科学者の態度と同じ厳しいものであった。しかし「理屈がすべてだと考えたらあかん」ということを繰り返し強調された。理論では常に相手に勝っている。だけど現実のゲームでは勝てないことがある。それは人間の行動には理屈では割り切れないものがあるからだ。勝負の世界には理屈の外の理屈がある。戦術も技術も徹底的に理論の裏づけがなされる。しかしその理論を究極のところで実現するのは理屈の外にある人間の行動だと言われる。

一発のタックル、それが出来るかどうかは、死の恐怖に打ち克つかどうかにかかっている。死の恐怖に打ち克って自分の責任を果たした時、初めて仲間からの信頼が得られるのである。

「魂を込めろ！　一つのパス、一つのキックに魂を込めるんだ。そして、その血の通ったボールが、十五人を一つに繋いでいく――。これで君たちに教えることは全て終わった」。この言葉は、一九八一年の十二月、早明戦前夜のミーティングで発せられた大西先生の言葉である。この言葉は早稲田のラガーマンの間で語り継がれている。また先生が指導者に語られた言葉も、早稲田の指導者の間で受け継がれている。それは無功徳と慈悲心と感謝の心である。「コーチは努力に対する見返りを求めてはならない。コーチの役割は学生と共に悩み、苦しみ、努力して目標を達成できる選手に育てることだ」、という言葉であり、指導者にとって最も必要な資質は「そこにいる人間を愛する心だ。これは天性なんだ。ない人間にはないんだよ」、という言葉である。

大西先生はラグビーを愛し、ラグビーに生きた。そして先生の晩年は早大学院ラグビー部とともにあった。十牛図という禅で有名な画図がある。最後の第十入鄽垂手《にってんすいしゅ》の図は、先生と学院生との関係のように私には見える。アヤ夫人は感謝の気持をこめて、「大西は学院ラグビー部に生かされている」とよく言われた。しかし学院のラグビー部こそ、大西先生に生かされていたのである。

先生の人生はラグビーに生きることであった。そこに先生の本来の面目があった。自分が自分の愛する道を生きる。そのことが他を生かすことになる。他を生かすことによってまた、自分も他から生かされることになる。このような生き生かし、生かし生かされる関係が、第十入鄽垂手である。

最後に『闘争の倫理』の復刻にあたって御尽力下さった中央公論新社編集部の渡辺幸博氏に、故大西鐵之祐先生に代わって、深甚の謝意を表する。

伴　一憲

一九九九年

監修

伴 一憲（ばん かずのり） 一九三二年（昭和七年）生まれ。早稲田大学第一文学部卒、同大学院博士課程修了（西洋哲学専攻）。六九年に早稲田大学高等学院講師となり、教諭、中央大学・早稲田大学非常勤講師を歴任し、早大高等学院学院長に。七二年より同校ラグビー部の部長を務め、学校の責任者として七六年から大西鐵之祐氏の助力を受ける。事実上の総監督・大西氏のもとでラグビー部の指導に当たり、七七年、八七年、九〇年には全国高校ラグビー・フットボール大会（花園）出場に導く。

大竹正次（おおたけ まさつぐ） 一九三三年（昭和八年）生まれ。早稲田大学第一文学部卒、同大学院修士課程修了（英文学専攻）。五九年に早稲田大学高等学院教諭、六〇年から七一年まで同校ラグビー部部長。七一年から七三年までケンブリッジ大学ユニバーシティ・コレッジ（現ウルフソン）に留学。帰国後、伴部長とともに学院ラグビー部の指導に当たる。七九年、早稲田大学政経学部専任講師。八四年～八六年ケンブリッジ大学ヒューーズ・ホール、ヴィジティングフェロー。九六年名誉フェロー。早稲田大学助教授、教授を経て、九九年選択定年制により退職。

榮 隆男（さかえ たかお） 一九三九年（昭和十四年）生まれ。早稲田大学教育学部卒、中央大学大学院文学部哲学専攻博士課程中退。八五年に女子美術大学助教授、八九年より教授（哲学、倫理学）。開成高校時代にサッカーを始め、早大ではア式蹴球部に所属、大学院時代から少年サッカーの指導に当たる。（財）日本サッカー協会特任理事、初代フットサル委員会委員長、日本フットサル連盟理事長、副会長を歴任。八五年から九四年まで、世界選手権等フットサルの各種世界大会において日本代表の監督および団長を務めた。現在はJFA、日本フットサルリーグアンバサダー。二〇一四年、藍綬褒賞を受賞。

解説　ジャストよりフェア

藤島　大
スポーツライター

と、ではなく、の。ここが大切だ。

闘争と倫理ならぬ闘争の倫理。大西鐵之祐の思考と実践の中核は「の」にある。闘争のただ中の倫理。闘争にあって実感できる倫理。闘争の最前線に求められる倫理。闘争に臨んで学べる倫理。稀代のラグビー指導者にしてスポーツ哲学者は、グラウンドで教場で、そのことを説いた。

早稲田大学ラグビー部の部員であった本稿筆者は、月曜の午後、西早稲田のキャンパスの一室で開かれるミーティングで、当時の大西監督が話したのを覚えている。

「次の日、病院にケーキでも持って見舞いに行く。その時、なんともしれん、嫌な気持ちになるんだ」

ライバル校との決戦、相手のエース格の選手を痛めつける。反則ではない。身体接触の認められる競技ルールのぎりぎりの枠内においてだ。密集で身動きのとれなくなった標的に「合法的に」体当たりをする。その選手は退場する。結果、試合に勝つ。その翌日にケーキを治療のため入院している病室へ……というストーリーである。

合法か非合法か。それを行動の規範にしてはならない。きれいか汚いか。こちらが上位なのだ。「ジャストよりフェアや」。おそらく事実そのままでもなさそうなたとえ話を通して、部員に伝えた。両手の指を広げて、せわしなく動かし、一筋の銀髪を額に垂らしながら、愛嬌と迫力をともにたたえる例の関西なまりで。

こんな問いも発した。

「暴力はいけない。ずっと学校で教わってきたと思う。しかし、彼女と歌舞伎町を歩いとって、その彼女が変なやつらに絡まれたらどうするんだ。黙って暴力はいけないと引き下がるのか」

人間には時に行使しなくてはならぬ暴力もある。だからこそ、闘争の場で「これ以上はダメだ」という行動のコントロール、ひいては生死のコントロールを体得しなくてはならない。心身が重圧にさらされる緊急事態での倫理を学べるのは「戦争とスポーツだけだ」。ただし「戦争を教育に用いることはできない」。ゆえに「闘争的スポーツ」は重要なのである。

1995年9月14日、死の5日前、東京都内の自宅でインタビューした。アマチュアリズム論の流れからこう述べた。

「一般にはスポーツの勝敗と生死というのは別個のもんだと考えられている。だが、僕は（勝負の）最後のところまでいくと、やっぱり生死というものが、引っかかってくる気がするんだ」

さらに「記録を追い求める競技の人たちにはなかなか理解されない」と続けて、細い声でつぶやいた。「競争と闘争は違うのかもかもしれないね」。

人間の剝き出しの感情、あるいは制御を失った激情がおいでおいでをするような領域に身を置く。そこでなお「合法か否か」を超えて「汚い」を排除する。

この本では、ともに哲学とスポーツを考え抜く聞き手、伴一憲と榮隆男との問答で明快に言葉にしている。

「人間の持っている本性を、勝負のなかであらわにし、それを人間はどういうふうにコントロールしていくべきかということを身につけるのが、スポーツ教育の目標のような気がしている。だから、闘争を非常に重要視するわけなんです」（本書137頁）

緊急時にあって本性を制御する。ルールの手前にある人間の本源を重くとらえる。それは確かに生き方でもあるのだが、大西鐵之祐が語れば、整えられた人生訓とはならない。

安易に「正しく生きたまえ」なんて口にもしない。簡単に割り切れず、理屈にもしづらい「際（きわ）」に知性は届いている。なぜか。ラグビー指導者としてのグラウンドでの真剣勝負から導かれた「実感」が根底にあるからだ。「人間観」と言い換えてもよいだろう。

有名な「展開　接近　連続」理論を創造、日本代表を率いて、母国イングランドに3対6と肉薄、早稲田大学の監督として数々の実績を残した。晩年は、早稲田大学高等学院の指導に情熱を注いで、「中学までは鉛筆より重いものを持ったことのない連中」に花園の全国大会出場という青春の歓喜を授けた。

グラウンドでの実感、グラウンドに培われた人間観がまず先にある。その上で、いたずらな言語化を拒む実相をからくも「学」と「論」へと結んだ。

これは教育、哲学の書にして、「勝利への創造」の章を繰れば、全国のラグビー部コーチ必読の具体的な指導論でもある。すべてを包み、支えるのは「ジャストよりフェア」の精神と態度である。昨今、国会議事堂の少なくない者たちは、たとえば、怪しげな資金の流れが発覚しようとも、抜け穴であれ、合法の端にとどまりさえすれば恥じる気配すらない。『闘争の倫理』を読んでいないからだ。

最後に逸話を紹介したい。

92年、夏、早稲田学院は、菅平高原の合宿で、大阪工業大学（現・常翔学園）高校と練習試合を行った。前年度の花園の全国大会3回戦でぶつかり、泥濘の中、19対19のドロー、抽選で退けられた。大工大高は国内屈指の才能集団であった。資料を引くと、中学までのラグビー経験者の比較では「3対12」。体格にも身体能力にも大きな開きがある。引き分けの結末は、いわば「悔しい快挙」なのだった。

新チームでの対戦、早稲田学院は、主力が卒業してしまえば布陣もすっかり薄くなる。かたや大工大高にはどのシーズンも有望選手が集った。当時の部員の記憶ではスコアは「30点くらいの差で負け」。試合後に組まれた円陣、どことなく「惨敗でなくてよかった」という安堵の雰囲気は漂った。あまりの個の能力差に大量失点も覚悟していたのである。

その時、大西鐵之祐がいきなり怒鳴った。

「君たちは、先輩が引き分けたチームに負けて申し訳ないと思わないのか」

最初は椅子から。ほどなく立った。両手が激しく上下する。日本代表のエンブレムをあしらったシルバーのウインドブレイカーは年代物でゴムが緩い。熱をこめてトークを続けるうち、どう記せばよいのか、みるみる下着が露出した。これもどう記せばよいのか、その下の一部まで見えそうになる。本人は気づかない。やむなく隣のコーチが正面を見据えたまま片手でサッと引き上げる。「勝たなあかんのや!」。また下がる。後方で目を凝らしていた1年生は、いま報道機関の司法担当記者として走り回りながら、ふと思い出す。あの、おかしくて感動的で威厳のあった不思議な空間を。
『闘争の倫理』の人は知っていた。前年度のチームは全国のトップ級の高校とせっかく渡り合えた。プライドのレベルを落としてはならない。本当は、よく戦った、と認めていたに違いない。でも、ここは怒る。怒るべきだ。勝負の深さである。
これほどの気迫と情熱があって倫理に血は通う。世に似た一冊とてない本書の真価だ。

（敬称略）

2015年8月

1961年、東京都生まれ。都立秋川高校、早稲田大学でラグビー部に所属。卒業後は、スポーツニッポン新聞を経て、92年に独立。文筆業のかたわら、都立国立高校、早稲田大学ラグビー部のコーチを務めた。2002年『知と熱　日本ラグビーの変革者・大西鐵之祐』（文藝春秋）でミズノスポーツライター賞を受賞。最新刊は『人類のためだ。』（鉄筆）

闘争の倫理――スポーツの本源を問う

1987年3月、大西鐵之祐・古稀記念出版として二玄社より単行本刊行。
1999年9月、二玄社版を再構成して、中央公論新社より復刻版刊行。

闘争の倫理
スポーツの本源を問う
大西鐵之祐

鉄筆文庫 004

闘《とう》争《そう》の倫《りん》理《り》
スポーツの本源《ほんげん》を問《と》う
著者　大西鐵之祐《おおにしてつのすけ》

2015年 9月30日　初版第1刷発行
2022年 4月21日　第3刷発行

発行者　渡辺浩章
発行所　株式会社 鉄筆
〒112-0013　東京都文京区音羽 1-15-15
電話　03-6912-0864
表紙画　井上よう子「希望の光」
印刷・製本　近代美術株式会社

落丁・乱丁本は、株式会社鉄筆にご送付ください。
送料は小社負担でお取り替えいたします。
定価はカバーに明記してあります。

ISBN 978-4-907580-05-6　Printed in Japan

鉄筆文庫創刊の辞

　喉元過ぎれば熱さを忘れる……この国では、戦禍も災害も、そして多くの災厄も、時と共にその「熱さ」は忘れ去られてしまうかの様相です。しかし、第二次世界大戦での敗北がもたらした教訓や、先の東日本大震災と福島第一原発事故という現実が今なお放ちつづける「熱さ」を、おいそれと忘れるわけにはいきません。

　先人たちが文庫創刊に際して記した言葉を読むと、戦前戦後の出版文化の有り様への反省が述べられていることに共感します。大切な「何か」を忘れないために、出版人としてなすべきことは何かと真剣に考え、導き出した決意がそこに表明されているからです。

「第二次世界大戦の敗北は、軍事力の敗北であった以上に、私たちの若い文化力の敗退であった。私たちの文化が戦争に対して如何に無力であり、単なるあだ花に過ぎなかったかを、私たちは身を以て体験し痛感した。」（角川文庫発刊に際して　角川源義）

　これは一例ですが、先人たちのこうした現状認識を、いまこそ改めてわれわれは嚙みしめねばならないのではないでしょうか。

　現存する文庫レーベルのなかで最年長は「新潮文庫」で、創刊は一九一四年。それから一世紀が過ぎた現在では、80を超える出版社から200近い文庫レーベルが刊行されています。そんな状況下での「鉄筆文庫」の創刊は、小さな帆船で大海に漕ぎ出すようなもの。ですが、「鉄筆文庫」は、先人にも負けない気概をもってこの大事業に挑みます。

　鉄筆の社是は、「魂に背く出版はしない」です。私にとって第二の故郷でもある福島の地で起きた原発事故という大災厄が、私を先人たちの魂に近づけたのは間違いありません。この社是は、たとえ肉体や心が消滅しても、残る魂に背くような出版は決してしないぞという覚悟から掲げました。ですから、「鉄筆文庫」の活動は、今100万部売れる本作りではなく、100年後も読まれる本の出版を目指します。前途洋洋とは言いがたい航海のスタートではありますが、読者の皆さんには、どうか末永くお付き合いくださいますよう、お願い申し上げます。

二〇一四年七月　　　　　　　　　　渡辺浩章